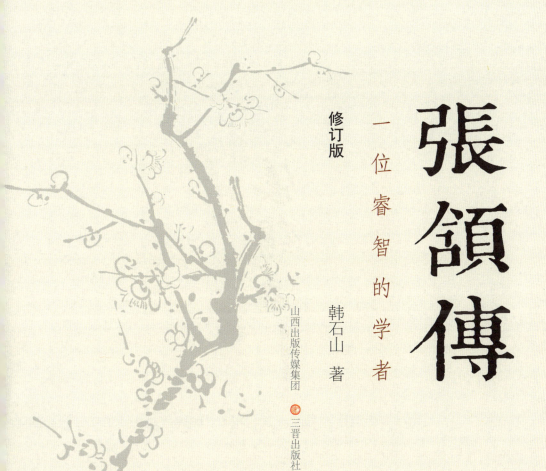

修订版

一 位 睿 智 的 学 者

張頷傳

韩石山 著

山西出版传媒集团

三晋出版社

《张颔传》2010年4月版书影

1936 年 高 小 毕
业。在这段时期内
参加行余学社，学
习篆刻绘画

1948 年在北平华
北文法学院

1958 年在中国科
学院山西分院考古研
究所期间

1939 年从湖北樊
城回到山西

1950 年山西省委
统战部期间

"文化大革命"期间

74 年整理侯马
期间

1991 年离休后

2009 年照

1980 年后任山西
省文物局副局长期间

2008 年照

2014 年照

自作诗四条屏：平生多幼稚，老大更糊涂。常爱泼冷水，惯提不开壶。

2018 年春，介休市市人大、市政协领导李丰攸、郝继文与山西凯嘉能源集团董事长路斗恒，陪同《张颔传》作者韩石山先生向新城公园张颔先生铜像献花篮并合影留念

合影者从左至右：原家敏、任兆琼、郝继文、张继红、韩石山、路斗恒、王光亮、李丰攸

# 新版序

前些日子，去南方参加一本新书的研讨会。会上，一位评论家说，好的装帧设计印制，乃是"为书赋形"。文字如流水，随书赋其形，这意思太好了。我听了心头一亮，忽地就想起一位山西的出版人。

我写文化名人传记，至今不过三种，一为《李健吾传》，一为《徐志摩传》，再就是这本《张颔传》。

《徐志摩传》是北京一家出版社出的，还行。《李健吾传》就惨了。初版是山西一家出版社出的，设计不行，印制更差。书已出来，多大的恼丧，只有忍了。这是一九九七年的事。

二〇〇五年秋季的一天，山西人民出版社的宁志荣先生，忽然造访，说前几天社里开过选题会，张继红先生将《李健吾传》报了明年的选题。继红其人，我是知道的，见过几面，说不上熟悉。山西人民出版社里，还有两三个小社，其中一个是三晋出版社，继红便是这个小社的社长。

听了志荣的话，我一下子懵了。

"我没跟他说过呀！"

"是吗？"

志荣的惊讶，一点也不亚于我。

我立即意识到，这样的话，不能再说下去。好比你正冻得瑟瑟发抖，有人送上一件棉衣，你不说感谢，先要追究对方何所居心。有这么不识相的嘛！

我跟志荣，很快商量好了修订的事，主要是出版成插图本，由我尽快备齐图片资料。

为新版《张颔传》写序，怎么扯到"李传"上了？

我是想说，因为有这件事，我采访张颔，还没动笔写传时，继红先生知道了，说他们出吧，我连个"格登"都没打，就答应了。其时三晋出版社，已从山西人民出版社分了出来，有了更大的自主权。

《张颔传》的初版，是二〇一〇年出的，可谓精美。

过了几年，社庆的时候，出了收藏版，可谓大气。

如今要出修订版了，等于再一次为此书赋形。此番想来会更其精美，更其大气，原因无他，凯嘉集团公司路斗恒先生鼎力相助也。

我与我的读者一起，静等着《张颔传》的新版问世。

二〇一八年四月九日于潺湲室

# 自 序

这是我新写的一部传记，传主是张颔先生。

老先生还健在，已九十岁了。

他是一位考古学家、古文字学家，也可说是一位历史学家。作为学者，他的成就是很高的，堪称大家。又是一位功底深厚的书法家。这两项是他惯常示人的面目。还是一位诗人，作旧体诗的诗人。《侯马盟书》《古币文编》《张颔学术文集》这类著作，见出的是他的才学，而那些旧体诗词，见出的是他的性情，还有他的风骨。他有他的自尊，也有他的谦抑，但我最喜欢的，还是他的自嘲，一种更高的人生境界。

若不是有这样的人生境界，一个人怎么能经历那么多的磨难，活到耄耋之年又有这样大的成就？

我写这部书，不是谁人的托付，也不是哪个部门的任务，是我觉得张先生这样的人，值得我为他献上这么一部书，就写了这么一部书。很想仿效某些大作家的派头，说写什么人就是写他自己，比如郭沫若先生，就说写蔡文姬是写他自己。但我知道，就我来说，无论德行还是才具，哪样都配不上。我枉上了历史系，虚耗国帑，荒废时日，成不了历史学家，能为历史学家写部传记，也算是聊补此生的缺憾吧。

若说此书，写作上有什么可称道的，那就是从容，采访一年多，写作大半年，修订又是大半年。从开始采访到定稿，不觉已四个年头了。

再就是，写法上还是费了些心思，采用一种我过去从未用过的新体例——访谈体。它有它的好处，也有它的局限。最大的好处，是将历史与现实糅合在一起，又以一种随意的方式出之。最大的局限，也正在这里，一种固定的方式，用于这么长的一部书中，显得太单调了。我竭力想做到的是，两端之间，允执其中，将它的好处尽量地扩大，将它的局限尽量地缩小。纵然如此，仍要提请读者体谅的是，它毕竟只是一种写作的体例，又是一种新的尝试（对我而言），迁就之处多多，不尽如人意之处亦多多。

我不敢说这是一部什么人都可以看的书。就我所知，在中国，除了某一特殊时期，有一种书全国人民都要读以外，世界上还不曾有过这样的书。但我可以大胆地推测：它对那些少小就有志于学术，一时又昧于方法的年轻人是有用的；对那些已有相当成就，又不以眼下的成就为满足，年龄已然不小的学问中人是有用的。再就是，对那些不想著述，也不想精研某种学问，只是喜欢看看书，增加一点与朋友的谈资的风雅之士，也是有用处的。可以从中得到许多在别的书里得不到的东西，比如诗文掌故什么的，既滋润自己，也娱悦同侪。

不管是哪种人，有一种功效是敢肯定的，就是让你在短时间内，振作起来，聪明一些。至于这种功效能延续多久，那就看你的造化了。这也是我为什么给此书加上"一位睿智的学者"这么个副题的道理。

感谢降大任、张庆捷、姚国瑾、张继红、苏华、薛国喜、张崇宁、梁金平、李海涛诸位先生与女士，在写作过程中对我的帮助。感谢林鹏先生为本书题签。感谢三晋出版社，肯为我这样一个已然淡出文坛的作家，出版这样一本书。

二〇一〇年三月十五日于潺湲室

# 目录

# 一 苦到了"圪蒂"上 ┃

　　下午三时去张先生家。上午他来电话，说给我写的对联写好了，要我去取。去时带了笔记本，一个深褐色仿羊皮封面的大本子。这是我们正式访谈的第一次，开始得不怎么正规，像是取什么东西顺便办了。

　　实际不是这样。

　　几个月前我退休了，不想写什么大东西，想好好休息休息。休息的方式之一是找近便处的老朋友聊天，不多，也就三两个，张颔先生是其中之一。说是朋友，有点僭越，年纪比我大得多，该尊为师长的，不过相处得久了，还是朋友家常些，彼此都随意。聊天嘛，东拉西扯，漫无边际，时有重复是难免的。有一天张先生说起他的一段往事，我听过不止一次，没作声，却动了个念头：与其这样东拉西扯，时有重复，何如他说我记，循序而进，积攒多了，以之为材料，写一部张先生的传记。

　　记得那天甫一说罢，张先生说，你过去写《李健吾传》《徐志摩传》，一下子降到给我写传，不嫌掉份。我说，你是值得写传的，我不写，将来也会有人写。光说你的成就，我写不了，我看重的是你的经历，你的人品。赶得好不如赶得巧，正巧这一段我没有写大东西的计划，闲着也是闲着，就这么着吧。张先生说，你要有这个心意，我若不成全，那我就不止是愚蠢了。

　　写对联的事，也是那天说好的。

　　进来一坐下，他叫保姆沏上茶。一面说，更早以前，他给我写的那首仿六朝上梁词体的《儿郎伟》，有几处改动，说着取过一张纸，是手书《儿郎伟》的复印件。与普通复印件不同的是，又在姓名下面揿了名号印，两颗红红的小章。

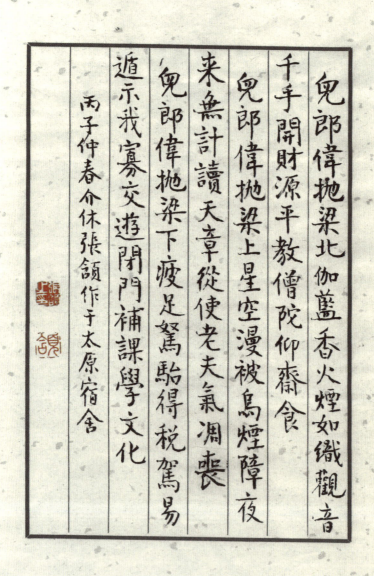

兜郎偉抛梁北伽藍香火煙如織觀音

千手開財源平教僧陀仰齋食

兜郎偉抛梁上星空漫被烏煙障夜

来無計讀天章從使老夫氣凋喪

兜郎偉抛梁下疲足駕黠得税駕易

遁示我寰交遊閉門補課學文化

丙子仲春介休張頒作于太原宿舍

自作诗：儿郎伟

兒郎偉　仿六朝上梁詞體

兒郎偉拋梁東比鄰學校十七中標練傳
声雷貫耳喑鳴叱咤麥克風
兒郎偉拋梁西孔聖廟堂冷凄凄于今
權錢烈火熾歌廳酒肆日風靡
兒郎偉拋梁南老夫從容學退庵高
樓重遮千里目净化眼界簡貫担

　　我有些疑惑，这首诗写出少说也有十年了，怎么还要改呢，及至听他说了改动的字，又不能不佩服老先生文思的缜密，用词的精当。

　　改动有四处。

　　一是"抛梁南"一节中，"老夫从容学退庵"改为"容膝幽居学易安"。退庵是陆游的号，易安是李清照的字，改为易安与"容膝幽居"对照更有味。

　　再是"儿郎伟，抛梁北，伽蓝香火烟如织，千手观音开财源，平教僧尼仰斋食"中，"千手观音"改为"观音千手"。他说，前者是名词，是静的，这样一改就有动感了。不是观音本系千手，而是见财心喜，不管原来有多少只手，这会儿也变成一千只手了。

　　三是同节中，"平教僧尼"改为"平教僧陀"，北边的崇善寺里只有和尚，没有尼姑，这样一改更符合实际了。

　　四是"抛梁上"一节中，"青空漫被乌烟障"改为"星空漫被乌烟障"。他看天空，不是看天晴还是天阴，而是看星宿，观天象，还是改"青空"为"星空"为宜。这里的"乌烟"非指炊灶之烟，乃乌烟瘴气之乌烟。

　　这样一来，全诗就成了：

　　儿郎伟，抛梁东，比邻学校十七中。
　　操练传声雷贯耳，喑呜叱咤麦克风。

　　儿郎伟，抛梁西，孔圣庙堂冷凄凄。
　　于今权钱烈火炽，歌厅酒肆日风靡。

　　儿郎伟，抛梁南，容膝幽居学易安。
　　高楼遮断千里目，净化眼界简负担。

　　儿郎伟，抛梁北，伽蓝香火烟如织。
　　观音千手开财源，平教僧陀仰斋食。

　　儿郎伟，抛梁上，星空漫被乌烟障。
　　夜来无计读天章，从使老夫气凋丧。

儿郎伟，抛梁下，疲足驽骀得税驾。

易遁示我寡交游，闭门补课学文化。

读罢诗，我说，这首诗像个引子，将来读者看到这儿，什么都还不知道，已经知道你是个怎样风趣的老人了。

张先生说，这种风趣是苦中作乐，还是少点好。

我说，今天主要谈你小时候的生活。又指指墙上说，就从这张照片说起怎么样？

房间的东墙上，挂着他父亲的遗像。像有八开大小，镜框大些，相片两边各有数行恭恭敬敬的小楷墨字。左边是：

先君铭绅，为祖考张耀堂之次子，清光绪二十二年生于介休县城，殁于民国九年夏，年仅二十四岁。当年冬余生，俗称墓生也。母亲梁云贞，为介休顺城关梁公安耀之女，生余时年仅十八岁。卒于民国十八年，当时年仅二十七岁，而余才九岁。悲乎！

右边的字稍大些，上书：先考张公铭绅之遗容。下来低数格，字小些，分两行：遗腹孤哀子张连捷（今名额）泣血稽颡，二零零五年秋日于太原。再下来是两方小印。

张先生说，好吧。爷爷兄弟五人，他是老大，生有两子，一是我伯父，一是我父亲。伯父叫缙绅，在天津一家当铺做事，从店员一直做到经理。父亲叫铭绅，字盘新，小时候在介休高等小学堂上过学，毕业后去天津"义德当"做事。

这么说，怕我听不明白，张先生起身取了一份材料，钉在一起的几张复印的纸，递给我，说是他堂兄张帆先生写的。有一年回介休看望兄长，探问早年家中往事，谈过之后，堂兄又写了这个材料寄来。时间大约在上世纪八十年代中期，过后不久，堂兄就去世了。

接过来一看，是《张颔家世》，落款为张帆，丁卯四月十九日记，旁边有张颔先生的批字：一九八七年四月十九日（韩注：张先生所写似为农历月日，公历当为同年五月十六日）。兹将其中关于张先生曾祖父、祖父、父亲三辈的事项抄录如下：

我家祖居在介休梁吉村东头，官井近处路北一所大院里。曾祖母活了九十岁，我生时是八十七岁，生有五男二女（颔补：曾祖张利，是赶大车的，跑远路，走天津，在天津认识一些老乡，故能介绍祖父在天津当店员）。

祖父张耀堂，字星垣，少即去天津经商，做的是"印子房"生意，字号叫"思补成"，开设在城北大胡同侯家附近，财东是介休北辛武冀家，总管叫冀小山。庚子拳乱，天津是重灾区，生意毁了，祖父曾回家呆过一个时期，做打贩生意（收旧货）。

祖父是弟妹中唯一念过几年书的人，能读章回小说，能看报纸。老年时常上街去衙门前和城隍庙找算卦先生谈古论今（颔补：祖父会查《字汇》，懂得四声，能背诵一些《千家诗》）。

庚子后弟兄分居，祖母率全家移居城里，先后住过北马道文德义家前院，文家庄景丰年家窑院，段家巷李春家古门道，都是租赁。约于民国七八年间，花二百两银子，典下庙底街郭耀宗家的南院。

祖父娶过三房妻，初婚娶韩屯刘氏（颔注：我见过韩屯老妗子，三保伯伯），生一女，嫁给梁吉村李廷俊；刘死后，续娶东街孟氏，生二男（缙绅、铭绅）一女，女嫁南街李姓早亡；孟氏死后，续娶长良村李氏。

二爷在我幼时便死去，据说人颇能干，经营着二十亩园子地，好赌钱。三爷是个酒鬼，成天把着㞧壶喝得迷迷糊糊，还有大烟瘾，进过县里的戒烟所。有一女嫁给了罗王庄。四爷生得又懒又丑，绰号叫猪八戒，曾去天津一家铺子做帮厨。生有一女，嫁了东堡村刘姓家。五爷是个锅腰，没娶过妻，住在老院的一间门房里，我幼时每年正月初三去给他拜年，满屋子挤满掷骰子、摸纸牌的赌众，听说五爷终年都是靠抽头为生。

老姑出嫁给内封村弓家，是万育堂坐堂医生；夫死后，带着三个儿子搬回娘家院西房居住，大儿子叫弓鸿奎（绰号大吃空），二儿子叫弓鸿武（绰号叫二吃空），三儿幼时被狼吃掉（颔注：听说弓家出过红顶子大人）。

父辈中，父亲张缙绅，字笏臣，在天津鼓楼东，黄家胡同费宫人故里对门做生意。这个当铺原名同和当，是天津富户杨家的财东，以后兑给直系军阀曹家，财东是做过直隶省长的曹锐（曹锟之弟）。父亲在这个当铺从学徒店员做到赚五厘人股的较高地位。失业后在介休冀家庄华佗庙照庙，死于介休解放前一年，活了六十一岁（属相牛）。母张氏卒于一九六二年，活了七十五岁（属鼠），今年是她的百年忌辰。

先考张公铭绅之遗容 遗腹孤哀子张连接（今名颔）
注区招颖 二〇〇五年秋日于太原

先君铭绅为祖考耀堂公之次子生于清光绪廿二年介休县城卒于民国九年夏，年仅廿四岁当年冬余生俗称墓生也母亲梁云贞为介休顺城关梁公安耀之女生余时年十八岁卒于民国十八年当时年仅廿七岁而余才九岁悲乎。

张颔的父亲张铭坤先生像

叔父张铭绅，字盘新，记得是属猴，卒于连捷出生之春。是年连仲九岁。

婶母梁云贞属虎，生连捷时应是十八岁。

叔父在开设在天津日租界的义德当做事。少年时曾在介休高等小学堂上过学。我上高小时见一份油印的《同学录》里他的名字，还听祖母和母亲说过关于叔父上学的事。叔父死后，我继承了三部石印本的小说——《三国演义》（八本）、《彭公案》（十六本）、《夜雨秋灯》（四本）。

文中的"连仲"是张帆的原名。张先生原名连捷，两堂兄弟名字的首字相同。

由此说起张先生少年时的家庭情况。住址，张帆上面已说清了，即"约于民国七八年间……典下了庙底街郭耀宗家的南院"。民国七八年是一九一八年、一九一九年，张先生一九二〇年出生，也就是说，在他出生前一年或两年，全家迁到这个地方，他也就出生在这个地方。

韩：你家这个院子，在介休城里什么位置？

张：那一片叫西北坊，是城里的西北区。旧时候，坊相当于一种行政区划。那儿有个后土庙，我们家那条街离后土庙不远，在庙后头，叫庙底街。不长的一条巷子，南北向。大门朝西，进了大门，北边一个院子，房东家住；南边一个院子，我们家住。我们家是个四合院，不大，北房两间，伯父一家住。南房两间，我们住一间，另一间是厨房。西房三间，爷爷奶奶住。东房一间，堆放杂物。这个院以西为上，东为下。比如南房两间，西边的叫上南房，东边的叫下南房，我出生在上南房。

说着，张先生拿过一张纸，画了一张院里房间的分布图。

父亲去世后，他一家的生活，全靠伯父接济。其时伯父仍在天津做生意，家里由伯母当家。或许是负担过重，或许是人性的原因，伯母待他母子甚是刻薄。爷爷倒是疼爱这个孙子，早早地教他一些诗文知识，也只是疼爱而已，生活上不可能有什么关照。爷爷年纪高迈，老两口的生活，也全依仗伯父供给。说到这儿，张先生感慨地说：小时候，真是孤苦伶仃啊。

韩：房东是个什么人家？

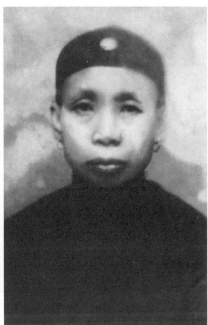

张颔的外祖父、外祖母

一九八七年，张颔在介休后土庙留影（背景为吕祖庙，左面火神庙为他上小学时的学校）

张：是个场面上的人，财主。城里有好几处院子，他们住在这儿，另几处租了出去。两口子都是能干的人。母亲跟房东太太原本就说得来，父亲去世后，来往更密切了，就让我认了干妈，有了干妈也就有了干爹。两口子待我很好。那时他们还年轻，没有孩子，把我当自己的孩子看待。都是好人啊！

干爹叫郭耀宗，字远峰，会做诗填词，有学问，能写祭文寿文，字也写得好。爷爷给我开蒙时，仿影就是干爹写的，写的是那时候教小孩子最常用的一首诗：

一去二三里，烟村四五家。
亭台七八座，八九十枝花。

干爹的字写得确实好，后来我就跟上他学写字。干妈叫王希韫，也是个有文化的人，不能说多高，总是有文化。聪明，干练，大户人家出来的，会背许多古诗词。爷爷教我读诗，关于清明的，只教了一首杜牧的"清明时节雨纷纷"，干妈就教了我好几首，比如：

无花无酒过清明，兴味萧然似野僧。
昨日邻家乞新火，晓窗分与读书灯。

（宋·王禹偁《清明》）

再比如：

南北山头多墓田，清明祭扫各纷然。
纸灰飞作白蝴蝶，泪血染成红杜鹃。
日暮狐狸眠冢上，夜归儿女笑灯前。
人生有酒须当醉，一滴何曾到九泉。
（宋·高菊涧《清明》）

韩：他们都多大岁数？

张：不大。我妈属虎，一九〇二年生。干妈属兔，一九〇三年生，比我妈小一岁。干爹属蛇，一九〇五年生，比干妈小两岁。以我六岁算，懂事了，也就是一九二五年，我妈二十四岁，干妈二十三岁，干爹二十一岁。我是一九二〇年生的，都是按虚岁算。要按现在的说法，干爹那个岁数，还是个大孩子。

别看干爹这么小的年纪，还是个"公人"，当着西北坊的街长。家里是大财主，父亲爷爷都做过官，不是县上衙门的什么小官，像是有功名，外面像样子的官。我见过他家里一块大匾，写的是"钦旌节孝"，该是他祖上某人守节守孝，品德高尚，朝廷赐给的。这条街太短太窄，没地方立牌坊，要是有地方，是该立牌坊的。干爹的学问很好，是我们县上有名的学者董重的学生，董重是个举人，在我们那一带名气很大。我小的时候，四声的辨别，是爷爷教的，但《四声歌》口诀是干爹教的。爷爷只是教我辨清四声，说不出什么道理，会了四声歌诀，就等于掌握了规律。干爹教我的《四声歌》是这样的：

平声平道莫低昂，上声高呼猛烈强，
去声分明哀远道，入声短促急收藏。

我九岁十岁的时候，就能辨清四声了。这对我后来读旧体诗，做旧体诗，很有用处。

那时，爷爷已经很老了。我上学的时候，他已过了八十。爷爷只可说能写会算，会写信会记账会珠算，谈不上什么学问。我记得，爷爷屋里的"被阁子"里放着一套《字汇》，门背后还挂着一本《玉匣记》，不是小说书，是一种类似皇历，比皇历要全乎的迷信书，出行呀，红白喜事呀，都要查查。民间有个说法："看了《玉匣记》，不敢放响屁。"真要按《玉匣记》的说法，规矩可多了。小时候，我就知道：上午不敢朝东尿，下午不敢朝西尿，中午不敢朝南尿，永远不敢朝北尿。后来当然知道了，上午朝东，下午朝西，中午朝南，都是正对着太阳；朝北，北是官府、神仙、朝廷的方向。

爷爷教我的，不止是这些，还有许多有趣的知识。我还没上学，冬天一数九，就教我填《九九消寒图》。你没见过吧，是这样的——

张先生取过一张纸，在上面画了起来。竖着画了九个圆圈，又由第一个圆圈开始，往左边横着画了八个，说以下类推，就不画了，这样横数竖数都是九个。又在空白处画了一个较大的圆圈当例子。在圈里画个小点的四方形，外圆内方，就是现在街上中国银行行徽那个样子。再由小四方形的四个角，斜引一条短线与外面的圆相交，这样一个圆圈里就分了五个空儿。然后，边说边写：

> 上点天阴下点晴，左风右雨雪中心，
> 点画图中墨黑黑，自然门外柳青青。

接下来说，比如今天是数九第一天，天晴，就把下面的空儿涂成黑的，有风，再把左边的空儿涂成黑的。要是明天是阴天，又下了雪，就轮着下一个圆圈了，把上边的空儿涂成黑的，把中间的空儿涂成黑的。这样一天一天涂下去，涂到九九八十一天就开春了。

我问这样做有什么意义。

张先生说，一是培养孩子的耐心，再就是，涂上二十年下来，对这个地区的天气变化就有了规律性的认识。大致就能知道，哪天会刮风，哪天会下雪。这也是一种气象研究，等于建了个小小的气象观测站。还有一种《九九消寒图》是这样的，就是把"亭前垂柳珍重待春风"这九个字，写在一张纸上（说着写了这九个字），必须写成空心字（说着将亭字写成空心字），从数九那天起，每天按顺序，把其中的一个笔画涂成黑色（说着将亭字的点涂成黑色）。这九个字，每个都是九画，风字要写成繁体。这样，九九数完了，这九个字也就涂成黑字了。普通人家，多是画这种。

记得去年冬天有次来张先生家，正是数九时节，张先生还给我说过一种《九九消寒图》。据说是皇宫里兴起的，就是画一树梅花，九枝，每枝九朵，都是空心的，不涂色。每天由臣工送到皇上御案前，皇上用珠笔在空心梅花上涂一下，九九数完了，一幅御笔的梅花也画成了。我本来想提醒一下，说他还说过这种，怕耽搁时间没说。

张：干妈的文化水平，比爷爷要高，刚才说了她教会我好多首关于清明的诗，不光是这个，别的方面，也比爷爷高明。那时候讲究"建除"，精通这一手的人叫"建除家"，相当于后来说的星相家、堪舆家，就是要做什么了，看个日子，黄道黑道的。爷爷会背建除，但干妈记得更准。

建除歌诀，爷爷教我的是：

> 建满平收黑，除危定执黄。
> 成开皆大吉，闭破不相干。

这个我四五岁上就会，不能说错，意思是对的，用语总是俗了。后来干妈教我的，比这文雅些，也准确些，一听就是见过正经书的。前面两句一样，后两句是：

> 成开皆可用，闭破不相当。

我小的时候，在自家院子里觉得很憋气，北房（伯母住处）从来不去。爷爷的房子，也很少去，奶奶总是叨叨，我也不喜欢。没事了，就跟着母亲去干妈家，就在旁边，北边那个院子。我自己也会过去玩。很小的时候，过年，干妈就教我认街上新贴的对联。好些对联，我会念，可不认识上面的字。不是全不认识，简单的，像上啦下啦，还是认识的，大部分不认识，可是我能把对联全念下来。干妈教过一遍，再见了就会念。

再大点，认字就多了，还没上学，有的认识，有的也是瞎猜，闹了好些笑话。城里有个叫化子叫元则，当时也就二十出头的样子，我有时到了街上，就跟他玩。他领上我去城里其他地方转。镶牙铺子外面的招牌上写着"镶牙补眼"，我念成"让牙铺眼"，奇怪牙怎么会"让"，眼又怎么"铺"呢？让的繁体字是讓，跟镶字差不了多少，补的繁体字是補，跟铺差不了多少，我认识讓不认识镶，认识铺不认识補，就念成那个样子了。

那时街上也贴标语，有一条是"国家兴亡，匹夫有责"，元则会念，用的是介休话，"匹夫有责"的前三个字，我听成是"拍浮油"。介休话"拍"读如撇，拍浮油，是瞎捞钱的意思，我看了心里纳闷，国家兴亡，怎么拍浮油负责呢？

年龄小，家里又太孤单，跟元则这样的叫化子在一起玩，反而觉得很愉快。元则这个人，别看是个叫化子，心眼好，快活，人也孝顺。跟他妈一起住在北城门楼子上，每天出去讨饭养活他妈。我还跟干妈，相跟着去过元则的家。干妈这个人，年轻，好奇，有次跟我说：你知道元则的家吗？我说知道。在哪儿？在北城门楼子上。

干妈让我领她去看看，我就领她上了北城门楼子。元则家里很脏，干妈不嫌，去了问这问那。在那个年代，一个大户人家的年轻太太，肯去叫化子家里看看，要有相当的勇气。

一九二八年，我九虚岁，该上学了。我妈病得很重，做不了主。在我上学这件事上，伯母是反对的，因为一上学就要花钱，肯定是她出。爷爷主张我上学，又不好明说。伯父不表示意见，亲戚们巴结伯母，也都说我不该上学。我舅家坚持要我上，伯父伯母那边，道理上说不过去，只得同意了。

上学的地方离我家很近，就是西北坊小学堂，出门走不多远就到了。上学前，在爷爷的指教下，已经读过《三字经》《百家姓》，认识了不少单字。学堂里，念的是新学制的教科书。多少年以后才知道，爷爷教我的，有些姓的读音是错的。比如有个复姓叫"万俟"，《百家姓》上跟"司马"连在一起是"万俟司马"，爷爷教我的读音是"万丝司马"，实际该读作"默其司马"，《说岳》里害死岳飞的那个奸臣，就叫万俟卨。

小孩子好动，不愿意一天到晚老跟爷爷奶奶在一起，盼着上学，实际上是盼着离开爷爷奶奶，见识外面的事。那时候我妈病重，他们不让我常去我妈住的上南房。她得的是痨病，怕传染。我上学的第二年，我妈就去世了。

小学里，教我的第一个老师是个秀才，学问不错，思想守旧，都到了民国了，用的新式课本，教法还是过去私塾那一套。他一个人教我们国文、算术、常识三门课。每次上课，先用红笔在课本上把要学的勾一下，也不讲，就让我们去背，国文是背，常识是背，算术也是背。第二天上课，不做别的，先背前一天勾过的，然后再勾今天要背的。第三天上课，背第一天和第二天的，再勾今天的。第四天同样，一直到星期六，将前五天的全背一遍。这样一星期的课就上完了。

背的时候是一个人一个人地背，背不会，就打板子，往手心上打。

张颔高小毕业时留影

我很少挨板子，差不多都能背下来。背算术最有意思，还记得第一课是：

树上一只鸟，现在飞去了。

问：还剩几只鸟？

答：还剩〇只鸟。

我头一次知道，一二三四五六七八九十之外，还有个数字叫零，写作"〇"。

这位秀才老师的名字，现在忘了，只记得姓梁。长大后见我们的旧县志上，还有他的名字，是个有学问的人。只是那时候刚实行新学制，他教私塾教惯了，不会教新学制的课本。

秀才老师教了我们一年，第二年来了个新老师，叫李保泰，是经过考试录用的，考了全县第一名，不知为什么分配到我们西北坊小学来了。我们是个很小的学校，只有一个老师。学校在火神庙，左边供的是药王爷，右边是另一个神仙，中间是火神。西边另一个院子是吕祖庙。

说到这里，张先生起身，从东边墙上摘下一幅镶了边框的大照片，拿到桌子跟前说："这就是吕祖庙。"

我俯身看去，是个两层楼式的建筑。彩照，古旧斑驳，仍能想像出当年华丽庄严的样子。

张先生说，吕祖庙的西边是坊公所，东边就是火神庙，也是两层。那时候，庙里的神像还没拆除，我们就在供桌跟前上课。有时候在一层，有时候在二层。二层供奉的是关公，这个楼也叫春秋楼，关公在神座上坐着，周仓、关平在地上站着，跟我们是同学。

李老师倒是用的新式教学法，也没留下多深的印象。记得的只有一样，他上体育课教我们拔慢步，有一个动作，就是一只脚后伸点地，他说这是"挨地而不挨地"，我不懂这个"而"是什么意思。那时候，我们说的都是介休话，对那些外面来的，或是上了新学堂出来的，说普通话的，叫"撇京话"。有的刚开始听也听不懂。比如有次开会，有个老师（不是李老师）在台上说，什么人压迫什么人。我就不懂得"压迫"

是什么意思，下来看了书，才知道原来是"捏撅"，介休话里"压迫"就读这个音。

那个李老师，日本人来后，当了南同蒲线上的列车长。日本人投降后，还是列车长，只是身份变了，成了国民党。共产党来了就不行了，回到村里，是个小村子，离城挺远的。解放后我们还见过。毕竟是见过世面的，脑子活泛，大概是六十年代初吧，困难时期，饿得没办法，就骑上自行车从城里贩卖碱面挣点小钱。这是不允许的，按当时的政策，这就是"投机倒把"，抓住了批评教育，重的说不定还要关几天。头一次抓住，人家见他可怜，批评几句就放了。过后仍不改，又叫抓住了，好说歹说，又放了。第三次抓住，人家可不饶了，连人带自行车、秤杆秤盘，一起带回工商局或是派出所，严加责问。问有再一再二还能有再三？说没有。问反复做这样的事，是不是给政府添麻烦？说是。又问往后还敢不敢？说不敢。那时候不兴罚款，说你就写个检查吧，要深刻。这就看出他的聪明了，写了，抓他的人全笑了。写的是：

再一再二没再三，不给政府添麻烦，
从今往后我不敢，拿来我的秤盘盘。

我们那儿的文化人，还是有点幽默感的。

不管怎么说，小学四年，很顺地过去了。考上高小是不成问题的，能不能上却成了大问题。我妈早就不在了，跟伯母说，肯定说不通。考试过后，不知是受了哪个高人的指点，或许就是干妈干爹教的吧，我请校役到家里，跟伯母说，我上高小是保送的，不用掏学费。一听说不用掏学费，伯母就无话可说了。这样，我就上了介休县立高等小学校。

高小在县城东南角，文庙旁边，地址是过去的绵山书院。你知道吧，过去，凡是文庙，都在东南方向，就是文昌阁、文峰塔这类建筑，也都在东南方向。绵山书院早就毁圮了，留下不多的几个旧建筑。有个大厅，记得大厅门上的对联是：

> 川岳锺灵，绵山胜水之间，应多杰士；
> 典型在望，有道潞公而后，讵少传人。

有道和潞公，是介休历史上两个有名的人物。有道是郭有道，也叫郭泰，东汉有名的太学生，可说是最早的学生领袖。范文澜的《中国通史简编》上说他是中国历史上第一个搞学生运动的人。潞公是文彦博，当过宋朝的宰相。这副对联，先说山川再说历史，地灵人杰，读了很能长少年人的志气。

上学期间，经常得到干妈干爹的鼓励。干妈对我的鼓励最多，我记得她教过我这样一首歌谣，叫《跑报则》，就是"跑报子"（说着顺手写下来）：

> 好小则，带上串铃跑报则，
> 一跑跑到北京城，三年两年熬成人，
> 自熬得，自挣得，自家娶过媳妇则！

给你说一下读音。介休话发音，入声最多，"子"读成"则"，也写成"则"。

什么叫跑报则呢？旧社会天旱久了，就要祈雨，把龙王抬出来游，抬到哪儿呢，差不多都是抬到绵山上，有时也去河边、水池边，总之是有水的地方。祈雨的队伍在后面慢慢地走，前头一个年轻小伙子，一会儿跑远了，一会儿跑回来，跑回来就大喊一声"报！"说现在是什么时辰，天上有没有云。这个活儿是很辛苦的。大热天祈雨，身上要穿老羊皮做的皮袄，脖子上要戴上用三个铡刀交叉起来绑成的枷，身上还套着牲口戴的那种串铃，跑起来丁当丁当响。干妈的意思是，要我用跑报则的吃苦精神努力上进，为死去的母亲争光。

高小两年，我的学业很好，也闹过笑话。那时的高小学生，大多数家里比较富裕，平日吃得好，穿得好，冬天有棉大衣，还有《小学生字典》。棉大衣和字典，我没有，家里穷，买不起。穿得也平常，冬天冷，耳朵上起了冻疮，手指上脚趾上也起，耳朵常会冻得流脓。老师对那些富人家的学生，常给以关照，或许不是什么关照，但在我看来就是关照，也可以说是偏向。临毕业的时候，趁没人在跟前，我在黑板上写了一行字："本校教员，以貌取才！"粉笔竖着写的。

学校很快查出是我。我的字写得好，一看就能看出来。教员们知道是张连捷写的，都很生气，觉得是对他们人格的极大诬蔑，要求校长开除我。校长叫杨绍祖，是个有学问的人，我知道"六书"，就是他教的。他没有开除我，只是把我狠狠地批评了一顿。我这人，平常学习是很好的，偏偏这次毕业会考没考好，也不是怎样的坏，只能说没考出平时的水平。过后杨校长见了我，笑着说：还说人家以貌取才，你的才呢？这件事给我的教训极深，什么时候都不能以己之心度人，做什么事都不能意气用事。

别的孩子上学是幸福的事，我也不能说不幸福，可那时候，真是苦透了。刚才我说，冬天冻得耳朵起疮，流脓，这是真的，你看看我的耳朵。

说着，张先生伸出手，捏捏自己左耳的耳轮，往前揪揪，我凑过去一看，平平的，似乎还少了些边儿。接下来说，你们的耳朵这儿都是个楞儿，我这儿光光的，没有楞儿，就是小时候叫冻坏了的。还有，你看我这手，说着伸展两只手，除了大拇指，其他几个指头都是弯的。是稍弯些，也不是多么难看。张先生的手指属修长的那种。

小时候，真是个苦啊！说到这儿，张先生忽然停下来，面色也变得凝重起来。我以为他是累了，或是要出去方便，也就没有吭声，过了这种情况下该等待的时间，再看张先生时，竟有些气喘的样子，我说，累了就歇歇。

张：不是累的，是我想起一个人，该说不该说，说了不太好，不说心里又堵得慌。

韩：有什么你就说，该写不该写是另一回事。

张：那就说吧。我要说的是我的这个伯母，我们那儿叫大妈。这样吧，我先给你说了，这样的事，等我死了再发表，恨是恨，总是个长辈嘛。

韩：有什么你就说，该不该写我来掌握。这么大年纪了，别考虑那么多，只要是真事，只要是你经过的，就说出来。你都是黄土埋到这儿（说着我用手在胸前比划了一下）的人了，还考虑那么多干啥。

张先生用手在脖子上比划了一下，说到了这儿。那就说吧——

我这个伯母，待我母子，真是太过了。我妈得的是痨病，后来重了，我舅家让伯母出钱给看病，伯母对我舅家说："有买棺材的钱，没吃药的钱！"那时我还小，不知道，长大了外婆告诉我的。

韩：爷爷该说话呀？

张：我妈生我的时候，爷爷已经七十五了。我小名叫七五则（子），就是这么来的。

说到这儿，张先生起身在旁边的书柜里，翻出一本民国年间的历书，一页一页地掀着，只见好些年月下面有批注，有的写着父生、父亡，有的写着母生、母亡，等等。凡与他有涉的人，几乎都有批注。真是个心细如发的人，把平日的考证功夫也用在这些事上了。

你看，他是道光二十六年生人，道光二十六年是一八四六年，我是民国九年生人，一九二〇年，他已经七十五了。他连自己都管不了了，还能管家里的事吗？我小时候，院里一大家人，在一个厨房做饭，做好了再各端回各家吃。厨房在下南房，我和母亲住的是上南房，我们的饭母亲端来，爷爷奶奶的饭，我端上送到他们房里。我给爷爷奶奶送了饭，再回到我们房里吃。母亲死了以后，我就在爷爷这边吃了。虽是一个厨房做出来的，东西可不一样。伯母房里吃的辣椒是油泼的，我和爷爷奶奶吃的是水拌的，有时候里面还有蛆。奶奶自己从街上买上一小瓶香油，吃饭的时候，用筷子尖在油瓶里蘸一下，往碗里点一点，说是油吃一点香，多了就不香了。街上卖麻叶（油条），从来不买，说吃了不管用，还要"闪塌嘴"，意思是太虚了，卟嗤一咬，会把嘴皮子闪塌的。

奶奶爱唠叨，不是吃饭，我不愿意在爷爷房里待，做什么她都要管，都要问，你不说她就要叨叨，说你这不好那不好。我正做作业，要去茅房了，就得跟她说：奶奶，我要去茅房了。要不她马上就要问，去做甚？叨叨得很。

没事了，爱去干妈家玩。不是上学以后才去，上学以前就爱去干妈家。多是跟上我妈去的，那时我妈身体还行。干妈这个人，年轻，心火旺，

张颔在其出生的屋前留影

听说伯母在什么事上待我母子俩不好，就鼓动我妈跟伯母对着干。我妈呢，也是年轻，不懂世事，常会听了干妈的话跟伯母吵闹。你想，这怎么能行呢，你吃的喝的，全是人家管着，这样闹会有好处吗？

韩：伯母待你们不好，或许是要照管这么一大家子人，经济上也不宽裕，不得不省吃俭用吧？

张：可她还抽大烟啊。说不清，也许就是那么一种人。

又停了下来。说了这么多，张先生还没有从对伯母的愤恨，又由这种愤恨引发的对母亲的思念里解脱出来。我理解老人的这种心情，尽量不打扰，过了一会儿又说开了。

七八岁那两年，主要是伺候我妈的病。伯母只管吃的，看病不管，别的也不管。我妈病得很重，要吃药就得自己想办法。有时候家里实在穷得没办法了，就拿出件东西让我去卖。兜肚上的链子，是银的，有次就解下来让我去街上卖。跑了好几家，人家都不收，见我这么小，以为是从家里偷出来的。后来有一家见我说得恳切，知道不是偷的才收下。

父亲是前半年春天死的，我是后半年冬天生的，我老妗子接生，后来跟我说，说我一生下来就是个孝子，哭得很厉害。头一声哭，是哭我父亲。那么大声地哭，也是哭自己的命太苦了，生下来就是个苦孩子。

像我这种遗腹子，我们那儿叫墓生，就是父亲已经进了墓里你才生下。九岁上，我妈又死了，人家都说我命硬，没生下来克死了父亲，生下来没几年又克死了母亲。我妈活得太惨了，得了痨病，又得不到好好的治疗。现在我还记得我妈死了那天的情景。

我妈病重的时候，我跟爷爷在一起住。一早起来，就听见院里南房有人哭，这是我们那儿的习俗，死了人得有人哭，没有还得请个人，要哭得有声有调。谁呢？我伯母的娘家二姐，也是介休城里人。爷爷跟我说："七五则，你妈死了，黄瓜苦到圪蒂上了！"

那边的哭声越响了，我听出哭的是："二鬼呀，可是你自家害了你自家哩！"我妈是二媳妇，二鬼，是我们那儿的叫法。

韩：是说你妈不该跟你伯母闹意见？

张：是这个意思，闹了意见，人家才说"有买棺材的钱，没买药的钱"，只能等死了。

韩：你妈是个刚烈的女人吧？

张：年轻，个性强，有点二杆子劲。

我是一九三五年春天高小毕业的。在我来说，高小毕业就算是到顶了，要上中学得到外地，想也不敢想。毕了业，做什么呢，不是一下子就能找见合适的事做，闲着没事，就参加了县城的一个文人社团。

介休城里有家茶叶铺，叫"广源永"，老板王宗汉，有文化，人也风雅，联络了几个同好，组织了个"行余学社"，取"行有余而致力于学"的意思。参加的大都是城里的画家、书法家和篆刻家，没有专门做这些事的，都是业余爱好。我好这一手，也参加了。从这时起，就开始读《说文》，学书法，学绘画，还有篆刻，等于是跟古文字打上了交道。只能说有了些常识，研究谈不上。

人家都是有事做的，就我是个闲人，写字画画不能当饭吃，总得做个事才行。这期间，亲戚们也都张罗着给我找事做，最后还是外公说成了一件事。他有个眷弟在湖北樊城做生意，好多年了，在一家杂货铺当了掌柜。外公就托他的情面，看能不能给我在樊城找个干的，说行啊，来我这儿当店员吧。这样我就去了樊城。说这话，已到了一九三七年的春天。

临行前，干爹干妈专门把我叫到北院，请我吃了一顿火锅。说来惭愧，伯母当家这些年，除了过年，我连一顿饺子也没有吃过。吃饭的时候，干妈勉励我说：孩子呀，永远不要回介休来啦，介休没有你的亲人！

她说的是实话，我那可怜的母亲，早在八年前就去世了，爷爷奶奶也不在了，介休确实没了我的亲人，可是，我永远记得，干爹干妈，同样是我的亲人。干妈这样说，是为了激励我早些成人，做大事，给死去的母亲争光。

条幅：春夏秋冬 步以为岁

# 二 堂兄张帆 11 月 27 日 星期二

下午三时去了张先生家。事先打了电话。这是我跟张先生约好的，他要是有事，或是身体不适我就不去了。毕竟是八十八岁的人了。

上次谈他干爹干妈，给了我个启发，就是要谈得细些，挖得深些。这次不想往下谈，谈在樊城的事，还想谈他少年时在介休的事。我想知道，他的家族中可有什么文化人。所以挑起这个话头，是我总觉得，像张先生这样没有多少学历而终能成大器者，少年时必定有某种引导，至少也是某种启迪，否则，一个寒家子弟，怎会从小就有那么大的志气，一心向学，终生不懈。

没想到我会这样提出问题，张先生沉吟片刻，随即朗声言道：有一个，有多大影响当时也不知道，不过，我是很佩服他的，是我的堂兄。前面说过，原名张连仲，后来叫张帆。还有个笔名叫张中篯，一度用作本名。

做什么的？我问。

张先生说，天津一家当铺的小伙计。看出我有些失望，又说，可别小看了这个当铺的小伙计，二十四岁时就出了书，署名张中篯。当年可是我们那儿一件引起轰动的事，介休城里有个书店，叫普通书店，就卖过张帆的这本书。

接下来说起这位堂兄的简历。一九一一年生人，伯父张缙绅先生的独子。十六岁县立高小毕业后，随其父去天津学生意，进了位于东门外水阁大街的"德恒当"做学徒。财东是天津八大家之一的黄家。

张帆是个有志气，也有文才的年轻人。进入典当业后，经过几年的观察，决心兴利除弊，为旧典当业开一条新生路。这志气可不能说小。于是广泛调查，潜心结撰，写了一本书，叫《天津典当业》。成书在民国二十三年，出版在民国二十四年，当时不过二十四岁。这一年我十五岁，高小还没有毕业。人家这么小就能出书，我很佩服也很羡慕。

我说，你们和伯母家……

张先生听出我的意思，说，各是各的，伯母待我们母子太刻薄了。堂兄对我，没有成见，反而有更多的同情与关爱。

张帆比我大九岁，小小年纪就到天津进了当铺学生意。当铺规定，前三年不准请假，满三年后，每两年有六个月的假期。也就是说，我平日是见不到这位堂兄的，假期回来，只是在一起坐坐，年龄悬殊，没有更深的交往。不过，能感觉到，对我这个堂弟还是亲热友好的，常问些学业上的事，鼓励我求学上进。有次他从天津给我寄回铅笔和小人书，激动得我一连多少天，晚上睡觉都要把铅笔和小人书放在枕头边才能睡得着。出书不久，张帆就回到介休老家，从了政。再后来就在二战区当了干部。抗战期间，山西这一带属第二战区，是阎锡山的地盘。后来就一直从政。

我说，张帆从政，有没有什么背景。

张先生说，没背景，全是靠自己的努力。天津回来不久，就是一九三六年吧，阎锡山政权在全省各县，考试录取村政协助员。介休全县会考，张帆考了第一名，没当村政协助员，委任为县公道团的区团长，全县只有四个区。后来省里举行高等文官考试，介休去了三个人，另两人中学毕业没有考上，他高小学历却考上了，任命为祁县公道团的县团长。这时我已去了樊城。抗战开始后，张帆随二战区党政机关去了晋西的乡宁县，在第二战区军政干校第十五分校任政治教官，后又考入民族革命政治实施研究院为研究员，结业后任石楼专员公署秘书。抗战胜利后当过繁峙县县长。我走上革命的道路，最初也是张帆的引荐。不是说他是个革命人士，是他给了我这个机缘。从经历上说，他只能算个进步人士吧。

我想多听些张帆写书的事，便问《天津典当业》是本什么样的书。

张先生说，他这里就有，说罢起身，从东侧的书柜里取出一本，说是介休市原博物馆馆长师延龄同志，在北京的一次拍卖会上买下送他的。

我们正说着，来了两个人，像是前几天就约好的，说是上午来，上

张颔与堂兄张帆

午有事，下午来了。看样子一时半儿不会走，我拿起《天津典当业》过北边的书房里，坐在小沙发上细细地看。

小三十二开本。浅灰色封面，书名居中，墨笔竖写，行书字。右上为"商学丛书之一"，左下为"张中篇著"，均墨笔行书字。末页有出版信息的记载：全一册，价银四角；鉴校者祁云五，著作者张中篇，承印者天津益世报馆，发行者万里书店；民国二十四年初版，有著作权，印数两千册。

震惊，最初的感觉只有震惊。

七十多年前，在这样一个陈腐的行业里，年轻的作者却能挺身而出，精心钻研，多方考稽，拨其迷障，辨其利弊，写出这样一本见卓识，也见才情的著作。文笔之典雅温润，流畅自如，就是放在当今，也该列为上品。难怪张先生要说，这本书如今已成了商学院学生研究中国典当业的必读书目。

先看其志向，序中说：

> 我国在过去既少关商事历史之记载流传，到目前亦恒鲜见任何商事之专著出现。推其主因：实缘商业场中既乏手笔，文字堆里则多不愿以其"生花之笔"屈沾"财臭"。得意者固"扬眉吐气"，失意者亦惟"吟风弄月"，谁曾留意及此？
>
> 即以此间典当业而言，在社会确具深久之历史，与人民更有旦夕弗离之关系。惟以实况既无传述，道途自多失真，一般注意本业者，皆苦找不到研究之敲门砖，而无领路之好机会。大多彷徨犹豫，不知所向。此作者自告奋勇撰著本书之用意所在也。

再看其文笔。第八章《当铺内部服务人员的层级和责任》中有这样一段：

> 精于笔墨者便提拔他管账，富于力气者便提拔他管库房，再注意其自身之前进与退缩，遇到何项业务上有了空缺便随时派去补充。不过等级是这样，做事却在自己！然在过去确有不少掌权败类，只知提拔偏护私人及情面大者，而将优秀分子加以压迫与摧残。关于此等败

道德、无人格之恶劣行为，我于数年前曾撰一不客气之批评文章载于报章，无如言者言，行者行，终于仍为视而不见，入耳无闻的原态，以致茫茫商狱，不知苦熬几许敏慧刚毅的青年。为文至此，忆及前尘往事及若干目睹不平现象，怨恨顿生，悲楚立至，抛笔唏嘘者三！

全书二十章，计十万字。章节依次为：

最近六十年来天津典当业的盛衰史

都市人民，乡村人民，和当铺

目下天津典当业组织方法

典当业现行的营业法则

典当业团体的组织并其章程

典当商营业时估价的标准

收货，存放，和取赎

当铺内部服务人员的层级和责任

当铺内部服务人员所受的待遇

典当商做交易时应加的防患

当铺内部服务者与典主双方应存的道德观念

转当局与人民及当铺的关系

典当商应用文字写法的沿流与举例

天津典当商过去所受的意外损失

当铺倒兑的手续

收买当铺估货的几行商人

天津范围中现有当铺的一些调查

典当商捐税的负担

当铺内外观的写真并说明

天津典当业前途的展望

另有附录三篇。依次为：《设立当业育才学社的一个计划》《服务典当业中店员学徒的生活讨论》《作完之后》。

这样，全书的内容与规模也就约略见之了。

书中对典当业流弊的揭示，发微摘伏，深中肯綮，这不难做到，毕竟是这个行当里的人。难得的是他的识见，他的用心，志在兴利除弊，商民两便。比如第十二章说到"转当"时，对典当商与普通民众的利害关系，说得就极为透彻。

"转当"是怎么回事呢？可说是应运而生。

作者说，乡村人民素以当铺为第一贷款便利处所，兼因近年来农村年年走着噩运，不是兵荒，便是匪患，如水、蝗的灾害。乡村中产以下人家，差不多十九都要和当铺发生关系。否则一筹莫展，只会坐以待毙！但目下津县直辖诸乡，仅大沽设有一处，葛沽设有二处，碱水沽设一处而已。其外本境及接境如武清、静海、文安诸邻县所设有之当铺，为数亦渺渺。各处农民都不能享受典物贷款的便利权益。不得已只有负重跋涉来天津，往还多至百余里，废耕作，耗时间，但为了需款的急迫，那尚顾得这些。如果不这样，立刻要感受"无钱寸步难行"的困苦。

"转当"如何动作？

作者说，不需纳营业税，便可营业。由熟悉典当业的人员，或兼营运输的人员，"收取押当物后，即付给典主当银及本局当条一张，兼扣应得之脚力，当户如于当条上所注明押期中取赎，则除典当时预付之脚力外，更无须有其他费用。过期便转送给天津当铺，然后当户可执该局所发当条换取天津当铺正式当票，以后只要在十八个月当期之内，皆可随时自由取赎。"这等于是在各乡建起了当铺的代办所。

据书中种种陈述，也就知道，典当业并不是我们过去印象中那样血淋淋的尽情盘剥，之所以数百年不衰，不光对从业者是一种财源，对民众也是一种便利。只有两利才能共生。若仅是一种血淋淋的盘剥，那就如同打家劫舍，无异于土匪强盗，早就叫官府派兵剿灭了，如何能维持数百年之久？

至于对典当业前程的擘划，可说头头是道，那份《设立当业育才学社的一个计划》，更是用心良苦，见出一个从业者的切实筹措，也见出一个热血青年的社会责任。

让我感兴趣的还有一点，就是空页的妙用。因为排版采用的是"另页起章"，章数又多，这样就有了不少的空页，这些空页上，全是当时新文学名家关于当铺的描写，计有章克标、胡也频、夏斧心、鲁迅、王以仁等人。由此也就不难推断，这位张帆先生，当年也是一个热爱新文学的青年。好多从事其他行业，后来声名显赫的人物，起初都是由热爱文学走上他们后来的道路的。多少年前我就有的这个感觉，此番又一次得到印证。只是张帆先生后来转入他途，没能继续从事经济学研究，中道而辍了。

客人走后，我又过来，连声说，你这位堂兄真是了不起，小时候有这么个兄长，与没有这么个兄长是不一样的。

张先生说，他这位堂兄，论天分，论才情，均不在他之下，当年若坚持下来，一直从事社会科学研究，前程不可限量，可惜生不逢时，未竟其功。

我说，你兄弟俩的情况，让我想起灵石县有名的张家兄弟，张友渔和张鼎彝，一个是共产党的法学权威，一个是国民党的法学泰斗，若张帆先生后来在社科研究上一展其长才，与其堂弟张颔先生并驾齐驱，也就不会让灵石张氏兄弟专美于前了。

张先生笑了。

又问这位张帆先生解放后的境遇如何，张先生叹了口气，说刚解放的时候，在繁峙县长任上叫关了起来，后来查明没有什么恶迹就放了。回老家当了小学教员，五七年打成"右派"，长期在一家焦炭厂劳动。粉碎"四人帮"后获平反，曾任介休县政协委员并分到房子。一九八七年去世，享年七十六岁。

真没有想到，兄弟俩的境遇会这样的不同。

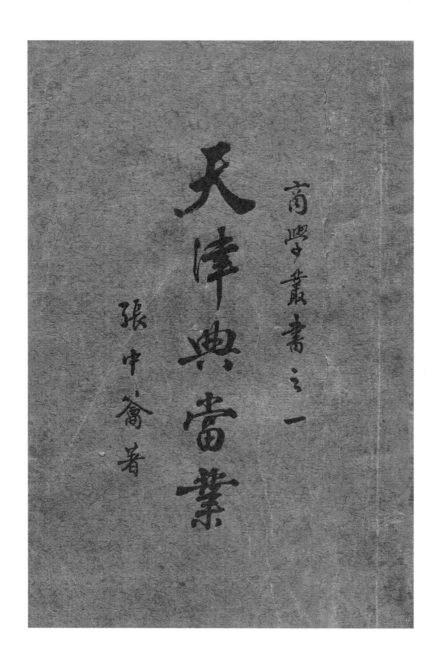

张帆著《天津典当业》书影（民国二十四年）

# 三 介休城里的人文景象 | 12月13日 星期四

上午打了电话，下午三时整去了张先生家。他的三儿子崇宁先生也在，是来给老爷子买药的，拿上药盒（上面有药名）还没走。崇宁是省考古所的研究员，是几个孩子里，唯一继承了张先生专业的一个。家离这儿远，单位离这儿近，上班时间抽空过来看看老爷子，有什么事及时就办了。

崇宁走了，张先生移到书桌前坐定。

今天原打算谈他去樊城的事，想起有个小问题没弄清楚，便说，你是一九二八年九虚岁上小学的，小学四年，连上高小是六年，毕业当在一九三四年夏天，一九三七年春天去的樊城，也就是说，你毕业后在介休城里待了两年半的时间，就这么长吗？

张先生说，没那么长。前面说过，我们是一九三五年春天才毕业的。我在的是三十五班，一九三四年夏天毕业会考，全县四个高小在一起考，校长嫌我们这个班学习不好，没让参加。这样就延长了一个学期，直到一九三五年春天才毕业，半年还要多，记得会考时天气都热了。这样我从毕业到去樊城前，在介休也就是一年多不到两年的时间。

韩：做什么呢？

张：在行余学社呀。人家都有工作，来就来，不来就不来，我是天天来，等于专门在那儿学习。

行余学社的主人王鋆，字宗汉。开的茶叶铺叫"广源永"，两间门面。王先生是个有文化的人，写诗作画都来得，隶字写得很好，还会撇兰花。学社就在茶叶铺里，先在门面的另一间，后来移到店后面的房子里。学社里，他的好些书就摆在那儿，谁来了谁看，有时他在，有时连他也不在。

《故宫周刊》

那可都是些好书，有《故宫周刊》，有《十竹斋画谱》，还是明清时代印的蝴蝶装画册，很名贵的。他对古钱币也有研究，学社里有本《钱谱》，是他的，印得很精美。在这儿，真正学习的，就我一个人。

我在这里，主要是学山水画，刻图章，学山水画用的是《中国画·山水》，学刻图章用的是《篆刻针度》。学社里，笔墨纸砚，都是现成的，全由茶叶铺主人王先生免费提供。

对行余学社的活动，有个人看不惯，就是同在南街上，与广源永茶叶铺隔几家的李国玺。这个人，有学问，诗写得好，职业是讼棍，就是专门帮人打官司，地道不地道的都来得了。在外面，李国玺对人说，什么行余学社，我要不高兴了，一串串把他们拴到衙门里去，意思是把我们拴成一串全抓进衙门里。他是讼棍，等于现在的律师，懂得法律。那时南京国民政府已成立多年，颁布了社团组织法，成立社团是要登记的。他知道我们没有登记，才敢说这个话。只是这样说说，并没有真的起诉。

李国玺在介休要算个名人，还有两个名人，一个叫董重，一个叫曹淮。董重是举人，我干爹郭耀宗就是他的学生。曹淮也是个文化人，光绪三十四年（公元一九〇八年），在太原创办的山西第一张民间报纸，叫《晋阳公报》，是临猗人王用宾办的，王是总编辑，曹淮就是他手下的编辑。清宣统二年（公元一九一〇年），交城、文水两县官府，因铲禁烟苗，滥杀农民，社会舆论大哗，《晋阳公报》予以揭露抨击。山西巡抚大怒，奏准清廷，查封报馆，通缉总编辑，王用宾跑了，曹淮回到介休。这三个只能叫名人，不能叫富人。当时街面上流传一个说法，"董重曹淮李国玺，该（欠）下人钱老不给"，可见他们不是什么有钱人。三个人里，数董重年纪大，名气也比另两个大些。每年正月十二商铺开业，谁家都要请董先生。他呢，也乐得送人情，谁家请都去。这个人，别看是个举人，饭量奇大，有人给他编了个三句半，我们那儿不叫三句半，叫十七字诗，是这样说的：

油茶喝一锅，锅盔吃一愣；

扁食二百余——一顿！

乐我眉黎

　　锅盔就是烧饼，扁食就是饺子，你说这饭量该有多大。曹淮也有诗。还没有在《晋阳公报》当编辑，更早一些，庚子年间，八国联军打进北京，西太后和光绪帝往西安逃，路过山西，各县都要组织班子支应，叫"办皇差"。介休办皇差的班子里就有曹淮，那时也就二十出头，不知犯了什么错，叫李莲英的手下打了他一顿马鞭子。有人就编了首十七字诗：

　　乐意办皇差，因甚马鞭拍；
　　若问名和姓——曹淮！

　　张先生说到介休县城的三个名人，又说起有关他们的十七字诗，让我想到一个问题，就是三十年代内地县城的文化风气。我说，介休在晋中一带，要算大地方，物产丰饶，文风甚盛，毕竟承平日久，又是个世俗社会，才会产生这种十七字诗吧。

　　张先生沉吟片刻，说，或许是这个道理。我小时候那些年，介休城里的文化人，确实有编这种诗取乐的风尚，民间流传着好多这样的故事。有个人，不一定是介休的，爱编这种诗，就给知县娘子编了一首："知县美娇娘，没人比她强；金莲三寸半——横量！"知县知道了很生气，就把这人传到县衙，过堂审问，问可是你写的，说正是小人。又问，听说你有捷才，那就给我也编一首吧，说行。知县叫王锡坡，这人当下就编了一首："古有苏东坡，今有王锡坡；两坡相比较——差多！"知县听了也不见怪，反而觉得有趣。正在这时，有人进来给知县报告，说娘子生下了，知县还没回过神来，这人马上又编起来："老爷正过堂，忽报生儿郎——"报告的人说是女的，这人马上接着说："拨开腿一看——像娘！"生下女儿，知县本来就不高兴，叫他这么一编排，就更生气了，当下判处流刑，发配新疆。他舅舅听说外甥要走了，赶来送行，这人当即又是一首："发配到新疆，见舅如见娘；二人双落泪——三行！"为什么，他舅有个眼是瞎的，两个人只有三行泪。

　　当年最爱编十七字诗的，是个叫李天相的人，曹淮办皇差的那首，就是他编的。不光曹淮，凡是那次办皇差的，他都给编了诗。有个叫罗联同的，办皇差那几天，正赶上娶媳妇，李莲英知道了，也去他家看，一见李公公来了，慌得连炕也来不及下，就站在炕上给李莲英鞠了个躬。李天相就给他编了一首，前一句不一定准确，全诗是这样：

> 新郎罗联同，洞房闹新婚；
> 见了皮硝李——鞠躬！

李莲英未入宫前是做皮硝的，民间都知道他的外号叫皮硝李。李天相给别人编了这么多的诗，有人气愤不过，也给他编了一首。李天相这个人胆子小，刚接了皇差，见皇上跟西太后的车队过来了，前面有喝道的，一见这阵势，吓得赶忙躲在桥眼底下。就这个事儿，给他编了一首：

> 吉人李天相，人称二知县；
> 钻到桥眼下——不见！

还有一首，太刻薄了，据说是有人写了，晚上悄悄贴在他家门口，是这样的：

> 缺德李守约，你是谁做的；
> 你妈和谁睡——你说！

守约是李天相的字，这一来，弄得李天相也没了脾气。

我十三四岁的时候，就知道这些诗。当时后土庙里有个小道士，叫邓至常，比我大几岁，跟我很要好。每年三月十八，四月十四，后土庙逢会，这种会很热闹，一连好几天，庙里人手不够，邓至常就叫我去帮忙。分给我的活儿是在眼光菩萨像前敲木鱼，收布施。三天的会完了，总要分给我一些点心水果之类的吃食。平时庙里香火并不旺盛，靠公家拨钱养活，有时连吃饭都成问题。有次我去看邓至常，他说他编了首诗，只是后两个字掂量不准。我问前三句是什么，他说是："道士邓至常，每日缺两餐；公食不得够——"问我下面该说什么，我开玩笑说，吃屎！他说不押韵，该是喝汤。

问起十七字诗的来历，张先生说，十七字诗最早见于宋朝宣和四年。我国古代习俗，凡各地发现嘉禾、瑞芝等事，均为国家吉祥之兆。宋徽宗时，宰相王黼报称他府第的梁上忽然长出灵芝，徽宗听了大为惊喜，决定要去他府上观赏。突然下了大雨没有去成，灵芝便蔫落下来。当时京城里有人做诗讥嘲说："相公初赐第，梁上生芝草；因何脱下来——胶少。"揭露梁上所谓的灵芝，不是天然生成，是用胶黏上去的。

明朝也有十七字诗流行。张士诚的丞相叫张士信，依靠黄敬夫，叶德新，蔡彦文三人为股肱，有人做诗嘲讽说："丞相做事业，全靠黄蔡叶；一朝西风起——干瘪！"

又说起行余学社。张先生说，可别小看了这个小小的学社，还真出了人才。有个叫杨泽民的，是我的老师，原来也不过是店员，抗战开始后去了重庆，成了名画家，是当时的"重庆十画家"之一。改了名字，叫杨竹民。

曹淮也是行余学社的常客。他还是有点真学问的，家里藏书不少，我堂兄张帆，就借过他的《石达开日记》，我也看过。我还记得，在书的最后一页上，他批了几行字：

鬻及借人为不孝，借书各还犹无道。
若教黄鹤去不回，斯非女娼即男盗。

这话说得很重。不过从书主人来说，也不为过。书可以借人，最怕的是借了不还。"鬻及借人为不孝"这句，我当时并不知道是什么意思，更不知道其出处，直到五十几岁看过一本书，书名忘了，才知道这是个典故。唐代的杜暹，家中藏书大概不少，曾在书后写了这么个跋语，只有三句：

清俸买来手自校，子孙读之知圣道，
鬻及借人为不孝。

由此才明白"鬻及借人"说的是两件事，一是将书卖掉，一是将书借给他人。

韩：珍贵的书，就得这样。要不，后世子孙不知珍惜，给卖了或是借给人又收不回来，不就太可惜了吗？

张：话是重了些，也能理解。前些年我就知道，初版《侯马盟书》，在北大图书馆里，只能在馆里看，不能借出去，教授也不行。三十年代前期，介休这个小县城里，文化气氛还是很浓的。

韩：在这样的文化环境里，像你这样的年轻人，也就有了爱好文艺的趋向。

张：在这方面，堂兄张帆给我的影响也不小。我去樊城学生意时，带了篆刻刀、水彩碟、笔墨、《芥子园画谱》，还带了一本《鲁迅自选集》，是郭沫若题写的书名。当时鲁迅刚去世没有多久。买这样的书，也是受了张帆兄的影响。

韩：是不是张帆那时就看出了你在文艺方面还是有才华的。

张：哪里，他是同情我，看我身世可怜。没出生父亲就死了，才九岁母亲又死了，谁看着都觉得可怜。他同情我，我也把他当作榜样。

不早了，看看手表，不觉已两个小时，该结束了。来的时候，我带了前两节的打印稿，取出给了张先生，在稿子头一页的空白处，有我写的说明：请看看，事实有不符的地方，可在稿子上改动或写在旁边。怕张先生不赏识我这种近似口语的文风，此时又特意强调：文字你别管，我的文字就是这样拖泥带水的，不过曲曲折折，意思总能说个明白。张先生听出话里有音，说道，你这种文字风格我还是欣赏的，也能欣赏得了，你不知道，我写过小说，还写过新诗。让你看样东西。

说罢起身去了另一间房，一会儿过来，手里拿着一本小书，递给我说，你看，这是我解放前出版的一本诗。还出版过一本小说集，手头没有了，《山西日报》图书馆里有。解放后《山西日报》接收的是阎锡山《复兴日报》的摊子，有人在那儿见过。跟这本诗集是一个时期印的。

接过来一看，书名《西里维奥》，一九四八年五月黄河书店出版，前面有余振的序。我知道此人，说这个人是位俄语翻译家，当过北京大学的教授，后来在上海工作。张先生说，余振是他的好朋友。

看过放在桌上，张先生说，送给你吧。我说，这样珍贵的书，我不敢接受。张先生说，我还有，这本你拿去吧。

恭敬不如从命，收起放进皮包，起身告辞。

龙潭潭水水漫漫，春色流离尽耐欢。和气一团棉四序，还稀依作大陈看。

# 四 小伙计的生活

　　上午接张先生电话，说前几天带去的整理稿看完了，一听就知道是想让我过去。下午三时来到张府。两家相距不远，走快点二十分钟就到了。

　　谈什么呢，就谈在樊城学生意的事吧，张先生便顺着这个话头谈了起来——

　　到樊城是我外公的眷弟推荐的。这个人叫郭玉民，是湖北樊城一家字号（商铺）的掌柜，当时正好换班回家休假。不是他休假完了带我去的，字号里两年休一次假，叫换班，一次半年，他还在家里，先跟樊城那边信上说好，带上他的信就去了。不是我一个人去的，正好另有个掌柜的休假期满要回湖北，郭先生就托他带上我，路上有个照应。没有带到樊城，到了武汉，那儿有字号驻武汉的办事人员，叫"庄客"，交给字号的庄客就行了。我要去的字号叫"协玉"。

　　韩：介休去武汉，路上是怎么走的？

　　张：坐火车。介休坐同蒲路的火车到榆次，在榆次第一次见到电灯。坐正太路，就是现在石太路的火车到石家庄，再坐平汉路，就是现在京广路的火车到了汉口。在汉口，住在吉星公司，介休人开的，经理叫宋本南。两层楼，是个大招待所，住着许多"庄客"，统一开饭，有公用电话。是湖北各地山西商人在汉口的办事处，也接待别处的，山西的庄客最多。对襄樊一带的晋商字号来说，也是栈房，存放货物的地方。"协玉"长驻吉星公司的庄客叫李伯衮，带我来的掌柜，把我交给李先生就没事了。去樊城的事，有李先生办。

　　韩：到樊城是什么时间？

　　张：什么时间？穿的是夹衣，想来该是春夏之交，阴历的三月，阳

梅花香自苦寒来，宝剑锋从磨砺出。

历该是四月吧。去了没过多久，就爆发了七七事变。又过了些时候，知道日本人进了介休城，介休沦陷了。

去了安排好住宿，管内务的郭心田先生，领上我到外面买衣服，下身是黑府绸裤子，上身是白府绸衫子，有浅蓝色的竖道道，还领我剃了个光头。这是那个时候，当小伙计也就是店员的规矩。一下子从学生头学生装，变成这个样子，心里还怪难受的。没办法，到了这个地步，只能是这个样子。郭先生还交代了我的工作，字号里的一些规矩。从此以后，我就是个小伙计了。

樊城的这家字号，叫"协玉"，平常说起来就说协玉号。原来是钱庄，现在做的是"陆成"生意。就这么个音，写成这么两个字，不知道准不准确。说白了就是批发生意，食盐，棉花，棉纱，粮食，红白糖，什么都做，从武汉把这些东西整船运来，再批发到周围的县里，镇上。樊城现在跟襄阳合在一起叫襄樊，那时候襄阳是个县，在汉水北边，樊城是个镇，在汉水南边。

字号在樊城前街，是樊城最繁华的一条街。没有门面，三进的一个大院子，第一进是大厅，办公的地方，厢房里也住人。第二进主要住人，还有厨房什么的。第三进是库房，后门通到另一条街上。那儿的院子，不像北方的院子是四合院，四边都有房子，那儿一进门是个天井，正对着是个厅，两边是厢房。我去了，跟一个叫王定邦的先生，住在第二进院子的东厢房。

时间一长，对协玉号，对这里的人，也就有了相当的了解。

协玉号的东家，是介休的冀家，老东家叫冀国定。我伯父在天津做掌柜的当铺，也是冀家的。冀家在介休是大商家，华北华中，到处都有他的字号。据说他去北京，一路不用住旅店，没大的有小的，都能住在自己的字号里。协玉在鄂北一带，不光樊城有字号，宜城也有，是个当铺。

字号里的人员，分四个层次，头儿是掌柜，下来是先生，先生下来是"二把刀"，就是大伙计，可以上街活动，再下来就是小伙计了。

郭玉民换班回去了，后来没回来，去了别的字号，协玉号现任的掌柜叫王选青，等会儿再说。先生是字号里的业务主管，不止一个，协玉号里有三个。跟我住在一起的王定邦，就是个先生，管跑外，跟码头上交涉，往下面分发货物，都是他的事。领我买衣服剃头的郭心田，也是个先生，主要管内务，忙了也跑外。再一个孟春明，是管账先生。这三个人，年纪都大些，名分是先生，我们不叫他们先生，叫哥。这也是字号里的规矩，都是介休人，叫哥亲切，像一家子人。比如王定邦，我们就叫定邦哥，郭心田，就叫心田哥。

只有孟春明，我们不叫春明哥，不是他的身份高我们不叫，是我们讨厌他这个人，哥字叫不出口才叫他孟先生。这个人很不地道，掌柜在大厅旁边的偏房里睡，后窗户正对着他在二进院里的卧室。晚上只要掌柜不睡，他就在他房间里做事，做什么不知道，反正算盘珠子拨得劈里啪啦响。第二天早上，掌柜一醒来，他那边的算盘珠子又劈里啪啦响了起来。协玉号里，除了掌柜王选青，数他年纪大，数他叫人看不上眼。

这个人还有个毛病，爱显能，爱大声教训小伙计。谁要是有个什么不是，他就恶声恶气地大声训斥。一开口常是"哎——"这么一声，训一次人，至少要"哎"这么三声。他姓孟，我们就给他起了个外号叫"孟三声"。介休话里，"孟"字读如蓦，去声，跟老牛叫一样。我们还给他起了个外号，叫"哼啊呸"，他平常吸水烟，痰大，没事了常是"哼"上一下清清嗓子，"啊"上一下把痰咳上来，再"呸"的一下吐到地上。不管屋里外面，吐了就用鞋底一蹭，看着都叫人恶心。这些外号都是伙计们所起的，伙计们传下来的。我去了不久就全知道了。

说起伙计，连我共是四个，另外三个是降以德，王有济，刘士奎，都是介休人。那个年代，晋商的字号，大都用的是老乡，冀家更是这样。掌柜和先生叫伙计，从不叫大名，都叫乳名。伙计之间也是这样。降以德叫有则，王有济叫二小，刘士奎叫长生则，我的乳名叫七五则，我是我爷爷七十五岁上生下的，从小就叫这个乳名。你说该叫有子、长生子、七五子？不，介休话里，没有"子"这个尾音，普通话里用"子"的地方，都读"则（入声）"，写的时候也写成"则"。前头说《跑报则》时说过，你忘了。

就这么四个人，还分两个层次，有则降以德和二小王有济，年龄大些，来的时间长些，已熬成了"二把刀"，可以独自上街买菜，外出办些小事了，是大伙计。我和长生则刘士奎是小伙计，还不能独自外出，有事没事，成天只能在字号里待着。就是我和长生则，别看在一个层次上，也有区别。刚来的时候，郭先生就给我说了，先来一日为师，要我敬着长生则，实际上我比长生则还要大一岁。

这个长生则，别看只有十六七岁，却是个刁钻刻薄有心眼的人。有许多活儿，我俩一起做的，这个时候，长生则总要找我碴儿。每天早上，我俩一起打扫大厅，两个人从两边往中间扫，要是我先扫到中间，他就说我"吃马虎"，意思是马马虎虎扫得不干净；要是我后扫到中间，他就说我"干活慢"，磨磨蹭蹭，不想出力气。

还有个活儿，就是擦桌面。办公在大厅，吃饭也在大厅，大厅中间有个八仙桌，办公还可以，吃饭就显小了。每到了吃饭时间，就把一个大些的圆桌面放在八仙桌上，吃完了擦净抬下来立在一边。轮到我擦桌面，擦干净了，我让他和我一起往下抬，他总要再仔细地看看，不管干净不干净，都要拿起抹布再擦一遍。没事了，我们就在大厅待着，掌柜总是一边办公事一边喝茶，茶碗里没水了要续，也不吭声，只把碗盖在碗沿上轻轻地磕两下，我们就知道是什么意思了，赶紧跑过去给续水。这个时候，长生则总是跑得比我快，显得我迟钝似的。再加上孟三声，就是那个"哼啊呸"，没事了也要训斥我。因此，初到的那段时间，心里很是憋闷。孟三声常说我的话是："七五则，死气沉沉，没眼色！"后头的七个字，声调很高，拉得很长，几乎是一个字一个字蹦出来的。

有件事，我比长生则要体面些，就是抄信。我们字号，在汉口有庄客，相当于现在的采购员，该采购什么，先来信说那儿的行情，下面的商铺也会来信说他们那儿的行情，这些信，等于是资料，都要抄下来存档。我的毛笔字写得好，掌柜就让我抄。这些事上，长生则就不行了。

韩：小伙计还干什么？

张：多啦。早上吃饭时抬桌面擦桌面说了，还有一样活，就是擦灯罩。那时候樊城已经有了电灯，字号图省钱，用的还是煤油灯，带罩子的那种，每到天黑掌灯前，我和长生则，要把字号里的灯罩子，一个一个擦得亮亮的。掌柜不是吸水烟吗？吸上一天下来，烟管儿不那么利了，晚上掌柜睡下了，捅烟管也是我俩的事。等大家都睡了，还要把白天用过的茶壶茶碗都擦一遍，用碱水擦，擦得光光亮亮，看不见一点污垢。

整个字号，冬天生的是木炭火，木炭一买就是一大车，我们要把长些的木炭条锯成短截子，用起来方便也俭省。我跟王定邦住一间房，晚上要拢一盆木炭火，也是我的事。总之，字号里的下贱事，都是我们这些小伙计的，包括提夜壶，打洗脸水。

还有更绝的，有的先生在院子里吐了痰，小伙计见了，马上跑过去用鞋底给蹭了。有人说过个笑话，说是早年间，有个掌柜吐痰时，几个小伙计抢着给蹭，有个鲁莽的家伙，不等掌柜把痰吐出口，跑过去飞起一脚，把掌柜踢得满嘴流血。这种笑话是不敢当着掌柜面说的。

时间一长，掌柜也知道我是个什么人了，本事如何，品质怎样，对我就好些了。

掌柜王选青，介休三家村人。我去樊城的时候，他已经老了，有五十多岁吧。第一次见面，我给他叫掌柜，他笑笑，跟前的郭心田也笑了，我不知道他们笑什么，有些茫然，以为自己做错了什么事。过后郭先生才跟我说，掌柜是外面人的叫法，字号里的规矩，给王先生这样的老前辈，要叫"选青老"，从此以后我就给王掌柜叫选青老了。过了两天闲下来，选青老把我叫进他的卧室，问了些家里的情况，末了说："你到了，给家里写个信报平安吧。会写信吗？"我说会。

出来，郭先生问选青老跟我说了些什么，我说问了些什么，要我给家里写信，还问会不会写信。郭先生问，你是怎么回答的，我说我会，郭先生轻轻地哎了一声，说，往后要是再问你这样的事，要说自己不会，就是会也要说不会，当伙计学生意，就是学做人，凡事都要谦恭谨慎，有才也不可外露。

选青老这个人，文化程度不高，也是从小伙计熬上来的，做生意很有一套。性情嘛，大体说来要算和善，也有严厉的一面，我去了没多久，就碰上过一次。

刚去，好多规矩都不懂，有次吃面条，想调点醋，正好醋壶儿在选青老那边，就站起探过身子去取。胳膊还没有伸过去，选青老见了，拿起醋壶儿往我跟前狠狠地一墩，说："一味都不能短！"我登时愣住了，坐在位子上，不知该调还是不该调。旁边有先生打圆场，说选青老给你拿过来了，还不快调上，这才倒了一点点。往后遇上这种情况，再也不敢造次了。还有一样规矩，也很厉害，就是逢年过节，在一起聚餐，伙计给掌柜和重要客人敬酒，若是对方不接，伙计要跪在地上，直到对方喝了才起来。这种情况我没有遇上，看见别的小伙计真的叫整治得不轻。有人要难为我，选青老总是护着，不让我吃亏。

选青老对我好，除了我还勤谨厚道外，另有一个原因，就是我会画画。以前说过，去的时候，除了行李外，还带着毛笔砚台，画笔画碟，一本《芥子园画谱》，还有一本《鲁迅自选集》，封面是郭沫若题的字。没事了，我不跟他们在一起胡扯，总是自个儿在房间里看看书，写写字，画画儿。原来在行余学社的时候，已有些根底了，天长日久，又有了长进。慢慢的，我会画画，有些人知道了。不光周围字号的伙计要我画，就连来往的客商中，也有人喜欢我的画。有的客人喜欢是喜欢，不便直接向我开口，就托掌柜说话，掌柜一说，肯定就画了。这也让选青老脸上有光。

毕竟是老式生意人，文化程度不高，又不肯接受新事物，时不时的就闹了笑话。比如汉口的庄客给我们来信，报告汉口市场情况，我拿上给他看，上面说"眼下金融紧"，他不懂得"金融"是什么意思，一看就火了："什么金融、金融！"

比较而言，选青老还算开明的。有一年春天，天气暖和了，让先生们领上我们去了襄阳那边，游览了隆中的诸葛亮故居，还有三顾堂等名胜古迹。诸葛亮故居里，有一张木床，据说是诸葛亮用过的。床两边有一副对联，现在还记得是：

老臣心思出师表，名士风流梁父吟。

一起游览的先生们，都不知道《梁父吟》是首什么诗，小伙计长生则他们就更不知道了，就我知道，知道也不说。在介休的时候，我干爹家有本《古诗源》，我借来看了很长时间，上面许多诗都会背，就有这首《梁父吟》。

我问，现在还能背下来吗？说行啊。背了，听不清。我说写下来吧，张先生取过一页考古所的稿纸，提笔写道：

> 步出齐城门，遥望荡阴里。
> 里中有三坟，累累正相似。
> 问是谁家冢，田强古冶子。
> 力能排南山，文能绝地理。
> 一朝被谗言，二桃杀三士。
> 谁能为此谋，相国齐晏子。

韩：我算是服气了。先前听你说过，在樊城时已开始写文章了。

张：是啊，有两个东西在当时的《鄂北日报》上发表了，一个是诗，一个是杂文。诗的名字忘了，是鼓舞抗日斗志的。七七事变爆发了，年轻人总有一种激情要发泄，就试着写了一首，投去就登了。

韩：句子有能记得的吗？

说了句什么，没听明白，说还是写下来，写了这样一句："榴花夏蝉，点缀七月的狂放。"杂文的名字还记得，叫《南漳武镇的拉伕术》，是揭露国民党地方政府黑暗的。

韩：有稿费吗？

张：没有，给的是邮票，夹在信里寄来。

韩：写文章用的是你这个名字吗？

张：不，用的笔名，叫"抟泥"，意思是我这样做，跟小孩子玩泥一样。

# 五 抗战开始了 ｜ 12 月 24 日 星期一

　　我还是想加快采访的速度，隔了几天又去了。

　　还是接着上次的谈吧。我说，米芾是襄阳人，那里该有米芾的故居或是什么遗迹，有没有去游览过。

　　张先生说，平时我们这些小伙计，是不能出门的，后来时间长了，也只能在樊城前街转转。远处没去过，汉江对面的襄阳去过，先生领上我们去的。襄阳这个地方，不光是米芾的故里，也是孟浩然的故里。关公水淹七军，也是在襄阳。听人说，襄阳城楼上，还有关公的安民告示，当时还信，现在想来是不可能的。

　　少年时看过《三国演义》，对三国时这一带的历史很熟悉。前些年，河南人跟湖北人相争，诸葛亮是南阳人还是襄阳人，我关注过这个事儿。刘备三顾茅庐，是从新野出发，我看了地图，新野离南阳和襄阳，差不多远近。刘备在去隆中的路上，遇见博陵崔州平,念的诗是( 说着写下来 )：

　　　苍天如圆盖，陆地似棋局。
　　　世人分黑白，往来争荣辱。
　　　荣者自昂昂，辱者定碌碌。
　　　南阳有隐者，高眠卧不足。

　　河南人说，这里明明说的是"南阳"嘛。可湖北人说，还是这个《三国演义》上，说诸葛亮住的隆中这个地方（说着写下来）：

　　　襄阳城西二十里一带，高岗枕流水。

马迁史，葛亮表，阳询帖，希金诗，迟恭槊，破仑战刀，尔基小说，汇中外古今，文事武备，遮罗满室。
根廷肉，拿大麦，拉克枣，律宾椰，洛哥桔，尼斯橄榄，哥拉甘蔗，选东西南北，佳肴美味，吃遍全球。

实际上没什么争头，都对。汉朝的时候，南阳是个郡，郡是很大的行政区划，襄阳只是个县，包括在南阳郡里。说诸葛亮是南阳人没错，说是襄阳人也没错，只要清楚南阳这个地理概念的历史沿革就行了。

我们还去过岘山，离襄阳不远，隆中就在山下，山上有块堕泪碑，是纪念羊祜。羊祜也叫羊叔子，晋朝一位将军，也是一位学者。

韩：上次你说抗战开始后，你们的字号做不成了，就去了南漳，你还写了《南漳武镇的拉伕术》，说说抗战开始后的事吧。

张：武汉失守后，樊城来了大量的国民党部队，是五战区的，李宗仁的司令长官。

韩：我查过唐德刚写的《李宗仁回忆录》，樊城是五战区司令长官部的驻地。武汉一九三八年十月失守，十一月李宗仁率司令长官部先撤退到枣阳，随后就长期驻扎在樊城，这儿是指挥战事最适宜的地点。驻在樊城，实际上就是驻在襄阳。不同的是，襄阳在汉江北岸，樊城在汉江南岸，安全些。樊城只是个镇，从区划上说属于襄阳。早在抗战前几年，蒋百里研究抗战开始后的守战局势时，写过文章，说中日开战后，中国只要守住三阳——洛阳、襄阳、衡阳，就不会亡国，而且估计到，这三个地方都会发生大的战事。后来果然如此。

张：我在樊城的时候，也听先生们议论，说襄阳是通五省的要路口，自古乃兵家必争之地。当时不知道李宗仁的司令长官部驻扎在樊城，但能感到樊城的抗日气氛很浓，五战区政治部的宣传队常在这儿演出。那首著名的抗日救亡歌曲，是什么来？噢，《我的家在松花江上》，就是跟上宣传队学会的。

韩：什么时候去的南漳？

张：先去的不是南漳，是宜城。从樊城坐船往南，大约二百里就到了。那个时候，日本人的飞机炸樊城，生意做不成了，选青老就领着我们迁到宜城。宜城的字号，跟樊城的字号是联号，一个东家。清朝时就是联号。他们是当铺，我们是钱庄，后来我们做了"陆成"，他们还是当铺，这时他们的当铺也开不成了，就改成了杂货铺。选青老从樊城撤出的时候，带了一大笔钱，还是要做生意的。在宜城住了一段时间，没什么可做的，加上时局又紧了，宜城也待不住了，这才到的南漳。

韩：五战区曾组织过随（州）枣（阳）会战，宜城靠近前钱。

张：南漳在宜城西边，差不多也是二百里，就安全多了。我们几个去南漳时，不是空手去的，还带着一大批货物，雇了当地几辆马车。宜城到南漳之间，有个大镇子叫武镇，归南漳管。我们的马车一到武镇，连马车带车夫，让当地的政府拉了伕，说是抗战高于一切，蛮横得很，没有一点转圜的余地。还是我们选青老有城府，没跟他们硬来，找见当地字号的朋友，使了一笔钱，第二天马车和车夫都回来了。到南漳住下后，我气愤不过，写了篇《南漳武镇的拉伕术》寄给《鄂北日报》发表了。用的笔名叫"抟泥"。

说到这儿，张先生起来要去卫生间，边起身边说："我现在是善于小便啊！"逗得我差点笑了。

张先生回来，接着说，在南漳，我们做的还是"陆成"生意，批发布匹食盐，买卖没有在樊城时大了，也还像个样子。地方，也没有樊城时大，租了一家字号的后院。在南漳，我深深感到，湖北商人的文化水平，普遍比山西商人高。

我们租的院子，前面是一家石印店，叫"黎益美"，老板叫黎惠堂。店里除了他和他夫人，还有两个工人。黎先生是当地人，看着一副儒雅相，也确实有文化。我怎么知道的呢，街面上一位老先生去世了，他送的挽联是这样写的（说着在纸上写出来）：

气数不言仁者寿，性情独见古之愚。

落款是：后学惠堂黎宗敏。惠堂是他的号，宗敏是他的名字。字也写得好，我当时看了，就觉得这是个有文化有教养的人。

在樊城时，也有这种感觉。我们字号前面是个茶叶铺子，老板是黄石人，一口黄石腔，说没有人是"没得人"。做生意很精明，为人也不错。我们平常说是，"天上九头鸟，地上湖北佬"，在湖北不这么说，说是"天上九头鸟，地上黄州佬"。除去戏谑的成分，等于说黄州人更聪明。这个茶叶店的老板，就是个典型的黄石人，聪明，有文化，会办事。有次跟他聊天，很惊奇，他会背《钱神论》。我先前不知道这篇文章，就是跟上他学会的，开头几句是：

> 钱之为体，有乾坤之象。内则其方，外则其圆。其积如山，其流如川。动静有时，行藏有节。市井便易，不患耗折，唯折象寿，不匮象道。故能长久，为世神宝。亲之如兄，字曰孔方。失之则贫弱，得之则富昌。

《钱神论》是一篇很有名的文章，作者是西晋时的鲁褒。

这些日子，我一直在疑惑，张先生怎么会有这么强的背诵功夫，一说什么，张口就来，便问还会背什么书。

张先生说，会背的多啦。去年中央台来录制《大家》节目，我还给他们背过《封神榜》里十二真人的名字，你听：九仙山桃源洞广成子，二仙山麻姑洞黄龙真人，乾元山金光洞太乙真人。

我说，背这些有什么用，说没想过，那时候不管看什么书，能背的就下功夫背，背到滚瓜烂熟才歇手。在介休时，张帆曾送他一本《老残游记》，有一章也能背下来，说着背了几句，我听出是"黑妞说书"那一章里头的。又说《桃花扇》也会背，背得最熟的，还要数《西厢记》。

韩：怎么想到背《西厢记》呢？

张：这是在樊城当小伙计时的事情。刚才不是说了吗，抗战开始的第二年秋天，武汉失守了，国民党部队退到樊城，一下子涌来那么多的部队，住处成了问题，就征用街上的空房子。我们前面不是茶叶店吗，后院空着，叫征用了，驻扎了部队。茶叶店的后院，紧挨着我们字号的大门，掌柜怕士兵骚扰，就让我在字号大门里头看着，我们的人回来了就开门，士兵叫门就不开。整天坐在大门里头也没个做的，就找了本《西厢记》看，是从我们字号的阁楼上找见的。不知哪任掌柜，喜欢看书，买了许多书，走了没人看全存在阁楼上，我就挑了本《西厢记》。先是看，看了喜欢就背，没多久就背会了。后来樊城吃紧，就到了宜城，再后来又到了南漳。

韩：樊城失守了吗？

张：没有，只是吃紧，说是日本人要打过来了。

记得先前来张家聊天，一说起什么历史书上的人与事，张先生也是顺口就能背出一段。我说，现在没人肯下这种功夫了，觉得下这种功夫没用处。一段文献资料，只要能记住两三个关键词，电脑上一敲全出来了。

张先生说，没用处？我觉得用处还是很大的。会背和不会背，理解上是不一样的。我这脑子，就是个电脑，背会了，就等于存在里面了，没事了琢磨琢磨，理解就深了，也就能互相联系起来了。做学问就是能把材料互相联系起来，提出自己新的看法。

谈过背诵功夫，又绕回去谈他在樊城、南漳的经历。我说，这两三年，在你的一生中，是有重要意义的，虽是个小学徒，可你没有让青春虚度，随时随地都在学习，充实自己。

张先生说，是的。那时候年轻，总不甘于平庸，就是做生意，也要成为一个有文化的生意人。也是在樊城的时候，看报纸知道，鲁迅死了一周年了，治丧委员会提出要编《鲁迅全集》。当时就下了决心，将来一定要买一套《鲁迅全集》，后来果然买下了，不过已在二十年之后。要不是抗战，我会安心在樊城学生意，最后的出路，顶多跟黎益美石印店的老板黎惠堂先生一样，是个有文化的生意人。是抗战唤醒了我，离开湖北，回到山西抗战前线。

韩：那你离开湖北回山西，是从南漳走的了？

张：是啊。

韩：什么时间？

张：到了山西乡宁县，不久就发生了十二月事变，也就是十一月吧。这是后来推测的，实际上当时并不知道什么十二月事变。既是"十二月"，总在十一月之后嘛。

天黑下来，该走了。

回到家里，想到张先生说樊城没有失守，心有疑惑，既没有失守，何以迁至宜城又迁至南漳？该查查，看是不是这样。在唐德刚的《李宗仁回忆录》里查到了，樊城曾一度失守，不过很快夺了回来。其时张先生早已到了南漳，不知道也情有可原。既曾失守，可见局势的危急，作为商家，早作脱身之计，也就在情理之中了。

据此，张先生离开樊城去宜城，当在一九三八年十一月李宗仁的第五战区长官司令部驻节樊城以后。他说过，在樊城只过过一个春节，则离开樊城当在一九三九年春节以前。这一年的春节公历为二月十九日。这样，离开樊城的时间当在一九三九年一月间。他是一九三七年四月到樊城的，据此也可以推断，在樊城共待了一年零九个月。一九三九年十一月离开南漳返回山西。这样在南漳的时间是九个月的样子，在湖北学生意的时间，共是两年六个月。

自作诗

# 六 回到山西抗战前线 12 月 27 日 星期四

今天又去了张先生家，他的一位学生也在，是跟他学书法的，学篆书，也学古文字。是位女同胞，年龄当在三十几岁，叫李海涛，原先学医，不上班了，专攻书法。先前就听张先生说过，这次才见了。

我说，跟上张先生，不要光学书法，还要学做学问的方法。

张先生说，我还指导小李写论文呢。

问什么题目，说了句什么听不明白；问小李，说是《心脑刍议》。

张先生说，这是个好题目，中国人说想什么，叫心里想；西方人研究出来，不是心里想，是脑子想。都说外国人对，他看中国人也未必就错。中国的思想二字，下边都从"心"，但思字的上边却又从"囟"，是脑的囟门。说不定心血管和脑血管有什么关联，应当把这个关系搞清楚。小李是学医的，有这个条件，就给她出了这么个题目，让她练习写论文。好些材料我都有，过去就考虑过这个问题，年纪大了，做不了了，让她做吧。

张先生的精神不是很好，坐在靠暖气那边的床上。不能再纠缠湖北的事了，该说怎么回到山西了。

韩：怎么起了要回山西参加抗战的意呢？

张：到樊城不多久，发生了七七事变，报上看到热血青年奔赴前线，从军抗战，我就有了这个想法。只是刚去，不便说什么。在介休上学的时候，经常参加一些国耻纪念会，记得曾唱过一首歌，歌词中有几句是这样的：

请看那印度朝鲜亡国真可怜，

为奴为仆更丧失自由权，

我国同样受压迫身家不安全，

要想不做亡国奴，

奋起莫迟延！

从小我就有不当亡国奴，抵御外侮，为国家出力的志向。

在湖北，常看报纸，知道抗战的形势。看过五战区宣传队演的抗战戏剧，更激发了想参加抗战工作的决心。总觉得自己年纪轻轻，老当小伙计也不是长久之计。

到樊城后，跟堂兄张帆一直有联系。到了南漳，知道张帆随阎锡山的二战区司令长官部到了晋西，在乡宁县一所军校做事。便给张帆写信，说想回山西参加抗战。张帆很支持我的这个想法，也愿意帮我，给我寄来十五分校的护照，有了这个，在国统区就畅通无阻了。我的护照，很正规，也很厉害。写的是：张连捷，某某军政干校职员。落款是：校长阎锡山，副校长薄右丞，教育长赵国光，政治主任朱健吾。这些名字不是手写的，是印的。盖着学校的公章。这样的护照，哪儿看了也会放行。

走之前，当然要跟我们的掌柜和先生们说个明白，他们都很支持。这事儿传开了，听说我要回去，鄂北山西字号里也有人要回去，便结伴而行。都是年轻人，一个是宜城一家山西字号杨掌柜的儿子，叫三儿，一个是樊城一家山西字号里的小伙计，名字一下子想不起来了，都是介休人。三儿是要回老家，那个小伙计是想跟着我回山西参加抗战。他俩没有护照，花钱在南漳商会买了个商业上的护照，一人一个。

韩：张帆没有给你寄路费吗？

张：没，我自己有钱。小伙计没有工资，但字号里常分些小钱，比如汉口发来的棉布都是成捆的大包，我们再往下发，是一匹一匹的，包布的皮子就留下了，时间长了卖掉，得的钱，字号里的人就分了。不光棉布，别的也有。一年下来，不是个小数。字号里管吃管穿，平常不用钱，这些钱都在管账先生那儿存着，我要走了，就全给了我。郭先生给我算过一笔账，说尽够路上用了。走之前，选青老也给了我一笔钱，是他个

抗战时期的张颔

人送给我的。那时字号里兴这个，掌柜把伙计当子侄看待。

开了头，不用再问了，张先生缓缓地说了下去——

我们三个从南漳出发，先到老河口，这儿是五战区的中枢，市面上很繁华，抗战气氛很浓。老河口还属于湖北，再往北走，就是河南了。我们的目的地是洛阳，从老河口坐汽车去的。路过南阳卧龙岗，看见一个大石牌坊上写的是："千古人伦"。

从洛阳到西安，就方便多了，坐的是陇海路的火车。一到西安，正赶上日本人的飞机炸西安，我们一下火车就跑警报。西安不是有城墙吗，沿城墙挖了许多防空洞，我们就跟上人钻进去躲起来。等飞机走了才出来。

从西安往北走，路上盘查就紧了。当时还不知道是为什么，后来就明白了，这条路也是去延安的路。在一个叫中部的镇子上，我们在店里住下，就来了几个一战区的士兵，司令长官是胡宗南，说话挺横的，把我们三人的护照看了，又把我们叫到另一间房里问话，大概是见我们年轻，问我们究竟是去哪里。我说我是去山西乡宁十五分校的，那两个人的护照上也写的是去山西，没问出什么，就把我们放了。等我们回到自己的房间，见包袱都让翻过了，我的一双墨菊牌洋袜子不见了。

再往北走，就进入了八路军的地盘，在一个镇子上留宿时，还见到一个八路军高级将领的布告。叫我想想，噢，是吕正操。当时我要是想参加八路军，在这里是可以的，留下不走就行了。可是我不能这样做，一是三个年轻人同行，数我岁数大，我要把他俩带回山西，有一个还要回介休。在这儿我独自走了，对不起他们，也对不起托付的人。再就是，那时候别看年纪不大，社会经验还是有些的，从小我就知道，"无人引进，寸步难行"，比如我去樊城，就是我外公的眷弟引进的，回二战区做事，就是堂兄引进的。参加八路军，谁引进呢？没人。这样就打消了在这儿参加八路军的念头。这个地方，好像是富县的一个镇子，当时属陕甘宁边区。

再往前走，没汽车了，我们都带着行李，不能步行，就一人雇了辆独轮车，木头轮子的那种，人在后面推，前面两侧，一侧坐人，一侧放行李。这样到了宜川，宜川又是一战区的地盘，再到宜川的秋林镇，就是阎锡山的地盘了。我们没有去秋林，秋林还在宜川的东北，我们朝东走，到了黄河边上一个叫小船窝的地方，过河就是山西的乡宁县。

这个路线，是张帆在信上告诉我的。他只说了大致的路线，比如从老河口到洛阳，再到西安，再到宜川，再到乡宁。路上怎么走就全靠我们自己处理。比如到了宜川怎么到乡宁，要从小船窝过河，就没说，全靠我们在路上打听。过了河，跟我一起回山西的那个杨掌柜的儿子，就自个回介休了。这样就剩下我和樊城字号的那个小伙计，他要跟上我一起去上十五分校。

到了乡宁，日本人才走。乡宁一直是二战区的地盘。那个时候，日本人正在进攻晋西，攻下了乡宁县城，知道守不住又撤走了。就在日本人撤走的第二天或是第三天，我们进的乡宁县城。一打听，才知道十五分校不在县里，在一个叫乐意沟的地方，离县城还有好几里。同时还知道，就在日本人进攻乡宁县城之前，十五分校的人撤走了，撤到更北边的永和县，离乡宁总在一二百里。我的那个同伴，觉得参加十五分校没指望了，正好吉县那边，有他父亲的朋友，行前他父亲告诉过他，这样我们就在乡宁县城分了手，他去找他父亲的那个朋友去了。后来听说他参加了"干三校"，全称应当是二战区抗战干部学校第三分校。

我还是要去找张帆，不管情况如何，总得到了如意沟才能知道。到了如意沟，才知道十五分校果真是撤走了，可是有留守处。留守人员里，有个副官，认识我哥，我哥走的时候，给他交待过，说这几天我要来。这样他就接待了我，安排我住下。这个副官的职责是看守撤退后埋在地下的粮食。留守人员中还有个会计长，少校军衔，他留下来不是有什么任务，是身体不好，有病不能走。有个卫士专门照料他的生活。

乐意沟是个不长的土沟，前面两边的山坡上，是十五分校打的窑洞，后面是村子。那个副官帮我在沟后头村里，找了间民房住下。房东是个做榨油生意的，天天晚上要熬油，气味很大，呛得不行，根本没法睡。一到了晚上，我就跑到外面，没有院门，出了窑门就是村里的路。初冬时节，外面很冷，有次冷得不行了，就把脚伸进一条狗的肚子底下暖和。狗是房东家的，才几天就跟我熟了。白天没干的，也帮留守人员做些事。

留守处有的是粮食，没面了就去磨。

有次会计长的卫兵磨面，我去帮忙。记得很清楚，这天是十月初七，我的生日。我身上的钱还没有花完，磨完面，去村里小铺子买了两杯酒喝了，算是自己给自己过了个生日。

韩：我查过，这年的十月初七是阳历的十一月十七。那就可以肯定你是在十二月事变以前到的乡宁。事变是十二月初的事。十二月事变，也叫晋西事变，在山西抗战史上是件大事。

张：你知道？

韩："文化大革命"期间，我在山西大学上学时，搞过这方面的资料，还写过一本书《历史的见证》，油印的，对这一事件的经过还记得。抗战初期，阎锡山和共产党的关系还融洽，利用薄一波等共产党人，组建起一支抗日武装，叫"决死纵队"，发展到数万人。为和晋绥军区别，也叫新军。阎锡山的绥靖公署管山西和绥远两省，部队就叫晋绥军。当初成立决死纵队，不过是一时权宜之计，一看决死纵队成了气候，阎锡山后悔了。到一九三九年秋冬之际，眼看新军坐大，难以驾驭，便借了个由头，制造事端，说新军要叛变，通电全国，称之为叛军，要剿灭。新军四个纵队，起而抵抗，除部分溃散外，大部分成了八路军的部队。

张：对十二月事变，我不是很清楚，不过，那时候的形势确实是很紧张的。在乐意沟待了十几天，十五分校撤到永和的人员，又全回来了。这个十五分校，还是挺大的，有三个大队，大队下面有小队，总在上千号人。配备有步枪，学员还练习打靶。校长阎锡山，是挂名的，副校长薄右丞是阎锡山的高干，也不怎么管事。真正管事的是教务长，一个上校。下来是政治教官、军事教官了。张帆就是个政治教官。我哥叫我回山西，原来说是让我参加十五分校学习，但是真的见了面，又不说这个事了。他回来的时候，事变已经过了。有一天我问：

"你不是让我来这儿学习的吗？"

"现在学校的形势变了。薄右丞是个顽固分子，我也不打算在这儿长待了。你先在这儿住着吧，别着急，要安排总要把你安排好。"

张帆这么一说，我也不好再问了。过了春节，我就从沟后边老乡家的窑洞搬出来，住到前面沟里十五分校的教官室里，也是窑洞。教官室有好些个，一个里面住三四个人。我没有跟张帆住一起，是跟别的教官在一起。有吃有喝，什么事也没有，就每天看书。有的是张帆的，有的是别的教官的。这一时期，记得看过的书有《大众哲学》，艾思奇写的。《社会科学概论》，讲的是原始共产主义到社会主义社会的各个阶段，编写的人有陈伯达、徐懋庸、陈昌浩。还有青年自学丛书里的《中国社会性质问题论战》《中国社会史论战》《新哲学人生观》等。那时候，虽说经过十二月事变，学校里的教员毕竟大都是些年轻人，民主气氛还是有的，像《联共（布）党史》这样的书，还可以公开看。当时还闹过笑话，我不明白书名里为什么还有个"布"，在我理解上，布就是布匹，怎么要加个布字呢？后来才知道，这个布是布尔什维克的意思。

今天就谈到这里。

想起一件事，我对海涛女士说，帮我制作一本张先生的印谱。不用急，闲了把他的那些印拓一下，用宣纸裁成书本那么大，一页拓上两个，再订起来就是本印谱了。张先生说，姚国瑾有一种专门拓印的纸，毛边的，我让他送过来。小李说不用，宣纸店里就有专用的印谱本子，买一本就行了。我说，那更好。

录《弟子规》句
若衣服，若饮食，不如人，不为辱。
唯德学，唯才艺，不如人，当自励。

# 七 又想去延安　

　　去了坐下，几句寒暄过后张先生问，谈什么呢？我说，你到了乡宁十五分校，张帆不在，你住在学校里等张帆回来，张帆回来了，又不让你在十五分校学习，说这儿的头头薄右丞是顽固派，在这儿学习于你不宜，后来呢？

　　今天张先生精神好，开了头就自个说下去了——

　　张帆回来没几天，又接到命令去秋林受训。秋林是个镇子，在黄河西岸，属宜川县，是阎锡山在河那边的一个立足点。等于二战区的后方基地，一切训练事务，都在那儿进行，许多重要会议，也在那儿召开。抗战初期，人们说阎锡山是"黄河两岸度春秋"，这边是吉县，那边就是秋林。

　　张帆受训的时间不短，总有两个月，中间隔了个春节，他倒是回来了，过了春节又走了。受训完了，任命为干部团十七大队的指导员，等于做了部队政治工作。张帆在秋林安置妥当，托人带信，让我跟十五分校的两个学员去秋林找他。

　　十七大队驻扎在秋林的虎啸沟，这种名字，也是适应抗战的形势起的，离虎啸沟不远，还有一个沟叫龙吟沟，阎锡山和二战区司令部，还有绥靖公署、省政府机关，都在那儿。虎啸沟跟乐意沟一样，也是一条山沟，两边是新打的窑洞。我去了之后，名义是大队办公室干事。跟我一起来的两个人中，有个叫王春福的，也当了办公室干事。

　　去了才知道，这个干部团，跟薄右丞不是一个系统，薄右丞属同志会，相当于党务系统，他们属绥靖公署系统，头儿都是阎锡山，这边具体负责的是赵戴文。这也是阎锡山统驭山西抗战局面的一个手段，几个派系相互独立，又都掌握在他的手里。

干部团是一个师的架子，十七大队相当于一个团，下面还有三个中队，九个分队。中队相当于营，分队相当于连，负责人都叫指导员。受训的都是些营连干部，只有官，没有兵。说是十七大队，不是说一下子就有十七个大队同时受训，抗战开始以后就有了干部团，每年都有受训的，挨着排下来，到了第十七大队。训练很正规，有枪支，有专门的教官，每天都要出操。

张帆是大队指导员，团长级别，我是大队办公室干事，相当于团部的文书。

开了春，天气热了，我们去河南领兵。领回兵，给了番号，就是正规部队的建制了。你会奇怪，山西的部队，怎么去河南领兵呢？抗战期间，全国的部队都归国民政府军事委员会领导，山西是抗日前线，河南相对来说就是后方，后方征下的兵，要送到前线打仗。领来的兵，可以补充到原有部队，也可以编为新的部队，这也是阎锡山借机壮大自己势力的一个办法。

张帆没去，军事教官带着我们四五个人，先到洛阳，这儿是第一战区长官司令部所在地，办了手续，再下到临汝县和禹县，接回一个团三个营的新兵，还有一个机枪连。回来编为二一八团，后改为三九四团，归入二十三军七十三师建制。这个军是晋西事变后，阎锡山扩充的一个军，下辖三个师，分别是七十三师，暂编三十九师，暂编四十师。军长叫刘奉滨，七十三师师长叫高倬之，二一八团团长叫郑逵。张帆就是这个团的指导员，相当于政委。我的职务也变了，下到连队，当了九连的连指导员。我会写美术字，会刻蜡板，主要还是留在团部做文书工作，有时也去九连连部开开会。

一次我回九连开会，连长说，今天要开同志会的小组会。我说我不是同志会，就不参加了。连长将这个情况反映到团部，郑团长见了张帆问：令弟还不是同志会会员？张帆说：听他瞎说！在干部团的时候就集体加入了。

当时二一八团驻扎在虎啸沟，就是干部团原来的地方。阎锡山的二战区长官司令部、绥靖公署、山西省政府，全在不远处的另一条沟里。刚才说了，那个沟叫龙吟沟。虎啸沟、龙吟沟，包括后来的克难坡，都是阎锡山的军政机关来了后新起的名字。这些名字，据说都是阎锡山自己起的。虎啸龙吟，听起来多有气魄。

也是在虎啸沟，有一次军政干部开会，要求集体加入国民党。干部团隶属于战区长官部政治部，赵戴文是政治部主任，又是省党部的主任委员，就作了我们的入党介绍人。填了表，就完事了。时间在一九四○年春天吧。我当时也弄不清，以前让加入同志会，怎么这会儿又要加入国民党了。

韩：这段历史，我还熟悉。阎锡山跟国民党的关系是很复杂的。从组织上说，他是老同盟会员，也是老国民党员，还是国民党中央的什么委员，但是，这些不抵事，关键是，蒋介石是他的政敌。他发起中原大战，就是要取蒋介石而代之。失败了，蒋介石逼他下野，逼他放洋，他躲在大连说要走没有走。正好发生了九一八事变，蒋介石要整合全国的力量对付日本人，不能不放他一马，这才让他东山再起，当了太原绥靖公署主任，论职权比省主席还大，管着山西和绥远两省。

阎锡山重掌山西大权以后，最怕的是国民党势力进了山西。中原大战后，国民党在山西的势力抬了头，尤其是省党部，处处跟阎锡山作对。阎锡山是个工于心计的人，"卧榻之旁，岂容他人鼾睡"，总想着怎么能把这个钉子拔了。正好一九三一年十二月，省党部压制学生运动过了头，酿成"一二·一八惨案"，阎便借这个机会，将国民党省党部驱逐出省。从那时到抗战初，长达七八年之久，山西境内就没有国民党的省党部，也就没有国民党的党务系统。这样，同志会就取代了党的作用。

抗战开始后，经过忻口战役、太原战役，阎锡山的部队损失巨大，财政也日渐困乏，偏居晋西一隅，处处须仰仗国民党政府的支持和接济。有所仰仗，就得有所遵从。一九三八年重庆国民党中央提出恢复山西省党部的要求，经过多次协商，决定从一九三九年春天起，在第二战区司令长官部所在地秋林，恢复了国民党的山西省党部。主任委员是赵戴文，这也是两方协商的结果。初期活动，仍受到限制，晋西事变后，才开始

抗战时期山西吉县第二战区司令部所在地——克难坡

在二战区军政机关、训练机关、军队里、学校里，发展党员，一批一批地履行手续，集体加入国民党。阎锡山有句名言，叫"冬天穿皮袄，夏天穿布衫"，先前叫加入同志会是时势，现在又叫加入国民党也是时势，你的感觉是对的。

张：就在我们集体加入国民党以后不久，张帆又受训去了，这次是去克难坡，叫什么"洪炉训练"。晋西事变之后，阎锡山跟共产党闹翻了，意识到如果长期待在秋林，对自己抗日的颜面大有影响，决定扭转这个局面。办法之一是，把他的长官司令部，搬到山西那边去。派人过河去选地方，选来选去，选中了吉县一个叫南村坡的村子，改名叫克难坡。

这时我还没有去过克难坡，只听人说，也是个小村子，沿山坡挖了许多窑洞，还建了礼堂什么的。阎锡山这个人有点迷信，实际上舍不得离开秋林，秋林属宜川县，他的字叫百川，宜川不就是宜于百川嘛，这意思多好。来到南村坡，阎锡山嫌"南村"二字谐音"难存"不吉利，改名叫克难坡，图个吉利。

韩：据我看过的资料上说，大略准备停当，一九四〇年五月间，阎锡山偕赵戴文及长官部参谋人员，由壶口东渡黄河，溯河岸而上，到了克难坡。不久，绥靖公署与省政府，还有下属机构也迁了过来。这样，克难坡取代秋林，成了抗战期间二战区的首府。在克难坡落下脚，阎锡山开始整顿他的军政党经各级组织，一个主要的办法就是办各种训练班，到了一九四一年初夏，在克难坡办起"暑期进步讨论班"，并赐名"洪炉训练"。洪者，大也，炉者，炼铁炉也，顾名思义，就是说，训练班好比是一个大炼铁炉，参加训练就跟锻炼钢铁一样，能使受训者脱胎换骨，去掉渣滓，成为一块坚硬的钢铁。

张：张帆是团级政工干部，参加"洪炉训练"是必然的，大概就在训练期间，或是训练结束之后，他又上了"民族革命政治实施研究院"。这个研究院，也是阎锡山统制思想的一个机构，院长是杜任之。叫院长还是叫主任，记不清了。是你们晋南人，你知道吧？

韩：知道一些，万荣人，我是临猗人，万荣跟临猗紧挨着。九十年代初我写《李健吾传》，搜集材料时去过李健吾先生家，他去世了，采访他的夫人。李家住北京东单东边，干面胡同里头社科院专家楼，四个单元，李家在最东边那个单元二层西侧，东侧就是杜先生家。李先生夫人说，对门的杜任之先生是你们山西老乡，问我可愿意过去认识一下，我没有去。

张：杜任之这个人不简单，早年留学德国，法兰克福大学，学的是马克思经济学。一九三三年回国，跟宋庆龄接上头，宋庆龄是反帝同盟的领导人，由反帝同盟总部，安排回山西工作，成了共产国际远东局太原通讯员。后来才知道，他在德国就参加了共产党，回国前领了共产国际的秘密使命。

韩：他这一段历史我查过。回到山西，很快就获得阎锡山的赏识，担任了绥靖公署办公室的秘书。第二年年底阎锡山父亲去世，阎仿古礼，在老家为父亲守制，叫"庐墓百日"，请了许多学者给他讲学，曾专门请杜任之给他讲马克思的经济学。抗战开始后，杜任之得到阎锡山进一步的信任，晋西事变，杜任之不仅没有受影响，反而得到提拔，成了阎锡山最核心的组织——同志会的高干，不是正式高干，是候补高干。这个职位，相当显赫。杜任之所以没有暴露共产党员身份，是因为他是共产国际远东局的人，不与国内的共产党组织发生横向的联系，就安全些。也有一说，阎锡山早就知道他的身份，只是爱惜他的才干，没有下手除掉。

张：我后来跟了杜任之。解放前夕在北平那段时间，他跟我说过，回国后也加入了中国共产党，地下工作讲究单线联系，他的联系人是王若飞。黑茶山飞机失事，王若飞遇难后，便断了与党的联系。后来解放军围太原时，杜在北平给阎发签名电，警告阎应当放下武器，免得人民遭受涂炭。据说阎见了杜的签名电，发了怒，说："我没有枪毙杜任之是平生遗憾，杜任之是双料共产党！"

在克难坡训练期间，杜任之很欣赏张帆的才干，两人关系不错。跟杜任之熟了，张帆说他不想回部队政工系统做事，想从政，经过杜任之的推荐，肯定还有一番活动，训练结束后，分配去石楼第九专员公署当了主任秘书。

韩：张帆走了，你怎么办？

张：张帆不回来了，二一八团的指导员就换成了温启仁。我待在温启仁手下，张帆不放心，知道我也不怎么愿意在部队做事，训练结束未去石楼前，写信叫我去南村。去了才知道，张帆已跟杜任之说好，让我来民革政治实施研究院当干事。回到虎啸沟，简单交待了一下，就正式过来了。研究院的全称应当是"民族革命政治实施研究院"，除了院长，还有几个教员，几个干事。我的名分是研究院办公室干事，实际上是杜的秘书，平时帮他整理文稿，没事了就看些社会科学方面的书籍。这儿叫"研究院"，看什么书，只要不是过分左的，没有人管。

韩：你到南村是几月？

张：不记得了，连哪年都不记得了，记数字上我很幼稚，老记不准。

韩：我在省图书馆看到《纪念杜任之文集》，是家属编了印出来，主编挂的是裴丽生的名字。我看到的那本，是他的女儿杜洛莎送给省图的。这种书不能借，我复印了几篇。有篇是杨汝桥先生写的，叫《杜任之在民族革命政治实施研究院》。这个人你认识吗？

张：认识，好像在太原市民革当过主任还是副主任。

韩：杨先生的文章里，对这个研究院有详细的介绍，内部机构，办过几期班，什么时间，都说得很明确，只要能定下张帆是哪期学习的，就能推出你是什么时候到南村的。

这个研究院，全称你说了，简称就叫政治研究院。院长阎锡山兼，副院长赵戴文兼，杜任之是院务主任，实际负责人。你记成院长也没有错，主任更准确。杜任之受命筹办，是一九四一年一月的事。院址选在南村，找了几处民房做办公用，又修理了几孔已废弃的旧窑洞做研究员的宿舍，其中一孔大窑洞做教室。没有专职教员，来上课的，都是二战区长官部、山西省政府、同志会执行部各部门的负责人。杜任之也讲课。院部的编制，有办公室、指导课、考察课、总务课。办公室三人，一名同上校秘书，叫司寿山，汾阳人。一名同少校秘书，后来升为同中校，就是杨汝桥先生。还有一名干事。这是最初的人员配置。你说你当了院办公室干事，就是占的这个名额。

这个研究院的设立，是为了短期培训县级行政人员，方式是办研究

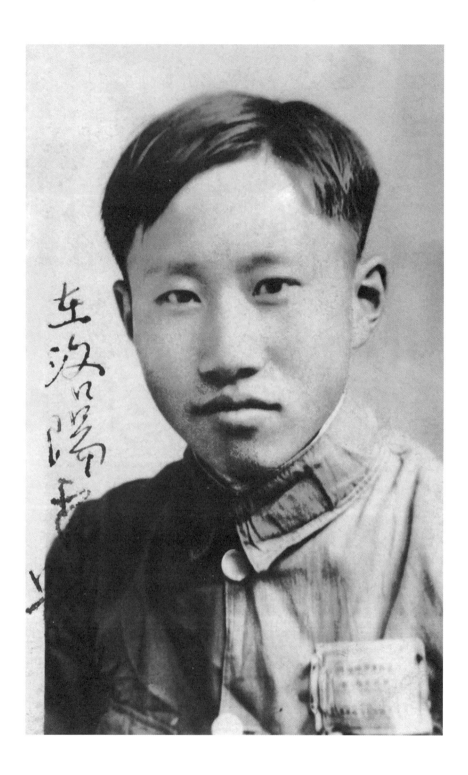

在洛阳领兵时的张颔

班。每期三十人，共办了两期，第一期足额，第二期不足三十人。来学习的都是干部，不叫学员，叫研究员。不是考进的，是二战区政治会议的参加者提名选送的，都是被认为有培养前途的年轻干部，培训出来担任县级工作。

张：我有印象，看来张帆就是这么让选中的。

韩：第一期一九四一年夏初开办，学习期限三个月。第一期出来的，分配得好，好些去了县里，有的当了高级村政指导员，第二期匆匆结束，差不多都回原单位去了。张帆初夏参加"洪炉训练"，属于短期训练，政治研究院第一期也是这个时候开办，第二期是秋天，衔接不上，再就是张帆学习结业后能到专署当主任秘书，分配这么好，也可以说明是第一期的。学习三个月出来，就到了秋初，九月的样子。也就是说，你是一九四一年九月至迟十月到南村，进政治研究院当干事的。

张：差不多是那个时候，秋天啦。待得时间长了，才弄清南村的方位，在这上头我也是很幼稚的。南村在克难坡东边，上个大坡，走四五里的样子，是个大些的村子。从南村这边说，要到克难坡，就是下坡走四五里。到了克难坡，再往下走，就是黄河边了。南村坡既是这条坡的名字，也是半坡上一个小村子的名字。原本只有几户人家，二战区长官部搬过来才热闹起来。外人给这一片都叫克难坡，只有住在这儿的人，才能分清哪是南村，哪是南村坡即克难坡。

来到南村，跟上杜任之先生，是我走向革命道路的开始。

在南村住下，慢慢对杜任之这个人也就有了一些了解。阎锡山很欣赏他的才干，实际上他跟赵戴文的私人关系更好些。我并不知道他是共产党员，他也不给我说这方面的事，但我感觉他很开明，很进步。对我一直很关心，把我当小弟弟看待，常说一些时局方面的事指点我。解放后才知道，他是共产国际派回国内的通讯员。这个人留过学，有见识，自负，说话口气大，底气足，是那种个性鲜明的人。

杜任之最显赫的头衔，是民族革命同志会高级干部委员会的候补委员，简称候补高干。不管身份多么显赫，地位多么尊贵，杜先生一直对我很关心。除了张帆这层关系外，也是因为，杜先生看出我是个爱读书，求上进的年轻人。

我呢，总觉得还是跟杜先生隔了一层。毕竟他的身份是阎锡山的高干，是我们研究院的主任。当时常有年轻人，过河去延安，我听说延安有个鲁迅艺术学校，也想去。这个想法，不是到了南村才有，在二一八团时就有了。我们从河南接回的兵，编为二一八团，起先在虎啸沟驻扎，后来还在大宁县、蒲县驻扎过。刚回来，什么都不太懂，时间长了，对陕西、山西两边的形势都有所了解，也知道延安是个什么地方了。大宁在吉县北边，离延安更近，二一八团在大宁驻扎时，我真的想过，到河那边投考延安的鲁迅艺术学校。这样想了，还是没去。我做什么事，得按我的主意做，不会像有的年轻人那么莽撞，说去就去了。前面说过，在樊城做生意时，认定了一个为人处世的道理，就是"人无引进，寸步难行"，不管到了哪儿，要做成事，都得要有人引进。有人引进，就等于平日有人关照你，出了事有人保护你。我要去延安，也该找个引进的人。正好我们研究院的秘书主任张献廷有这方面的关系。

张献廷这个人，名为秘书主任，主要是办总务，相当于现在说的后勤，文案上的事归我管。南村住房紧，我去了就跟他住在一起，一家农户的窑洞。不长时间，就看出来，这个人思想还算进步，不反对共产党。这在当时，是个重要标志，很难得的。还有个最大的特点，就是死跟杜任之。在他看来，我也是杜的心腹，因此对我很关照，跟兄长一样，指点我这该怎么做，那该怎么办。我把想去延安的想法，跟张献廷说了，问他有路子没有。没想到，他还真有这方面的关系，说克难坡那边一家商店的老板，叫苏巨卿，是他的朋友，常往河西贩盐，有自己的驮子，也有河西的商号派驮子过来办货，顺便带一两个年轻人去延安不是难事。苏巨卿这个人靠得住，真的想去延安，他给苏老板写封信，准会帮这个忙。我央他给苏老板写了信，很快就回了信，表示愿意帮这个忙。

他们的信，都是用暗语写的，表面看，说的是生意上的事，一点都不犯忌。过了几天，苏老板托人捎话，让我过克难坡去。那时候也没有别的贵重东西，除了替换的衣服，最贵重的就是我这两年写的文稿了。我爱写，没地方发表也写，对自己写下的东西很珍惜。不多，就那么一沓子，夹在衣服包里，外面看不出来。

正好这一段时间，前线形势紧张，杜任之去南边督战去了，不在研究院。正是我走开的一个好时机。

我去了，苏老板说三两天内河西有人过来，让我准备准备。所谓的准备，最大的一宗就是把自己打扮成个生意人。我那时留的是分头，一看就是个学生样子，去河西，若不是去秋林，肯定是去延安，这发型路上的卡子先就过不了。生意人就不一样了，来来去去总方便些。生意人都是光头，没有留分头的。克难坡有剃头铺子，我去剃了个光头，刚剃完，摸摸青头皮，觉得怪怪的。一想马上就要去延安了，又很兴奋，遇上认识的人，问怎么剃了光头，说天热了，图个爽快。

韩：你既然这么说过，可见已到了第二年的初春，也就是一九四二年二三月间了。

张：你这个判断有道理。还说去延安的事。好在抗战期间，剃光头的人很多，谁也不会往别处想。一连等了三天，还是不见河西的驮子过来，到第四天头上，苏老板有些抱歉地对我说，河西的人一下子来不了，你还是先回南村等着。我想，也好，这样一连几天在商店里耗着，也不是个办法，于是便将手稿等物件一并带上，回了南村。

克难坡挺大的，还没出村，不迟不早，正好遇上杜任之。原来他从南边督战回来了。他夫人在克难坡做事，家在这边。杜见我剃了光头，又拿着个布包袱，问来这边做什么。事已至此，也就实话实说了，杜听了一笑，说："我就知道你不干好事！"回到南村，见我闷闷不乐，又开导我："鲁艺是好，可是，延安有你不多，没你不少，在这里一个人顶一个人用。"他不知道，我心里想的是，到延安进鲁艺学习，不是顶用不顶用。他又说，要坚持，将来我送你……没说完又拐了弯儿，说，放心吧，跟上我会有前途的。

我说，我的头发都剃了，意思还是想去，希望他放我走。他说，头发剃了可以长出来嘛。

过了些日子，看出我真的想去延安，就说，他有个朋友跟延安那边有关系，常带人去延安，可以写信问问。不知他给谁写了信，过了一段时间，那边回了信，说眼下风声紧，沿路盘查严，去不成。杜叫我别着急，耐心等待，总有机会的。没事了，明里暗里，说的还是那句话，跟上他会有前途的。

我在南村，先跟张献廷住一起，后来又搬到一个老乡院里，也是窑洞。隔壁的窑洞，住的是两个民族革命宣传队的队员，一个叫王宏远，一个叫薛凤图，都是进步青年，平日跟我关系还不错。有一天快中午了，我从外面回来，王宏远和薛凤图过来跟我说，上午我走后，宪兵侦缉队的一个姓史的，去我的房里翻查过。我回到房里一看，果然有翻查的痕迹。这可是个大事，得告诉杜任之，偏偏这天杜去克难坡开会去了。匆匆吃过午饭，去了克难坡，找见杜任之，说了这个情况。杜也很重视，晚上回来，跟我商议对策，说一时还不会有什么危险，只是该注意了，让我把手边的进步书籍全烧了，别留下什么把柄。

过后杜任之劝导我，追求进步，不一定非去延安不可，在哪儿都有进步工作可做，眼下去不成延安了，安心在这儿待着。要看书，去他的办公室看，侦缉队的人不敢去他办公室翻查。见我安下心来，他又让张献廷给他的朋友写信，说我病好了，托办的事不办了，意思是我不去延安了。

经过这个风险，我也变得乖巧了，不是知根知底的人，尽量减少交往。王宏远和薛凤图，过后都成了我的好朋友。王宏远后来去了解放区，太原解放后，随着解放区的干部队伍回到太原，改名为王学化，会弹月琴，在文化艺术学校工作，可能还健在。

那段时间，我还真看了不少社会科学方面的书。有些书，先前在乡宁十五分校时读过，但印象不深，经过这一段跟杜任之交往，再读，理解就不一样了。像杜任之这样有学识有思想的人，相处久了，是有潜移默化作用的。

# 八 在孝义

　　春节前后，忙忙乱乱，加上张先生身体不适，也就没有去打扰。过了正月十五，我要去厦门演讲，准备讲稿用去多日，三月十五日傍晚从厦门回来，休息一天，第二天上午八点就去看望张先生。下午又要去北京，再不去，就不像话了。这次去，离上次去隔了两个月还多。

　　一见面，发现张先生留了短髭，刮得光光净净的脸上，淡淡的一抹短髭，配着红润的脸色，显得精神了许多。问为何留了短髭？说年前看电视，见好些老先生都留了胡子，除夕洗沐，叫了理发师来，发理了，胡子留下了。试试，看方便不方便，方便就老留着，不方便下回就剃了。

　　我心里说，这是实话，实话什么时候说起来都是可爱的。

　　坐定之后，张先生把印谱拓好了，取出递给我。一个专门用来拓印的线装本子，蓝色封面的左上方，贴有灰底白边的纸签，签上是张先生手书"作庐印存"四字，下面右侧"颔自署"三字略小，左侧两方朱砂小印，一曰长甘，一曰作庐。一看就知道，是张先生的学生李海涛女士拓的。

　　掀开第一页，是小李毛笔小楷写的序，略叙制作经过，末尾署"戊子正月"，可见她是利用新正的机会，来张先生家一一拓制的。序中还说，共做了三册，一册张老保存，一册她自己珍藏，一册送我。

　　看罢收起，我说，张先生，对不起，过年也没来给你拜年。

　　张先生说，一正月里都没见面，今天可要好好谈谈啊。

　　见他兴致高，我说，不提问了，你尽管说吧。除了中间上过两次厕所外，下面的话，可说是顺顺当当说下来的——

　　在南村待了一年的样子，我的境况又有了变化。

杜任之夫妇像

不是我的境况发生了变化，是杜任之的境况发生了变化。

一九四二年春天，美英要开辟第二战场的迹象越来越明显，阎锡山知道，只要美英登陆欧洲开辟第二战场，希特勒德国准会败亡。希特勒在欧洲败了，日本在亚洲也不会长久。为了适应新的抗战形势，这年四月，阎锡山把晋西十几个县划为五个区，设立战地动员工作委员会，总领该区军政财文大权，简称战工会，各附一个战地工作团，简称战工团。每区有一个中心县，就是战工会所在的这个县，下面辖两三个县不等。这五个区是隰县、石楼、孝义、蒲县和乡宁。当时杜任之是山西省政府的委员，同志会的候补高干，颇得阎锡山的赏识，经赵戴文推荐，委任为孝义区战工会的主任委员。孝义是整个晋西唯一的一个平川地区，又与日伪占据的太原地区接连，可见阎锡山对杜的信任。

不是一开始就去的孝义，是孝义那边出了事才去的。一九四二年九月下旬，在平遥、介休之间，二战区跟日本人打了一仗，叫中街净化战役，打败了，骑一师师长赵瑞、骑四师师长杨诚叫日本人俘虏了，追查下来，孝义战工会主任委员翟全亚受到责难，撤了职，阎锡山要派个得力的人去，听了赵戴文的推荐，派了杜任之。

当时杜任之正在乡宁一带督战。临汾西山一带防务紧张的时候，驻军司令是彭毓斌，阎锡山派杜任之为铁军委员，责任是督促抗战。铁军是阎在军队里的效忠组织，铁军委员不签署退却命令，带兵军官不得擅自撤退。杜任之在那边干得不错，正好又有赵戴文推荐，这才去了。

铁军委员虽说权力大，身份显赫，毕竟是临时差遣，跟担任一个地区的主官还是不一样的。这是杜任之第一次出任地方大员，当然要组建自己的工作班底，用不着商量，就让我去了孝义战工会，职务是总部秘书室秘书。跟在民族革命政治实施研究院里一样，还是个干事，实际是他的秘书，好处是总部的摊子大多了，事情也多了，还有几个干事各司其职。同时去的还有政治研究院的好几个人。杜任之一走，第二期研究班结束，政治研究院也就撤了。

孝义城原在日本人手里，大约一年前，阎锡山的军队跟日本人在这儿打过一仗，收复了孝义县城，也有人说是阎锡山跟日本人订有密约，是日本人主动退出的，打仗不过是个样子。不管怎么说，我们去时，孝义县城完全掌握在阎锡山政权手里。孝义县，该说是孝义区了，这儿的军事长官是楚溪春，下面有军长，三个师长。

楚溪春对杜任之很敬重，杜上任那天，亲自到孝义城外迎接。楚溪春的职务是总司令，不是孝义区的，是当时晋西阎锡山政权北区的总司令。孝义城里驻扎的机关太多了，杜任之就把他的战工会总部设在离县城不远的兑九峪镇上。

战工会的权力是很大的，统管辖区内的政府、军队、组织、教育、经济。初到不久，孝义区的共产党还给他写过信，要他坚持抗战，这样的信该怎样回复，需请示阎锡山，请示的电报稿是我执笔的，杜说我写。阎的回电很简单，说："只要我们进步，什么都可以。"这话很模糊，让人摸不着头脑。

杜任之在孝义区，一面宣传持久抗战，一面积极推行阎锡山的"新经济政策"，限制日军向阎管区进行经济渗透。我当干事，主要任务是记录他的谈话，整理成文，供他讲话用，或在区里的小报上发表。他的办公室在一家财主的院子里，我的住处离他不远，每天一到上班时间就过来。记得初到兑九峪的那个冬天，冷得很，我的手指冻得肿起来，几乎捏不住毛笔，看我冷索索的样子。他说，这算什么，列宁写作时，火炉里只有一两块炭，还不是照样写。

一九四三年春天，杜任之有个重要讲话，就是这个讲话，给他带来了灾难。

二战区里，经常办些训练班，克难坡办，下面各区也办。孝义区办训练班的地方，多在兑九峪镇上的清虚宫。这年四月，办的一个训练班叫"战地干部训练团"。办训练班，本地区的最高长官当然要去讲话。

杜任之事先安排我们准备了个讲话稿，题为《目前孝义地区的粮食问题》。杜这个人，水平高，口才好，讲话稿只是个样子，全凭他自由发挥。我也去了，他讲得确实好，好多都是讲话稿上没有的。他说："老百姓饿肚子没粮吃，军队有存粮吃不了。有些军官高价倒卖粮食，还硬逼着征粮，老百姓实在是负担不起。这明明是要他们的命么！孝义地面上，驻扎了这么多的军队，不去打日本人，这就要坐吃山空！"

那天，杜任之很激动，当时正闹春荒，他说，你们看看，孝义区的老百姓吃什么，菜窝窝头！还说，孝义区驻军有多少，全靠防区里的老百姓养活，还有政府人员，吃的用的，全是老百姓供应。当时，按阎锡山的指令，辖区内同时搞经济作战，有些像现在的反贪污反腐败的意思，成立了经济裁判法庭，还真的逮捕了一些有劣迹的官员。杜的义愤，就是针对这些事情说的。这次讲话，影响很大，人们都知道杜任之是真正抗日的，不像阎锡山过去派下来的干部那样，说的是一套，做的是一套。

他的讲话稿，原本就是我起草的，讲话时，我又做了记录，过后根据记录做了修订，干训团在他们编的油印小报上发表了。薄右丞当时是战区视察处负责人，见到这张小报，拿给阎锡山看了，说杜任之有"政变嫌疑"。阎看后觉得问题严重，一是鼓动老百姓对阎政权的不满，二是泄露了阎军在孝义区的军事实力，这样的言论，是不可饶恕的。当地驻军的一些军官，也给阎打来报告，诬告杜任之征粮不力、挑拨军民关系、瓦解军心等等。

阎过去对杜，一面是欣赏其才干，一面也怀疑其来历，至此就更加怀疑了。阎是个疑忌心很重的人，不信任的人绝不能留在重要位置上。怎么办呢？对付杜任之这样的地方大员，自然不能掉以轻心。慎重考虑之后，一九四三年四月二十二日，阎给北区总司令楚溪春发去密电，同时给杜也发来一电，让他回克难坡汇报工作。杜不知底里，作了简单的安排，第二天一早动身前往克难坡。楚溪春和杨自秀亲自送行，杨是孝义区经济裁判法庭的主任，也是地方大员。这三个人，可说是当时孝义区的三巨头，杜要回克难坡述职，两人送行是情理中事。

这天杜任之可说是轻车简从，带着一个警卫员，警卫员牵着一头骡子，杜的坐骑。警卫员还挎着盒子炮。出了城，走了约一里地，楚溪春拿出阎的电报让杜看，电报上写的是："杜任之讲话有叛变嫌疑，即派宪兵押解回部。"这是阎锡山的手谕，没人敢违抗。阎锡山这个人，人家说他是土皇帝，一点也不假，他给下边的命令，一律称之为手谕。从前皇帝下的条子，才叫手谕。我初到克难坡，听说阎长官的手谕如何如何，也是挺新奇的，都这个时代了，怎么还给长官批的条子叫手谕呢？真是奇怪。后来才发现，在二战区，人们都习以为常，不觉得是个事儿。

看了阎的手谕，杜任之不好再说什么，只有听从。不知什么时候，原先跟在后面的两个宪兵走了过来，上前给杜上了绑，押到路旁停靠的一辆大车上。临别之际，楚溪春还跟杜任之说了些宽慰的话。

这些我都是听杨自秀说的。

送走杜任之，按阎锡山的手谕，楚溪春接任了孝义区的战工会主任，还是他的北区总司令，这个主任算兼职。这也是阎的安排，密电上说了的。

战工会的秘书长是黄耿夫，楚溪春当了主任后，没有动他，还是秘书长。陕西人，思想比较进步，据说是共产党的老党员，跟刘澜涛在一起工作过。抗战初期，牺盟会活动时期，是一个县的牺盟会特派员，相当于抗日县长。都在杜任之手下工作过，跟我的关系也还好。杜来孝义后，政治研究院的主任秘书张献廷也跟了过来。黄、张、我三个人，算是与杜任之最亲近的。杜被捕后，我们三个人知道杜有个书箱，里面说不定有违禁的书刊，本来想寄放在哪儿，说不定杜将来有用处。杜还有个秘书叫杨汝桥，我们想把这个书箱放在他那儿，或是由他找个地方先藏起来，杨不敢，我们只好烧掉。晚上夜深人静之后烧一些，烧了两三天才烧完。杨不敢收藏，也能理解，谁也说不准往后还会出什么事。

过了几天，阎锡山给战工会来电报，问杜的讲话，"动机何在，影响个什么？"楚溪春批示让黄耿夫代拟答辞。黄拟的答辞是："动机是老百姓没有吃的。逮捕前没有影响，逮捕后才有影响。"楚溪春看了没说什么，就按这个稿子发到克难坡。

黄耿夫还发动孝义区的工作人员签名保杜任之。黄让我拿上保书找人签名，签名的有二三十个人。我们把这个签了名的保书，作为文件送到克难坡，自然是石沉大海没消息，可那个时候人们就是这样，上司出了事，这样做才够义气。上头也不怪罪，觉得是情理中的事。这也是官场上不成文的规矩，这样做没人笑话，不这样做才惹人笑话。

到了这年八月，按照阎政权的统一部署，撤销战工会，实行统委会集权制。统委会的全称是"组政军经教统一行政委员会"。组是组织，排在第一，这也是阎锡山政权的一个特色。楚溪春接到总部命令，立即

孤檠秋雨夜初长 愿借丹心吐寸光 万古分明看
简册一生照耀付文章

一九七三年八月廿一日 偶画

读书灯图

将孝义区战工会取消，另成立孝义区统委会，仍由他兼任统委会主任。楚溪春这个人还不错，当了统委会主任后，明确宣布，杜任之任用的干部一个也不调动，原来做什么还做什么。黄耿夫原来是战工会的秘书长，这会儿成了统委会的秘书长。我还是办公室的秘书。

杜任之逮捕回去，到了克难坡，押在宪兵司令部。按阎锡山的本意，是要叫他自裁的。阎有规定，凡是"基干"以上犯了大的过错，都要自裁。基干是高干下面一级的干部，不是基层干部，是基本干部的意思。哪些大的过错呢，概括起来说就是犯了烟、赌、贪、欺这四宗罪。烟是抽大烟，就是吸鸦片，赌是赌博，贪是贪污，欺最不好理解，按说是欺骗，这样理解也不错，但是太宽泛了，阎说的欺骗，只有一样，就是欺骗了他这个会长。自裁，也不是像日本人一样拿刀子剖腹自杀，是喝大烟水，还有的，是在一个暗室里，犯人躺在床板上，执刑人员拿浸湿的麻纸往犯人脸上贴，起初还能呼吸，一层一层地贴上去，慢慢就窒息而亡。

阎锡山也知道杜任之没有犯这四宗罪，但他了解杜的历史，知道杜是国际共产党（共产国际）。审问时，下面的人审问，阎不会亲自审问，问是不是共产党，杜不承认，只说在法兰克福上学的时候，参加过一次游行，是第三国际领导的。又问他的讲话为什么跟共产党一个腔调，说是按照阎长官的指令办的，就是要振奋抗战精神，要肃清辖区内的贪污与腐败。又问为什么把儿子送到延安学习，说儿子已十八岁，成年人了，管不了。这期间，赵戴文曾为杜任之说情，说杜是个人才，即使不用，也不要逼之过甚。阎没办法，将此事交给高干会议处置，按他的意思，还是要自裁的。

主持会议的高干叫王怀明，老留美学生，天主教徒，为人开明，做事讲究程序。像这样的会议，人命关天，他要求与会人员，都要表态，签字。一开始就说，今天的会，会长不参加，让我主持，接下来说已查清的杜的问题，比如解放区来信，杜表示了什么态度，战干团的讲话，杜是怎么解释的。又说，今天赵戴文副会长也不在，看来是上帝不允许我们擅自行事。大家一听就知道是什么意思。与会的几个高干，孙楚先就不同意裁决，跟着的还有几个人，表决的结果是大多数不同意。所以会有这样的结果，都是赵戴文背后安排的。这样，杜就没有执行自裁。给的处分是，取消一切职务，放到山西大学当教授。

我长期跟随杜任之，这件事也影响到上边一些人对我的看法。楚溪春曾跟杨自秀说过，有人说张颔是共产党。杨说，哪里会呢，年轻人嘛，爱看书，爱学习。

说说王怀明这个人。说来你都不信，对王这个人，阎锡山非常信任。阎锡山到了台湾，好些东西，都是王给带过去的。王在台湾没住几年，一九五二年又去了美国，在芝加哥西北大学任教并研究法学，获博士学位。早年在美国读书，获的是硕士。后来就在美国定居下来，老了住进一个黑人开的养老院。年轻时留过学，又一直信奉天主教，跟外国人能说到一起，养老院里的人，都很敬重他。他的家属一直留在太原。一九八二年九十岁了，回到太原，落叶归根嘛。当过山西大学校长、省议会的议长，当时改革开放刚开始，这样一个阎锡山时期的大人物回来，还是很重视的。我也参加了接待。太隆重了，今天开会，明天座谈，老汉硬撑着，起初精神还好，慢慢就不行了。想给个省政协的副主席，可他是美国籍，一时还想不下办法，没过三个月，老汉就死了。对杜任之的自裁会，就是他回来后说的。这个人没有劣迹，山西新绛县人，早年曾参加过天坛宪法的制定。

杜任之走了，战工会成了统委会，我还是当我的干事，没人呵护了。阎管区的形势变得严峻了，虽没有找我的麻烦，天天看到的一些事情，也让人胆战心惊。最可怕的是梁化之的特务组织，要是叫盯上了，非倒霉不可。

杜任之来孝义当战工会主任的时候，梁化之去了隰县，别的区都用的是所在的中心县的名字，独有隰县这个区叫隰汾区，跟东边的汾西县合在一起叫的。汾西县城日本人占着，西边的山区是二战区的。战工会还附着一个战工团。战工会和战工团，有一个重要任务是"肃伪净白"，说白了就是肃清共产党和进步分子，净化阎锡山政权里的人员构成。杜任之在孝义区没做这个工作，不等于战工会没有这个工作，他在孝义区不做，不等于别人在自己负责的区里不做。梁化之在他负责的隰汾区，薄毓相在他负责的石楼区就做得很卖力。薄毓相就是薄右丞。

梁化之是阎锡山的亲戚，很得阎锡山的信任，在隰汾区搞得很厉害。为了对付共产党的地下组织，加强对扣捕的共产党人的迫害，梁化之还在隰县一个叫小西天的寺庙里，成立了"真理辨正处"，实际就是集中营。在梁化之一帮人的摧残下，隰汾区五个县的革命力量受到很大的破坏。阎锡山很欣赏梁化之的这套做法，觉得过去的特务组织，主要是杨贞吉的政卫组织太落后了，不足以"净白"二战区的阵营，决定让梁化之按他的方式，建立新的特务组织。

这样，到一九四三年七月，阎锡山就在晋西二战区的范围内，通令各区各县，撤销原来的"战工团"，成立统一的肃伪机构——民族革命同志会流动工作队。流工队基本上是由原来的隰汾区战工会改组而成，梁化之的主任，张亦山的副主任，后来增加了一个副主任，叫智力展。队部设在隰县康城镇。

不久，阎锡山又批准梁化之在各区各县的统委会中设一名"肃伪专员"，意思是负责肃伪工作的专职委员。梁化之派到孝义区的肃伪专员是张德夫，孝义县的叫冯奇，冯奇同时也是孝义县的流工队队长。冯奇这个人，原是共产党的县委书记，被捕后背叛革命，经过训练，专门对付共产党的地下组织。张德夫这个人不错，良心没全坏了，肃伪的事，全交付给冯奇，不多过问。孝义的肃伪，是全晋西搞得很彻底的。还好，楚溪春对我不错，这些人没有找我的麻烦。

我这个人，人家要找麻烦是能找下的。还在战工会时期，我有个同事叫黄延长，他媳妇病了，久治不愈，就请了个神婆子，说好晚上做法事，我晓得了，到时候去了黄家，把那个神婆子赶走了。黄延长是洪洞县人，解放后在洪洞办报，有次我去晋南出差，火车上遇见过，提起此事，两个人都笑了。没办法，那时候年轻嘛。

阎锡山那时提倡年轻人要有"不容人不"的精神，有人说我这就是"不容人不"，我不这么看，我是以古人"嫉恶如仇"的精神自勉。

在孝义期间，我结婚了。夫人叫尚雨湖，孝义城里人，家在西关街上，一个不大的院子。一九二五年出生，小我五岁，一九四四年冬天我们结

张颔与夫人尚雨湖

婚时，她十九岁，我二十四岁，这是足龄。婚后，就在孝义城里租了处房子，离我上班的统委会不远。

她父亲，就是我的岳父了，叫尚学融，太原第一中学的学生，跟彭真是前后班。后来考上北京平民大学，校长是邵飘萍。邵这个人在中国新闻史上是有地位的，中国的大学设新闻系，是他首创。学融先生大学毕业后，回到老家，在县里当过图书馆馆长，西关街的街长，算是县里的一个绅士。日本人来了，叫他当维持会的会长，他不干，整天在城外自家菜园子里种菜。日本人拿他也没有办法。

尚家在孝义县城是个大户人家。学融先生还有个哥哥，跟阎锡山手下的重要将领赵承绶是同学，在晋绥军里当过团长。抗战开始后不在军界干了，去西安做买卖。儿子在国民党空军做事。雨湖夫人这个伯父，大陆解放前夕去了台湾，后来又去了美国，最后死在美国。

也是结了婚，也是杜任之走了心绪不佳，事也少了，我利用这段时间写小说，还学木刻。抗战期间，木刻很时兴。小说写了几篇，光复后回到太原，出了本小说集叫《姑射之山》。

转眼到了一九四五年的七八月间，抗战形势已经完全明朗，日寇投降屈指可待。七月间，阎锡山的行营总部，由吉县克难坡移进到隰县西坡底村，八月二日，正式移进到孝义县的樊庄。樊庄离县城不远，地方富庶，交通也便利，阎住在一处地主兼资本家的院落里。梁化之那时风头正健，成了阎着意倚仗的人物，也跟着阎的行营来到孝义。同时到了孝义的还有流工队的副主任智力展。我就是那时认识智力展的，胜利后到了太原，他成了我的上司。

阎锡山在樊庄，一面部署武力接收太原的事，一面也要做文事方面的准备，于是组织了一个随部工作团，经梁化之推荐，智力展当了随部工作团的团长。随部工作团的任务，就是做随总部进入太原的准备工作。跟我在一起做事的杨自秀、黄耿夫，先参加了这个随部工作团。一天杨自秀问我参加不，我也想早点回太原，就参加了。随部工作团的许多工作，跟行营参谋处的工作是重叠的。行营参谋处的有些事，我们也参与。我记得，我们两家一起拟过光复太原的标语。

张颌岳父尚学融先生

八月十五日，日本正式宣布无条件投降，孝义行营人员和樊庄村民一片狂欢，抗战八年，终于胜利了，都高兴得不行。第二天，参谋处接到命令，拟进军太原的标语。一条主要标语，我们拟的是："阎司令长官率十万大军收复太原！"连同别的标语，一起送到行营让阎过目，拿回来一看都愣了，阎改为："阎督军率三十万雄师直下太原，解救三晋水深火热人民！"阎的秘书对取标语的人的解释是："阎长官说啦，沦陷区人民只知阎督军，不知阎长官，十万不如三十万有声势。解救三晋水深火热人民，说明我们是仁义之师。"我们听了，一面吃惊怎么敢这么夸大其辞，一面又不能不佩服阎锡山这个人确实高明。

一天，杨自秀对我说，阎锡山一时回不去了，要经过解放区，不安全，得日本人保护着才能回去。后来果然是，晋中一带的铁路全叫破坏了。没办法，只好叫日本人修，加强沿线治安，就是日本人保护着回到太原的。我和杨自秀、黄耿夫，都是跟着随部工作团回到太原，是光复后，首批回到沦陷区的工作人员，当时真有杜甫诗里说的"漫卷诗书喜欲狂"的感觉。

# 九　胜利的日子里　| 3月21日　星期五

　　去北京待了两天，回来的第二天又去访谈。寒暄过后，看到书桌上有一封公函，问是什么事，推过让我看。是太原市委宣传部和市委党史办公室合署的信件，说本月二十二日到二十四日，将在进山中学等地，举办纪念赵宗复同志（一九一五年——一九六六年）和为解放太原而牺牲的乔亚、刘鑫、梁维书等同志的座谈会，请张老参加。

　　对赵宗复这个人，我还是大体了解的。一九六五年来山西大学上学的时候，就知道赵宗复是赵戴文的儿子。一九六六年夏天，"文化大革命"刚刚爆发，就听说跳楼自杀了。当时以为定然不小了，看请柬上写的，出生于一九一五年，这么说死的时候才五十一岁。

　　再看桌上，还有张先生写的一篇文章的底稿。见我看，张先生笑笑说，这是他们让我为赵宗复写篇祭文，说是上兰村窦大夫祠旁边的赵公馆恢复旧貌，里面要建赵宗复的墓和碑，到时候要用。座谈会去不了，能为赵先生写篇祭文也算是尽了心了。

　　上兰村的赵公馆我去过，后面的花园里，有重修的赵戴文的墓和碑，这么说是要在他父亲墓的旁边，再为他建墓树碑了。

　　我发现了张先生写文章的一个小诀窍。先搭架子，再细细填充。这篇文章的开头几句已写好了，下面有两句，知道要写什么，句子没有组织好，就画了许多"□"代替。后面还有几段也大体写好了，其中也有"□"代之的字句。最后一句是"伏维尚飨"。想自己平日写文章，总是采取"霸王硬上弓"的办法，从头开始，哪儿写不下去了，硬往过冲，而不知转圜之妙。空下来，往前写，最后回过身来，再收拾这些"钉子户"，才是处理这类问题的好办法。是得学着点。

可以插梅花

甲寅年仲夏

写古诗意

瓶梅图

提起赵宗复，张先生就从赵宗复说起——

日本人投降了，回到太原，年轻人的热情都很高，觉得国家复兴了，遇上了好时代，自己也要做大事。在山里憋了七八年，浑身的力气使不完，这下子可找到了施展的大舞台。对我们这些还有点文化，喜欢舞文弄墨的人来说，最爱做的就是办刊物。在晋西山里，你写得再好，也没地方发表，回到太原可就不一样了。别看年纪不大，毕竟是凯旋之师，是收复者也是征服者，日伪那一摊子全成了自己的，手里大小都有一些权力，办个刊物根本不算一回事儿。

赵宗复当时做什么记不得了，只记得他办了个刊物，不厚，就那么薄薄的一小本，叫《学习》。他也不知听谁说的，我爱写文章，约我给他的刊物写一篇。那几年，我最爱看鲁迅的文章，就写了一篇，叫《如果我做了皇帝》。文章里说，假如我做了皇帝，要做的第一件事是，让人把金銮殿刷成白色，因为二战胜利了，正时兴白色的宫殿，美国的叫白宫，英国的叫白金汉宫；第二件事是，在家打牌也得收税，因为现在一切横征暴敛，都有了堂皇的名义，打牌经手金钱，当然应课之以税。通篇都是讽刺当时社会现象的。写完给赵宗复的时候，用的是本名。过后赵给我来电话，说还是改个名字吧，我说你改，他就给改了个名字叫仲韬。所以取这么个名字，想来是他认识张帆，跟张帆是朋友，知道我是张帆的弟弟，就用了个"仲"字，韬嘛，韬晦的意思。真没想到，我那样写，他就那样发了。

文章登出后，赵宗复觉得好，到家里看望，鼓励我继续写。

那时我住在东缉虎营一个院子里，前面两间住的是薛博民，后面两间住的是我一家人。那时我大儿子纪林还没出生，家里就我跟雨湖夫人两口。我不是跟着随部工作团第一批回到太原的吗？安定下来，租下房子，就去孝义把雨湖夫人接了过来。

刚租下房子，还没买下床，雨湖夫人来了，我们就在地上睡。她没见过电灯，很是奇怪，怎么墙上那么个黑黑的小疙瘩，按一下那个玻璃泡泡就亮了。看看这儿，看看那儿，怎么也想不明白。别说她了，就是我，也觉得不可思议。毕竟我只上过小学，没上过中学。当然我走南闯北，经见得多，见惯就不怪了。

赵宗复来了，也没有好招待的，那时我抽烟，敬上一支纸烟，就是太原西北卷烟厂出的"顺风"牌。点着得赶紧吸，慢点就有灭的可能。宗复只顾跟我说话，不知怎么一下就灭了，只得再点。宗复笑笑说，顺风顺风，顺风而灭。

韩：说说你刚回到太原的情况。

张：随部工作团是个临时机构，光复之后就改为民族革命同志会太原分会，主任是智力展。听起来官不大，实际权力不小，相当于现在的太原市委书记，当然不能这样类比。工商业不管，宣传舆论全管。主任之下有分工，我是宣训特派员，一听就知道是管什么的了。有这个权力，就办了一份报纸，叫《青年导报》，小报型，三日刊，一周两张；又办了个杂志，叫《工作与学习》，半月刊。这一报一刊的社长，都是智力展，他平常忙于政务，不怎么管事儿，主要由我负责，就是总编辑和主编了。正式发行，已是一九四六年春夏之交。

当时的社会风气，跟过去不一样。日本投降了，国民党还在重庆，许多人要求成立联合政府。更进步的提出，国民党应当还政于民。我们市分会里，有许多进步青年，跟我住一个院子的薛博民，是市分会的民运特派员，意思是负责发动民众运动的。还有一个叫张致中的，是组织特派员。有一次，我们几个跟智力展谈起时局，说是二战胜利了，国内局势也跟以前大不相同了，一党专政肯定搞不下去。不知谁当场说，像梁化之搞的这一套，迟早要被历史唾弃的。智力展说，梁化之还是革命的，对时局负责的。智走后，我们都说，梁化之怎么会革命呢？根本不可能。

一九四六年春天，杜任之随山西大学回到太原，山西大学又在侯家巷原校址复了课。一天我去杜任之家里看望这位老上级，说了我办报办刊的情况。杜说，这很好，要利用这个阵地，办一些进步的文化活动。有了杜任之这话，心里就有了底儿，知道该怎么做了。

韩：赵宗复好像当过进山中学的校长。

张：他是赵戴文的公子，阎锡山对他还是器重的。光复回到太原，年底还是第二年初，赵宗复就当了进山中学的校长。对我办报纸，办杂志，都是完全支持的。还介绍了几个人来我这儿工作，全是进山中学"投枪社"的学生，有的刚毕业，有的还是在校生。记得里头有个叫刘文瑞的，后来叛变了，最积极的是翟凤仙，是我们的特邀通讯员。这也是我在报社实行的新办法，发展通讯员，分两级，一级是普通的，一级是特邀的。关系最近的，最进步的，当特邀通讯员，发给证件，标明第几号，都有记录。拿上我们的特邀通讯员证件，出去采访是很荣耀的。有个叫卫兴华的，是我们的第一号通讯员，解放后有人说是特务，我给写了证明说不是，后来成了中国人民大学的教授。省文联的张万一你知道吧？

韩：知道，是个戏剧家，前些年开会时见过。

张：翟凤仙就是张万一的夫人。前些日子，我还见过她。这次组织纪念赵宗复的活动，她是主力，这么大年纪了，还有学生时代的精神。

我办《青年导报》，还是受限制的。那时年轻，有股子莽撞劲儿，想登的东西不能登，不想登的东西偏要叫你登，心里很憋屈。一九四七年三月中旬，胡宗南指挥十四个旅二十三万人，在空军配合下，从洛川、宜川分两路直取延安。十九日延安叫占领了，太原城里举行庆祝活动，各主要报纸都出了号外，《青年导报》没出。智力展问我为什么不出，我说，还不到时间。见我态度不好，也没再说什么。

到了一九四八年，蒋介石在南京开了国民代表大会，智力展当了国大代表，对报社和杂志的管束就更严了。我们之间也不像以前那样协调了。薛博民是市分会的民运特派员，有次特种警宪指挥部的人抓了他，我问智力展是为什么，智说他也不知道。这事我就对他有意见，薛博民是跟着他一起在晋西的老朋友，老部下，薛出事了，怎么就不打听打听。现在想来，我也许太年轻了，智力展那样回答，说不定是一种韬晦之计，对我说不知道，可能暗地里正在进行营救。后来薛博民果然出来了。我问是怎么回事，老薛说，他听说特务要破坏一个机构，是个点心铺，去通报消息，后来这个机构还是叫破获了，被捕的人招出了他，把他牵连进去，所幸案子不重，也没动刑，关了几天就放了。

在报社干了一段时间，觉得限制太多，不想干了。

一次小聚会，就我和杜任之、赵宗复三四个人。我对他俩说，这个营生干不下去了，报纸上要称共产党为"共匪"，感情上接受不了。他俩也觉得在智力展那儿再干下去，不会有什么名堂，不如早早退出。正好阎统区搞"三自传训"，公务人员都要参加，身体上受管束，精神上受折磨，我是无论如何不愿意做这种事的。又去找杜任之和赵宗复想办法，他俩说，那你就去省议会王怀明那儿吧。

当时王怀明是省议会的会长，省议会是民主性质的机关，不搞三自传训那一套的。不必提杜任之了，光有赵宗复的面子，王怀明也会给这个人情的。没多久，我就辞了《青年导报》的职务，离开同志会太原分会，去省议会当了秘书。《学习与工作》杂志，在此之前就停办了。"文革"后王怀明回到山西，我也参加了接待，就是因为我与他有这层关系。

办《青年导报》和《学习与工作》，时间都不长，报纸一年多，杂志更短些。这段时光还是值得怀念的，写了不少文章，有的在我们报刊上登，有的在《复兴日报》上登。这期间，我还把在孝义写的小说，合起来出了本小说集叫《姑射之山》，还出了本诗集叫《西里维奥》。

随着共产党解放战争的进行，阎管区的形势，也越来越严峻。杨贞吉和梁化之两个特务系统，对革命和民主力量的摧残，也更狠了。最让我想不到的是，赵宗复也出了事。他是赵戴文的儿子，阎锡山视同子侄，按说是最不该出事的，可偏偏他就出事了。

赵宗复的事儿，最初我是从刘文瑞这个人身上觉察到的。快解放的时候，解放区派人跟赵宗复联系，赵也派人过去，送情报什么的。有一次解放区派的人叫逮住枪毙了。人家早就知道赵宗复"通敌"，碍于他的身份，不明说。刘文瑞是进山中学的学生，平日跟赵宗复联系多，知道赵与解放区的人有来往。他有个朋友，是太原市参议会的，出了事，叫逮了，揭发了刘文瑞。刘被捕后，只说解放区派人进来，到过进山中学，没有揭发赵宗复。再后来，刘文瑞也叫放了。我这个人有个偏见，也可说是个正见，觉得凡是作为政治犯坐过监狱的，差不多都是好人。刘出来后，我还画了幅画送给他，临摹丰子恺的画，记得题的诗是：

大树被砍伐，生机并不息，
春来怒抽条，气象何蓬勃！

鼓励他继续从事革命活动。当时有的人知道，刘文瑞实际上是叛变了，后来我也知道了，觉得此人既可恨又可惜。

赵宗复后来被捕，又死里逃生，这时我已不在太原，到了北京。一九五〇年从北京回到太原，才弄清是怎么一回事。

赵宗复早在燕京大学上学时，就参加了共产党。先前是长期潜伏，到了太原快解放的时候，就用上了。他们成立了一个情报系统，专门给解放军传送阎锡山的军事情报。早就不是中学校长了，地位很高，当了阎锡山的高干，还当了教育厅的厅长。不幸的是，一九四七年秋天，派往解放区送情报的一个姓曹的人叛变了，把他招了出来。梁化之的特务系统早就知道他的身份，只是碍于情面，没有动手，这回可不给面子了，当即逮捕。身份不同，处置也就不同。先拘押在杨贞吉家里，杨是山西省警务处的头子，后拘押在梁化之家里，梁是太原绥靖公署特种警宪指挥处的头子。拘押在梁家的时候，仍去教育厅上班，对外还要看不出是拘押的样子。毕竟是赵戴文的儿子，赵戴文死了没有几年嘛。后来都知道是怎么回事，不做这个假样子了，就收监了。

一九四九年二月底，地下党准备组织敌军一个连起义，掩护赵宗复、梁维书、刘鑫等九位同志到解放区。这一计划叫敌军师长李子法发现，向阎锡山告密，三月十日，梁维书、刘鑫等八人英勇就义，就留下赵宗复没有动。三月中旬，阎锡山召开高干会议讨论如何处置赵宗复时，有人主张立即枪决。有个叫吴绍之的，提醒阎锡山说："请会长回忆一下副会长的临终托言……"

阎锡山当同志会的会长时，赵戴文一直是副会长。一九四三年十二月赵戴文在克难坡病危时，阎来看望，曾对阎说：宗复年轻，做事不稳当，希望好好教育他。阎当时回答说：你的儿子和我的儿子一样，我一定教育他，你可放心。赵戴文托孤的事，当年在克难坡的人都知道。吴绍之这么一提醒，阎锡山说：把宗复交给我处理吧！这样，赵宗复就被关押在阎锡山公馆的后北厅，派六名卫士看守。当有人再次提出处置赵宗复时，阎说："太原城破我成仁的时候，一定要他跟我一起走。"成仁就是自杀，跟他一起走，就是先把赵宗复杀了。

三月二十九日，受李宗仁之邀，阎锡山突然飞往南京协商"和谈"事宜，借机逃离了太原这座危城。直到此前，仍没有任何处置赵宗复的意思。四月二十四日，解放军攻下太原，打下绥靖公署，才把赵宗复从阎公馆的地洞里救了出来。解放军攻城，炮火猛烈，看守他的人为预防不测，把他转移到一个专门给阎锡山修的地洞里。

从后来的结果看，阎锡山还是念旧情的。包括将赵宗复从梁化之手里要过来，关押在他公馆的后北厅，都是一种保护措施，说什么他成仁的时候带赵一起走，不过是搪塞之词。若不念旧情，只要跟梁化之打个招呼，赵宗复就没命了。既然关在他的公馆里，保护的成分要大于亲手加害的成分。他怎么会让这样一个人死在他的公馆里呢？当然，也可以说，当时他想杀的人很多，既然那些人都杀不了，何必单单杀掉一个老朋友的儿子让人笑话。

韩：赵宗复是个人才，死得太可惜了。真不知道他临死的那一刻，脑子里想些什么。

张：解放后，还有件事与赵宗复有关。大概是五十年代初吧，苏联来了个哲学代表团，到了山西，专门研究阎锡山的"中的哲学"，省委让赵宗复接待。当时我在统战部，知道这个事儿。阎锡山的哲学，主要是，需要就是合法，存在就是真理，不走极端，总起来叫"中的哲学"。他那一套，真要说起来，还是很复杂的。也许苏联人觉得他的"中的哲学"，还有研究价值的吧。

韩：你怎么又到了北京。

张：那年代，真是个乱世，今天做这个，明天不知道会做什么。我去北京，突然得很。解放战争期间，山西有个重要战役，一败，阎锡山就知道山西保不住了。你知道是哪个战役吗？

韩：不知道。

张：临汾战役。时间大致在一九四八年春天，三月几号记不清了，共产党那边攻城的，是徐向前将军，阎锡山那边守城的，是第六集团军副总司令兼晋南总指挥梁培璜，精兵强将两万多人。坐镇西安的胡宗南，还给派了一个旅的兵力助阵，城破的前一天才用飞机把他的人接走。打了十八天，阎军守城的人全部歼灭或投降，没有逃走的。这一战，最大的意义是，解放了全晋南，使吕梁和太岳两个解放区连成一片。这一仗打下来，阎锡山就知道山西快完了。后来的晋中战役，太原战役，都不过是勉强挣扎而已。阎锡山打了一辈子仗，不会看不出这一点。我们在省议会，常听那些老前辈谈论战局，临汾一仗打下来，人人垂头丧气。当然有共产党背景的人，心里暗暗高兴。

临汾战役之后，阎锡山变得更加疯狂了。解放军向晋中开过来，晋中战役又败了，太原成了一座孤城。我怎么知道晋中战役失败呢？我原来在的七十三师，就是在榆次城外叫打垮的。晋中战役后，阎锡山就剩下太原一座孤城了。阎锡山下了手谕，要与太原共存亡，所有公务人员，都要轮流守城。这时山西大学迁到北平，杜任之也去了北平。我给杜去信，问我该怎么办，杜回信说，来北平吧。去之前，杜还是山西大学的教授，等我去了，杜已不在山西大学了，去华北文法学院当了政治系主任，就介绍我当了校部文书主任。总算及时逃出了太原。在晋西，是杜任之在关键时候提携了我，这次也一样。

韩：我想把时间订正一下，你从太原市同志会到省议会是什么时间？

张：阎锡山在省城各机关搞"三自传训"之前。

韩：这就好说了。我这里有一本《阎锡山统治山西史实》，山西人民出版社出的，这些天常翻看。这本书，我在太原上学的时候就看过，那时是油印两大册，叫《阎锡山统治山西罪恶史》，省政协组织阎政权里的知情人士编写的。你看这儿，书上说，三自是自清、自卫、自治，中心是自清阶段的"自白转生"，实际上是互相揭发，最后都忠于阎一个人。"一九四七年九月间，先在太原开了各机关全体人员的斗争动员大会"。若是这样，那么你去省议会时间，当在八九月间，就说八月吧。

张：差不多就是这个时候。

韩：离开省议会去北京，也可以从你说的话上，参照这本书得到具体的时间。你不是说，你原来在的七十三师，是在榆次城外叫打垮的，晋中战役后阎锡山就剩下太原一座孤城了，说要与太原共存亡，所有公务人员，都要轮流守城。是这样的吧？

华北文法学院时的张颔

张：就是这样的，七十三师叫打垮，我记得清楚。

韩：我记得，你说在虎啸沟时，去河南领兵，领回的兵编为七十三师，师长叫高倬之。几年仗打下来，高倬之已是军长，三十四军的军长。你看这本书，第四〇四页上是这么说的："赵承绶北逃时，第三十四军军长高倬之亦率部北撤。行至车辋村，受到解放军猛烈阻击，即退到大常村一带。七月十二日，该军第七十三师在大常村被歼，师长被俘，高倬之易装逃往榆次。"这是七月间的事。再看四〇五页："一九四八年六七月间，阎锡山军队在晋中和忻县等地遭到更大损失后，为了做垂死挣扎，号召进行所谓总体战……于九月间成立了山西总体战行动委员会……十月一日，所谓太原大保卫战开始……所有男女成员，均须编组起来，直接间接向战斗目标努力。"如果你动身早的话，八月就该离开，迟的话也该在九月，不会到了十月，到了十月怕就走不开了。考虑到你去了北平文法学院正赶上开学，那么离开太原的时间，该是八月下旬了。

张：差不多。

韩：也就是说，一九四七年八月间离开同志会太原分会到了省议会，第二年八月就离开了，在省议会待了一年的样子。

张：不愧是上过历史系的，有这样的考证功夫。

韩：张先生夸奖了，这哪是什么考证功夫，这是小学算术的功夫，会加减法，就能推算出来。

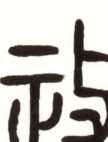

人道敏政禮記中庸辞 張頷

人道敏政

# 十 主编《工作与学习》

上午打了电话，下午四时到张府。保姆不在家，张先生开的门，说还以为你今天不来了。我不辩解。过去说来，多是三点一过就来了，今天委实太迟了。

坐定后，张先生的神态像是等我提问，我不动声色，取出一页纸，说看到一篇好文章复印了，我读，你听。张先生往前凑凑，一手遮在右耳后边。我读得慢些，咬字重些，好让他听清楚：

我的年纪虽然不算大，但在世上也活了二十多年，我虽然没有见过世面，但在中国也曾去过五六个省份。我也参加过好多次的大会，也参加过好多次的群众游行。可是从来没有见过像前天所见到那一列奇异的游行队伍。

纵队的前面是一锣一鼓的交响乐，那声音和娶媳妇嫁姑娘的音乐比较，没有那么愉快，和埋死人的音乐比较，又没有那么悲哀，枪毙罪犯也不用这样音乐，小偷戴上纸帽子游街，又不如这个滑稽。总之，姜子牙坐骑，无可比拟，非驴非马便叫做"四不像"吧。

后面跟着一队综合性的穷人大众，有的是皓首苍髯六七十岁的老头子，有的是三寸金莲牙齿脱落的老太婆，有的是先缠后放改组派萝卜脚式的金大嫂，也有怀中吃奶的小娃娃，"人上一百，形形色色"，"腊月二十九，什么人都有"。

最使人奇怪而可笑的，是他们穿的衣服，老汉们穿的是鲜红的毛裤；老太婆穿着栗壳色的西装，三寸金莲穿上高跟皮鞋，破棉袄又套上白衬衣，小孩子把晚礼服当成被子裹；婆姨们把领带当成裤带扎，比当年"大辫子戴礼帽"的滑稽歌曲还要高出一个调门。

经我详细打听，原来是盟邦友国，对中国人实行善后救济，为了扩大印象，所以锣鼓喧天大街游行而且要制成影片搬上银幕，公诸世

《工作与学习》创刊号

界。我想这是应该的，时代进步了，"恶恐人知便是大恶，善欲人见不是真善"。这些礼教用语早该推翻，"施惠勿念，受恩莫忘"，应该改为"施惠莫忘，受恩更应莫忘"。中国的穷人们啊！天高地厚之恩，应当刻骨铭心，永久不要忘记！

我念完了，瞅着张先生，张先生茫然地眨眨眼，喃喃自语，这乱七八糟的，说些什么呀。我笑了，将那张纸（复印纸）收起，从包里取出一套旧杂志的合订本，翻开推到他面前，指着题目下的"谷雨"二字，说这不是你的笔名吗，这是你写的文章呀。

说着合上杂志，露出封面上的字：《工作与学习》。张先生显得又惊又喜。

韩：文章题为《一列奇异的游行纵队》，看样子像是写美国救济署战后给沦陷区穷人发放救济品。当时情况，不会这么不堪吧？

张：真的，就在现在的五一路上，那时候还叫新民街。西北电影队的人跟在旁边拍电影，不知道是拍新闻，还是就要拍这个。这杂志从哪儿弄下的？

韩：托人从省图书馆借出来的，费了很大事，还是借出来了。我已细细翻过，先说总的印象，再来订正哪些文章是你写的。

张先生又往前凑凑。

韩：先说总的情况。这个合订本，收入创刊号到第十六期共十三期，缺三期，分别是二、四、十四期。时间是一九四六年五月十日到同年十二月二十五日，差不多七个月的样子。半月刊，每逢十号、二十五号出版。普通十六开本。现在的十三期中，除三期为十二个页码，十一期为二十个页码外，均为十六个页码。起初没有稿费，创刊号的《稿约》上说："来稿一经采用，即赠本刊为酬。"后来又有了，第十三期的《征稿条例》上说："来稿采用后，除赠寄刊载该作品之本刊一期外，按甲（每字二元五角）乙（每字二元）丙（每字一元五角）三等，酌致薄酬。"

从刊物上显露出的信息看，编者想了许多办法，要把刊物办好，也确实有所发展，可是拗不过越来越疯狂的涨价风潮，到后来就办不下去了。比如第一期创刊号上，就有"本刊征求基本定户一千户"的启事。

条件是在创刊初期（五月十一日到六月十日），一次订阅本刊半年者，按定价八折优待。再就是，"在订阅期间，如因物价跌落，本刊减价时，对基本订户，按差价数计算退还应减之款，如因物价高涨，本刊增价时，基本订户一律不增价"。

张：那时候物价不稳定，用这个办法吸引订户。

韩：说是物价跌落了退还应减之款，实际上这是句空话，那个时候只有涨不会有跌。从创刊到第六期每份均为法币一百元，过了三个月，到第七期已改为一百五十元。可能读者有意见吧，第八期特别刊出《启事》说："近来纸价飞涨，本刊定价不得不随之提高，今后每期零售价为一百五十元，这已算是最克己的了。"此后有增无减，第十三期（十一月二十五日）增至三百元，第十五期（十二月二十五日）末尾的标价已是四百元。从创刊到此时，半年多的时间里，上涨了三倍，是原先的四倍。这样的刊物，如果没有政府的补贴，单靠刊物自身运作，是没法办下去的。钱是越来越不值钱了，办是越办越好了。

张：所以就停了《工作与学习》，集中人力财力办《青年导报》。刊物后来的情况，全记不清了。怎么说越办越好了呢？

韩：依据有两条，一是创刊号上，没有封面，第一页除了刊头、目录外，还登了智力展的代创刊词《论工作与学习》。只是刊头几个字套了红，以示喜庆而已。从封面到封底，纸质一样。此后封面上就不刊文章，排版也讲究起来。到第十五、十六期，封面的纸质明显好了些。再就是销售渠道渐渐宽广。社址在按司街二十四号，想来就是同志会太原分会所在地，经售及代订处为红市街四十三号黄河书店。从第八期开始，有了代售处四家，到第十六期代售处达到六家了。这些刊物上都有记载，不是说明刊物越办越好了吗？至少也是努力往好里办。但还是停刊了。

张：我们这个编辑部，实际就是同志会太原分会的宣训部，就两三个人。我的正式身份是宣训特派员，回到部里他们叫我张主任。对刊物来说，我就是主编了，每期稿子都由我来审定。看稿子，基本上是刘文瑞的事，还有翟凤仙，主要是做校对。两个人有点恋情，刘文瑞出事后，翟凤仙就不跟他好了。翟凤仙这个人，能干，很有正义感。我在上面写

# 山西青年的文化思潮

張　頷

— 5 —

一個地方的人和另一個地方的人性情是不會一樣的，這些地苦和水土的關係。長江流域一帶的人非常酒說，黃河流域一帶的人非常老成，北方氣候寒冷風景蕭索，所以理重於情，南方氣候溫和風物清游，所以情多於理，南國佳人北地脂肪各有特色，老西和老陝，老西和老表，也兆大有分別的。表現在文化方面的也是一樣，三楚多出秀士，鄒魯多出鴻儒，南方的文化重於情調！北方的文化均多質樸，山西的文化和匯門關外的文化總有些不大一樣。

試拿上歷史的眼光來看山西的文化，我們知道中國近幾百年來商業社會的經濟活動完全操縱在山西人手裏，山西人除對於商業非常諳熟以外；對於其他文化事業是不很關心的，「商人重利輕別離」，大抵晉人皆然」。山西人為了出外經商，把和自己妻子的離別看的很不重要，也可以說為了發財把自己的感情也犧牲不顧了，大家想，在這樣的情形下如何還能顧及其他文化工作呢？

袤裏山河的山西省，無論在地形上經濟上以至於其他諸方面客觀條件的限制，早已形成了對外的隔絕和封閉，所以五四新文化運動的思潮在山西也很少受其影響，我想誰都知道。各種學說和識見，只有互相爭辯才能進步，如果一味的保守自封，文化只有逐漸都陋下去，陷入向隅而泣的境地。

宇的形狀不同，衣服的式樣也不同，甚至於楚國的馬車不能在趙國的路上行走，可是那時候的思想言論却是非常的自由開明，在學說上是互罵收拾，在文化上也亟倡開放，那時候帝王階層的領導者最講究招賢納士，韓毘階層的人們並講究擢主而事，人材學者互相交流，文化學發互相參照，形成了諸子百家哲學思想的高潮，在中國數千年文化上起了很大的作用。

太原是山西的政治經濟文化等一切的中心，在抗戰那間敵人在太原進行了悠久八年的奴隸統治，這許多多的原因，都足以使太原青年學生的思想受得很深重的虧揮，直到現在一般青年依然沒有仲出他們懦弱的手掌，依然沒有提出他們所需要的口號，宛如騎在一匹灰色的駱馬在黑夜中摸圖一樣。如果現在有一個像魯迅先生那樣的人在太原文壇出現的話，我想太原的青年也一定不會有任何的感覺與及响，我們由此可以感覺到山西省的青年是如何的冷寂呢？

太原的青年和其他地方的青年一樣共備若純潔，熱情，勇敢，正義，等一切青年寫特的條件，應該探本能，認清時代，針對現實，把許多青年的要求團結起來，把許多伏流暗流匯合起來，造成文化思想上暴張的風氣，掀起山西全省青年文化運動的來潮，使我們太原文化界正確的活躍起來，作為山西全省青年文化運動浪潮中的主流，那長我們太原的每周青年對今天的當地文化思潮，都有開闢先河

张颔著《山西青年的文化思潮》（发表于《工作与学习》创刊号）

的文章多吗？

韩：不少。创刊号上有论文《山西青年的文化思潮》，署名张颔，另有杂文《一列奇异的游行纵队》，署名谷雨；第三期有朗诵诗《屈原诗传》；第五期有《青年与迷信》；第八期有《太原青年与文化前途》，另有署名谷雨的童话《杜鹃》；第十三期有署名"长页"的杂文，叫《"人言为信，止戈为武"》，肯定是你写的，长是张字的半边，页是颔字的半边。第十六期有署名谷雨的杂文《屎罐头》，似乎越往后越少了。再就是，第三期上有《诗人节特辑》，除了你的《屈原诗传》外，还有一篇《诗人节座谈纪略》，其中有你的发言。

张：文章全记不得了，搞活动的事还记得。除了诗人节纪念屈原，我们还搞过纪念杜甫的活动。杜甫不是写过《兵车行》吗，我就把这首诗改写为白话朗诵诗，翟凤仙朗诵，田丁导演。杜诗头两句是"车辚辚，马萧萧，行人弓箭各在腰"，我改成的句子是，"兵车隆隆地驶过，战马昂首嘶啸，士兵们扛着枪，腰间挂着子弹袋，看吧，又一批士兵就这样送到前线去了。"这是为了配合反内战作宣传。后来跟余振先生熟了，可能近期的一个日子是普希金的诞辰或是忌日，那时不叫普希金，叫普式庚，余振提议纪念，我同意了。我们看重的是普氏同情十二月党人，是反对沙皇统治的。我把这个意思跟智力展说了，没想到智力展不同意。我心想，你平常还怎样喜欢普希金的诗歌，这会儿开个纪念会都不同意，那好吧，我就拿了张普希金的画像送到他家里，看墙上有个地方，给挂了上去。他倒是好脾气，也没说什么。

韩：有个问题我不明白，记得你说过，赵宗复办《学习》杂志时，你写过一篇文章《假如我当了皇帝》，用的是你的本名，发表时赵给改成仲韬。可是我看你编的《工作与学习》上，也有用仲韬署名的文章，都不像是你写的。你看这两篇，一篇是第五期、第七期分上下两篇连载的《晋西农村阶层问题》，一篇是第九期上的《庆祝"抗战胜利一周年纪念"的情绪》，前者是篇农村阶层调查报告，后者是篇措辞犀利的政论文章，都不像是出自你的笔下。

张：想起来了。杜任之的一部分文稿，一直由我保存着。这篇《晋西农村阶层问题》，极有可能是他当年在晋西时写下的，我看是篇完整的文章，就给发了。他还受阎锡山的监视，不好用他的本名，就用了赵宗复给我起的这个笔名。用这个笔名的好处是，真的有了问题我兜着，捅不到杜任之那里去。那篇《庆祝"抗战胜利一周年纪念"的情绪》，想来是杜写下给了我，我给发的。这个时候，山西大学已回到太原了。智力展表面宽容，毕竟责任大，在用稿上我们还是有龃龉的。有的稿子我要上，他硬是不让，最后只能听他的。

韩：你不是主编吗？

张：他是同志会的主任，又是阎的高干，刊物付印前要送他看一下，他也不说是终审，只说是把把关，别犯什么忌讳。

韩：翻阅的过程中，我发现了这么个问题，比如原定每期十六个页码，而第三期只有十二个页码，这都可以理解，不可理解的是，封面目录上有篇《晋西乡村社会研究导论》，署名醴甘，内文却没有了。想来是嫌不合时宜，已印好要装订了，勒令撤去，内文可以不装订，封面已印好，只能将错就错了。毕竟你们的资金不是很富裕的。

张：你看得真细。这篇文章也可能是杜任之写的，以后不能用他的笔名，就改用我的笔名了。

韩：看这样的旧刊物，很引人兴味，能让你体味到那个时代的气息。比如创刊号上，已登载了智力展的代发刊词，说明办刊宗旨，你意犹不足，又在最后一页上写了《编辑后记》，特意申明："文字方面，也只求通俗和适于理解，不要任何矫揉造作，咬文嚼字的表面形式，这是我们编辑本刊的基本原则。"接下来又说："不做任何主观主张的吹嘘宣传，而只求客观真理的探讨。"最有意思的是，下面有点空白，放不下一篇文章了，也没让它浪费，而是放了三句简短的语录。分别是雨果的"群众是一道奔流，它要把它所滚转的一切粉碎"，巴枯宁的"破坏的激情，便是建设的激情"，《新经》的"播种的与收获的，有同样的快乐"。这三句话的内涵，最能说明你办刊的心志，当年不过二十六岁，真让人佩服。

张：那时年轻，又赶上抗战胜利不久，真有股子"改造旧河山"的勇气，热血青年嘛。那时候爱写杂文，写起来总是慷慨激昂，一腔义愤。

韩：那些政论文章，像《山西青年的文化思潮》《太原青年与文化前途》，时过境迁，不免隔膜，倒是那些杂感文章，却处处见机锋，见才情。像《青年与迷信》中有一小节，叫《神仙和妓女一样》，看得我直想笑，字太小，你看不清，听我念吧：

我平生见过两种神仙，一种是庙里的塑像和画像，有的庙里只有男神仙没有女神仙——火神真武等。有的只有女神仙没有男神仙——水母后土娘娘等，有的男神仙在前女神仙在后宫——城隍等，有的男女神仙坐在一块儿——土地皂王等。男女神仙当然有道行，不会发生性欲问题，但是"五道神"又要在人间胡乱找女人，这是神仙应有的道德吗？土地奶奶和皂王奶奶的子宫并没有割去，她们又没有梅毒一类的传染病，为什么各地方的土地皂王奶奶都不生育呢？如果一个人病了，一方面吃了药王爷的妙药，一方面阎王非要他的命不可，那么这个人究竟应该活呢，还是应该死呢？

庙里的塑像和画像是宗教的美术展览，也是宗教的艺术宣传。古来中国的南方人对老年人特别尊敬，所以江南一带的观音菩萨塑像是一个老者——慈航道人，北方人爱女子，所以北国的观音菩萨塑像，是一个美丽的女子，蒙古人最怕鬼，所以蒙古的观音塑像又是厉鬼。这是宗教家把握不同的环境，适应不同的需要，用不同的方法"超度众生"——迷惑人民的一种宣传。

除了在庙堂的死神仙以外，我还见过一种活神仙，就是巫女，巫女大半是不正道的女子，才有资格担任这种工作。神仙应该是高贵的道德的，为什么不附好人的体，而要附下流女子的体呢？神仙附体以后，为什么不拿慈善的心肠来普度世人，反而借是医病，向愚蠢的人们勒索钱财呢？我曾亲眼见神仙附体后向人唱着："大仙爷要吃冰糖哩，不要麻油要香油哩，不吃羊肉要吃猪肉哩……"这是神仙的道德吗？简直是妓女的道德，巫女不过是变态卖淫的妓女而已。

有人说神仙是会变化的，凡夫肉眼是看不见神仙的，但是《封神榜》上的许多神仙为什么不会变飞机和原子炸弹呢？中国的神仙为什么从来没有变过日本人呢？如果神仙也有国籍的话，日本人打进来，既不烧香叩头反而拆毁庙宇，中国的神仙为什么不作声呢？宗教家一没办法便会说："神鬼怕恶人。"

"祭神如神在，不祭也不怪"，这句话是中国乡村土佬们所经常说的话，这证明中国远在数百年前已有破除迷信的原始思想和动机了。

　　总之，神仙是宗教家在他们知识范围内凭空捏造出来的模型，我们中国不知有多少的良善百姓上了他们的当。

　　张：哈，这是我写的吗？那时候就是这股子劲头。

　　韩：我佩服的是，你在文章中，把自己平日的知识积累和生活阅历，用得这么纯熟自然。少年时期，你不是跟上那个小道士看过庙吗？对各路神仙的男女性别、座位前后，都有记忆，顺手写了出来。见过巫婆作法，也写了。真可说是雄辩滔滔，一泄千里。看来人家让你做"宣训特派员"，没有选错人。

　　张：按职责分工，我这个宣训特派员，不光管宣传，还要管训练，比如办个训练班呀，组织集会登台讲演呀，我从来没有做过。上面发下宣传品，也只是按规定发下去完事。我的心思全放在办报办刊上了。

　　报刊社里，并不平静。特种警宪指挥部，就是梁化之的特务势力，也插了一腿，派一个叫杨子昭的，来这儿当编辑。估计是通过智力展安排的。他是头儿，他不点头进不来。《青年导报》有个记者叫段绍文，原先在解放区，是"段绍文支队"的队长，被捕后，交待了放出来，安排在我这儿当记者，表现进步，过了一段时间又叫逮捕了，我怀疑是杨子昭报告的。我问杨，他说段曾跟他说过，想回解放区再组织队伍，到时候他当队长，让我当政委，我要汇报早就汇报了，还等得到这会儿。杨这个人不地道，拿上缴获的共产党的宣传品，放在桌子上，看谁拿去看。有次我去编辑室，看见他正在写什么，问写什么，支支吾吾说不清，我一转身他拿起写好的东西溜出去了。我估计他是往警宪指挥部送情报去了，赶紧追出去，追到剪子巷没追上。解放后五几年，有次去省文联办事见了这个姓杨的，他一见我脸红了。我心想，这个人怎么会没事，还在文联工作呢，就向组织检举了。后来叫镇压了。贴出的布告上，不说他与警宪指挥部的关系，是特务，害了什么人，只说该人解放前，在反动报纸《青年导报》工作期间如何如何。我看了很灰心，我们是在阎锡山政权下办报，但怎么能说那个时期的报纸刊物都是反动的？要是那样我也有罪了。

我办报，不用中央社的消息，也不用阎锡山通讯社的消息，所有消息都是我们根据各方面消息综合起来写的。中央社称共产党的部队为"共匪"，我从不这么写。胡宗南部队占了延安，太原各报都发了号外祝贺，《青年导报》就没发，智力展问为什么不发，我说没有必要凑这个热闹，他也没办法。后来我觉得在这儿待下去不会有好结果，就离开了。我去后薛博民当了《青年导报》的总编辑。你找来《工作与学习》，让我想起了许多事情。看过去的文章，觉得自己还是幼稚了些。

韩：我不这么认为。看这些文章，我发现早在四十年代你写文章，有个特点很明显，就是喜欢掉书袋，引经据典。再就是，那时候你似乎对文字学已有点兴趣。

张：说得对，我写文章一直喜欢掉书袋，对语言文字有浓厚的兴趣。只是不知你说的是哪几篇文章，又是怎么看出来的。

韩：有这么一篇文章，叫《"人言为信，止戈为武"》，是借对古语的阐释，鞭挞当时的现实，穷兵黩武，弄得民不聊生，引了《左传》上的，又引了《说文》上的话，你听：

《左传》宣十二年："楚子曰：夫文，止戈为武。"《说文》武字解："夫武，定功戢兵，故止戈为武。"这种解释显而易见，是歌颂专制皇帝的武力。我们要知道，从古到今，由中而外，不讲道理，纯粹以一朝之武力而止百年干戈者何在？"止戈为武"是军事野心家出兵作战的一种说法，是假道德伎俩。《说文》上说："止"是下基的意思，"步""从""辵""癶"都和"止"有密切的关系。也是"趋"的意思。所以"止戈为武"的正确解释则是：如要打仗，必须以武器（戈）做基础，也就是军事解决。武器第一，或是趋兵作战的意思。

张：那时候好这一手，这么引用，也有毛病。

韩：读这篇文章，发现在语言的运用上，你常能独抒心机，给以命名。比如这篇文章，一开头便说，"人言为信，止戈为武"这句话是封建专制的时代的产物，也是陪绑式的一句文辞。接下来又举了"乌鸦反哺，羊羔跪乳"，说明这种"陪绑式文辞"是多么荒谬。小乌鸦反哺它母亲，不能说不是生物"爱"的表现，这是自然的一种感情，如果说"羊羔跪乳"

久炼丹砂熟，炉火深夜青。

是尊重它的母亲则未免太道德化了。"跪"、"叩头"、"鞠躬"不过是君子大人们规定下的一套礼教的形式而已,如果羊羔有君子之心,在此时代,他一定摩登化为"鞠躬而礼"了。世上有许多动物的哺乳方式,都以站立着为习惯,羊羔吃奶,前腿不打折,那么只有啃他妈妈的屁股好了。读了这段话,我又觉得,张先生后来从事文物考古,是不是走了错路。有这样的捷智,从事文学创作也是好把式。

张:那时年轻,一写起文章,就感情汹涌,思绪飞扬。这种"陪绑式文辞",那时很是喜欢,好些了不相干的事情,也要一对一对地说出来,有的有道理,有的就没有什么道理,纯粹是冗词赘句。

韩:你说的这种"陪绑式",是古汉语的一种修辞方式,叫"对举",就像诗词中的"对偶"一样。当然,这篇文章一开头说这些,只可说是一种比兴。有道理没道理,拉扯在一起说一通,文章就灵通俏皮了。

张:爱掉书袋,爱抠字眼,叫你这么一说,还真是这么回事。

韩:经典例子不是这篇,是前面读了一节的《青年与迷信》的"后语"部分。你听:

"神鬼"两个字是中国奴隶社会,创造出来的,那时治病的医生,只有巫觋,治病的方法也只有祈祷神灵,所以出来的"醫"字便是"毉"字,及至后来知道泡制药酒治病,才改写为"醫"字。"殹"是字母取其声,"酉"是酒取其含意。这已算进步了不少,但现在社会上仍有神鬼治病的现象,这不是太可笑了吗?

这段话里对"醫"的拆解,有点古文字考证的意思。

张:看来我这个毛病得的深了,后来从事了古文字考证,也是"罪有应得"吧。

# 十一 纪念诗人节 | 4月7日 星期一

今天去，专门谈一九四六年农历五月的诗人节。

韩：上次就谈到纪念诗人节的活动，太简略了。

张：五月端午为诗人节，是抗战期间定下的，国民政府发了通告。胜利后回到太原，文化活动很热闹。诗人节还没到，就吵吵上了，我是宣训特派员，又主持着刊物，当然要组织一下。我们这个活动，不光是座谈，还有文艺表演。我的《屈原诗传》，就是为表演写的，会上朗诵的好像是翟凤仙。她是个文艺积极分子，很活跃。

韩：这次活动组织得有声有色，不是留下了文字记载，后人不会相信一九四六年农历五月，在太原会有一场这样高水平的"诗人节"纪念活动。先说《诗人节座谈纪略》，再说相关纪念文字。

一九四六年的端阳节，公历是六月四日。据《工作与学习》第三期上的纪略文章说，组织这次活动的，是《工作与学习》杂志社和青年学习会。地点在民众教育馆，名字叫纪念屈原座谈会，也叫诗人节座谈会。参加者为省城青年学习会的会员，本刊编辑诸同志，共三十馀人。聘请山西大学教授田依文为主谈，山大训导长杜任之担任主席，还请来了对屈原研究下过一番功夫的郝树侯教授。下午五时开始，准备了不少茶点，"还有比茶点更好吃的东西就是关于屈原的许多宝贵的材料"。记录者为瑞庸先生。

主席杜任之先生简单说了几句，主谈人田依文先生便讲了起来。田先生说，五月五日是屈原的死日，也是他自己的生日，在自己生日这一天，纪念屈原的死，他觉得非常有意思。接下来介绍了诗人节的来历，说是民国三十年（公元一九四一年）的时候，重庆的许多文化人，为了纪念

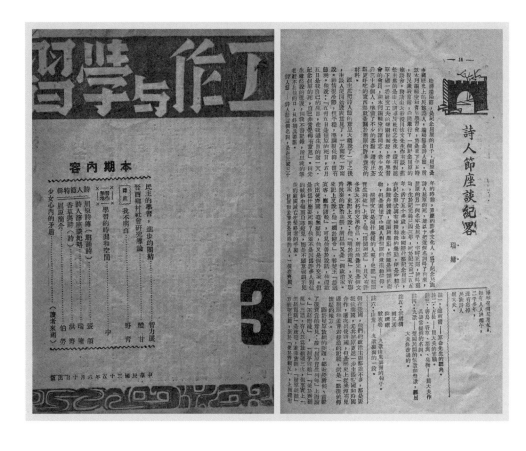

《工作与学习》"诗人节特辑"封面（左）、《工作与学习》"诗人节特辑"《诗人节座谈记略》（右）

民族诗人屈原的死，才把这个节日叫了出来。田先生着重介绍了屈原的生平和业绩。末后指出，屈原和孟尝君是同时期的人，一个在楚国一个在齐国，他们的政治主张差不多，都是要抵抗秦国，尤其屈原更进一步主张楚国和齐国合作，屡次出使齐国，但是历史上从来没有见过屈原和孟尝君接洽的记载，这是一个很值得怀疑的地方。

郝树侯教授主要谈了屈原"绌"的问题，同时指出，屈原的作品可靠者一是《离骚》，一是《天问》。《九歌》是楚国的民歌，经过屈原的删改，并非纯粹屈原的作品。

张："绌"同"黜"，就是贬谪、放逐的意思。好像上次你说过，我也发了言。

韩：你是主办人，怎么会不讲话，都有记载。你听，开头是"张颔先生说"，接下来是：

屈原产生的时代，正是以土地为经济中心的封建时代的开始，所以人民尚没有感到封建制度的压力，对革命没有成熟的意识。屈原的阶层成分是纯粹的贵族，因为他和楚王是同姓，纵然有革命的思想，表现在行动上是很脆弱的，不满现实，而不能改造现实，又不甘心和现实妥协，所以投汨罗江而死，不是偶然的。屈原虽不能改造现实，但是他敢和现实挑战，所以才会有《离骚》的产生，这是诗人的伟大之处。《离骚》即是"牢骚"，"离"、"牢"两字的关系都是双声，《史记》上解释"离骚"，"离者别也，骚者愁也"，是屈原忧愁幽思的时候所作，所以离骚即是牢骚，古人叫"离骚"，今人叫"牢骚"。这完全是声音语言的关系，本来是一个东西的。如同一个猴子，某一个地方叫"马猴"，某一个地方叫"狝猴"，某一个地方叫"沐猴"，这个道理是一样的。屈原不满现实敢发牢骚，所以今天才有人纪念他。

张：完了？

韩：你的发言完了，"纪略"还没完。接下来说，发言的还有张光鉴先生、商性斋先生、李浪先生等人。最后主席杜任之先生作了总结。"座谈会进行了两个多钟头，在鼓掌的声中，欢欣的情绪里宣布散会"。听了自己六十三年前的发言，感觉如何？

张：幼稚可笑，胆大包天。有一点聊感欣慰的，就是什么时候都不忘记鼓励大家，要不满现实，敢发牢骚。这样的人，后人才会纪念他。

韩，这场座谈会，还衍生出个小插曲，波及第五期，我是说，二十年后成了我《历史文选》课老师的郝树侯教授，在诗人节上的发言刊出后，受到什么人的非议，他老人家（当时还是年轻人）在第五期上又刊文辨正。

张：树侯先生是我请来的。是个什么事？

韩：第三期的"座谈纪略"上有他的发言，谈屈原的"放绌"问题，记录者瑞庸先生说：树侯教授贡献了很好的意见。按《屈原贾生列传》上而论，"王怒而疏"、"屈平既绌"、"使于齐顾反"三语，有人以为放绌过三次，但事实上，"王怒而疏"是疏远，并非放绌。"屈平既绌"方表明已绌，至于"使于齐顾反"上面还有一句是"屈平既绌，不复在位"，虽然前后共提过三次，但合起来，疏而被绌是疏远，疏远后又曾出使过齐国，实际上只放逐过一次。

张：这有什么？

韩：看了五期上树侯先生的文章《关于屈原放逐问题》，瑞庸先生的记录，确实误解了郝先生的意思。放逐只有一次，他的概括是对的，但论证全错了，他说的是"疏远"，不是"放逐"。树侯先生的文章写得不错，你听听有没有道理：

　　研究屈原的生平，《离骚》和《史记》都是最可靠的资料，但有人对《史记》屈原列传怀疑过，我却认为不必，何以呢？一、司马迁生于公元前一四五年，屈原之死，据梁任公考，当在公元前二八九年，其间相距不过一百四十余年，而司马迁又世官史职，屈传所述，一定有所依据（《史记》虽有褚少孙补及后人窜附，但与屈传无关，可参阅《二十二史札记》）；二、司马迁与屈原皆不得志于当时，际遇可谓相同，当他写屈传时，感怀万端，因之借他人酒杯浇自己块垒，成了一篇夹叙夹议的传记。但我们细心体会，在屈传中除了议论以外，它那记事部分仍然脉络连贯，紧紧承接，并不是"断续不通"。况且夹叙夹议的列传，《史记》中不乏其例——伯夷列传便是。根据《史记》的屈原列传，我们认定屈原只有"顷襄王怒而迁之"的一次。他在怀王时只不过"王怒而疏屈平"；"屈平既绌"，"屈平既疏，不复在位"。"疏"是"疏远",不是"贬谪","绌"同"黜"是"罢免",也不是"放逐",盖终怀王之世,屈平只是"不复在位"。因之秦楚失和,而有"使于齐"之事。大约屈原免职在怀王十六年,其使齐在怀王十八年,《离骚》的写作,盖在十六年到十八年之间。因为《离骚》的全篇,只有忠而不见用之感,并没有放逐异地的流露,所以屈原在怀王时曾遭放逐既有疑问,而谓《离骚》成于襄王放逐以后,也不可信。

《史记》屈传中,虽然有"虽放流……不忘欲返"之句,但那段话是太史公的议论,为了表明屈原"眷顾楚国,系心怀王"的忠诚,又加一"虽"字,已含有想象的意味了;至于《报任少卿书》"屈原放逐,乃赋离骚",那更是太史公悲愤之言,为了说明愈遭困厄,愈要著作而发。以上两处,都是"有为言之",所以不足引据。

至于刘向《新序》:"屈原逐放于外,乃作离骚",班固因之两用于《汉书》贾谊传及地理志,那我们只好说:"恐怕是《新序》错了"。因为《新序》上的错误,并不止此一处。

郝先生的文章,有理有据,层层推论,还是让人信服的。文字也好,不枝不蔓,清丽有致。他是一九〇七年生人,六五年秋天给我们上课时,还不到六十岁,一点也没了当年的风采。

张:树侯先生是老山大的学生,古史上还是有根底的。我那篇《屈原诗传》你也看了吧,幼稚得很。

韩:我觉得一点也不幼稚,史实把握准确,句子琅琅上口,是一首成功的朗诵诗。最后一部分写屈原赴江流而死,写得苍凉悲壮,很有气势。

五月五,
日子不吉祥,
那天的夜半,
太阳早已沉到海里边,
一弯凄凉的月亮,
躲在阴浓的树后面,
悄悄地在树隙中偷看。
汨罗江的水,

好像一支夜行军，

低声地，

迅速地，

向着东面流窜。

楚国的人民都睡着了，

草木也睡着了，

这时谁也料不到，

他们的屈大夫，

披着发，

赤着脚，

流着眼泪，

低吟着悲歌，

骂着侵略者，

恨着出卖祖国的汉奸，

埋怨着不开明的楚王，

怀念着楚国的老百姓，

抱着满腔的热血，

一肚皮的牢骚，

走下了汨罗江。

微风在树梢头低低的哭泣，

星星在天空闪着痛楚的眼，

江水挥洒泪点，

悠悠呜咽地，

哭向了远方。

从那天起，

楚国卷入了暴风雨，

饥饿，

死亡，

兵慌，

马乱，

奴隶的枷锁和皮鞭，

一起搁在楚国人民的身上。
汨罗江的水，
老百姓的泪，
千年万年流不干。

张：你念着，我听得心里还激动呢。年轻时爱写这种慷慨悲歌的诗句，觉得很美气。

韩：有个词你用错了。"恨着出卖祖国的汉奸"，那时候哪有什么"汉奸"，有勾结秦国的奸人，也该说是"楚奸"啊。

张：没想过。抗战刚过去，人们最痛恨汉奸，顺便就写上了，说"楚奸"怪别扭的。

要走了，张先生颤巍巍地过到北边的小书房里，取来一个硬壳纸盒，说让你看个东西，打开是个瓷盘，七八寸宽的口面，约一寸宽的沿上是己卯年（公历一九九九年）的月历，一格一格绕了一圈。中间是只静卧的大白兔，下面二分之一位置，是张先生的一首诗，墨笔写成再经炉火烤炙，既黑且亮：

人人都说兔年好，兔年转使人烦恼，
奈何馋风煞不住，馋兔惯吃窝边草。

见我拿在手里把玩，张先生说送给你吧。我忙说，这东西，已是文物了，我不敢领受。不是不敬重你，是怕要下这东西，将来说不清楚。

张先生笑了，说你太谨慎了。

《工作与学习》"诗人节特辑"张颍所作《屈原诗传》

# 十二 《姑射之山》与《西里维奥》 |

今天谈张先生的这两本书。

文学创作这个话题，一直未敢触及。不是不感兴趣，实在是因为张先生早年这两本文学著作中，诗作《西里维奥》早就承蒙不弃，将他仅有的几本藏书给了我一本，而更为重要的小说集《姑射之山》，家中早无存留，外面又遍觅不得。张先生曾指点说，现在的《山西日报》系接收阎锡山《阵中日报》的底子，它的图书馆中当存有此书，我托了在报社工作的朋友，几次寻找，不见丝毫踪迹。不见实物，也就少了畅谈的兴致。

这期间，也在查找此书的还有张先生的学生薛国喜先生，同样的寻找，却有不同的用项，我是为了写传，他是为了集齐张先生的著作，做编辑《张颔文集》之用。只盼时间的契合，兴许我有借用的方便。国喜毕竟是年轻人，寻找的路径与我不同，我只想到了图书馆，而他在图书馆之外还想到了网络。

果不其然，今天上午国喜来电话，说他从孔夫子旧书网上买到《姑射之山》的复印本，下午他在张先生家，我若有时间可过来看看。这样我就按时来了。国喜说，是从广州一家旧书店买的，原本千元，复印本两百元，张先生说有复印本就行了，他的书值不下那么多钱。于是买了复印本。

厚厚的一册放大到十六开的复印本，此刻静静地躺在主人的书桌上。这几十年流落在南国的孽子！

国喜正在帮助张先生整理一份文稿，我去北边的小书房静静阅读。

版权页上申明：此书为"青年学习文艺丛书"之一种。著者张颔；

张颂著《姑射之山》书影

编辑兼发行者，工作与学习杂志社；经售处，黄河书店，太原红市街四十三号；出版时间，中华民国三十五年九月十日；定价，每册实价捌佰元。有贴印花的方格，没有印花，不知是掉了，还是原本就没有贴。另有醒目的提示：版权所有，不准翻印。

除去目录、序言，全书不足百页，收入四篇小说，分别是《蝙蝠》《债与偿》《惠民壕》《杜鹃》。以篇幅论，《蝙蝠》九千字，《债与偿》两万字，《惠民壕》和《杜鹃》都是四千字。连上序言等，全书约四万字。

序言两篇，一篇是编者写的，叫《编者漫序》，一篇是作者写的，叫《作者序》。此书的编辑兼发行者是工作与学习杂志社，张颔是该社的主编，社长为智力展，《编者漫序》的作者，想来该是此公。智为同志会太原分会主任委员，地位比张高，年龄也比张大，智也是喜欢舞文弄墨的人，写这样一篇小序，当不是难事。从内容与文笔上看，也可能是张先生写的，分作两篇，不过是为了叙述方便，显得郑重其事些。

《编者漫序》仅五六百字，先说原打算编多人合集的小说集，为什么又改变主意，编了张颔的小说集。"起初编者计划凑集好多位先生的作品，后来觉得如果一本小说里有九篇是 A 先生的，一篇是 B 先生的，反倒不如干脆只要 A 先生的九篇比较合适。既如此，所以编者决定先将张颔先生从前写下的几篇小说编为青年文艺丛书的第一种"。文中还说到当时太原报刊界的一些情形，虽是为自己的杂志张目，既敢堂皇印出，想来不会诬枉。现今读之，可见光复后国统区文化界既繁荣又混乱的情形：

> 《工作与学习》自创刊到而今，已九期了，在山西光复后的杂志当中，尚要数它的寿命长。有许多的杂志，砂锅里捣蒜只是一锤子，创刊号，也便是停刊号，因为它里面的"题词"和"花柳病广告"，比文章还多；不是捧坤角，便是敲竹杠，像这样子的东西，不惜短命，合该夭折，让开路，好让它们去吧！我们有我们的生命，我们不怕玷污和磨破鞋底，我们要在广大人民的路上走走，用自己的脚，去走自己的路。

《作者序》里说，这几篇小说还是他四五年前在晋西时写成的，有的曾在后方的杂志上发表过,有的写好以后便搁诸箧篚了。现在把它们从书箱里翻出来,从头到尾看了一遍,自感都是些不成熟的作品。说到印成小册子问世,觉得有些愧汗欲渗,所幸这是一部青年学习的文艺丛书,它不独包含着供青年学习的单纯意义,而且还带着作者本身也是"逢在学习"的意义,想到此处又让他奋而兴起,进之以勇了。于是便把这几篇不成熟的东西茫然地付印了。这自然是谦辞,不可全信。

下面的这些话,就不能不信了。说是,为了保持四五年前当时写作的情绪,决意在故事的结构上与造句上不多修改,一则纪念那时影响他生活的环境,一则纪念永挂在他心头的一件伤感之事。几篇小说的内容,差不多都是抗战期间他在姑射山里搜集到的材料,所以也都是些山村风味的作品,因之他将这本书的总名目,取《庄子》"姑射之山,汾水之阳"之句,叫做《姑射之山》。当时他是一个机关里的小职员,没有那么多时间让自己来支配,本来还有许多好的故事,只因搁着不写,便越酝酿越淡了,回想起来,怪觉惭愧。

又说,《杜鹃》一篇曾用谷雨的笔名,在《工作与学习》杂志发表过。《债与偿》是他最早的作品。

且看各篇都写了些什么,可否寻按到那"永挂在我心头的一件伤感之事"。

《蝙蝠》写一个有文化的青年,在敌我两边投机,终成汉奸受到惩处的故事。主人公陆镜天抗战前毕业于某师范学校,刚结婚三个月,日本人来了,占据了他的家乡,受同学们的鼓动,卷入救亡浪潮,参加了抗战工作。在某军附设的动员工作团任一名团员,做些发动群众,宣传抗日的工作。他是个性情孤僻而又自以为是的人,写过几首情诗,便以诗人自居,在追求一个女同事遭拒后,跟大家更隔膜了。一九四一年,抗战到了最艰苦的阶段,陆镜天动摇了。在一次旨在"注射清血剂"的批评检讨会之后,陆与同志们的对立情绪更大了。会后第三天,工作团奉命分别出发到乡下动员慰劳品去,陆被分配到离敌人据点四里多的一个村庄,陆竟趁此机会投敌。

投敌后的陆镜天想回家乡看望妻子不得,想接妻子来亦不得,日军特务机关长跟他说，凡投诚过来的中国官兵，一定要有相当的表现，才能获得皇军的信任。这是他们收容"归顺"人员的一个规则，不能改变。数日后，特务机关长布置给他一个任务，让他带上一些化妆品，扮成商人，潜回晋西根据地，瓦解他曾服役过的那支中国军队。限一个星期内返回。

陆镜天回到动员工作团，说他所以数日不见，是被日军俘虏，如今逃了出来，说服工作团的主任，说他有要事要晋见军长。见了军长，说他并非被敌人俘虏，而是自动投敌，动机是要为国家建立一个奇特的功绩，做一个不平凡的事业。这次由敌区回来负有敌人交付的瓦解本军的使命，先作一次尝试，限一星期仍回敌区。他的计划是，让军长将计就计，先自动瓦解一个步兵营，随他回去打入敌区，相机做反瓦解工作。这样他回去，一面庆功，一面再进一步开展工作。他决心做一个身在曹营心在汉的徐庶，将来做一个出五关斩六将的关公。军长起初听的非常入神，后来听到陆要求他自动瓦解一个步兵营时，不禁捏了一把冷汗，觉得自己的脑袋好像在陆镜天手里玩着。谈完话，军长当即将陆扣押。

第二天军部开庭审判陆镜天汉奸案。工作团的主任陪审。审讯结果是，陆系自动投敌，投敌前未负有我方的使命，从敌区回来却负有敌方赋予的使命。返回后所以自首，是让我方以为他是自己人，借以从事汉奸活动。抗战胜利之日，他即是革命同志；万一没有把握，他即是"东亚新秩序"的建设者。没有条件证明他的心依然属于祖国，而有条件证明他已成为汉奸。

王主任从军部回来，将审判结果告诉大家，工作团的同志都很痛恨这个两面汉奸，以为是一种洗刷不清的耻辱，请求主任转告军长，将来执行的时候，罪状上千万别写明动员工作团的团员。

《债与偿》最长，故事也较为复杂。说的是晋西某地，一个名叫于家堰的村子，村民丁宏遇，以种菜卖菜为生，生计甚是艰难，当地财主单祖仁开着煤窑，丁家买不起炭，只好赊欠单家煤窑上的炭，陆续以新鲜蔬菜抵之。年长日久，竟欠下三百元的炭钱，丁宏遇又身染重病，难以偿还。

丁宏遇的哥哥丁宏鉴，曾在龙泉镇试验区学校当过十多年教员，女儿丁嫒在本村小学毕业后，随父亲在试验区学校读书，一面又在学校图书室任管理员，直到毕业共度过四年的时光。不幸的是，父亲很快病逝，丁嫒只好回到于家堰投靠叔父。

附近驻军团长王逊汇，曾在于家堰训练过壮丁，见过丁嫒，想通过单祖仁的说合，娶丁嫒为妻，实则为妾。单也想趁机巴结这位驻军团长，便以催讨炭债为由，要丁宏遇答应这门亲事。丁明知屈辱，万般无奈，还是接受了单给的六百元钱，实得三百元，另三百元作为炭钱扣除。回到家里，劝说侄女丁嫒，答应下这门婚事。丁嫒是受过教育的知识女性，先前在学校图书室做事时，县民众教育馆的馆长，曾向他求婚，因其品格不高，被她断然拒绝。没想到父亲去世后，投靠叔父，竟会落到这般地步。伤心至极，蒙头饮泣。叔父说，王团长还在单家住着，明天一定要给个回话。

半夜时分，丁嫒起身下炕，摸索到小柜子的第三个抽屉，取出一个小油纸包打开，将毒老鼠的大块砒霜摸到手，稍停了一下，后又振起决心，趁着不可抑制的愤恨，伴着泪水一鼓气吞噬下去。又慢慢地爬上炕，把将尽的一段眼泪流在了枕头上。

《惠民壕》的故事较为单纯，写一个夹在敌我两边，叫"南灞"的村子，如何同时应付中国军队与日军，后来在日军的胁迫下，修复了残破的封锁壕——惠民壕，中国军队暂时不能过来了，而日军和"皇协军"也露出了他们凶残的面目。就在惠民壕修成，将要举办庆典的时候，一天晚上皇协军带着日军，突然来到该村要粮，稍不如意，就捅死了一名村警。一名皇协军，如此痛斥村长：现在惠民壕修好了，匪军再也不会来你们村里了，你们再也不能拿"应付两方面"的话来支吾我们了，从今以后我们要多少粮食必须交够多少粮食，要多少布匹必须交够多少布匹，毫不含糊，让什么时候送到，必须什么时候送到，绝不宽容！说罢便气冲冲地去了。

《杜鹃》更像个民间故事，情节跟各地的传说大抵相仿，多了些晋西的地方特色。再就是叙述的手法，不是那么直截，变了个花样，如同镶嵌在一个精致的框架里。一个名叫小莘的孩子，母亲去世后，小小年纪，受后母的摧残，连屋里也不能住，只能住在羊圈里。在将要出逃的夜晚，小芈一面听着杜鹃凄惨的哀嚎，一面想着母亲给他讲的关于杜鹃的故事。一个叫秋娥的小媳妇，丈夫出外，饱受恶婆婆的虐待。公公倒是同情她，可又惹不起老伴，在媳妇又一次受婆婆虐待后，给媳妇出了个主意：今晚媳妇假装上吊自杀，他及时赶来搭救，人命关天，婆婆经此事变，或许会接受教训，改变过去的恶劣作风。当晚秋娥等着公公过来，没想到公公睡了过去，早忘了此事。秋娥一怒之下，便上吊自尽。秋娥死后，冤魂不散，变成了杜鹃鸟，天天半夜在树上哭泣，叫唤她的男人，埋怨她的公公，更恨她的婆婆。每次哭完之后，在哭的地方，总要流下一滩殷红的鲜血。

先看背景。

作者序里引用的《庄子》上的话，说全了是："尧治天下之民，平海内之政，往见四子於姑射之山，汾水之阳，窅然丧其天下焉。"有汾水之阳这一地理坐标，则姑射之山，必在晋西无疑。我在晋西待过多年，那儿有两处山岭都叫姑射山，一处在临汾市，一处在汾西县。张颔这里，不是确指，乃是泛指，意思仍是晋西。阎锡山抗战时驻守的晋西，范围比我们平日说的晋西要大些，包括现在通常认为属于晋中范围的孝义县。不管是在吉县写下的，还是在孝义写下的，都可说是"姑射之山，汾水之阳"。

序中又说，这些作品，是他四五年前写下的，他当时是一个机关里的小职员，《蝙蝠》中有"抗战……五个年头了"这样的话，可以肯定地说，作者写的是他在孝义任职时的所见所闻，有些就是他亲身经历的事。比如《蝙蝠》中陆镜天所在的机关叫"动员工作团"，怕就是张当时所在的"战地动员工作委员会"下面的"战地工作团"，只是更含混些。

再看技法。

四篇之中，《债与偿》最早，不能说是成熟的作品，这类假借逼债而欺男霸女的事，旧中国所在多有，关键在于能否写出新意。小说中丁媛是个新式人物，小学毕业后又上过四年学，当过图书管理员，追求新思潮，向往新生活，然而困顿之际，面对恶势力的逼迫，叔父的无能，她的抗争竟是那样的懦弱，那样的陈腐，枕上饮泣，一死了事，虽有其刚烈的一面，整体说来，与前面人物身份的交代毫无关涉。如此处置，难说有多少新意。

《惠民壕》和《杜鹃》都不能说是真正意义上的小说，只可说是小品。前者宣传的意义要大于文学的功效。想来是登在当时《战地通讯》一类的宣传品上，告诫敌我交错地区的村干部，虽说两面都要应付，主要的还是应当倾向于中国军队，若一念之差，倾向于日伪军，修起"惠民壕"封锁了中国军队，且不说丢了国格人格，本人的下场也会极为悲惨。《杜鹃》只能说是一个改写了的民间传说，多少有些民俗学上的价值。

最为成功的是《蝙蝠》，这是一个立意深邃，结构完整，叙事流畅的小说佳作。数十年后阅读，仍能感到作者思想的敏锐，叙事的从容。主要人物的思想脉络，虽几经转圜，仍了无挂碍，让人信服。这对于一个当时只有二十二三岁的年轻人来说，是极为难得的。

通观这四篇作品，最让我感兴趣的，也是作者最为擅长的，是语言的运用。修饰语的繁复自然，曲尽其妙，尚是其轻浅之处；最为可贵的，是外部景色、人物心情，与事件的推进，紧密绞合而又浑然一体，既顾及时势的倾仄，更萦系人物的命运。呈现在读者面前的，则是畅达的叙述。这一特色，无论在其最早写成，尚显青涩的《债与偿》，还是稍后写成，成色已然纯净的《蝙蝠》，乃至只可视为小品的《惠民壕》《杜鹃》里，都有上佳的表现。当然，最能看出这一行文特色的还要数《债与偿》。且看这些段落：

> 一个阴沉沉的夜里窗子外面飘着很大的雨点，隆隆的雷声断续地响着，她父亲咳嗽的声音也比往常紧促一些，血也比前几天吐的多，丁媛扶着父亲慢慢的睡下去，不到二分钟的安静接着又是一阵窘人的干咳，窗外的雨刚听得和缓便又是一阵急促，丁媛的心弦像被一支巨手在无节奏的拨弄出恐怖和不幸的曲调。（《债与偿》）

> 一盏幽暗的菜油灯吐着抑郁而纤弱的光芒，和黑暗的侵袭勉强抗拒着。炉子上的水壶发出像秋天墙根下微虫的细小音响，如同听到悠扬的远方在奏着呜呜的丧乐，更助增着这所病人房里的阴魆悲惨的

意味，同时也助增着丁媛无限的苦闷。（《债与偿》）

当然，这都是精心挑选的段落和句子，事实上在平常的叙述中，作者也仍然具备着这一特色，没有这样强烈，反而显得更其平和，更其本色。也不必说是怎样了不起的能耐，想到作者不过是个二十一二岁的热爱文学的青年，一切都来自阅读，一切都来自模仿，只能说其心性中某样东西借此得以充分地拓展，灵动地体现。作为反证的是，心性稍一懈怠，僵直立马便来。且看这样的句子：

一双久遭风雨剥蚀而将已破烂的不堪再用的恐怕遗弃在路旁也不会被人郑重地拾去的箩筐子，却又偏偏系紧了他全家的生命。一家三口每日的饱暖，全凭着它，无疑它在他们命运中是起着一种相当的作用。（《债与偿》）

扭转身来，我们要考究的是这样一句话，序中说将几篇小说集为一本小册子，为了保持他当年写作时的情绪，决意在故事的结构上与造句上不多修改，一则纪念那时影响他生活的环境，一则纪念永挂在他心头的一件伤感之事，究竟是哪篇小说中的哪个人物身上，承载了作者的这一情感的寄托。

我的看法，只会是《债与偿》中的丁媛，极有可能是，作者写这篇小说，就是要将这么一个人物记录下来。她曾经在作者心里占有相当的位置，然而，世事诡谲多变，一个不经意的漩涡，已将她冲出了他的视野，也是他的追求之外。待心绪平静下来，一切都已无可挽回。少年男女，处此动荡的时代，谁能没有一次两次感情的纠葛？

前面说过，作者酣畅自然的行文特色，呈现最为明显的还要数《债与偿》。一面是故事的落于俗套，一面是语言的激情喷涌，造成这一蹊跷现象的原因，是否也与作者这一实有的感情纠葛有关？虽说迫于时势，佳人悄然离去，然而，一旦形诸笔墨，依旧宛若眼前。情感于胸臆间冲撞激荡，文辞在笔下恣意流淌，会有什么样的效果，也就不难想象了。

不觉在小书房里已待了两个钟头，那边，国喜就一篇文章请教张先

张颔手刻《债与偿》小说之版画插图

生如何修改，其事已毕，我过去坐下。

韩：编者序是谁写的？

张：记不清了，想来该是智力展的手笔。

韩：你说你将这几篇小说合在一起出版，一则纪念那时影响你生活的环境，一则纪念永挂在你心头的一件伤感之事，纪念当时的生活环境，这好理解，而纪念永挂心头的一件伤感之事，当时不便明说，可以理解，现在已过去几十年，该说了吧？

张：这是我的一个恋爱经历，还是不要说了吧。你的分析是对的，看来你有福尔摩斯的本领。

韩：读《姑射之山》，我有一个惊喜的发现，你年轻时还学过木刻。书中有两幅木刻插图，都是为《债与偿》配的，一幅画的是丁宏遇挑着担子去卖菜，一幅画的是丁媛与曲演道在图书室相遇，说明文字是："他曾独自一人到图书室乱翻书籍，不期然的邂逅，使他认识了丁媛。"这句话是有意味的。序中你说，《债与偿》里面的两幅木版插画，也是在晋西刻的，而且是写成《债与偿》后三四天"趁热"制成的，缺点也很不少，本来想重刻一下，但因为每天的事情繁如猬集，丝毫没有空暇，刻刀也残缺不全了，虽然自己也感到有些不大满意，也只好勉强穷凑一下。我想问的是，什么时候学的木刻，此后还刻过吗？木刻与你未走出介休前，在行余学社学过篆刻有没有关联？

张：学木刻，想来也是到了孝义以后。此前东奔西忙，居无定所，不会有此闲情。此后再也没有刻过。要说技艺，肯定与行余学社的治印有关联，但不是很大，我这人，凡是自己想做的事，就是没人引教，自己琢磨琢磨也就会了。端看是不是适合我的性情，动不动那个心思，下不下那个功夫。

张先生这个回答，我是信服的。看他后来制作的那些小玩意儿，比如司南、旋栻、无影塔，就知道他是如何的心灵手巧了。如此灵慧的人，这世上只有他不愿意做的，没有他愿意做而做不好的。

想到先前看《西里维奥》的一个疑惑，问道：《西里维奥》的小说文本，可是余振先生翻译的？在改为叙事诗的过程中，余先生可有润色？

张：小说文本确为余振先生所译，改为诗歌的过程中，余先生起了怎样的作用，确实记不清了，想来该是帮助过的。毕竟他懂俄语，又是研究普希金的专家嘛。

时间不早了，道别之后，和国喜一起退出。

晚上整理白天的访谈。今天只顾了阅读，访谈甚少。尤其是对《西里维奥》，几乎没有涉及。为补上这一缺憾，还是让我在此将《西里维奥》作一介绍，虽有违全书的体例，也顾它不得了。

《西里维奥》，长篇叙事诗，一本薄薄的小册子，仅三十二个页码。作为叙事诗，篇幅却不能说小，一页两栏，一栏十七行，全诗当在九百行。出版时间一九四八年五月十五日，发行者北风社，经售处与《姑射之山》一样，都是黄河书店。系北风丛书之一种。著者张颔，却不能说是原创，这在扉页上有显示，下端一行小字标注："普希金底《射击》"。"底"字是那个年代的一种特殊用法，大略与"的"同，区别在于，"的"表示性质，"底"表示从属，比如说"红"色的东西，要说成"红的"什么，而"我"的东西，要说成"我底什么"，这儿是说"普希金"的作品，就要写成"普希金底《射击》"。

由俄到汉的译者，是他的好朋友，山西大学教授余振先生。原作是小说，张先生将之改写成诗歌，说是著，也说得过去。书前有余振的序，普氏原作的意义，张先生改写的优长，都有简要的评价。

关于原作的意义，余氏说，一八三〇年秋天，普希金在波罗金诺住了差不多三个月，在这个著名的"波罗金诺的秋季"里，普氏写下不少的作品，在完成《欧根·奥涅金》的最后两章之后，还写了《别里金小说集》，用"别里金"这一假想作家的名字发表。共有五篇，长诗《西里维奥》的蓝本《射击》便是其中一篇。《别里金小说集》在普氏创作由诗向散文的转变过程中，有其标志性的意义。作为一位伟大的诗人，他的任何作品，不管用散文写出的也好，用韵文写出的也好，都是意境高超结构精美的诗篇。

像这篇完美的小说《射击》换了一套服装以后，依然是一篇完美的诗作。对张颔改作的评价则是：

《西里维奥》之所以能够改作得这样好，固然，主要是因为普式庚原作写得本来就很好，但是，我们也不能不惊服张颔先生改作技巧底高妙，我想，假如普式庚这篇东西原来就用诗体写出来，也不过就是这个样子。在中国新诗还没有一个确定方向可走的今日，这一部由外国大诗人散文作品改作过来的长诗，无论如何，是值得向读者推荐的。

且看这原本是怎样一个动人的俄国故事，张颔又是怎样用他那"普希金也不过就是这个样子"的文笔改写的。

故事是以沙俄时代，一个年轻军官的讲述展开的。我们团，驻扎在一个小镇上，生活呆板，穷极无聊，终日酗酒赌博，谈论女人。镇上有个退休军官，名叫西里维奥，跟我颇能谈得来。这是个神秘而奇怪的人，不知他有什么进项，却能时常请我们去他家喝酒。他最大的爱好是玩枪，大小手枪有三十多把，子弹无数，没事的时候就在家里练习射击，四面墙壁上，全是蜂窝般的弹痕，枪法之准无人能比。一次在他家喝酒，有个新来的军官，冒犯了他的尊严，我们都以为西里维奥一定会跟此人决斗，等了好长时间竟然没有，连我都看不起他了，西里维奥有些不自在了：

> 有几次，
> 他好像要和我解释什么，
> 我坚决地巧妙地，
> 躲开那卑鄙的机会。
> 西里维奥，
> 不得不把这个念头，
> 轻轻放手。
> 以后，
> 我们之间的交情，
> 永远保持溪水一样的冷淡。

西里维奥的信也寄到我们团部。一天西里维奥收到一封信，读信之后神情很是亢奋，对我们几个军官说，今天晚上他就要离开这个地方，邀请我们去他家喝酒。我们去了，行李已整理好，桌上只留下酒瓶和菜盘。饭后，大家都走了，只有我留下，西里维奥这才对我说，此前他没有跟那个冒犯他尊严的军官决斗，我一定奇怪。有件事情没有完成，他不能轻易结束自己的生命。六年前，他的脸上也曾挨过一巴掌，对方是个英俊而富有的年轻军官，他气愤不过，便跟对方决斗。抽签时，对方抽得头签，一枪穿透了他的帽檐，轮着他了，以他的枪法对方必死无疑。然而，当他拿起枪的时候，对方竟然悠闲地吃着樱桃，毫不慌张，这种漠然的态度，反而弄得他心里不安：

> 我的心里，
> 这时涌起了一个狠毒的念头。
> 我坚决地放下了手枪，
> 对他说：
> "你不准备死吧？
> 好！
> 我不妨碍你用早点。"
> 他慨然地：
> "你一点也不妨碍我，
> 请你开枪！
> 不然，
> 可以听便，
> 这一枪反正是你的，
> 我随时都准备听教——
> 迎接阁下的这粒子弹。"

西里维奥说，他随即辞去军职，来到这个小镇生活。今天上午他接到一位代办人的信，是从莫斯科寄来的，说那人和一位美丽的姑娘结婚，现在他就要去莫斯科，看他在结婚的晚上，和当年视死如归的态度是不是一样。说罢跃上马车，飞驰而去。

一转眼四五年过去，我也退伍了，搬到另一处乡村，过着平静的生活。离我家不远，新建起一座山庄，住着一位伯爵夫人。她只在这儿度过蜜月，又去了别处。第二年伯爵夫人回来了，我去拜访。在山庄的书房里，我见到了漂亮的伯爵夫人，还有她的丈夫，一个三十多岁的美男子。闲聊中我注意到，墙上的壁画上，有两个弹孔，一个紧挨在另一个上。我惊奇地问这是什么缘故，伯爵对我说，此乃西里维奥所为。于是伯爵对我讲，五年前，他们在这儿度蜜月，西里维奥突然来到他的书房，说是要兑现他的那一枪。当时他太太不在书房，他很是惊慌，浑身颤抖，只求对方在他太太没有进来之前赶快结束这一切。他甚至按照西里维奥的吩咐，点起了一根蜡烛，西里维奥举起了枪，他闭上眼睛，静等着枪响。不料西里维奥说，不行，他不能欺侮一个毫无武装的人。他让我跟他抽签，我抽得头签，但我太紧张了，一枪打过去，只在壁画上打了个小孔。轮着他了，他已举起枪，恰巧我太太马夏推门进来，看到我太太惊恐的面容，西里维奥说，我们不过是开个玩笑。伯爵乘机陪着笑脸说："先生，你现在开枪吗？你看这女人多可怜！"

　　西里维奥拍了一下胸脯：
　　"好！
　　我现在不打你了，
　　而看了你如此狼狈，
　　足够我开心。
　　请你永远地记着我，
　　让你自己反省去吧！"
　　于是西里维奥走开了。
　　但又在门槛外边停住脚，
　　回头看了看，
　　看着我子弹穿透的那幅画片，
　　随便举起枪，
　　简直没有瞄准，
　　子弹已发向了刚才被我打穿的那个小洞，
　　马夏立刻晕倒了。
　　在我还没有清醒的时候，
　　西里维奥已经坐着他的四轮马车去了。

故事的结尾是一个简单交代：过了半年，听说西里维奥在一个叫"亚历山大·易卜西兰提"的地方，领导着一群独立党徒"叛变"。后来终于替人民牺牲了，死在了"库斯梁那"战场。

余振先生所说，基本符合张作实情。我的看法是，虽是改写，情绪饱满，节奏明快，自然流畅，堪称佳作。可惜的是，这样一首优美的长诗，别说在中国新诗史上，就是在山西的新诗史上，几十年来，也从未有人提起过。

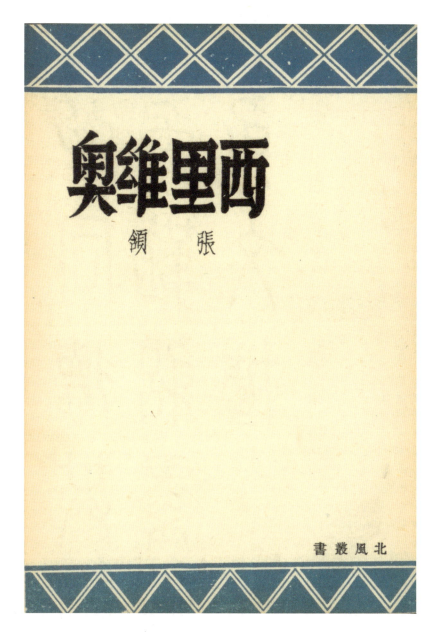

张颔著《西里维奥》书影

聯秀同志嘱書

張頷

中堂：同心同德，共塑形象。鞠躬尽瘁，献身文博。

# 十三 流转京津冀 | 4月22日 星期二

去时带了一本新出的《都市》杂志，上面刊有我的文章，叫《一本册页簿子》；张先生曾为我写过一本册页，写的是他最得意的《僚戈之歌》等三首旧体诗。张先生看看说，你是什么也能写成文章。我笑笑说，还是你老有可写的地方。

靠墙的桌子底下，有个纸箱子，里面卧着张先生心爱的波斯猫，正在酣睡，轻轻的呼噜，欢欣地响着。看了一眼，我想，孤独的老人，总爱养个小动物，解解心烦。见我看他的猫，张先生说他从小就喜欢小动物，自幼没爹没妈，觉得小动物最亲。说罢特意指了一下纸箱子的侧面，说你看那儿写的什么。

弯腰看去，竟是"养心殿"三字，墨笔写的，且是那种周正的馆阁体，一看就是张先生铆足了劲写的。我笑了，说，这要在封建时代，是要杀头的，养心殿是紫金城里皇上休憩的地方，你给你的猫窝叫了这么个名字，岂不是犯下欺君之罪。

它是皇上，我是太上皇啊。张先生笑了。这样的玩笑正对他的脾性，也可说搔到了痒处。

张先生要翻看《都市》杂志，我说，放下以后看吧，今天我们还是谈你的事。张先生说，我的事讲起来没个完。你提一句，我就说上一大片，真是小叩而大鸣。

我说，这也是我会叩，能叩到响处啊。

这些日子，我发觉，张先生是很愿意跟我聊天的。不光是因为我要写他的传记，问得细致，谈得轻松，也是因为，他这儿虽说时常有人来，大都是有所为而来，不是求字，就是照相，最纯洁的，还要数他的几个弟子，也多少有请益问学的心理。像我这样，过去来了只是胡诌八扯，现在来了也只是限定了范围的胡诌八扯，在他来说，精神上要愉悦得多。这也就难怪，稍长时间不来，他还要让薛国喜或是保姆，问是不是病了，一听这话，我就知道该来一趟了。

张：说到哪儿啦？

韩：接着说去北平吧。

略加思索，就说开了——

去北平，我是坐飞机去的，这是我头一回坐飞机。太原叫围住了，只有飞机能进来，能出去。说起坐飞机，想起一件事。你是山西大学毕业的，听没听说过，解放前山西大学全校学生坐飞机去北平的事儿。

韩：怎么可能！解放前，山西大学少说也有几百学生，怎么会一起坐飞机去北平。

还真是有，张先生接着说，他也是去了北平才知道的。一到北平，就见了杜任之，杜先生请他吃饭，饭桌上说得最多的，就是这事儿——

这事儿在太原就听说过，将信将疑，这会儿杜先生说了，才相信是真的。去北平之前，他是山西大学法学院的教授，有些事就是他经手办的。在晋西的时候，出了孝义讲话的事，阎锡山把他打发到山西大学当教授。我是跟上随部工作团回来的，等于是跟上长官部回来的，一路平安顺当。大学就不行了，直到第二年春天，几经挫折，才绕道陕西韩城回到太原，在侯家巷原校址复课。

平安了两年，到一九四八年夏天，晋中战役失败，太原成了一座孤城。阎锡山不住地宣称要与太原城共存亡，山西大学的学生们不干了，说这不是要让我们给你当炮灰吗？先是罢课，罢炊，闹腾了一阵子，成立了山西大学迁校委员会，要求省政府将学校迁到北平，以保证学生的安全。孤城之下，火车已不通了，怎么去？只能是坐飞机。这可不是说着玩的，当时全校文法理工各院系，共有学生四百余人，如何办得到。

当时我在省议会，也听说过学生的这个要求，觉得太过分了。这事儿要阎锡山点头才能办到，谁都认为阎不会办。想不到的是，几个学生代表进了省府，求见阎，要求派飞机空运，送全校师生到北平，阎锡山

敫作飛絲聚
作團幾回婉
轉怯憑欄
縱教羅扇
常在手明處
能防暗處難
詩意

杞故鄉先者
曹澔如先生

介休張頷棠

是怎么想的不知道，反正是答应了。学生代表又得寸进尺，要阎写信给守北平的傅作义，帮助解决学生的住宿问题，阎又答应了，叮嘱在座的教育厅长全权办理。

于是奇迹出现了，在军政人员都困守孤城的窘境中，自七月十日到十五日，山西大学文法理工各院系学生四百余人，乘飞机分三批陆续飞往北平。下机后即直奔东四七条三十九号阎锡山公馆，当时的说法是"和平占领阎公馆"。阎公馆里，马上升火做饭，接待这批不速之客。外人看了像闹事，实际上全都是安排好了的。没有阎锡山点头，谁也不敢做这种事。不说别人，傅作义就会制止，毕竟阎是他的老长官，他保卫不了北平，总不会连阎公馆也保卫不了。

杜任之不是跟学生们一起走的。在此之前，就来到北平，暗中操控整个事件的进行，静观默察，相机处置。学生一到，他就出头露面，公开参与种种与傅作义交涉的事务。他跟傅是一个县的，老乡。

还有更邪乎的。阎公馆毕竟不能完全解决上课、住宿等问题，迁校委员会面临的当务之急是，寻找适当校舍，争取暑假后按时开学。杜任之当时是法学院院长，正生病，不顾身体羸弱，领着几个学生代表，四处交涉。跑了半个月，哪儿也不接收这些逃难的学生。没法儿，还是杜任之给出的主意，说是既然有阎锡山的亲笔信，就该去找傅作义。傅是守城司令，是北平的最高长官，山西人找他，总会给个说法的。果然是这样，傅作义跟学生代表说：凡北平市内，无人占用的房院，只要属于公家的，即可暂时借住。同时通知北平市社会局具体操办。有了傅作义的尚方宝剑，学生们的想法也够毒的，一看，哪儿也放不下几百人上课住宿，就还数中南海最合适。其时中南海自日军侵占以来从未开放，刚刚辟为新任副总统李宗仁的行辕，群众既不能游览，副总统还没有住进，正是"无人占用的房院"。

八月十一日一早，杜任之和北平市社会局长一起进中南海查看，迁委会觉得事不宜迟，次日一大早便向市府上函要求借住中南海。上午十时许，全体学生分乘六辆大卡车，直奔中南海新华门。守门的警卫队长，还有中南海管理事务所长，以未接到命令为由，不准学生进入。学生代表说，这么热的天，学生在太阳下暴晒，出了事儿你们可负不起责，警卫队长和事务所长这才说可以进来休息。学生代表一挥手，六辆卡车鱼贯而入，进入新华门，直奔原定地点——瀛台。一时三刻，瀛台一带涵元殿、翔鸾阁、春明楼等处，住满了男生，女生则安排在勤政殿及附近的房舍。谁能想到，一个月前还在太原"要饭吃"的三百多学生，没有四百多了，有些到北京后投亲靠友去了，突然间住进了昔日皇室起居的宫殿。此前只能挂在太原侯家巷的校牌，竟挂在了瀛台翔鸾阁的楹柱上。

当然，这些地方是不能长久驻扎的。好处是，住进了这样的地方，要换个地方也差不了。过后在教育部督责下，迁到张家口的一座王府里。天气冷了，难耐严寒，又迁回北平东华门的梨园办公大楼等处。直到北平和平解放，才返回太原。没想到吧，山西大学的学生，还做过这样惊天动地的事情！

韩：真是不可思议。

张：这样的事，不是发生了，编是编不出来的，编了也没人信。

我去了北平，见到杜先生时，他刚刚辞去山西大学法学院院长，去了一家叫华北文法学院的大学，当了法学系的主任。这是一所私立大学，在北平还有些名气。杜先生不在山大了，就推荐我去文法学院校部做了文书主任。院长叫王捷三，老牌留英学生，搞教育多年，办学校很有一手。他是陕西人，手下的干部多是陕西人，招的学生也多是陕西人。学院在大蒋坊胡同，这一带地方大，王府多，文法学院占的就是一座王府。有人说这所学院跟李宗仁有关系，究竟有没有，我看不出来。

我去的时候，正赶上新生开学。那个时期，哪所学校里，都有进步学生，也会有落后学生、反动学生。我去了没多久，就跟进步学生有了联系，跟其中几个很要好。一个进步学生告诉我，说这次入学，有些三青团的打手，拿了三青团一笔钱，要开迎新会，给三青团拉拢学生。他还知道究竟拿了多少钱。我说，咱们揭发吧，他说行呀。我俩就悄悄地弄了个壁报，叫《前路》。晚上没人时贴出来，整个壁报就这一个消息，对这伙人连讽刺带挖苦，够他们受的。

第二天学院里乱了营。进步学生自然欢迎，喜气洋洋，反动学生的迎新会开不成了，垂头丧气，再开也没人敢去。贴出没多一会儿，就叫校部派人撕了，撕是撕了，影响已然造成。

《前路》壁报的事，市里的《华北日报》给登了，说是文法学院发现奸党活动，现正在严密侦察中。有次去杜任之家，他就住在离大蒋坊胡同不远的另一条胡同，问我壁报的事，我说是我干的。他说这是个严重的事，意思是我太不知轻重了。后来我入了党，当时还没解放，是按地下党的方式入的，北京城工部指定的联系人是老王，也说这件事对党不好，呈一时之快，容易暴露组织，引起敌人对文法学院的注意。当然入党时不只是说了这个事，还说了一个党员应该注意什么，并很庄严地对我说，以后见了他的面，不可打招呼，让我以后还是跟杜任之联系。

我入党是一九四八年底。老王解放后成了北京市内某区的区委书记，很快就上调，成了全国总工会的办公室主任。"文革"前我们机关有人说我是假党员，我说人都在，可以调查嘛。机关派人去查了，城工部的底簿上有我的名字。老王的真名叫魏焉。入党以前，杜任之就介绍我加入了民盟。

我暗里入了党，当然杜任之是知道的，说不定就是他给上头汇报，才发展我入党。我不说，他也不说，只是我去他家里，他做什么不再回避我了。老王叫我还是跟他联系，莫非就是保持这种状态？

好几次，我在他家里见到一个医生，他们都叫他李大夫，后来才知道叫崔月犁，是城工部的人，搞组织的。是不是从犁上起了个化名，姓了李，弄不清。

韩：《纪念杜任之文集》里，收有崔月犁写的文章，他当时的化名叫李献农，是城工部下面的学生工作委员会的秘书长，分管上层统战工作。

张：当时城工部的部长是刘仁，解放后当过北京市委第二书记，彭真下来就是他。崔月犁也很了不起，解放后当过彭真的秘书，北京市委的统战部长，后来当了国家的卫生部长。他们来了，我就去后面的书房里看书。

北平一九四九年二月初和平解放。庆祝过解放的第四天，文法学院的党员就公开了。一公开，什么全明白了。原来文法学院里早就有党的组织，职员中有三个，卫左臣、胡让、校纪英，全是陕西人。公开后连上我，编成一个新的党小组，组长是卫左臣。

全国解放后，像文法学院这样的私立大学不能存在了，并入华北大学，再后来华北大学又归了中国人民大学。现在说起这个学院，好多人都不知道了。

华北大学是共产党在晋察冀边区办的一所大学，原来只是培训干部，解放后迁到北京，才正式招生。校部设在铁狮子胡同，一九二六年"三·一八"事件时这里是段祺瑞的执政府所在地。校长吴玉章，副校长兼研究部主任，是著名历史学家范文澜。学校的教员干部，大都是解放区过来的，穿的都是中山装，就我一个穿的是长棉袍。学校仍是军事编制，分部，部下来是区队，再下来是队，一看就是培训干部的架势。当时大家心劲很高，觉得这才是革命的学校。在文法学院，我是文书主任，华北大学是革命大学，没有文书主任这个职务，我是党员，就安排我当了第一部十区队一〇二队的队长，相当于班主任。

大概是这个地方放不下这么多人，招生后不多久，十区队搬出北京，迁到天津郊区的东局子，全是排房，早先是法国兵营。主要课程是政治经济学。上大课，就在露天地里，坐的是马扎子，课后分小组讨论。在天津郊区待了不长时间，又迁到河北正定县城。正定在石家庄北边，城跟前有个寺院叫大佛寺，很有名。我在正定城里待了半年，没有上过一次街，可去过大佛寺。迁出来仍叫华北大学。

在华北大学，我们过的基本上是部队的生活，有人吃大灶，有人吃小灶，还有人吃中灶。级别不一样，吃的也不一样。要说等级，那个时候就有了，不比现在差。我们一〇二队，跟十区队不在一起。记得十区队好像在新乐县那边。我们要汇报个什么，走很远，我只去过一次，具体地址记不太清了。十区队的队长叫王大刚，吃中灶的，后来听说自杀了。什么问题不知道。

一九五〇年夏天，一〇二队的学员毕业了。一时没有事做，我觉得自己在华北大学没什么意思，也没人刁难，是自个觉得心里不舒畅。于是便给杜任之写了封信，说想回山西工作。北平和平解放不久，杜任之就脱离文法学院，回到山西，先是担任省人民政府委员，财经委员会委员兼秘书长，后来当过商业厅长。我给他写信的时候，还是财经委员会的秘书长。

接到我的信，杜很当回事，他也不愿意我一个人孤孤地留在河北。当时陶鲁笳是省委宣传部长，他跟赵宗复一起去找陶，说有这么个人叫张颖，想回来。这两个人举荐，陶一口答应，问了我的情况，说有两个地方让我挑，一个是中苏友好协会，一个是省文联，都是与文化有关的单位。这样我就回了山西。

在太原见过杜任之，还没有确定去哪儿，有次在省政府遇见王世英，他是副省长，那时叫副主席，又是省委常委兼统战部的部长。一见面就说，听说你回来了，正要找你，哪儿都别去，来省委统战部吧。在晋西时我们就认识，那时他是八路军驻二战区的办事处处长。我一直把他当作老领导。还有什么好说的呢，只有听他的了。我跟杜任之一说，杜也说还是去统战部好，有王世英招呼着，总比去个生地方没人招呼强。原来，杜在二战区政治实施研究院当院长时，地下工作的领导人就是王世英，我跟杜任之又是那样一层关系，王世英早就把我当作党的外围工作人员了。

这样，我就留在山西省委了。

省委一九五〇年春天才成立，只有三个部，组织部，宣传部，统战部，办公还不在省政府里头。统战部在国师街上，一个大院子，过去是阎锡山骑兵司令赵承绶的公馆。我去的时候，除了部长，一共只有八九个人，两个科室。一个联络科，科长焦琦，一个资料科，科长王受之。秘书白桂林，三个干事，一个是我，另外两个是女的。还有一个管事务的，一个会计，一个大师傅，就是做饭的。后来经过调整，省政府大院里腾下房子，我们就搬回去了，就是府东街上阎锡山的督军府。那时省委与省政府在一起办公。时间当在一九五〇年的冬天。

这个时期，全省委机关，不过七十几个人。三个部，另有办公厅，总党委会，汽车都极少，用得最多的还是山上带下来的骡子。记得最清的是，省委食堂有个大师傅，养了只狗，说起来也是"老革命"，是从解放区带进城的。

我们的待遇，一开始是供给制，后来成了大包干，就是吃饭不要钱，另外给点零用钱，买牙膏肥皂什么的。我去北平，去天津，去河北正定，雨湖夫人都没跟上去，一直在太原城里住着。当时大儿子纪林已经两三岁了，我一个人这点钱，要养活三口人，很是困难。我把我的粮食从大灶上领回去，一家人吃。紧张是紧张，省吃俭用，还买了暖壶、雨鞋等时兴的东西。一是雨湖夫人会过日子，再就是我还有点积蓄的。光那点零花钱，怎么也不敷用。

现在想起来，跟上王世英去统战部这一步，是走对了。

韩：当年你要是去了文联，可就糟了，文联的人我都认识，作家协会就是从文联分出来的。

张：你说我去了文联，能成个作家吗？

韩：凭你的智慧，不在文联那几个老作家之下，就看你图解政策的功夫到家不到家。当作家得会这一手。

张：图解政策，我也会这一手。可作家不能全凭这个吧？

韩：得看什么时期，现在不全凭这一手可以，过去可不行。

张：看来这一步没走错。

韩：人的一生很短暂，一步都不敢走错。有的人走错了还能退回来再走，有的人走错了就退不回来了。

张：你说得对。所以古人说，一失足成千古恨，再回头已万年身，是一点不假的。

韩：这句话，我小时候是听我哥哥说的，他也许是这么说的，可我听成了"一失足成千古恨，再回头已万年深"，意思是这悔恨有万年那么深。现在这样，不如有的书上说"百年身"好，意思一次失足，想改正时人已老了。最不好明白的就是这个"万年身"，莫非犯了错还能长寿？

张：嗬嗬，你真是会较真。王世英这个人你了解吗？

韩：谈不上了解，只能说知道一些大致情况。洪洞人，当过省长，在山西还是很有威望的。"文化大革命"中，山西大学我们这一派有几个人，长期住在精营东二道街一座院子里，我也住过几天。听说那儿就是王世英的公馆，平房，很幽静，西式卫具，一应俱全。

张先生说，那是他当了省长后，专门给他修的。在领导干部里，王世英是个有文化，有修养的人，要不当年不会把他派回山西做阎锡山的统战工作。字也写得好。来，让你看个东西。说着起身，颤巍巍地前面走，过到北边小书房，搬开茶几上一个挺大的木盒，露出一方大砚台，又指指墙上一幅挂轴，说你看，这是王世英送我的。

细细看去，挂轴上，是两个拓片，一大一小，大的是那方大砚台的正面拓片，小的是砚台木盒内刻辞的拓片。先看小的：

马佩勋同志曾任山西省总工会主席，现任宁夏回族自治区检察长，余游宁夏时以石砚相赠。此砚为宁夏贺兰山名品，质地浑润，雕刻别致，颇有欣赏价值，特转赠张颔同志存念。

王世英　一九六一年九月于兰州

再看大的，砚面纹饰左旁有张老墨书文字：

一九六一年九月，王世英同志赠余此砚于兰州。砚石出于宁夏之贺兰山，俗称紫袍玉带者，雕工精绝。砚中心与水池象征日月合璧，周围雕有古典亭堂八所，人物三十个，其中有奏乐、下棋、渔猎、驾车、乘舟、洗涤、伐木、晒衣、执棒、扶杖、登山以及行脚僧等，并有牛鹿禽鸟等。其中人物形象及服装款式，皆非汉人风格，其衣服交襟为左衽。其雕工细致处，拓本难能表达，此砚实为西北民族工艺之杰作。世英同志于六八年"文化大革命"期间被四人帮迫害致死，于兹三十年矣，痛哉！

一九九八年一月七十八翁手拓并记

砚面纹饰右旁亦有张老墨书文字，系一首五言诗：

贺兰镇宁夏，山色如驳马。
取石精琢磨，神工得风雅。
为砚泽而坚，端歙可凌驾。
世公有高谊，贻我金城下。

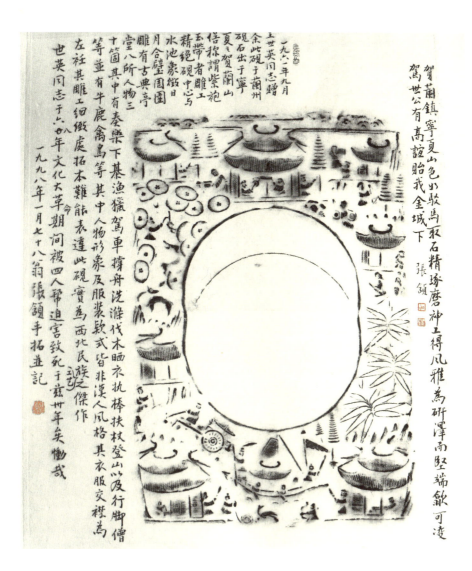

贺兰镇宁夏山色以驳马取石精琢磨神工得凡雅为研泽雨坚端歙可凌

贺世公有高谊贻我金城下

张颔 [印]

一九六一年九月

王世英同志赠

余此砚于兰州

砚石出于宁

夏贺兰山

借称谓紫袍

玉带者雕工

精绝砚面与

水池象徵日

月合璧圆圆

堂八所人物三

十箇其中有奏乐下棋渔猎驾车撑舟洗濯伐木晒衣扶杖

登山以及行脚僧等并有牛鹿禽鸟等其中人物形象及服装款式皆非汉人风格其衣服交襟为

左衽其雕工细缇虎拓本难能表达此砚实为西北民族之杰作

世英同志于六〇年文化大革期间被四人帮迫害致死于兹卅年矣恸哉

一九九八年一月七十八翁张颔手拓并记 [印]

王世英赠张颔贺兰砚拓片

韩：从这赠品与题诗中，能看出你跟王世英交情不浅。金城是兰州的别称，王世英说这方名砚是他游兰州时，马佩勋送给他，他又转赠你，这么说你俩在兰州相遇了？

张：是的，都住在省政府招待所里，遇上了。王世英是个有大本事的人，洪洞的世家。我早就看出这个人不同凡俗。你细看，这字多有功夫。当初好些领导看上我，也是先看上了我的字，人这么年轻，字写得这么好。古人说，字是"千里面目"，那是一点不假的。不用见人，离上一千里，看了你的字，也就知道你是个什么样子的人，有没有本事，品行如何。

"千里面目"，我默诵了两遍，记在心里。

# 十四 在省委统战部 | 4 月 24 日 星期四

只隔了一天，又来张宅访谈。

前些日子来时，说过求张先生一幅字，这回张先生拿出来，说是昨天写的。接过来，是副对联，文词是：笔墨不求缙绅喜，声名毋得狗监知。是我看到张先生曾给人写过这么副对联，求他写的。张先生是自况，在我，只能是自勉了。退一步，张先生的学问，狗监想知未必能懂，我则是想让狗监知而不得，且以此解嘲。

一日之隔，张先生的兴致似乎还没有打断。刚要接上前天的事儿说下去，又想起什么，俯身从书柜底层取出一个画轴，说前天我走了，想起还有一幅与王世英有关的画儿该让我看，一时又想不起，昨天找见了。

说着展开，是幅石榴图。

韩：好像前些年在文联大厅，办画展时展出过。

张：是的，他们为的是展出我的题跋。画是李炳璜先生画的，很有功力，题跋是我的，你细看这题跋：

> 旧以榴实，象征多子，故希子孙繁昌者往往画榴实悬于堂室之壁。十八年前王世英同志曾谈及他咏石榴之诗，其意别有佳致，其辞云："多子多负担，枝条都压弯；肚子气个破，唇焦舌也干。"世英同志辞世十有八载，往事牵肠挂肚弗能忘怀，日前索得炳璜同志所绘石榴一幅，因志往事于兹永存云耳。岁辛酉春，节次清明，介休张颔。

韩：前天晚上我回去查了，王世英是一九六八年去世的。你这儿说"岁辛酉春"，辛酉是一九八一年，不符"辞世十有八载"之说，应该是十三年。十八前年赠画，该没错，一九六三年，正是你们这些人的好日子。

张：笔误，前面写了个数字，后面常会跟上错了。王世英是我走上革命道路的引路人，也是一个像兄长一样关心我的人。在我们党内，是个大好人，也是个能干的人，可惜"文化大革命"中，让害死了。

说罢，沉默片刻。这一刻我忽然感到，张先生实在是个重感情，知感恩的人，看看他对杜任之、王世英这两个老领导的感情就知道了。知道感恩的人，做人是好人，做事也差不了。

你看我，想起故人就难受。张先生抱歉地说。一面将画轴卷起，接着前天的话题，说起在省委统战部的事儿——

在统战部，我是联络科，科长焦琦，是太行山根据地过来的，人还好。我的工作是跟山西的民主人士联络。山西的民主党派，基本上是我手里成立的。一开始只有市级组织，没有省级组织，有那么两年，我的主要工作就是建立省一级的民主党派机构。刚开始，省里知道我在北京就参加了民盟，为了便于工作，就让我当了市民盟的委员。中央统战部知道了我的情况，说又是统战部干部又是市民盟委员，究竟代表谁，叫我退了民盟委员，我就连盟员也退了。

建立省级民主党派组织，主要是跟那些有名的民主人士打交道。

比如山西民盟的负责人，山西大学教授王文光，就打过不少交道。此公山西汾阳人，解放前我们就认识。太原围城后，山西大学闹迁校风潮，杜任之是暗中鼓动，带头的是王文光，当时他是山西大学教授会的联络人。书教得好，在学生中很有号召力。燕京大学毕业，经司徒雷登校长介绍，保送到美国读书，得了硕士，又读了博士。学的是神学。曾给人说，中国的英文，除了某某某，就数他了。解放前，我对他的印象很好，觉得这个人有民主思想，英语好，还会填词，填得真好，不是凑韵的那种。可谓风度翩翩佳公子，又风流又儒雅。

一九五七年反右的时候，王文光整六十。那时真的很风光，一方名士，又是一方勇士，用后来的话说，真的是很猖狂。有次政协开会，我参加了，会上他说，民主党派就应当跟共产党平起平坐，可着嗓门喊：难道老圪蹴着不成！

当时邓初民是山西大学的校长，王文光不服气，说是太原解放前后，

雾云堆冷絮，花草荐寒毹。

他去上海做事去了，回来晚了。要是他回来得早，校长这位子轮不上邓初民，应当是他王文光的。还去火车上演讲，想不到吧？当然，打成右派，多年不得翻身，太不近人情了。这个人很有影响，划成右派分子后，还保留了省民盟委员和山西省政协委员职务，书教不成了，调回省政协，当了驻会委员，也是一种保护性措施。一九六三年前后病故，后来平了反。

民盟还有个有名的人物，叫成恒长。一九一一年出生，山西阳城人。跟王文光一样，起初都是民盟太原支部的，成立民盟省委，要到一九五六年了。也是山西大学的教授，比王文光要年轻得多，刚解放那会儿，还不到四十岁。日本留学生，很能干，也很有气节。国民党召开伪国大前，好多人都争着抢着想弄个国大代表当当，他是名教授，山西省政府给他一个国大代表名额，他不要。五十年代初，调离山西大学，当了太原市人民政府委员，市民政局局长，不久又调任山西省高级人民法院副院长。后来又调任山西省教育厅副厅长。省民盟成立后，当了副主任委员，还是民盟中央的候补委员。

他的做派跟王文光又不一样，给我的印象是，性情恬静，温文尔雅。德行好，人缘也好，反右中平安过来了。"文革"中去世，差一点六十岁。听说他死了，我觉得真是可惜，多好的一个人！

在统战部工作，还结识了一些有名望的学者和书法家。

李毓珍，笔名余振，山西原平人。比我大十一岁。解放前就是山西大学的教授，俄语好，也是山西民盟组织的创建者。五几年调到北京大学俄语系，后来又调到上海。翻译过普希金的好多作品，真正的学者，人品很好。我那首长诗，就是看了他翻译的一篇普希金的小说，觉得好，在他的鼓动下写成的。我跟他认识早了，抗战后回到太原就认识了。一开始不认识，到了省议会才认识的。

韩：有个事忘了问你。这两天翻看你的两本书，《姑射之山》和《西里维奥》，有个小小的发现，就是，两本书都是抗战后在太原那个时期出版的，经售处相同，都是黄河书店，但发行的部门不同：《姑射之山》的发行者是"工作与学习杂志社"，《西里维奥》的发行者是"北风社"。从出版时间上说，前者是一九四六年，后者是一九四八年。我想问的是，这个北风社，是不是一九四八年你们成立的一个文人团体？

张：前两年就有了。好几个人组织的，我不是主要成员。当时太原的文化氛围还是很浓的，有好多文化人的团体，那时成立个诗社呀什么的，不是个事。出书嘛，总得有个发行者，就用了北风社的名义。

还说我结识的那些人。刚才说了余振，山西大学还有个教授，叫田润霖，字羽翔，汾阳人，年龄跟余振差不了多少。是学者，也是当年山西有名的书法家。他的字，法度谨严，笔力遒劲，我很喜欢。原来还收了他两幅字，时间长了也不知道搁哪儿了。好的书家，要各体兼长，又要精于一体。田先生就属于这样的书家，各体兼长，魏碑最好。他的魏体，合乎法度，又刚劲妩媚，有种别人写不出的味儿。四几年的时候，就在西安办过书法展，是给山西争了光的。

你去过杏花村汾酒厂吧，"古井亭"三个字，就是他写的。汾阳交城一带，现在还能见到他的字，文水的"胡兰之家"，交城玄中寺有几块牌匾，都是他写的。我那个时候也爱写字，他细心指点过。说我功底好，就是拘谨了些。没办法，性格使然。他当省政协委员，民盟山西省委组织部部长，都是我经手办的。那时我已是统战部第二处，就是党派处的副处长了。

这个处还有一项工作，就是宗教工作，接触的都是宗教界的高级人士。那时山西省，不管是教会，还是寺院，还真有几个高人呢。我跟他们的关系都还不错，他们也都看得起我。

不管是党派工作，还是宗教工作，都是本分内的事，是我的正式业务。有件事，只能说是不务正业了，就是喜欢古物。

韩：哪儿来的古物，你搜集的吗？

张：省政府里，有个文物室。刚解放，都还没上了正轨，谁原先管什么，就先管着。这些文物随着省政府进的城，省政府就管了起来。

文物室有个老先生叫何泽农，当时有五十多岁了，我称他何老。这个人，也算是老资格了，从太行山上下来的，跟着太行党委的人进的城。以前在北京琉璃厂干过，本人曾是个古董商，在山上也是替政府收购古董。解放了，就带着他收的古董进了城。那可不是几件几十件，大车就装了好几车。不管真的假的，看着都像是宝物。那时候的干部都负责，人可以受苦受罪，公家的东西可要伺候好。省政府里，光房子就腾了好几间。何老是风雅之人，又有责任心，那些文物，不用专家鉴定，他就给鉴定了。每件都起了名字，写上卡片，陈列起来。因为在省政府的院子里，外面的人就叫它省政府文物室。

文物室在省政府的后院。统战部的宿舍和省政府的后院相通，没事了，我就去那儿转转。何老是个热情人，喜欢跟年轻人聊天。他那种身份，人家正经干部没人理他，有人去了等于是对他工作的重视，也是对他这个人的重视。我去了，瞅瞅这，摸摸那，他就跟着给我讲，这个怎么个漂亮，那个怎么个贵气，这个花纹有什么讲究，那个年代该怎样推定。我喜欢这些东西，拿在手里摩挲着，心里就美气。闲了也找这方面的书看。市面渐渐恢复了，好些旧官宦人家知道新社会来了，旧东西会惹麻烦，常有各种版本的古籍，在市面上很便宜就卖了。我趁便也买了几本古书仔细钻研。对这些古物的知识，慢慢就超过了何老。他说我还是恭恭敬敬地听着，心里知道，书上可不全像他那样胡诌八扯。

何老有时也在市面上买些古物，充实他的文物室。有名的陈喜壶，就是他在古董商王复元手里买的。再后来，省文物管理委员会成立，这文物室就归了文管会，再后来，省博物馆成立，文物室就撤销了，古物全归了博物馆。再后来就是博物院了。山西博物院现在能有这么大的规模，收藏那么多好东西，何老功不可没。

还是说那时的事。文物室有个古物，何老说是个陶瓶，尖底，有两个耳子。我看不是什么陶瓶，怕是一种很有讲究的器物，是不是古代的"敧器"？我把它拿回家，细细地琢磨。把它吊起来，给里面注满水，便洒出来了。注上半瓶水又正了，水全倒出来便斜了。这就跟孔子在鲁桓公庙里所见的敧器相同，孔子的说法是"虚则敧，中则正，满则覆"。最后终于弄明白了它的原理，也弄清了它的制造年代。后来我把这些，写成一篇考证文章，叫《尖底中耳瓶和敧器的关系》，在《山西大学学报》发表了。这是我此生发表的第一篇考古文章，不是什么成功的东西，只能说是习作吧。这是一九五七年的事。

不光喜爱古器物，鉴定古器物，我还有个爱好，就是收集宝卷，研究宝卷。你不知道宝卷是什么吧？

韩：我们单位的董大中先生经常从南宫市场上买回宝卷来，我看过，知道点皮毛。

张：我给你说说宝卷。山西研究宝卷，我是比较早的。宝卷这东西，在山西主要是在晋中一带流传，而晋中的主要流传地，是我老家介休。一九四六年，还在同志会太原分会的时候，就趁回家省亲之便，收集了许多宝卷，有好几十种。知道我喜欢，后来不断有朋友收集了送给我。

韩：宝卷好像跟佛教"变文"有什么关系。

张：是有关系。郑振铎先生写过一本书叫《佛曲叙录》，介绍过宝卷在全国分布和流传的情况。从郑先生开始，才把宝卷当作一种文学作品对待。在他的《中国俗文学史》中说，注意到宝卷的文人极少，他们都把宝卷归到劝善书一堆去了，没有人将他们看作文学作品的。印售宝卷的，也都是善书铺。宝卷固然不是上乘的文学名著，其中也有好的文学作品。自东汉以来，佛教传入中国，对我国文化产生了很大的影响。小说、诗歌、戏剧、雕塑、绘画、音乐，都起了一系列的变化，赞、偈、铭、谶等文体，在文学上别树一帜。唐宋学者在文学作品中都喜欢融会佛理。特别是"变文"，对民间文学的影响更大。宝卷就是变文直接衍化而成的。研究民间文学，宝卷里的资料很丰富。

只是郑先生的书里说，他见到的宝卷，除少数抄本外，多是清代的刊本和现代的石印本。我在介休所见宝卷，没有刊本或石印本，都是手抄本，没有一本上面写着作者姓名。介休县也没有卖宝卷的善书铺，所有的宝卷都是民间辗转抄写的。我十五六岁在老家，就抄过宝卷，我抄的那本宝卷叫《空望佛宝卷》。

一九四六年秋天，我回介休省亲，有意识做过访问，共登记宝卷目录三十一种。其中我自己搜集到，或阅读过的有《慈云宝卷》《扇子记宝卷》《双钗记宝卷》等十五种。抄写年份最远的是《慈云宝卷》，是乾隆五十三年（公元一七八八年）的抄本，上面还有两幅插图。《扇子记宝卷》是道光二十九年（公元一八四九年）的抄本。这两种宝卷，有一年我去北京，送给李长之先生观看，后来听说他打成"右派"，也没有往回要。现在我手头清代的宝卷，只有《玉美人宝卷》残本，是道光二十八年（公元一八四八年）抄本，其余都是民国年间的。从这些宝卷的内容上看，纯粹佛教意味的很少，民间故事较多。描写历朝历代的故事都有，还是明清两代的故事多些。

说到这里，张先生起身，在书柜里翻出一个大文件袋子，摊开，细看全是白麻纸订成的十六开大小的簿子。有的也不订，就那么宽宽的一长条纸，一折一折地叠在一起。张先生小小心翼翼地擎着，依据实物说了起来。说到宝卷的词儿，就用介休话唱了起来。全是那么一个简单的调儿，跟和尚哼经文差不了多少。

好些宝卷，是读书人改写的。比如《双钗记宝卷》，开头两句是："青云渺渺紫云现，嘉靖皇爷登金殿；十二才官造卷书，此卷名为双钗传。"无名氏撰写的序言里说："余苦读寒窗，翻出此书，改为宝卷。"可见这个宝卷原是明代嘉靖年间的作品，经后人改定为宝卷。清代的作品如《扇子记宝卷》，开头是："单说我朝太祖皇爷登龙位，国号大清，天下太平，黎民安业。"有个《莲花盏宝卷》，写的是明代万历年间的故事，人物的服装又好像是清代服式，可能是清代人的作品，这样描写一个年轻女人："身穿的，红绸袄，绣边打围；油绿绸，裤子儿，边口销金；红膝裤，鸳鸯带，闪的好看……"

宝卷中的词句，轻松流利，有七字句，也有十字句，有唱词也有道白。《扇子记宝卷》的唱词是这样的：

> 小姐心中不快活，无心打扮整容颜，
> 绉纱包头乌云罩，外套一件月白衫。
> 随脚鞋儿还不旧，不用再把新鞋穿，
> 虽然不搽胭脂粉，清清淡淡却自然。
> 也是公子该倒运，出门遇见吊客神，
> 乌鸦不住当头叫，蜘蛛结网拦大门，
> 书僮知道事不妙，说与公子仔细听：
> 蜘蛛拦门不吉利，乌鸦当头有凶神，
> 红袄媳妇面前过，少是吉来多是凶。

勒字于金著文于石

星辰在掌易象在胸

自擬聯句弟子國喜存念

並門傖父上虞張頷

勒字于金著文于石，星辰在掌易象在胸。

　　介休宝卷抄本中，有的开头偶尔也有"西江月"一首，内文里也不像《中国俗文学史》中说的，还有"金字经"、"耍孩儿"、"画眉序"一类的曲牌。介休宝卷，每部开头总有"赞"和"偈"一类的词句。许多宝卷，结尾也有比较固定的形式，大体是这样几句："宝卷已念完，经声透九天，诸佛俱保佑，福禄永无边。"在我们老家，念卷等于念经，民间视作一种善事。

　　宝卷是专门供人讲唱用的，郑振铎说，他那个时代，在南方诸地唱经人中，尚有宝卷一家。介休县里不然，不叫宝卷而叫念卷，也没有专门念卷的人，凡识字的，抗战前都会念卷。音调极其单纯。旧年正月，闲暇无事，家境好的人，便请两位识字的，焚香念卷。院邻四舍聚集一堂，香烟氤氲，别具意趣。念卷必须是两个人念，才有缓气的余地，一个人念词，一个人"搭佛"，念一句词，搭一声佛号——"阿弥陀佛呼儿完"。这和佛教净土宗提倡专门念佛很有关系。

　　"呼儿完"究竟是什么意思，很难说明。或者是"梵呗"，或者和汉代铙歌中的"妃呼稀"差不多，或者就是现代小调中的"依呀咳"。念卷是一种义务，在当时看作一种善行，不要报酬，略备茶点足矣。如果主人吝啬，没有准备茶点，念卷的人可以提出意见，也不说什么难听的话，他在念卷的过程中，会念出这样一类的词儿："你搭佛，我念卷，柿饼核桃不见面！"搭佛的人跟着唱："阿弥陀佛呼儿完！"挺笑人的。

　　一九五六年冬天，在统战部，工作不忙的时候，我把搜集到的宝卷，归类整理，分析研究，写了篇文章，在省文联的刊物《火花》上发表，叫《山西民间流传的"宝卷"抄本》。这里有记载，是一九五七年第三期发表的。文章末尾，我说，介休县凡三四十岁以上的人，都知道念卷这回事，现在，就是五十年代中期，还容易向群众进行了解和搜集，再过若干年后，恐怕就搜集不到这方面的资料了。

　　半个世纪过去了，一个人想跟我当初那样，回一次老家就能见到、抄录几十部宝卷的可能性几乎没有了。这两年我才知道，现在还有人在搜集宝卷，研究宝卷。

　　韩：好像在统战部期间，你还去高平调查过长平古战场。

张：你是看我的《学术文集》知道的吧。那是一九五七年秋天，我去高平出差的事。这个时候的统战部长，已不是王世英了，是郑林同志，副省长，还是个书法家。现在"迎泽宾馆"、"迎泽公园"，还有你们"山西文学"那四个字，就是他写的。他跟李雪峰是表兄弟，资格够老的。那次下乡，就是郑部长安排的，检查农业合作化还是别的什么，记不清了。同去的还有统战部的一个人，我们先去长治，后来又去了高平。工作也不忙，就动了心，请当地的朋友作向导，细细地考察了长平古战场。

我对古战场，向来有兴趣。在襄阳的时候，三国时的古战场，就利用春游的时候做过调查。对长平古战场的兴趣，最初是古人的诗歌引起的。唐朝诗人李贺就写过《长平箭头歌》，还能背几句：

漆灰骨末丹水砂，凄凄古血生铜花，
白翎金杆雨中尽，直餸三脊残狼牙。

下面几句记不清了，最后几句是：

访古汍澜收断镞，折锋赤璺曾刲肉，
南陌东城马上儿，劝我将金换篝竹。

从诗里能看出，李贺不过是见了一个"断镞"，就发了这么一大通感慨。不过李贺的诗，在认识长平箭头上，还是有帮助的，读了诗就知道长平箭头是三棱形，而且敷有所谓"漆灰"、"骨末"、"古血"、"铜花"等斑斓锈迹。明朝的刘基写过一首《长平戈头歌》，其中说：

长平战骨烟尘飘，岁久遗戈金不销，
野人犁地初拾得，土花喷出珊瑚色。

这说的是过去，明朝，犁地时就能拾到箭头。我们在高平，听当地人说，还有人耕地时发现过"戈头"，一百块白洋卖给北京来的客商了。谷口曙光农业社主任申德良同志，亲眼见过别人在耕田时发现的古剑和盔胄，可惜不知失落到什么地方了，不能断定是何时的遗物。

我回到省上，见了郑林部长，说了去高平的事。过了一个月，郑部长也从高平搜集到几枚箭头，都是三脊椎形的。五十年代，在高平搜集箭头，不是难事。一九五八年，高平县委统战部的李双根同志寄给我四枚长平箭头。

韩：可以看看吗？

张先生过到小书房，拿来一个盒子，取出几个箭头，说这就是李双根送他的箭头。李双根给他的信上说，这四枚箭头，是通过弃甲苑小学教员张利之先生搜集到的。

张先生细细分析：第一、二两枚长四公分，第三、四两枚长三点五公分，均相当于市尺一寸左右，跟许多材料中介绍的相符。第二枚带有短尾，尾部敷有铁锈，即战国晚期时常用的一种铜头铁铤镞。其他三枚尾部脱落，未发现铁锈，想来当为一类。当时铁的使用，还没有在兵器中占到主要地位，所以有此形式。第四枚带有倒须。从锈片上看，第一枚为传世品，全身漆黑古旧，其它三枚当年看去，均为地下出土不久者，绿锈斑斑，土色可鉴。从形制上看，与《中国兵器史稿》上的图版所介绍的"周代及战国铜镞"相同。古代兵器和其他器物一样，它的发展过程绝不能在时代上截然划分阶段，各个时期的衔接期间一定是互为错杂，互为影响的。再说，战国各国所用的兵器也不完全相同。这样，第四枚箭头虽说尚具有殷商箭头的风格，大致可以确定，这几枚箭头均为战国时期的遗物。

由箭头，又谈到对长平古战场的考察。

张先生说，那次去长治，坐长途汽车，在长治市到高平县的公路上，来回走过三次。对丹朱岭、长平、王报村一带的山川形势大致作过观察，还步行到弃甲苑和谷口一带进行过观察和访问，从谷口的山上眺望米山一带的形势。把所获得的印象和有关文字对照以后，对长平战场也只能摹画出一个粗线条的轮廓。有许多问题，单凭历史记载是得不到解决的，还需要进一步依靠遗址发掘，才能得到比较正确的结论。

考察回来，翻查史籍，还是发现了不少的疑问。比如"秦长垒"和赵括所筑的"赵东垒"究竟在谷口哪一地带。廉颇屯军的"赵西垒"究竟在高平县城北六里的韩王山呢，还是在高平县东十里的大粮山呢，或者两处都曾为"赵壁"。有人说"秦城"当在省冤谷，也有人说"秦城"和"赵壁"全都在大粮山，如陈颢《大粮积雪》诗云："大粮山头雪成堆，赵壁秦城迹已埋。"纷纭不一，很难捉摸。

关于"秦坑"的具体地点，也存在着问题。许多文字记载和口头传说都说，"赵卒四十万人解甲降，武安君诱入谷口尽坑之"，这一说法似乎比较肯定。可是我所见的"谷口"地方很小，不只容纳不下"四十万赵卒"，即使几万赵卒也容纳不下，况且当时秦兵也在"谷口"里面。如果不是历史上夸大了事实，那么就是"秦坑"不在"谷口"，或者不在现在的这个"谷口"，也可能在谷口后面的头颅山里。

关于秦军遮绝赵军后援的道路问题，双方有关数字，有关时间，也存在着不少的问题。对这些问题，我都一一作了分析，能勘定的勘定，不能勘定的只有存疑。用了几天时间，把在当地的勘察，和自己的分析，写了篇文章，叫《古长平战场资料研究》，发表在一九五九年的《山西师范学院学报》上。收入中华书局出版的《张颔学术文集》时，才改名为《谈古长平战场》，你有这本书，可以看看这篇文章。

那时候写文章，全是出于兴趣，还没有考古方面的知识，只能说是无意间去了这个地方，又得到了几枚箭镞，一时兴起，就写了这么篇文章。要说有什么可称道的，只能说我看的书还多，论证也还严密。

韩：由兴趣进入研究，是最好的路子。

张：你看，在统战部几年，除了做好本职工作之外，我的兴趣，可说全在这些古人古事古物上。长平之战是古人，宝卷是古事，觚器算古物吧？

研究觚器，研究宝卷，考察古战场，我有这个爱好，又写过文章，山西文物管理委员会成立的时候，就聘我当了顾问。文管会的主任叫崔斗辰，跟我个人关系很好。他的本职是山西教育厅的副厅长，文管会主任算是兼职，也是喜欢这一手，上头才让他兼上的。

张颔先生欣赏古代石雕

# 十五 创建考古所 |

今天去了，给张先生带去一包四罐装的铁观音，是前些日子去厦门，一位朋友送我的。我不懂茶，总觉得离产地近的会好些。更早些日子，访谈时曾说过，我家要为去世的祖父母、父母立碑，请他篆书碑额。词句是我拟的，祖父母的是"品清节烈"——祖父是个读书人，名"聘卿"，在"文革"中自缢身亡；父母的是"德隆恩永"——父亲是个离休干部，单名一个永字。昨天张先生来电话，说写好了，今天来一则是谈访，一则也是取这两幅字。送茶叶是酬谢，只是不能明说。

访谈开始。我问张先生，可记得考古所的张庆捷先生，说记得，他退下来后好些年，庆捷当过所长，现在好像是书记。问我怎么认识此人，说是山西大学历史系的小学弟，早几年就认识，不久前还见过面。听说我要写《张颔传》，跟我谈了几件你的事，过后还给了我一份资料，原本还说带来，放在家里忘了带了。

张先生问说了他什么事，我说两件，都不大，很有意思。一件是庆捷亲身经历的，一件是听人说的。问听谁说的，说叫王建。张先生说，他呀，老朋友！我当所长时，他是副所长，我们是好朋友，他可不会说我什么好话。

我说，不是好话，也不能说是坏话，是只有好朋友才会说的话。王建先生有次跟庆捷到外地出差，路上说起张先生的故事。说考古所早先有个同事叫赵凤三，记得吧？王建说，你们是老同事，在一起无话不谈。有次闲聊，老赵说他这名字是有讲究的。他妈生他的那天晚上，做了一个梦，梦见凤凰叫了三声，他爸就给他起名叫凤三。王建说，你当时听了，嘿然一笑，说老赵呀，你妈肯定记错了，不是凤凰叫了三声，是公鸡叫

创办考古所时的张颔（一九五八年）

了八声吧？听的人先是一愣，接着全笑了。王建说，这种事情上，最能见出张先生的捷智，没人比得了。我想问的是，这个应对，是你当时想到的，还是过后他们给你编的？

张先生说，不是我的，是我早先就听人讲过这个笑话。过去叫凤三的人多，这个笑话早就流传了。还有件是什么事？

我说，这件是庆捷自己经历的。十多年前，他是考古所的所长，市公安局破获了一起文物走私案，缴获了一组八件唐代小型铜器，计有铜镜五面，粉盒三个。送到省文物局鉴定，文物鉴定组看了，确实是唐代器物。按公安局的规定，破案后这类物品，都要上缴上级有关部门。公安局的同志表示，器物可留在文物局，只是希望能给办案的基层干警一点奖励，数额不大，也就一千元的样子。文物鉴定组的同志，建议考古所留下并支付这笔费用。庆捷不放心，带上东西来找你，你看了说："这几件小铜器是真的，但不特殊，有收藏价值，研究价值不大。作标本，也嫌普通。有研究价值的，再贵也要买，没研究价值的，便宜也不要。"听了你这话，庆捷就退还给鉴定组了。时间大概在一九九六年春夏间。庆捷说，张先生的这几句话，后来就成了考古所收购古物的一个原则。不光他任上遵守，后来的也恪守不误。那次见面，庆捷还说，考古所是在张老手里创建的，就是现在，每当所里有什么庆祝活动，人们谈起来，对张老的功业仍称颂不已。

这样的话，谁都爱听，张先生也不会例外。

功业谈不上，辛苦还是有的。张先生笑着说。我趁势说，今天就谈谈创建考古所的事吧。

好的。一九五八年，各方面都大跃进。上头下了令，各省都要成立中国科学院的省级分院，山西当然照行不误。成立分院得有几个研究所，有哪个没哪个都行，山西不能没有考古所。

谁能当了这个所长呢？当时省委新设了文教部，部长是王大任同志。王部长对我有相当的了解，在省委会上提出，考古所的所长，只有张颔能当得了。跟郑林部长一说，郑部长当然同意，这样就把我从统战部调出来，当了中科院山西分院考古所的所长。

山西的考古所，就是这么建立起来的。这一年我三十八岁。

刚建立起来，就遇上个重要事儿。等于是刚配上鞍鞯，就要出征打仗。这年冬天，郭沫若院长来了一次山西，说是有个全国地质方面的会议，叫中国地层会议，想在山西开，山西方面要是同意了，就叫全国地层会议山西现场会。省里一听，当然同意。山西有这方面的优势。太原有个"石千峰"，还有"石盒子"，都是地名，其剖面在地质学上很重要。远一点，忻州宁武的地质剖面，叫骆驼脖子沙岩，也很有名。没去过的，都想实地看看。

就是这次见到郭沫若，我请他给山西考古研究所写了牌子。郭老好说话，让写就写了，这也是他的职责嘛。过去史学方面，对我影响最大的还要数郭沫若，他的《中国古代社会》我看了两三遍。他的书上，就有钟鼎文的研究。引导我进入考古研究，起了很大的作用。

牌子写好了，也制作出来了，不让挂。说是只挂中国科学院山西分院的牌子就行了。山西分院临时设在大中寺对面，剪子巷的一个院子里，进去有个两层楼。分院的牌子挂在院子门口。不是领导成心不让挂，挂了郭沫若写的牌子，分院就显得太寒碜了。考古所有一个大房子，都在一起办公。我不常去，还在统战部办公，手头好些事还没有完。第二年各地中科院的分院都下了马，山西也不例外，考古所没有撤，并到文管会搬到文庙这儿，我才过来正式上班。

还说中科院那个会。中国科学院的参与机构是古脊椎动物研究所，山西的承办单位，就是我们新成立的考古研究所。两家联合成立全国地层会议筹备委员会，主任啦、副主任啦，都是中科院和山西省的领导，我是副秘书长，山西这边做具体事的。

第二年，一九五九年，一过了年就开始筹备。正式开会是七月一日到十二日。前几天开会，后几天参观。记得去宁武参观，两辆大轿子车，还有好几辆吉普车，警车在前面开路，威风得很。我们去了宁武一个叫二马营的地方，参观了那里的古生代上部地层，含爬行类动物化石的地层，就是俗名说的"骆驼脖子沙岩"，代表们都很兴奋。

那时候迎泽宾馆还没有建起，省里开会都在海子边，那儿阎锡山时代就是接待处，解放后就成了省委的招待所，什么大会全在那儿开。几百人吃住，开会，都没问题。我们这个会，不算大也不算小，六七十号人。开得很热闹，各地来的代表都很满意。看得好，吃得好，游得好。会后出版了《全国地层会议山西地层现场会议资料汇编》，以会议筹备处的名义编的，厚厚一大册，将近四百页。

我对地质没有一点知识，只知道是一门很大的学问。我的好处是，不懂不装懂，暗地里下功夫学习，缺什么补什么。不懂不丢人，不懂装懂才丢人。世上没有这门学问，我没办法，只要有这门学问，就是让人学的，让人问的，下功夫连学带问，总能进了门，学会一些。

为了开好这个会，机关派了个年轻人协助我，姓董，大学刚毕业没多久，还有点才，不怎么看得起我这个没学历的领导。有次我写了个什么文章，就是会议上要用的文件，说你给看看。他看了提出意见，说我的文章里有的句子，前面用了"虽然"，后面没有用"但是"，不通，虽然和但是要连用。言下之意是，没受过正规训练的就是不行。我心里不服气，一下子也说不出反驳的道理。你说他是胶柱鼓瑟吧，那就等于承认他是对的，只是认死理而已。你说他是胡乱比附吧，又有什么依据？

我说好吧，叫我考虑考虑。他还翻了翻白眼，意思是这还用考虑吗？

为这事，我狠下了一番功夫。一连几个星期，天天晚上不做别的，就是灯下看书，一定要弄清这个"虽然"和"但是"的关系，看两个是必须连用，还是也可以单用。后来我得出的结论是，虽然和但是可以没有关系，单独用是可以的。举两个例子。说到这儿，眼微闭，背诵。一个是《左传》上的：

晋惠公对里克曰："微里子，寡人不得立。虽然子亦杀二君一大夫，为子君者，不亦难乎。"

后头没有"但是"吧。另一个是《战国策》上的：

张仪对秦王曰："臣闻，知而不言，谓之不忠，言而不实，谓之不信；不忠当死，言不实而当死。虽然，臣愿尽其所闻。愿大王裁其罪。"

也是有"虽然"没有"但是"。

你再看这本书。张先生说着从书架上取出一本书，三两下翻到要找的地方，指着书页说："令旨到日，仰钦依已降圣旨，令旨处分事意，率领道众诵经，与俺告天祝延圣寿无疆者。但是过往使臣、军人，并不以是，何诸色人等，不得乱行骚扰，强行取要物件。"这里就只有"但是"，没有"虽然"。你再看，书上有蔡美彪的注释："但是"意为"只是"、"只要是"，这里是"凡是"的意思。这就说明，"但是"也是可以单独用的。你要抄一下？

我抄下这段话，并记下了书名、文名与页码——《元代白话碑集录》，科学出版社出版，中国科学院语言研究所编，蔡美彪编订；《一二五〇年鳌屋重阳万寿宫圣旨碑（六）》；第十六页。

张先生接着说下去：后来，我把小董叫到办公室，给他一一说了我的证据，我心平气和，他心服口服。最后小董说，没想到张所长这么认真。我心说，怎么能不认真呢，不认真就光有你说的，没有我说的。时间长了，我就成了个只有资历，没有本事的挂名所长了。

说了这些，张先生不屑地说："我看大学生也不球行。"又要说什么，我竖起手掌，意思是暂停一下，笑着："张先生，这话我可以说，你老不能说。"

"为甚？"

"我是上过大学，这样说，又说我自己的意思，可以说。还有一种人可以说，就是考上大学不念的，他是能当大学生不当，也可以说。你没上过大学，也不是考上不念的，这样说就不对了。要是大学生都不行，还办大学做什么？"

"嗬嗬嗬。"张先生笑了。

"刚才说到哪儿？"

张先生想了想，接着说下去：

五八年的事，什么都是一阵风，起来得快，偃下去得也快。五八年秋天，风风火火组建中科院山西分院，刚搭起个架子，有的所还没有配齐领导。不足一年，到了五九年夏天，又让撤销，说是冒进了，许多省

一九九一年十一月二十日，张颔在北京人民大会与贾兰坡先生、苏秉琦先生亲切交流

不具备成立中科院分院的条件。山西省委研究后决定，没成立的就不说了，不具备条件的，该撤销的撤销，该合并的合并，独独到了考古所，都说得保留下来。山西怎么能没有考古所！单单一个考古所，也不是办法，总要隶属到哪儿才好办下去。

王大任同志找我谈话，说有两个地方任我挑，一是合到山西大学历史研究所，我去了当所长。当时的所长是阎宗临，同时也是山西大学历史系主任，可以分出这个职务。再是归到文管会下面，这样文管会下面就是两个摊子，一个是博物馆，一个是考古所，文管会也不叫文管会了，改名叫文物工作委员会。主任定下是刘静山，我当副主任兼考古所所长，叫我想一想。没什么好想的，文管会原来的主任崔斗辰，跟我很惯熟，曾聘我当过文管会的顾问，这边情况熟悉些，就说还是去文管会吧。

就这样，我由省委统战部，经过中科院山西分院这么一折腾，成了文物工作委员会下面考古所的所长。我这个副主任，只管考古所，别的都不管，等于是自己管自己。叫文工会不习惯，都还叫文管会。

原来还说，在城里上班就不必搬家了，可是想了想，还是搬了好。这时我早就不在典膳所住了，住进了省委新盖的宿舍楼里。不是省委的人了，还在省委宿舍里住着，领导不说什么，下面的人会说闲话的。搬到哪儿呢，就在文庙旁边，崇善寺下院。文管会在文庙，上班拐个弯就到了。

从省委宿舍搬到崇善寺下院，雨湖夫人还哭了一场。住省委宿舍，是二层楼，上下水，暖气马桶什么都有。到了这儿，两间平房，要啥没啥，年年冬天都要买烟筒（用上一年就坏了），打煤糕，生炉子取暖。去厕所还要走一截路，天黑了没月亮，雨湖夫人不敢出去。晚上睡下，老鼠在顶棚上面跑，下了雨顶棚漏水，得接几个盆儿。是有许多不方便，可我觉得，还是把家搬过来好，省心，可以专心工作，专心看书学习。

当时文管会，没有考古项目，我刚来，也拿不出什么方案。文管会下面有个勘察组，还有个侯马工作站，是崔斗辰当主任时成立的。这两个部门，名义上跟考古所是平列的，只能说侯马工作站跟考古所的关系紧密些，没什么事，我就去侯马工作站蹲点。我要光是文管会的副主任，反倒好了，可以领导他们，可我同时是考古所的所长，就不一样了。这样，去了是副主任，却不领导人家，当然也不是去那儿打工的。处境挺尴尬。我不在乎，去了问这问那，慢慢对这套业务就熟悉了。

我这个考古所，还跟在大中寺那边一样，没挂牌子，也没有单独的编制。要人没人，要事没事，下去还好说，在太原就啥事也没有了。上了班，就我一个所长，还有个打杂的。没事还不好办吗？就看书。在省委，谁看见我都是个忙人，到了这儿，谁看见我都是个闲人。这儿是文庙，祭祀孔子的地方。有个朋友，就是江萍同志，见了我打趣说："孔夫子有七十二贤人（闲人），加上你就成了七十三贤人（闲人）了。你真是优哉游哉，得其所哉。"他认为这儿是个修身养性的地方，一天到晚闲着没事，我也就成了孔夫子的第七十三个贤人了。他是说笑话，我也不在意。

由人说去吧，自己知道自己一天到晚做什么就行了。从一九五八年担任考古所所长，到一九六六年"文化大革命"爆发前这七八年，是我在业务上的一个学习期，也是事业上的一个发轫期。

一开始，我完全是作为一个有点文化基础，有点历史知识的领导干部，派到考古所的。当时的省委领导，有的知道我在金石方面有些基础，比如郑林同志，王大任同志，对我还是信任的。都是老领导，很宽容，在他们看来，懂点就行了，是不是内行无关紧要；只要能开展工作，把一个部门领导好了，就是用人得当。可我这人，有股子劲，你说是干一行爱一行也行，说是不让人也行，反正是做什么就想做成个样子。过去人常说，没有三年的外行，说的是手工业行里的事。意思是，跟上师傅学手艺，再难的手艺，有三年也学会了，成了行家。这道理，用在做学问上也是成立的。考古再难，也不过是一门学问，我就不信，下上三年苦功夫，还是外行？

你不知道我下的是什么功夫。全是笨功夫，死功夫，背，死背。后来我也悟出来了，学问上的"笨功夫"，就是"背的功夫"。钱锺书下的就是这号功夫。不过人家脑子好，记得快，我脑子不好，记得慢。这没有什么，人一能之己百之，人十能之己千之。记得慢也有慢的好处，就是牢靠。

不过，背，还是有讲究的。不能跟小学生似的，天天早上起来哇啦哇啦地念。我的办法是，看，轻声念，一遍一遍地看，一遍一遍地念，直到背过来。背的时候，一定要有声儿。

瞅见我墙上那两个木牌子了吗？那叫水牌，过去字号（商店）里用的，专门用来记账。为啥叫水牌，有人说是记流水账的，有人说是用水一擦就没了。南方似乎叫粉板，鲁迅的小说《孔乙己》的最后，"到了年关，掌柜取下粉板说：'孔乙己还欠十九个钱呢！'"或许是鲁迅没在商店里待过，误记成粉板了。我托朋友在介休找下这么两块水牌，凡是要记的，用毛笔写在上面，天天看，天天默念，三个月两个月后，记得滚瓜烂熟了再擦去。

这功夫一下就是六七年，直到"文化大革命"爆发，进了牛棚才停下来。

你可别小看了这个笨功夫，做起学问，给我的好处太多了。不说写文章了，去了哪儿开会发言，多大的教授，要引用个什么，差不多都是手里拿个纸片片照着念。也有那不念的，很少能将一段文章完全背下来，常是说，大意是什么，能背上三两句，都叫年轻人惊讶得不行。我不是这样，一大段古书上的文句，哗哗哗就背下来了。我的介休话有时候他们听不懂，有人认为就是背错了他们也听不出来。他们不会，怎么能听得出来？有一次，我背完有人说听不清，正好是在大学教室里开会，旁边就是黑板，我拿起粉笔全写出来。有人找来古书对了一下，只有一个标点符号不对，也只是跟他拿的书比照不对，也能说得通。

韩：什么会上？

张老的兴致上来了，起身，过到那边小书房取来一本书，中华书局编的《文史》第二十四辑，翻到一篇张政烺的文章，指着一段文字让我看：

一九七八年十一月末，在长春召开中国古文字学术讨论会，头一天下午徐锡台同志作周原出土甲骨文的报告，内中最后一节是"奇字"问题，会后散场有几位同志问我那些奇字是什么字，晚间又不断有人问。第二天会上我讲了《古代筮法与文王演周易》。这是临时增加的题目，事先毫无准备，客中又无必要的材料可以详细引证，未免大胆，幸好得到学识渊博的张颔同志（山西考古研究所）、洪家义同志（南京大学）发言支持，大家热烈鼓掌，算是全场通过了。

张颔与于省吾先生（左三）、夏含夷先生（左一）等合影

　　一边说，陕西周原出土的甲骨文上，铭文就是几道道，张政烺先生认为是周易里的卦爻——六七八九。这是古代的筮法，好多人不懂得，政烺先生讲完了，有些人听不明白，手头没有更多的资料，政烺先生也没办法让他们明白。我研究过筮法，说我知道。政烺先生说，那就请张颔同志上来讲一下。我上去讲了几句，背了一段古文，见那些人听不懂，就拿起粉笔，在黑板上把我背的古文写下来。是这么几句：

　　大衍之数五十，其用四十有九，分而为二以象两，挂一以象三，揲之以四以象四时，归奇于扐以象闰；五岁再闰，故再扐而后挂。

　　此为古筮法四十九字。我又讲了讲，那些人多少明白了。当然，一点也没有基础的，肯定还是个不懂。我这样一讲，就等于支持了政烺先生的观点，证明他的理解是正确的。政烺先生是中国著名的历史学家，考古学家，也是著名的古文字学家，比我大七八岁，前几年刚去世，活了九十三岁。解放前是中央研究院历史语言研究所的，著作很多，都是精品，在史学界声望很高。这件事，政烺先生在好几个地方都说过，说做学问就要像山西考古所的张颔同志那样有扎实功底。

　　做学问，不光要下背的功夫，还要有慢的功夫，什么时候都不能急急慌慌的。沉住气不少打粮食，庄稼人的这句话，做学问也用得上。慢功夫，说起来容易，做起来难。学问，在一般人看来，也是个功利事，人嘛，都是无利不起早，有利盼天黑。好不容易在学问上有点新发现，上午发现，恨不得下午就让全中国，全世界都知道。有几个肯耐住性子，为增加一点证据，放上十天八天，三月两月，甚至三年两年。事实证明，谁舍得下慢功夫，最后他的学问肯定做得好。宋代有个诗人，有一首诗，我在嵩山庙里见过，是这样几句：

　　一团茅草乱蓬蓬，蓦地烧天蓦地空。
　　争似满炉煨榾柮，漫腾腾地煖烘烘。

茅草点着了，火势再大，轰的一下就没了。榾柮就是树根，硬，烧起来没明火，可是耐久。做学问，就要这样，别看"漫腾腾"，可是"煖烘烘"。

韩：这首诗《千家诗》上就有，没作者，署无名氏。本来的意思是，非道以干富贵，必然生也忽，灭也忽，劝人要守诚以致富。你把它用在学问上，意思就更深了。为什么说六十年代初那几年，是你事业上的发轫期？

张：你看过我的《学术文集》，那里面好些文章就是这一时期写的。有几篇当时还有点影响，比如《山西万荣出土错金鸟文戈铭文考释》《庚儿鼎解》《陈喜壶辨》《晋阳古城勘察记》。有了这些著作，朋友们就知道我是不是闲人了。一次郑林同志见了我，惊奇地说，张颔呀，这才几年，你就真正成了专家啦。当初我们选人是选对了！

在文管会，有许多有趣的事。卫逢祺同志当时是省政府的秘书长，给了我们一辆美国吉普，说我们搞文物常下乡，用得着。这是一辆朝鲜战场上退役下来的车，零件老化了，不知道怎么一下就抛锚了。我套小时候念过的诗，编了个顺口溜，说是：

一去二三里，修理四五回。
停车七八次，八九十人推。

后来实在用不成了，汇报上去，卫秘书长又给换了辆车，也是旧的，好用多了。那时省委领导，跟我们这些人关系很熟，见了面没有什么生分。有的是从山上下来的，有的在二战区时就认识，大家都是革命同志，没有什么你高高在上，我就得奉承的念头。

一九六一年到一九六二年，有段时间，还是很忙的。侯马电厂要上马，大面积遗址面临破坏的危险，国家决定组织力量，开展全面的考古发掘。领导上让我担任侯马东周遗址考古队队长，领导包括北京和几个省市的专业人员，对东周遗址进行大面积的勘探发掘。野外工作人员吃粮定量标准高，差不多都是四十斤左右，我是干部，只有二十八斤，不说闲话，

六十年代初，张颔在侯马工作站金墓前留影

照样是该做什么做什么。

忙起来做工作，闲下来就看书，搞自己的研究。我这个考古研究所所长，主要不是考古发掘，是研究考古的。现在的考古所，摊子大多了，考古研究一起来。我自己知道我的底子，不下苦功不行啊。就这，还有人说这是外行领导内行，那几年说的人多，现在没人说了。

韩：人都有自己的专长，谁也不是全才，你的专长在古文字考释上。像你那样一个起步，能取得今天这样的成就，可说是奇迹。至于当初有人看不起，也是正常的，要是没有《侯马盟书》《古币文编》这样的著作，别说他们了，我也会那样看的。

张：我不怨人家，这也是一种督促，督促我多看书，多长进。

韩："考古研究所"这个名字叫对了，要是就叫个"考古所"，恐怕就没你的戏了。考古，主要还是田野发掘，就是李济搞的那一套，不是谁都能搞得了的。研究可就不一样了，功夫下到了，总会有成果。从后来的情况看，可说是，他们考古你来研究，研究也是"考"嘛。《侯马盟书》的成功，就在于不光有考古发掘，还有你的考释研究，缺了哪一头都不会有那么大的成绩。《古币文编》最见你古文字上的造诣。你这一生，可说是苦孩子，苦奋斗。

张先生笑了，说：你这个总结好，哪一样都离不开一个苦字。

快五点的时候，姚国瑾陪林鹏先生来看望张先生。林先生是张先生的老朋友，比张先生小七八岁的样子。国瑾是林先生的弟子，太原师范学院的书法教授，出身世家，温文尔雅，学问也好。

林先生是山西的一个奇才。身份多了，书法家，篆刻家，还是一位小说家，出版过长篇小说《咸阳宫》；也是个学问家，专攻《吕氏春秋》，另有研究傅山的专著《丹崖书论》行世。张先生要出本书法集子，执事者让林先生写篇后记，林先生这次来，就是来送这篇后记的。虽说只小几岁，用林先生的话说，对张先生他是执弟子礼的。张先生从不认这个弟子，只当作老朋友看待。

林姚要走，我也该走了，一起出来。走到五一路上，在一家书店转转，林先生买了本书，国瑾付的款。又往前走，在山西饭庄用了晚餐，还喝了两盅，国瑾结的账。国瑾真是个好弟子，做到了"有事弟子服其劳"。《论语》上这句话后头，接下来的一句是"有酒先生馔"，今天也做到了。

# 十六　考察晋阳古城 ｜ 5月9日 星期五

　　长假过了，该去看望张先生了。下午一去，先是闲谈，说起外地一位著名学者对张先生的赞许，我说，此人真可说是你的知音了。张先生说，你知道知音的故事吗？我以为他要说什么"高山流水"之类的陈事，笑而不语，心想由他说吧。没想到张先生说的是一个民间笑话。说是过去有个人学弹琴，自以为弹得极好，就是找不到知音。有次他在某地弹琴，起初听的人还不少，很快都走光了，就一个老妪坐在跟前不走，听着听着泪流满面。他以为肯定遇上知音了，便问老妪为何哭泣，老妪说：听你弹琴，让我想起了我死去的儿子。问老妪儿子生前做什么，说是弹棉花的。

　　张先生说这类故事，与起因几乎没有任何关系，起因只是起因，让他想起了要说的事。说完笑一笑就过去了，没有什么微言大义可寻。

　　张：今天谈什么？

　　韩：说说考察晋阳古城遗址的事儿。

　　张：是不是节前说了考古所，你就想到接下来的工作，该是考察晋阳古城遗址了。

　　韩：不是的，接上了也是巧合。是我这两天看到报上一个消息，说太原要投入资金，制定规划，保护晋阳古城遗址。这个遗址列入了二〇〇六年国家公布的《大遗址保护总体规划》。全国二十六个省、市、自治区，共选了一百处，山西四处，其他三处是陶寺遗址、侯马晋国遗址、天马—曲村遗址。我看你的《学术文集》上有篇《晋阳古城勘察记》，从时间上说早些，就想到先谈这个。

　　张：我能想到的我说，想不到的有文章，你自个看。古晋阳在历

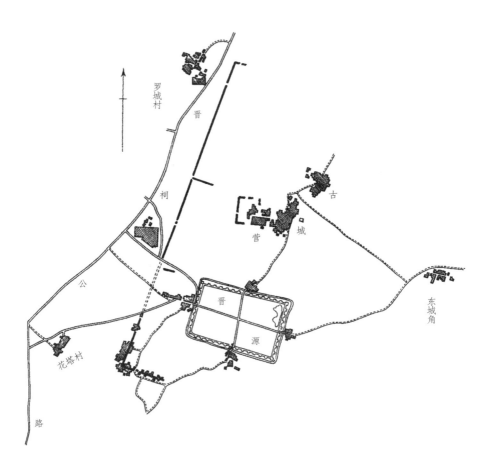

罗城村

晋

祠

公

花塔村

路

古

菅

城

晋

源

东城角

晋阳古城平面示意图

史上很负盛名，遗址在现在太原市西南，原先叫晋阳县，现在叫晋源区。历代有许多英雄人物在这里活动过，好多有名的历史事件都是在这里发生的。

《史记·赵世家》记载，春秋时赵简子的家臣董安于最早在这里筑城，后来智、韩、魏三家联军围攻赵襄子时，曾引水灌过晋阳。在这次战役中，智伯死，于是奠定了韩、赵、魏瓜分晋国的基础。西晋末年刘琨也曾在这里筑过并州城，据以抗拒匈奴，进行过激烈的战争。《读史方舆纪要·都邑记》上说："太原旧城，晋并州刺史刘琨筑，高四丈，周二十七里。城中又有三城，一曰大明城，古晋阳城也，左氏谓董安于所筑……高齐于此置大明宫，因名大明城。"《唐会要》上说："旧太原都城左汾右晋，潜邱在中，长四千三百二十一步，广二千一百二十二步，周万五千一百五十三步。宫城在都城西北即晋阳宫也。隋大业三年……诏营晋阳宫，高祖起晋阳故宫，仍不废其城，周二千五百二十步。汾东曰东城，贞观十三年长史李勣所筑，两城间曰中城，武后筑以合东城。"现在的晋祠，在唐代正是太原城的西郊，李白有诗句："闲来走马城西曲，晋祠流水碧如玉。"即是证明。直到北宋初，太宗平北汉时，才将整个晋阳城毁掉。

从这些史料看，晋阳古城具有三个特点。第一是使用时间长，从春秋时的周敬王二十三年（公元前四九〇年），到北宋太平兴国四年（公元九七九年）太宗平北汉止，其间一千四百七十余年中未曾间断。历代均为繁华城市。第二是情况复杂，历代都有修建、新建、扩建，大大小小就有七个城郭。虽然位置变动不大，但某一些城址不一定历代都全部使用过，有兴有废，情况不一。第三，晋阳城不是逐渐荒废而是遭到战争水火突然毁灭的，因此地下保存的文物资料可能很丰富。

过去对晋阳古城只有历史记载和民间传说，没有做过正式勘察工作。上世纪六十年代初，我们考古所的这次勘察，是新中国成立以来的第一次，也是有史以来的第一次。

这次正式勘察，与侯马新田晋国古城遗址的发掘有关。五十年代后期，我们对侯马古城遗址的勘察全面启动，取得丰硕成果，就想到应当对山西省范围内，有关东周时期的古城遗址作一个较为系统的勘察。于是从一九六〇年开始，先后对襄汾赵康古晋城、芮城古魏城（即毕方城）、夏县古魏都安邑城（俗名禹王城）、万荣古汾阴城、洪洞古羊舌城、闻喜古青原城、太原古晋阳城等十二处古城遗，作了全面的勘察。或许是身在太原，或许是多一分关心，晋阳古城的勘察，我全程参与了，后来还亲自写了考察报告。

当时山西的勘察力量不足，晋阳古城的勘探，是我和国家文物局的谢元璐同志主持，请了河北文物工作队的马尚柱同志担任钻探工作。时间在一九六一年六月间。这次勘探，时间不长，收获不小，不只找到了东周时期的古城址，还较为准确地勘定了这个古城的范围。应当说是很有意义的。

我们的工作是这样进行的。一开始，先了解有历史意义的村庄，访问当地的群众，然后从当时晋源县（现在叫晋源区）西南一公里的"南城角"村开始。在这个村子的二郎庙的下面，发现了一段古城遗址。通过钻探，证明南城角村的整个村址，大都坐落在古城墙上面。村址为"L"形，实际是依古城西南城角的走势建成的。古城偏东十八度，由于夯土坚硬干燥，地势较高，适宜居住，所以这个村子便建筑在古城墙的地基上。二郎庙下面的一段城墙，正是古城墙的南墙，南墙西段从西南城角开始向东延伸，到六百多米处，由于某种原因地势逐渐低洼，多年来即为稻田与汾河水所浸，故地下再找不到夯土痕迹。古城南墙，东西残长六百二十四点四米，宽三十米，夯土坚硬，土质细，呈紫红色，厚十七厘米，夯窝直径为四至五厘米。

古城的西墙，地上已所存不多。用探铲由西向北，追踪探寻，发现地下城基夯土绵延，与地上的残城相衔接，至古城营村的西面一千三百米的地方，有一段西城墙高出地表约七米，残长约九百米。它的北端，就是城的西北角，至西南城角约二千七百米，就是西城的全部长度。城西北角今为一南北水渠所穿毁，在断面上有许多穿杆孔的痕迹。同时夯土中发现木柱灰和木柱下面的础石，础石方约四十厘米。夯土质地、颜色和夯法，与古城南墙相同。在城墙拐角地方的夯土中，发现穿杆孔的方向，渐由东西折转为南北的现象，这在城墙的建筑上，也说明古城已折转向东去了。这里正是古城的西北角，向东折转的城墙，即为古城的北墙。

这段北墙，在地面上保存的已经不多了。经钻探发现有夯土痕迹，续向东行。当时由于稻田泥泞未能再向东探察。从以上钻探所得资料，和"东城角"村（实际上是东北城角）的方位来看，这座古城南北长约四千五百米。这样就把现在的晋源区、晋阳堡、古城营的一半和古城营附近古城遗址，完全包括进去。

根据夯土的质地、色泽和夯法，我认为这座古城，是东周时期的遗址，和侯马牛村古城的情况有些相似，和邯郸、临淄、燕下的古城情况亦有共同之处，因此有理由设想这座古城正是东周时期的晋阳古城。

顺便，我们还勘察了跟这个古城遗址有关的三个古城遗址，一个是罗城古城遗址，就在现在的罗城村的东南方向，群众称为"罗城"，传说是北汉刘知远所建。第二个城址是在晋阳古城西墙内，晋源县西北，在距西南城角一千多米的地方，发现了一段东西残长约二百米的古城墙遗址。在这段古城墙附近，采集到唐代的莲花纹瓦当和破碎的绳纹砖块。第三个古城遗址，是古晋阳城内"古城营村"西面的古城，传说这个城叫大明城，是由于北齐的大明殿而得名，亦即春秋时赵简子的家臣董安于所建的古晋阳城。古城的西墙和南墙的一段在地面上很清楚。群众把这个城叫内城，而把古晋阳城的一段西墙叫外城。经过勘察，它的北墙东西长约三百米，宽约两米，夯土厚约二十厘米，为平夯法，西墙南北长约四百米，从夯土情况判断，它的建筑时间比"晋阳古城"、"罗城"都晚，比晋源县西北的一段古城残墙要早。

在遗址的断代上，我们认为古晋阳城是东周时代的，很可能就是智伯瑶决水灌的晋阳城。从遗址与遗物分析，这块地方，至少是北齐、隋、唐一直到宋的城址。这个城址各代都有变动，所以地上遗物的紊乱是可以理解的，也不是一时所能搞清楚的。罗城似乎比较简单些，它的南城墙是借用古晋阳城的北城墙，当时古城营一带地方，也许有原来"古晋阳城"的一部分宫院、城阙还被使用着。由城墙的含物等推测，此城的

张颔花甲之年像

使用年代是由东汉到魏晋，传说它是刘琨的并州城，从时代上看是很可能的。另外整个古城东部位于汾河河滩上，由于历年河水冲刷淤积，可能已破坏湮没不易寻找了。

通过这次调查，再一次使我们了解到一个古城遗址很复杂，仅就城墙而论，虽然它是联结的，但时代或许很不一致，因为后代常常借用前代的城墙，加以裁截和修补，有的则只利用前代的城墙基础，另起新墙。

那次对古晋阳城遗址的勘察，大致说来，就这个样子。当时我还是挺自豪的，现在想起来，当时的设备太落后了，要不可以做得更好。

韩：你知道我对你们这次考察最佩服的是什么？

张：艰苦？

韩：不是，艰苦是什么时候都会有的。我最佩服的是，你们没有简单化处理，而是把各种情况都考虑进去了，只得出一个大致的结论，就是这个遗址，绝不像过去人们认为的那么小，就那么一片儿；不光给出了一个大的范围，而且说明，这个遗址从东周到宋代，许多城址是重叠的。这就是尊重历史，尊重科学，尊重自己。要是过分自信，以为自己勘察过了，一定要给个准确的结论，那就不是科学的考察了。

张：这些年，我一直关注晋阳古城的事，知道省里市里，还组织力量勘察过，有些情况就更清楚了。

韩：前些日子报上的报道，从二〇〇二年至今，国家、省、市先后拨了八百余万元用于遗址考古及研究工作。经大面积考古调查和钻探，并结合文献记载，初步探明古城遗址东西长约五千米，南北宽约三千多米，面积约二十平方公里。现已发现城墙遗迹两万余米。新制定的规划，把遗址周边的天龙山石窟、童子寺遗址燃灯塔、太山龙泉寺、西山墓群都包括在内，力度很大。

张：腿脚不灵便了，要是灵便，真想再去看看。见了这些遗址，就让人精神振奋。

韩：这也是"闻鼙鼓而思猛将"之义，换成你，就是"猛将闻鼙鼓而思动"了。喜欢考古的人，总愿意去现场看看。

临走前，我从包里取出两轴字画，一轴是郑孝胥的中堂，写的是一首七律，一轴是傅增湘的一副对联，写的是"到门不敢题凡鸟，看菊何须问主人"，上款题"哈同先生"。这两轴字画，是我从一位叫原晋的朋友那儿拿来的。此公在一家出版社任职，开了间书画店，专门代销上海博古斋的字画。我想买又怕走了眼，拿来让张先生品鉴一下，看值不值得，价格不菲呢。

张先生当下就要说什么，我说，不必，你细细看了再说，过几天我来了再谈。

# 十七　书法品鉴 5月12日 星期一

　　心里惦记着字画的事，休息日刚过又去了。几句闲话说罢，问字画可看了，说上午刚看过，说着起身从一旁的书案上，取来摊在床上，一面指点一面评说。我侍立一旁，屏神息气，洗耳恭听。

　　张：郑孝胥这幅，真迹没问题。他的字，最明显的特征是拖笔，就是这个撇，决不像我们平常人写字那样，下面略微打个折儿，他就这么斜斜地拖了下来。在平常人是毛病，在名家就是特点。能把毛病写成特点，得到世人的认可，就是大名家了。只是这幅字，软塌塌的没精神，是郑字，但不能说是精品。

　　我点点头，心里有了底，又问傅增湘这副对联。

　　张：这是规规矩矩写的，笔笔都见功力。傅是正经科班出身，有功名，进过翰林院，是民国有名的大藏书家。这字是二王的底子，又有魏碑的笔意。清季差不多都是这个路子，苍劲中要见出妩媚，俊秀中要透着豪气，转折处最能见出楷书的功底。品相也没说的。

　　韩：你看落款这三个字，墨这么枯，笔画又这么拙，会不会是后人仿的。上款"哈同先生"几个小字最见笔意，那么好，跟这个落款显得不协调。

　　张：哈同是犹太人，当年在上海靠掏大粪起家，后来建起爱俪园，就是后来的哈同花园，家业大得不得了。开办学堂，校刊古籍，结交名公贵胄，收藏书画，不过是余事。王国维就在他手下做过事。傅增湘跟哈同有交往，当是傅晚年身居上海时的事。上了年纪的人，写正经句子，铆足精神写好了，临到落款时，往往泄了劲气，随意画几笔就行了。这也是大家风范，不能叫败笔，更不会是仿造。凡仿造的，在这些小地方，笔墨不求缙绅喜，声名毋得狗监知。

最是拘谨，不敢一丝怠慢。为什么？大的地方，他还想学学大家的潇洒风度，到了这些大家懈怠的地方，他就无所适从了。随意他随意不了，只有刻意的模仿，这个时候，最容易露底，一眼就看出来了。像傅先生这样的落款，假冒不得的。这是谁的句子，看着挺熟的，一时想不起来。

韩：是王维《春日与裴迪过新昌里访吕逸人不遇》的句子。原诗是：

> 桃源一向绝风尘，柳市南头访隐沦。
> 到门不敢题凡鸟，看竹何须问主人。
> 城上青山如屋里，东家流水入西邻。
> 闭户著书多岁月，种松皆作老龙鳞。

原诗第四句，开头两字是"看竹"，傅先生写成了"看菊"，竹和菊声韵相同，不拗。为什么换了个字，一个可能是傅先生年纪大了，记错了，再就是即景生情，借古人的句子颂扬主人，比如当时正是秋天，写字的厅堂外正好栽着菊花，顺手将竹字改为菊，也不失为一种机智，一种风雅。两句诗，用了两个典故。题凡鸟，"凡鸟"是繁体"鳳"字的分写，好像还有个什么典故。

张：《世说新语》上的故事。说是三国时，魏国的嵇康和吕安是莫逆之交，一次吕安访嵇康未遇，康兄嵇喜出迎，吕安没有进去，待嵇喜回去之后，他在嵇康门上题了个"鳳"字就走了。这是嘲讽嵇喜大异其弟，是个"凡鸟"。看竹是《晋书》王羲之传里的事。王羲之的儿子王徽之，听说吴中某家有好竹，坐上车，直奔这家人的院子观看人家的竹子，高谈阔论了一阵子。这首诗里，"何须问主人"是活用典故，表示即使没有遇见主人，看看他的幽雅居处，也会使人产生高山仰止之情。

韩：傅先生联中，改看竹为看菊，用的还是"看竹"的本事。好像在说，哈同花园这样遍植黄菊的地方，高雅之士想来看就来看吧，主人是不在乎的。

张：王维的这首诗，最后两句"闭户著书多岁月，种松皆作老龙鳞"，也是名句。是说他和裴迪去访问的这位吕逸人，不愿碌碌于尘世，长期居住山中，闭户著书，是真隐士而不是走"终南捷径"的假隐士。松皮

正月季春元日己丑
余畜孫書巳擇其吉
金以作鑄缶以祭我
皇祖吾以祈眉壽欒
書之子孫萬世是寶

一九六四年仲秋摹欒書缶文字　張頌

成了龙鳞，标志这位隐士亲手种植的松树已经很老了。也可以理解为，这位隐士节操高尚，每种一松，都成老龙鳞的样子，只有年高德劭之人，才会栽出这样的松树。

韩：王国维说，诗以有境界者为上，境界高，自有高格，自有名句。王维是个有真境界的诗人，他的诗里，平平常常的话，到了后世，都成了名句。像这样一首七律里，有两组名句的，不是很多。

张：傅增湘是清末的进士，当过北洋政府的教育总长，可说是民国名人。他的藏书楼叫双鉴镂，也叫双鉴楼。藏了两部通鉴，一部是他家祖传的元刻本《资治通鉴音注》，一部是民国初年他收下的清末四川总督端方旧藏的一部《资治通鉴》，是宋绍兴二年两浙东路茶盐司刊本。

韩：我在书上还看到，他后来对他的藏书楼有新的阐释。有一次，他在盛昱家中看到一本南宋淳熙十三年宫廷写本《洪范政鉴》，桑皮玉版，字大如钱，是南宋内廷遗留下来的一部最完整的写本。宋《会要》载有抄录此书之事，是极其珍贵的善本。说来也巧，一九二八年，一个书商正好拿着此书出售，售价极高，他人皆望而却步，傅增湘毅然把自己珍藏的日本、朝鲜古刻本三筐卖去，换钱购得此书。此后他即以淳熙十三年宫廷写本《洪范政鉴》与两浙东路茶盐司刊本《资治通鉴》相配，合称"双鉴"。这新配对的"双鉴"更为珍贵，在藏书界名重一时。

张：伦哲如的《辛亥以来藏书纪事诗》，有咏傅增湘的两首，评价很高，第二首是：

篇篇题跋妙钩玄，过目都留副本存。
手校宋元八千卷，书魂永不散藏园。

藏园也是他的书斋名。他的书斋不像普通人家的书斋，院子里有一间小房子，就是书斋了。远远看得见山，就叫望山楼，一听还以为多大呢，不过是陋室一间。他的藏园，不一般，就是一个大院子，里面的书房有好几个，各有各的名字。双鉴楼只是其中的一个。

韩：对傅增湘的事，怎么这么熟悉？

张：大约一九六一年或一九六二年，我去北京办事，去了一个院子，当时是文物局的一个单位在里面办公。就在东四北五条中间，大门进去，一个很大的院子。门道两边，堆着高高的雕版，有人说这就是傅增湘家留下的。我还见过傅先生的儿子，当时在文物局工作。

傅家的藏书还跟山西有点关系呢。傅增湘临死前叮嘱家人，将家中藏书悉数捐给国家。他儿子基本上照办了。一宗是将"双鉴"和一批古籍共数万册，捐北京图书馆（现在叫国家图书馆），是新中国成立后受捐的第一批珍贵古籍。一宗是此后不久，将另一批古籍三万多册捐赠给四川，后来分藏在重庆图书馆与四川大学图书馆。捐给四川，是因为他祖籍是四川江安。江安傅氏，是当地的望族。人们都以为傅家的藏书捐得差不多了，实际上，家里还留下不少珍稀版本。

大约五几年的时候，他儿子想出手这批图书。这不能怪他儿子，也是一大家人，要吃要穿，开门就要花钱，只有卖家里的存书。要卖又不能卖给北京图书馆，早先是捐给人家的，现在要卖，人们会说闲话。最后还是卖给了山西省博物馆。北京经手这事的人，叫谢元璐，山西这边经手的是张德光。价格不菲，当然所谓的不菲，是指当时的价格，要是跟现在珍本古籍的卖价比起来，就等于白捡了。傅家还有几十件墓志铭拓片，很珍贵，也一并送给了山西省博物馆。想来觉得山西博物馆还大方，就送了人情。

这事刚办好，不知怎么就让王冶秋知道了。王当时是国家文物局的局长，大发了一通火，说，傅增湘的书，就是要出手，也不应当出了北京城嘛。意思是北京这么多文化单位，又不是没钱，怎么会卖给山西。生米煮成了熟饭，王局长也只是那么说说。后来张政烺先生来太原，还专门去博物馆看过这批书，他很惊奇，傅增湘当年收藏了多少书啊，给北京图书馆捐了那么多，给四川捐了那么多，山西买回来的，还有这么多，还这么好。我也看过这批书，不说书多么珍稀了，好些书后面都有傅先生的跋文，工整流畅，可说是文人字的典范。

伦哲如的《辛亥以来藏书纪事诗》，说傅增湘的第一首诗，有两句是，"取之博者用以约，不滞于物斯至人"。从后来的事情看，他真是做到了"不滞于物"，这是藏书家的最高境界。

韩：能收，也能散，真是想得开。

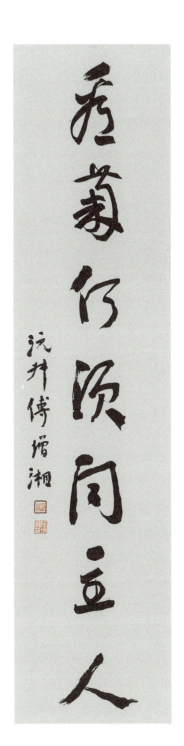

傅增湘书联

张：一个人收藏书能有这样的胸怀，这样的境界，这是很了不起的。现在很难有这样的人了。

韩：有句话也许不该问，是我觉得，古文字上你是下过硬功夫的，精通好理解，书法品鉴上似乎没有下过大功夫，何以说起来也这样头头是道呢？像方才说到郑孝胥的字，说特点常是毛病，能把毛病写成特点让人认可甚至仿习，就是大书法家了。这样的话，不是深谙此道的人是说不出来的。你是怎么练下这一手的？

张：这是杂学，不用专门学。世上的事，学之不如好之，好之不如乐之。契合性情，感到快乐，就离窥其堂奥不远了。有那么几年，我还是真下过些功夫，比如抗战胜利后在太原在北平那几年，解放后在省委统战部那几年，都留心过书画鉴赏。在北平住单身，星期天没事了，常去琉璃厂、隆福寺这些地方转悠。那时的店铺里，名人字画挂着的任你看不用说了，就是不挂出来的，只要掌柜看你是个懂行的，也会拿出来让你观赏。我这叫买不起看得起，间或有小件又不太贵的，也会买下一两幅。

韩：这就练下眼力了。

张：光看不行，还得看书，看书多了眼力才能上去。品鉴书法，画也一样，先得明白历史的大势，又要明白每一个时代的风气，这些前人都有总结。结合实物，就知道说的是什么了。"秦人既用篆，奏事繁多，篆字难成，即令隶人作书，曰隶字"，这就是一种历史的大势。"晋人尚韵，唐人尚法，宋人尚意，明人尚姿，清人尚变"，这就是一个时代有一个时代的风气。前四个时代都好理解，比如王羲之的字，法度森严又无处不透着韵律的灵动，就是晋人尚韵最好的说明，唐人、宋人、明人的特点，也都能落到一个个书法家身上，不好理解的是清人，怎么个尚变。有人说这个尚变"不知所云"，实际上这里说的，是由帖学到碑学的变化，这正是清人的时代风气。就具体书家而论，同一时代，风气相近，各人又有各人的特色与习气。就说宋四家，苏黄米蔡，都是尚意，又各有不同。米书俊朗刚健，苏书温润敦实，黄书秀挺苍劲，蔡书最近大王草法，可说是气韵生动。这是他们的好处，要论他们的毛病，说起来也是一大堆。你能说出来几样吗？

韩：我说不出来。不过我看这方面的书也不少。前段时间有个叫《藏画》的杂志上，登过沈从文先生的一篇小文章，叫《写字这事》。我想想，好像剪下来就夹在这个笔记本里，看，还真在。里面有一段就是说宋四家的毛病的。他说，米书可大可小，最不能中，去兰亭从容和婉可多远！苏书《罗池庙碑》、蔡书《荔枝谱》，虽号能笔，却难称其名。评黄书最刻薄也最风趣，说黄书做作，力求奔放潇洒，不脱新安茶客情调，恰如副官与人对杯，终不令人想象曲水流觞情景也。沈从文在旧军队里待过，用副官与人对饮来比喻字法，最让人莞尔。这样说黄书，是不是过了？

张：各人有各人的看法，不在于刻薄不刻薄，而在于你看出了症结没有。看出了刻薄些也无妨，看不出而刻薄，那不光是厚诬古人，也是自暴其丑，于古人没有损害，损害的反倒是自己。沈从文说黄山谷的这几句话，还是说在了症结上的。

韩：你这一说我倒想起来了。前几年山西古籍社的张继红先生，送给我一套王铎书法影印件，其中一张我裱了，有个时期还挂在办公室里，就是品评宋人书法的。写的是："黄书努震少含蓄，苏书有致体亦老，转折深藏之意不复存矣。因观米芾诸帖，合宋九青，与予所藏数十册，惟米脱尽习气，如驾云雾行空中，不易觏也。"副官与人对杯，要么忸怩作态，要么装腔作势，努震少含蓄正是装腔作势之一种。王铎这幅字，是他评米书的一段话，我见过两三种，可见他是公开这么说，常写了送人的。从这幅字里也可得另一结论，就是对古人的字，后人的看法也不一样的，像沈从文那样四家全看不上眼的不多，更多的是像王铎这样，几个人里总有一个喜欢。苏黄二位也不见得就不喜欢，只是指出毛病，极力推崇米芾。这也符合人之常情。若宋代一个都不喜欢，怕也说不过去。

张：宋四家他未必一个都不喜欢，只是出语刻薄罢了。

韩：刚才我没说，这篇文章里还有对别的书家的评述，也很有意思。比如说宋徽宗的瘦金体，题跋前人名迹时来上三两行，笔墨秀挺自成一格，还给人一种潇洒印象，一写到二十行，就不免因结体少变化而见出俗气，难称佳制。名家的字，有他这一面的好处，往往会有那一面的不

张颔讲授书法

好处。颜字端庄沉稳，若作厅堂匾额，又不免傻气，柳字写在纸上秀朗脱俗，作匾额又显得贫气。这种时候，还是米字好，来上三两个制成匾额，怎么看怎么精神。

张：像傅增湘这样的字，挂在厅堂里，也是一样。

韩：你说傅增湘的字，在他同时代的书家中排什么位置。

张：那就看怎么比了，论名气还是论实力。他是那种不以书法名世，但功底深厚的书家，郑孝胥是大名家不好比，康有为也以书法名世，却可有一比。名气在康之下，实力与品格，肯定在康之上。有人评康的字是八面用力，筋骨舒张，我怎么看却像是张牙舞爪，八面不着。

韩：前不久看过一本张宗祥的传记。这人是著名的版本学家，也是有名的书法家，浙江海宁徐志摩墓碑上的几个字，就是他写的。传记里说，梁启超印了个"自寿诗"册子送给张宗祥，大概册子上有康有为的题词，后来两人又遇见了，梁问张，他老师南海先生的字怎么样，张说，他有赞语，已写在册子前面了。可能就在张家吧，当下取来让梁看，写的是"合钟鼎篆隶行草为一，前无古人，后无来者"。梁笑了，说"太刻，太刻，然吾师眼高手疏之病，实所不免"。张说，康写字，一字之中，起笔为转笔，或变为隶篆，真是一盘杂碎，无法评论。

张：先前我还以为我的看法唐突前贤，叫你这么一说，也算与名家不谋而合了。你平常写字吗？

韩：有兴致也写写，从不敢以书法名世。自称三流书家，免得别人说三道四。敢问张先生，写字有什么要诀？

张：哪有什么要诀。要有，也就是灵气、勤勉、学富、品高，八字而已。灵气和勤勉是基础，学富是护持，品高是境界。灵气没法办，只能以勤补拙，能达到什么境界，那就全看各自的造化了。

韩：刚才谈到沈从文，我倒觉得，你跟此人有相似之处，都是出身寒苦，学历不高而终成大器。

张：他的小说《边城》，解放前就看过。人家是大作家，我哪能跟人家比。

韩：行业不同，达到的成就是一样的。人类任何事业，在智慧这个层面上是相通的，不过是把人类已有的智慧往前再推进一步。沈从文活着的时候也有不少非议，如今死了，越看越了不起。天妒英才，活着总要有可挑剔的地方，过世了才会把该给你的全给了你。

张：这话有道理。

不早了，该走了。我将字轴收起。张先生说，该买不该买，不能全听他的，要我自己拿主意。我知道，这是老辈人的谨慎，免得将来落下闲话。我说，你放心吧，对你的品鉴，我感谢还感谢不过来呢。临出门，张先生又叮嘱了一句，说卖画者既是朋友，不妨听听他的意见。

过了几天，是个星期六。太原南宫的文物市场，每逢周六周日开张。原晋先生的博古轩，在文物市场北边的一个楼上；他有本业，平日上班，周六周日准在。我去了将郑孝胥的那幅奉还，一面说了请张先生品鉴的事。原晋说，还是老先生眼头高。

为善最乐，有福读书。

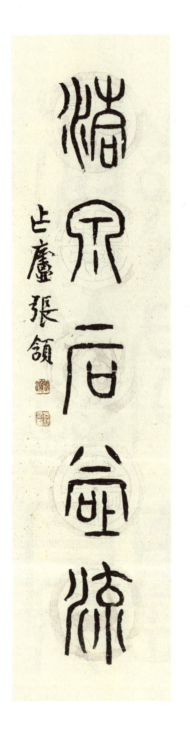

明月松间照，清泉石上流。

# 十八 皇天生我意何如 ┃ 5月15日 星期四

　　昨天原本要去，打了电话，保姆说家里人多，不要来。今天去了才知道，昨天是张先生老伴去世三周年忌日，家里祭奠。大前天发生了"汶川地震"，一去先说了会儿地震的事，张先生情绪沉重，说这么大的灾难，真是国家的不幸，好在救援得力，但愿少死些人。

　　韩：前两天遇见李国涛先生，两个人在院子里聊了会儿，他问我这些日子做什么，我说采访张颔先生，想写本传记。他说跟你是老朋友了，前些日子和董大中先生一起来看望你，你送他俩一人一本《古币文编》。又说他的一套《鲁迅全集》，五十年代出的十卷本，是买下你的。不是从你手里买的，是从古旧书店买的，上面有你的印。这是怎么回事？

　　张：还是穷啊。叫我想想，是三年困难时期，一九六〇年的事。毛毛，就是崇宁，我的三孩子，当时六七岁，得了病发高烧，家里一点钱也没有，就托一个朋友把书送到南肖墙街上的古旧书店。过了两年，才知道是社科所的李国涛买了。那时山西还没有社会科学院，就一个社会科学研究所，附设在省委党校里。他买走了，也算得人，就跟自己的孩子一样，去了个好人家。

　　韩：家里没有别的东西可卖吗？怎么想到卖《鲁迅全集》。

　　张：那时没有典当行。卖衣服器物，得自己摆在马路边上卖，丢不起这个人。古旧书店常去，知道他们收旧书，也收好的新书。考古方面的书倒是有值钱的，就是收下摆在那里谁要，人家先就不收。《鲁迅全集》就不一样了，收下能卖出去。卖的时候，真是舍不得，可是没办法，孩子病了，吃药打针都得花钱，还是人要紧啊。心说以后再买，哪有什么以后，以后见了《鲁迅全集》只剩下伤心了。

那套《鲁迅全集》，还是我在省委时，专门给省委干部供应的。统战部只分配到一套，郑林部长知道我喜欢，就让给我了。这是建国后出版的第一套《鲁迅全集》，人民文学出版社出的，十卷本，我买的是一种灰布书脊的普通精装本。现在这套全集，已很少见到了。我记得不是十本一次出全的，一本一本出来，一本一本卖。给个书票，来了就通知你去取。从一九五六年十月到一九五八年十月，两年间分卷出版。一本都是很贵的，好几块钱，十本要几十块钱。不是分期付款，我是买不起的。买下就看，没黑没明地看，为什么我对鲁迅作品那么熟悉，就是当年下了正经功夫。

韩：没钱了，不管哪儿借点，卖书多可惜。

张：这话说来就长了。一九五三年定级的时候，我是十四级，不能说低了，再往上一级，就是高干级。一月也有一百二三十块钱。可是架不住家里人口多，拖累大，还有些亲友要接济，平日没什么，到了六〇年，一进入困难时期，就招架不住了。

雨湖夫人是解放前的老高小生，刚进城，上级号召知识妇女参加工作，就当了回民小学的小学教员。到一九五八年，生下四孩子小荣，身体不好，备课上课，假期还要集中学习，就顶不住了。有次上课，晕倒在课堂上。从此之后，就辞了职，不干了，在家带孩子。当时觉得还合得过来，自己带孩子，对孩子好，也省下了雇保姆的钱。到后来，钱不顶钱了，靠我那点工资，怎么也养活不了这个家。两块钱一斤胡萝卜，八毛钱一斤白菜，你一百几十块钱的工资，哪能养活得了六七口人。

到了冬天，实在没办法了，雨湖夫人听人说，太原火车站北站，就是皇后园车站，打扫站台一天能挣两三块钱，就去了。北站离文庙这儿多远，天天一大早去，天全黑了才回来，累得要死要活。没办法，挣几个算几个，多少总能补贴家用。

所以造成这种局面，也与我离开了省委机关有关系。要是还在省委统战部，情况会好得多。大机关，困难时期有专门的人采办副食品，今天发个这，明天发个那，掏一点点钱，什么都拿回来了。我是一九五九年正式离开省委的；一九五八年刚成立山西考古所的时候，工资关系还

二十世纪八十年代初张颌全家合影

一九八一年九月，张颔主持中国古文字研究会第四届年会（香港中文大学许礼平摄）

在省委统战部没有迁出来。到了文庙，才正式迁过来。

文管会是个清水衙门，就几个说老不老，说年轻也不年轻的文化人，哪有采办副食的本事，你就是有这个本事，也没人理睬你。只能干耗着，实在不行了，就想办法自己救自己。能怎么救，还不就是变卖家产，又哪有什么家产，值钱的也就是些书。

韩：不会去机关借？

张：我不会做这种事，伤过心。以前在统战部，我们下乡出差，都是先去机关会计处打条子借上钱，回来报销，长退短补。刚到考古所那年春天，一次要下乡了，我去文管会会计室打条子借钱，会计说，刚发了工资就没钱了？闹了我个大红脸，好像我是故意要占国家的便宜似的。从此以后，再没有去会计上借过钱，不管是为公家的事，还是为自己的事。

韩：找朋友借嘛。

张：我是十四级干部，在我们一帮朋友里，工资算是高的。那年头，家家都自顾不暇，我都不行了，再找谁去借？

韩：你这个所长当得也够窝囊了。

张：这要看怎么说。窝囊是够窝囊的了，考古所附设在文管会里头，连牌子都不让挂。工资、经费，全由文管会管着。不过我也乐得清闲，下苦功夫学习历史知识，考古知识。没事了就练字。

韩：练字，你还用练字吗？

张：不是写楷书，是写篆字。钟鼎文也叫金文，古代叫籀，秦以后叫篆。临摹也是研究，临的都是金文的古籀。

韩：临的什么帖子？

张：临的最多的是《汗简》《秦诅楚文》，还有你们晋南新绛县的《碧落碑》。你对这个也有兴趣？

韩：兴趣谈不上，总想知道你怎么会有这么扎实的古文字功底。

张：那我就说说。先说《汗简》。就是这个"汗"字，不是汉字，原来是竹简上的文字。"留取丹心照汗青"，汗青就是指竹简，引申为史书。《汗简》这部书，过去古文字学界不重视。这也不奇怪，书里确有引用伪书的地方，如《古文尚书》《吴季子碑》里的字，就引用了不少。也有后人弄玄立异，自我作古的字，不一定全为古文原字。有人说它是"穿

张颔书秦诅楚文

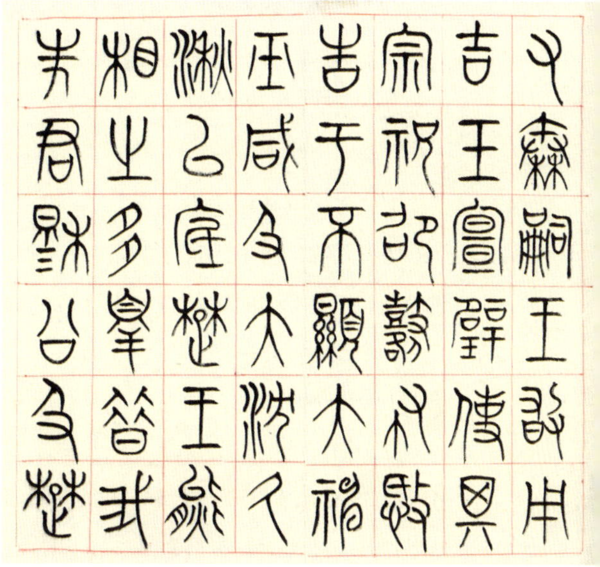

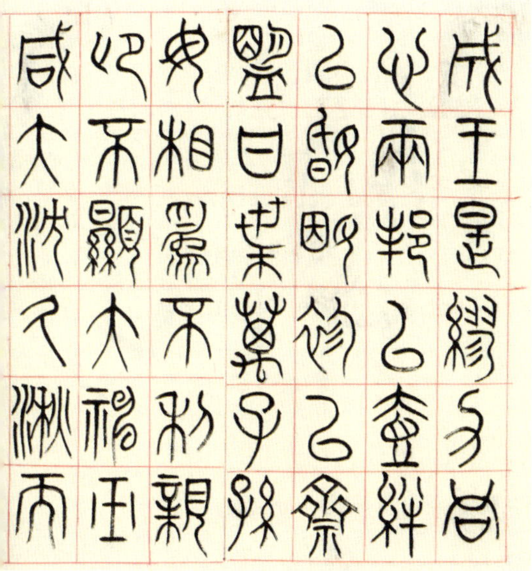

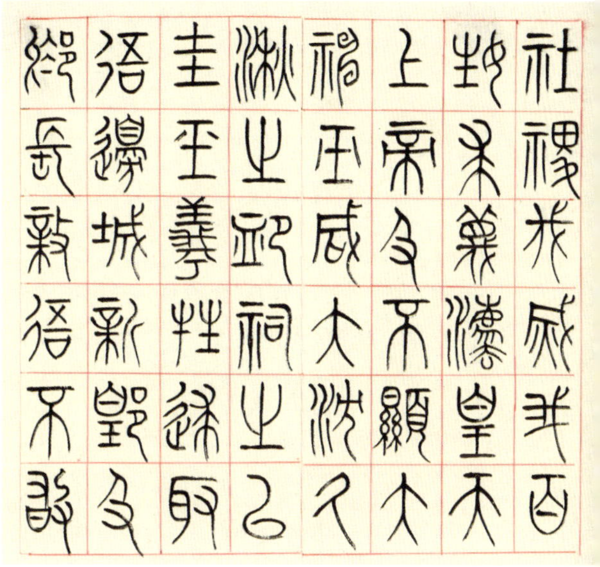

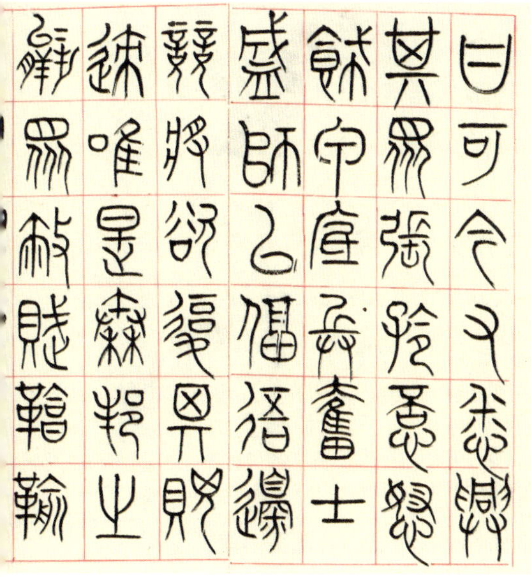

凿炫众"、"疑惑后生",还有人说它是"附会增减,任臆欺世"。但也有不少字形,从今天地下发现的资料,证明还是来源有自,不可忽视的。我所以后来能在古文字上有点成绩,与当年精心临摹《汗简》大有关系。这是个认字的功夫。

河北平山县战国中山王墓,是一九七七年发掘的,出土了大量带铭文的器物。我们所里的张守中同志,那时已回到河北,参与了这次发掘整理。他把发掘出的铜鼎、方壶等铭文摹本,陆续寄到太原让我看,过了一年,又将《兆域图》和一批铜、玉、小件器物文字摹本寄来。那时候我年纪还不是很大,精神好,一一作了研究。还专程去河北参观了这批出土文物,越发坚信《汗简》上的金文古籀是可信的。后来守中同志出版他的《中山王礜器文字编》让我写序,我在肯定守中同志成绩的同时,也把我对《汗简》一书的看法写了出来,全文六千字,这一部分就占了少一半。要是写论文的话,该叫《汗简辨正》。就是这篇文章,救活了一部书。

我的看法,很快得到古文字学界的认同,不久中华书局便出版了《汗简》,与《古文四声韵》合为一书。中华书局所以肯出版,就是我推荐的,文本也是我提供的,编者在前言里说了。

去年吧,崇宁从黎城发掘工地回来,说了件事,可以说我对《汗简》的肯定,其影响到现在还有。他们的工地上,有个北京大学历史系考古专业来实习的学生,听说崇宁是我的孩子,跟崇宁说,回去问候老爷子,就说北大还有他一个学生,就是看了老爷子那篇序,又看了《汗简》才开了古文字研究的窍。他说的就是他自己。

韩:敢对数百年间的定评说三道四,是要有真本事的。

张:还有《秦诅楚文》,我也有自己的看法。这个石刻,用的也是古籀。几个拓本,在古文字学界争议颇多,不在真伪上,在异同上。我的本子,跟几个习见的本子都不同,临这个本子主要也是识字,跟别的本子比较,练习自己识字的能力。临了多少遍都记不得了。"文化大革命"起来,关进牛棚,后来不那么严了,还在牛棚里,又临了一遍,打上格子,规规矩矩。这是一九七二年七月的事,大热天,怕出汗,胳膊肘子底下老衬着一块白毛巾。到了一九九二年,姚国瑾来看我,见了说该出版呀,那时他是山西高校联合出版社的编辑，他说出就能出。我说你觉得有用就出吧，他说这么光秃秃的出不行，要我写个跋文，就写了。他写了个前言，叫《写在前面的话》，说了出版的原因。我这儿还有这个本子，送你一册，你先看着，我累了，得歇会儿。（说着躺下）

我细细翻看。书名《秦诅楚文》，山西高校联合出版社一九九三年出版。《写在前面的话》里，有对临摹者的简介，也有对文本的评价，后一部分是这么说的：

《秦诅楚文》属篆书中古籀体系，除《郭沫若全集·考古卷》录存外，世不多见。今著名古文字学家、书法家张颔先生将所书《秦诅楚文》付梓出版，对书法爱好者来说无疑是一件快事。此帖系张颔先生于"文革"被隔离期间所书，因为当时根据别本所临，所以文字与原帖偶有一二字不同，但整体符合原貌，然风格独现。笔力矫健，气势开张，正所谓铁画银钩。相信书法爱好者在欣赏的过程中能有所启发，有所借鉴。本帖后附有《秦诅楚文》"湫渊"、"巫咸"二石原文，一并供大家参览。至于其来龙去脉，张颔先生已在跋文中作了介绍。

翻到后面，张先生的跋文是这样写的：

《诅楚文》是公元前三一二年即楚怀王十七年，亦即秦惠文王后元十三年，秦国发兵击楚祭神时对楚国之诅咒文辞。

世传诅楚文有巫咸、湫渊、亚驼三石，其文辞雷同，唯所祝告之神号不同。巫咸一石北宋嘉祐间，发现于陕西凤翔县。湫渊一石治平间，发现于甘肃固原之湫祠遗址。亚驼一石旧藏于洛阳刘氏，来脉不明。郭沫若先生因亚驼一文绛汝二帖未见著录，且字有近隶者，故推断为宋人所仿刻者。余以为三石文字残泐互见，字形亦互有差异，今人所见刊印之拓本，乃一九四四年吴公望依据元至正吴中刊本所影印者。三石文中婚姻字皆作婚，由此可知三石悉为唐显庆二年以后避讳之作。况秦在统一之前，习用籀文，婚字作𡞳而不作𡣗或𡣗，故知今传之拓本均非来自原石，悉为唐宋人所作。

余书此文时正当"文革"期间，大部书籍与资料，皆遭抄掠，其余残中幸存。见有清道光二年冯氏云鹏兄弟编印之《石索》一书，其中所刊之诅楚文为巫咸、湫渊二石参合，共三百六十八字，字数较他本为多，其中字形每有臆笔，但通篇气势尚保神韵，幸供参览。

不等我看完，张老以掌撑床，坐了起来。

韩：该着《碧落碑》了。

张：临《碧落碑》主要是学篆法。那两三年，我的小篆可是大有长进，笔力开张，用墨轻重，许多微妙的地方，都揣摩出来了。

这通碑很有名，在新绛县城内龙兴寺。寺始建于唐，原名碧落观。碑在观内，所以叫了观的名字。碑文为古篆书写，笔法奇古，行笔精绝，后人难以认读，是我国书法史上的珍品。《山右金石存略》谓，道人祈求刻碑，关门闭目，静坐三日，开门瞭望，仙鹤双双起舞。虽是传说，也说明了此碑的奇绝。碑高两米多，宽一米多一点，厚薄就是普通碑的厚薄。碑文刻于唐总章三年（公元六七〇年），高祖之子韩王元嘉、嘉生撰。共计二十一行，每行三十二字，除去空缺，实有六百三十字。内容为韩王元嘉之子李训、李谊、李撰、李湛等为母袁造像祈福。二百年后，即唐咸通十一年（公元八七〇年），郑承规奉命在碑阴下部书刻释文。原文字迹略有损伤，传为唐人李阳冰槌击所毁。后人摹其旧拓重刊一通，存于原碑之侧，人称新碑，碑阴留题"金大定二十三年"字样。

韩：李阳冰为什么要槌击呢？

张：这是个传说。看的书上说，《碧落碑》笔法奇古，李阳冰特意赶来观摩，徘徊数日不去，自恨不如，槌击之，今缺处是也。实际上哪会有这样的事，李氏的篆书不在此碑之下，怎么会做这种事。后人这样说，不过是神化此碑罢了。

不过，这通碑确实神奇。全碑总计六百三十字，其中所保留的古文字达一百二十余字。这些字有的源于殷商甲骨，有的源于周朝钟鼎，有的则出自秦刻石鼓文及《泰山刻石》《琅邪台刻石》《峄山刻石》《会稽刻石》。这通碑还有一个非常独特之处，就是使用了三十多个假借字，这样一来大大增加了辨识的难度。碑中多次出现的同一个字，极少有相同写法，且字字有源有据。用篆法书写钟鼎文、石鼓文，这在中国书法

气生道成

丙丑之歲陽曲縣發現四字匾額氣道二字見於汗簡生成二字見於金文乃詞義發自鶡冠子度萬篇氣由神生道由神成于義甚明何庸饒舌我為劍東同志寫

戊辰冬日張頷

史上也是一个创造。正是它在书法艺术上所具有的独特价值，而名播宇内，为世人所珍爱。

我写篆字，练书法是次要的，主要还是辨识古文字，为考古做准备。后来研究侯马盟书，编《古币文编》，还有研究古印，都用上了。

韩：我看过你写字，有一种庄重肃穆的感觉，跟通常的书家不同。

张：习惯了。一拿起笔，就觉得不能怠慢。那些年，看书练字的时候，常有一种豪侠之气鼓舞着我。

韩：记得《长甘印存》上有方闲章，刻的是"皇天生我意何如"，笔力苍古，意境高迈。敢说这话，心中定有抑郁不平之气。

张：意境高迈谈不上，一点抑郁不平之气，还是有的。有时候想想自己这一生，就不能不有一种感慨。皇天啊，你生下我意思是什么，是光让我来受穷苦，受屈辱的吗？小时候受屈辱，长大了还是受屈辱。要是这样，皇天也太不公道了！好几个年轻人，知道我喜欢这句话，也刻了送我。

韩：现在总该明白了，皇天生下你是要做大事的，不仅是要为张家争光，还要为山西争光，为中国的学术争光。

张：哪里，只能说还做了些自己做得了的事吧。

临走前，顺便问了张先生几个孩子的状况。张先生说，他有五个孩子，四男一女。老大张纪林，一九四七年出生，现在是八中副校长，自行车国家裁判。老二叫张立茂，学建筑，现在住在孝义。老三叫张崇宁，是山西考古所的研究员，是几个孩子中唯一一个继承了他事业的。老四叫张小荣，原来搞电焊，现在做工程监理。老五是个女孩子，一九六〇年出生，智商有问题，在身边照顾他。

对老二立茂，张先生多说了几句，说起初奶在孝义一户人家，时间长了，奶妈一家喜欢他，到了接的时候不想叫离开，就留在奶妈家里。现在已当了爷爷，也是一大家子人了。前不久还来太原看望过他。

晚上看电视，汶川地震，死亡人数已达一万二千余人，真让人震惊。有一所学校，教学楼倒塌，竟有数百名学生埋压在废墟中。救援工作正在紧张进行中，但愿能多救几个人出来。

# 十九 挥"戈"上阵 | 5月22日 星期四

前些日子去上海录一个关于徐志摩的电视讲话，耽搁了几天。昨天回来，今天就去张先生家。我是有备而来的，原想一去就开谈，没料到刚落座，张先生说，昨天中央电视台来了几个人，拍《汉字五千年》，请他谈古文字，侯马盟书上的字。语调平平，但能看出内里的欣喜。我听着，一面寻思，心情好，今天肯定能谈好。

我说，这是你的长项，他们找对人了。张先生说，那几个年轻人特别好学，完了还让讲讲平日写文章，遣词造句上该注意些什么。我说最该注意的是音韵，形态是汉语的根基，音韵才是汉语的精神，懂点音韵，说话写文章才有精神，不止是"辞达而已矣"。又不能讲得深了，我给他们举了个例子，就是我写的几句话——前些天国喜他们编文集翻出来的，你看，就是这张。

双手接过，是二〇〇〇年元旦的《山西日报》，有个"新千年祝福"专版，全是山西书画名家的作品。张先生的是一幅篆字，题为《国运之颂》：

今日之日，千载一时；
举世刮目，仰我醒狮。

张：你能看出这几句有什么讲究吗？

韩：看不出来，只觉得铿锵有力。

张：你看这个刮目的"刮"字。来取稿子的时候，那个女孩还说，人们常说"举世瞩目"，没听说"举世刮目"的，只有另眼看待时才说"刮目相看"，张先生是不是写错了。我说没错，起稿子的时候，我也写的是举世瞩目，一念就觉得不妥，瞩字念出来走风漏气的，刮字响亮，落地有声。第四句落在醒字上，念得重一点，全句的精神就来了。

张老作文，讲究用字，这我是知道的，只是没想到对这类人们习以为常的句式，还要推敲再三。

果然心情好，笑微微地看着我，等着开谈。

韩：这两天我不停地翻看你的学术文集，有个发现，觉得你的文物考古研究，更多的是在考释方面，经历了一个由器物到文字的过程，起于器物，归于文字，也可说最初是对旧器物的爱好，渐渐趋于对古文字的痴迷。

张：噢，是这样吗？我全不觉得。

韩：《陈喜壶辨》该是早期的文章，可说是对你业余爱好的一个总结。发表迟些，着手要早得多，从器物来源上说，是五十年代省政府文物室收购下的。"陈喜壶"里也有对文字的考释，主要还是器物的形制。到了《山西万荣出土错金鸟书戈铭文考释》，就不同了，着重点在文字的考释，形制反是次要的了。说是你文物考古的奠基之作，当不为过。从来源上说，系发掘所得，当然这是一种特殊的发掘，天工开物，黄河边上的土崖塌了暴露出这么个墓葬。

张：崖塌只是暴露出来，还是组织了发掘的。这是我的工作。

韩：对了，陈喜壶是把玩，鸟书戈是工作。一出手就是这么一篇，可说是披挂停当，挥"戈"上阵了。正是对鸟书戈铭文的考释，正式开启了你的古文字研究，往后才有侯马盟书的考释，《古币文编》的编纂。当然此前也有对古器物的考证，那就是零敲碎打了。你的主要成就，在古文字的考释上。

张：哪能有什么成就，不过比别人多识了几个字。

韩：这话叫不懂行的人听了，定然会说张先生多么的谦抑。我虽不懂古文字，毕竟是学历史出身，对古文字学界的行情还是知道一些。多识几个字，须看是什么字，若是钟鼎文，那就是了不起的成就，若是甲骨文，那就是一代宗师，万人敬仰了。

张：叫你这么一说，连多识几个字也不敢说了，那就说为人民服了一些务吧。

韩：我这也成了你常自况的，"惯提不开壶"了。好在你这壶里的水，

万荣出土错金鸟书戈

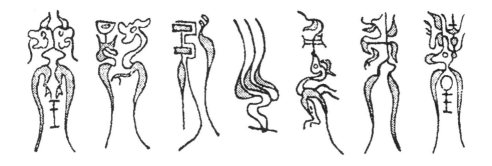

万荣戈铭文摹本

什么时候都开着，不怕人提下来。不贫嘴了，说说鸟书戈的事吧！

张：我那首《僚戈之歌》你看过了吧。

我当即背了起来：

魏脽之土滨黄河，立如削壁高嵯峨，
竭来二千五百岁，朝朝暮暮黄水波。
戊戌深冬日南至，古冢掊出双铜戈。

这正是我前面说的"有备而来"。为背这首诗，昨天下午在家里的阳台上念了一小时还多，背得最熟的还数开头这几句。张先生的兴致也来了，一手轻轻地拍着桌面，双目微阖，接着背了下去：

斑痕点点凝寒霙，刃锋不钝发硎磨，
奇篆鸟书黄金错，仓颉史籀难遮罗。
但见鸿鹄振羽翼，似闻鸑鷟鸣枝柯。
我幸有会释奇字，王僚之名无差讹。
吴晋邦交融水乳，直是葭莩杂莴萝，
乘车之盟兵车会，往来星使相驰梭。
馆娃宫圮延陵徙，便有宗物迁澶沱。

背到这儿，停住了，睁开眼看着我，等我接着背下去。"三晋水土——"我背不下去了，急忙翻开手边的《张颔学术文集》，末后的几页上降大任的《张颔传略》里引用了这首诗，看了一眼，结结巴巴地背下去：

三晋水土沉埋广，吉金所获吴偏多，
夫差御鉴阖闾剑，皆出代州荒山阿。
于兹更有僚戈见，足征史载不偏颇。

勉强背了几句，又一个大的停顿，正要接下去，只听桌上重重一拍，还没等到我抬起头来，他那里已接着朗声背了下去：

东莞巨公名当世，钟鼎甲骨精摩挲，
淋漓大笔鸟书考，巨细难得鉏漏过，
对比僚戈当不弃，置诸吴器第一科。

回首浩劫十年乱，风雨南北同漩涡。

时逢嘉安国运转，仁寿当以养天和，

欣闻容公庆九秩，数千里外踏长歌。

背罢，相视而笑。

此诗另有副题《献给容庚先生九秩荣庆》。原诗有四处注释，真正造成阅读障碍非看注不能理解的，只有两处，一是第一句的"魏脽"，古地名，亦称脽上，为战国时魏国早期的墓葬区，在今山西省万荣县庙前村一带。再就是，"馆娃宫圮延陵徙"句中，馆娃宫指吴宫，在苏州。延陵徙，指越灭吴后，吴国延陵季子之后逃到晋国为仕者甚多，直到西汉时，代郡还置有延陵县。

韩：记得以前你说过，你很喜欢这首诗。

张：一个人一生做诗再多，自己真正喜欢的，也不过三五首。我的诗里，我最喜欢的还要数这首《僚戈之歌》。再有那样的事情，再有那样的情绪，也写不出第二首了。全诗三十八句，几乎一口气写下来，音韵铿锵，极具气势。此诗在《容庚先生纪念集》中刊出后，诗界评价很高，南方一位著名的诗人学者，叫周采泉的，曾写文章说，张颔的"《僚戈之歌》用韩昌黎《石鼓歌》韵，硬语盘空，陆离光怪，置之韩集中，几乎不辨楛叶，信乎能者之尤能"。

韩：楛叶是什么意思？

张：是个典故，语出《列子·说符》。

他的介休话，平日听着还将就，越到他要强调的时候，越是让人着急。我听不清的几个字，张先生写了，没再细问，意思是明白的，就是将此诗夹在韩愈的诗集中，也分辨不出究竟是韩写的呢还是张写的。

韩：还是"挥戈上阵"吧！

张：这是我刚进入考古界的事，时间在一九六一年。

万荣县庙前村后土庙一带，是我国历史上著名的汾阴脽上。东周时属魏，所以亦称魏脽。秦惠王伐魏"渡河取汾阴"，指的就是这个地方。西汉时，文帝在这里曾立有"汾阴庙"，武帝"东幸汾阴，立后土祠于脽上"，也是这个地方。武帝元狩年间，因为在这里发现了铜鼎，

鑑盧盧劍均出代州荒山阿于今

更有僚戈見臣徵史说不備願

盧嗜古文有疾疢鐘日珠甲骨时

摩挲自寶之中偶一得興末徒

往竊吟哦今释僚戈駈十駕僚

戈偩我發浩歌

古體詩十七韵至誌一九五八年山西萬榮
縣東闻蕪墓出土之錯金鳥书戈
至銘文余释為王子之用戈並攷证
為吴王僚為王子时所作之器于是遂
為宝谕此诗为一九七三年所作今昌
修改書為為誌

一九七五年八月張颇

张颇《僚戈之歌》手稿

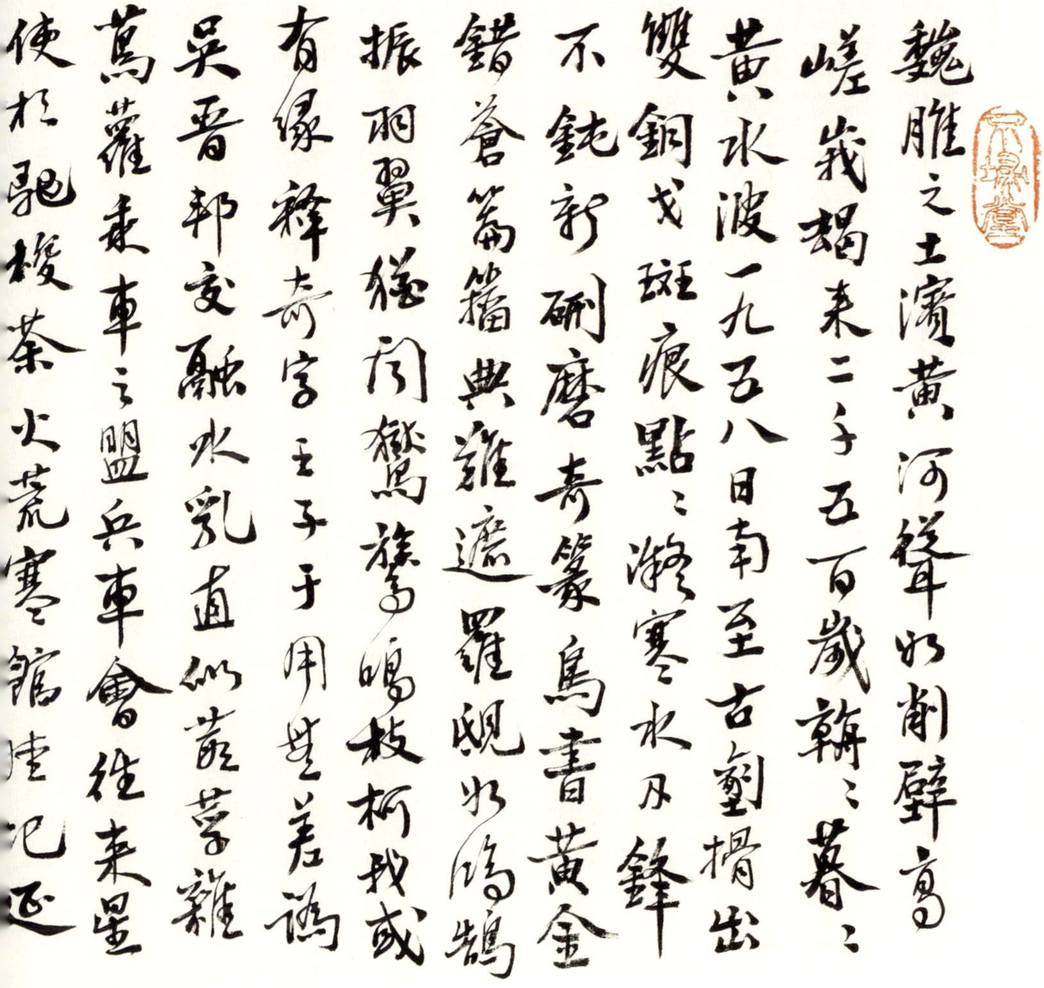

魏碑之土濱黄河鋒如削壁高

嶔崴蝎來二千五百歲鞯二暮二

黄水波一九五八日南至古劉撱出

雙銅戈斑痕點二瀰寒水及鋒

不鈍新硎磨壽篆鳥書黄金

錯薈篇籍典雜遮羅覬如鳴鵠

振羽翼猶阿鷟鳴枝柯我或

有緣釋壽宫玉子于用壁若謂

吴晋邛交融水乳直如藍菩雜

蔦蘿乘車二盟兵車會往來星

使於馳楱茶火荒寒館陸記远

所以把年号改为"元鼎"（公元前一一六年）。唐玄宗开元十年（公元七二二年），又在这里发现了铜鼎，就把原来的汾阴县改为宝鼎县，就是后来的荣河县。

韩：现在该叫万荣县宝鼎镇，我们平常叫荣河县城。解放后，荣河县与万泉县合并为万荣县，县治设在旧万泉县城。我是临猗县临晋镇人，离那儿不远，前两年还去过。

张：清代同治九年（公元一八七〇年），河岸崩塌，这里又发现了大批铜器。著名的镈钟和邵钟，就是这次出土的。一九五八年也是河岸崩塌，又发现一批铜器，经山西省文管会派人进行了清理。一九六一年，后土庙附近贾家崖，被黄河水冲塌，又塌出了不少铜器，其中有编钟、鼎、鉴等器物，同时出土的还有带铭文的戈头一个，错金鸟书戈一对，一模一样的两个。这一对错金戈，制作精致，纹彩斑斓，堪称我国出土铜戈的精品。

这对戈，铜质极佳，援刃非常犀利。援长十六厘米，胡长将近十厘米，内长八厘米，胡有三穿，内有一穿。戈上共有错金鸟书铭文七字，正面援上二字，胡上四字。背面胡上一字。从形制上看应当是春秋晚期的东西。援、胡、穿，都是戈上特定部位的名字，比如援就是那个能砍人的刀刃。

具体考证过程就不说了，你要想知道，就看看《文集》里的那篇文章。只说结果，我考证出，援上的六个古鸟书字，其释文当是"王子于之用戈"。第一字"王"和第三、四、五、六"于之用戈"四字，在东周其他铜器铭文中也多见，比较容易识别。难认的是第二字"子"字，经过详细的考证，也认出来了。就是个子字。认字只是一个方面，还有考证它是谁用过的，又怎么到了山西。

此戈在山西地区出土，首先应该考虑是否属于晋国的器物。但是从"王子"二字分析，不敢断为晋器，因为晋国从始到终没有僭王的例子。当时除了吴、越、楚等南方国家公然称王而外，中原个别国家也有称王的，但晋国却没有发现称王的例证。晋国当时是霸国，一向是打着"尊周"旗号的。晋文公请隧，就是把墓道加长一些，周天子不许，晋文公也无可奈何；晋国建六军时怕僭越制度，不敢公然称六军而称"三行"。从这些例子来看，晋国实未敢僭王。正如《史记·晋世家》所载："齐倾公欲上晋景公为王，景公让不敢。"再如晋国铜器"骉羌钟"铭文中"赏于韩宗，令于晋公，邵于天子……"称谓均很严格，所以"王子于之用戈"似不应断为晋器。

后土庙一带的墓葬，应在晋国到魏国时期，因为这个地方在东周时是属魏汾阴地，清同治年间又出土过魏的铜器"邵钟"。但是，随葬品中也有其他国家的器物，如齐国的"镈钟"也是在这里出土的。所以万荣后土庙东周墓葬中，不一定全是晋国之器物。

还应当知道，鸟书是春秋后期吴越等南方国家铜器铭文的一种风格。

至于"王子于"是谁，可以在有关吴国的史料中找到一些线索。

吴国从寿梦开始称王，当时寿梦的几个儿子如诸樊（太子遏）、馀祭（戴吴）、馀眛（夷末）、季札均可称为王子。馀眛为吴王时，据《史记·吴太伯世家》载，"僚"是太子，但《公羊传》说"僚"系寿梦庶子，当然也可称"王子"。以后则有"公子光"（王阖庐）、"太子夫差"（王夫差）。以上几个吴君中，其名与"于"音相近者很多，如"馀祭"（亦名戴吴），"馀眛"（亦名夷末）的"馀"、"吴"、"夷"。还有一个"勾馀"，《左传》襄公二十八年载："……吴勾馀予之朱方。"服虔认为"勾馀"即"馀祭"，杜预则认为勾馀是"馀眛"。还有一个名叫"掩馀"亦称"盖馀"的，《左传》昭公二十三年："吴为三军……掩馀帅左。"杜预注："掩馀，吴王寿梦子。"

以上这些人都有称"王子于"的可能。最有可能的莫过于吴王僚。《左传》昭公二十年："员如吴，言伐楚之利于州于。"杜预注："州于，吴子僚。"州于的"于"字与"王子于戈"上的"于"字形音皆同。所以"王子于之用戈"，当即吴王僚为王子时之器。至于"州于"本为两个字，两戈上只称"于"，这种例子在有关资料上是屡见不鲜的。《史记·吴太伯世家》说：太伯十五世为"转"，《索隐》引《谯周古史考》作"柯转"，《楚辞·天问》称吴王寿梦为"梦"。因之"州于"单称为"于"是完全可能的。

假如州于为吴王馀眛之子的话，则此戈当是在吴王馀眛元年（公元前五三〇年）至吴王僚（州于为王）元年（公元前五二六年）四年间所铸造。假若如《公羊传》所说，州于为吴王寿梦庶子的话，则此戈当是在吴王寿梦元年（公元前五八五年）至吴王僚元年（公元前五二六年）五十多年内所铸造。

韩：吴王僚为王子时的戈，怎么会到山西万荣县黄河边的墓葬里？

张：从历史文献上看，晋吴两国的关系是非常密切的，吴国是晋国为了在南方对付楚国而扶植起来的国家。据《左传》成公七年记载：巫臣申公由晋使吴的时候，带了十五乘兵车，一百二十五个战卒，教吴国乘兵车学战阵。申公并把自己的儿子作了吴国的"行人"（使者）。晋平公十四年，吴季子曾聘使于晋国。晋定公时与吴王夫差有过"黄池之会"。在这些频繁的接触中，铜器互相交流的情况是会有的。春秋末年，晋国赵襄子谋臣中有延陵玉，战国时赵孝成王臣子中有延陵钧。西汉时，代郡有延陵县。据《通志·氏族略》载，因吴季子居延陵，其后因以为氏。从这些线索可以推断，吴国被越国灭亡之后，延陵季子的宗族逃亡到三晋地区为仕者大有人在，故很有可能把吴国的宗器带到今天的山西地区。

不光是文献上的记载与推断，从出土文物上看，也有实物的例证。清代同治年间在山西代县的蒙王村，曾出土过"吴王夫差剑"。几十年后，在万荣出土吴王僚铸造的戈，也就不是什么奇怪的事了。

前面说了，戈上共是七个字，我释出了六个，只有一个，就是戈内又像花纹又像字的一个字，当时没有释出来。过了两年才释出，是个"扬"字。

韩：知之为知之，不知为不知，是知也。这样的考证，真可说是"多重设防，层层剥皮"了。

张：这对戈头是一九五八年还是一九六一年发现的，记不清了，我见到是一九六一年，既是河水冲塌崖岸裸露出来，当在夏秋之交。戈头，还有别的古物一大堆，运回博物馆，我见了开始研究，第二年春天写成文章，叫《山西万荣出土错金鸟书戈考释》。不到夏天，就在《文物》一九六二年第四五期合刊号上登载了。就算一见到实物就开始研究，也就不到一年的时间。就是这篇写鸟书戈的文章，让我对容庚先生又感激又敬佩。容庚先生是老一辈古文字学家，金文专家。你知道这个人吧？

韩：我查过。一八九四年出生，广东省东莞县人。一九二二年经罗振玉介绍，入北京大学研究所国学门读研究生，毕业后历任燕京大学教授、岭南大学中文系教授、中山大学中文系教授。成名作为《金文编》，一九二五年出版，这是继吴大澂的《说文古籀补》之后的第一部金文大字典，是古文字研究者必备的工具书之一。后来又出版了《金文续编》，增订本《金文编》，据历代出土青铜器三千多件的铭文，收字一万八千多个。这是一部相当完备的金文字典。一九四一年出版的《商周彝器通考》，是他的另外一部重要著作。此外还有多部重要著作。古文字学界、史学界有"北郭南容"之誉。郭指郭沫若，这评价是很高的。

在鸟书研究上，容庚先生可称为开拓者，也是杰出的鸟书学者。早在一九三四年就在《燕京学报》发表了《鸟书考》，开辟了依据实物研究鸟书的新途径。随后在一九三五和一九三八年，又有续作《鸟书考补正》《鸟书三考》。解放后又总括诸篇，增补新例，重编《鸟书考》，刊于《中山大学学报》。

张：这篇文章出来，我才知道，就是这样一位大家，对我关于鸟书文字的考证文章，给予了关注。他的《鸟书考》以国别分类，有越、吴、楚、蔡、宋等国器物，共计四十件，当时可说是蔚为大观。在吴器中，将我考证的"王子于之用戈"列为吴器第一件。我的文章是一九六二年五月间发表，他重新编订的《鸟书考》是一九六四年一月在《中山大学学报》发表的，中间只过了一年多，我的文章就采用了。要知道，那时我可是刚刚步入古文字学界，这对我是多大的鼓舞！

韩：这么好的人，要过寿了，怎能不献上一首诗呢。

张：我是中国古文字研究会的理事。这个学会是一九七八年十二月在长春成立的。设有理事会，没有会长，值班的理事，就相当于会长。实际上我们尊容庚先生为名誉会长。容先生是一八九四年生人，一九八二年开年会时，我们决定给容先生过九十大寿。中国人过寿，讲究提前一年，那就是一九八三年了。容先生的生日在九月间，会上跟中山大学的人都商议好了，届时在中山大学开这届年会，同时给容先生祝寿。文化人祝寿，当然要出纪念文集。会上发出倡议，要大家为这个集子写文章，特别提出，能写诗更好。大约在这年的冬天，我就写了《僚戈之歌》寄去，想来肯定会编入集子，这样静等着第二秋天去广州参加年会，见容先生一面。"欣闻容公庆九秩，数千里外踏长歌"，我可是一片诚心啊。

然而没有想到的是，到了第二年三月六日，突然传来了容老当天去世的消息。那天我一天心情都不好，不由地暗暗垂泪。吃晚饭时，特意备了酒水，朝南抛洒祭奠。容先生对我有知遇之恩，人有恩德，是不能忘的。当年若不是他的赏识，我不会有那么大的心劲。要知道，古文字学界的门槛高着呐。有人搞了大半辈子，连门都没摸着。发表鸟书考的文章时，我进入考古学界才三年，论年龄不过四十出头，在古文字学界，还是个年轻人。正是有了这最初的鼓舞，经过一二十年的积累，到了八十年代，才出版了我的《古币文编》。一个小的鼓励，会有这样大的结果，这怕是容庚先生当初没有想到的。

韩：容先生九泉有知，一定会为你高兴。

张：老了，也快九泉相见了。

韩：我想问《僚戈之歌》是什么时候写的。

张：早就有了初稿，一直没有拿出来。到了一九八二年，中国古文字学会要给容庚先生过九十大寿，征集诗文，又精心修改了一遍。

韩：你考证完了，该着我考证了。我看过国喜先生那儿保存的，你的一幅书法的照片。据国喜说，原件在你三儿子崇宁手里。写的是这首诗，却不能说就是这首诗，应当说是这首诗的最初的版本，或者说是最初的定稿。我数了，送容庚先生祝寿的《僚戈之歌》三十八句，写给崇宁的这首是三十二句。前二十六句，大致相同。也就是说，为了给容先生祝寿，删去六句，增添了十二句。但是，我觉得你原来写的，更见你的性情。前二十六句大致相同就不说了，"于兹更有僚戈见，足征史载不偏颇"下面六句是：

余嗜古文有痼疾，钟鼎甲骨时摩挲。
千虑之中偶一得，兴来往往窃吟哦。
今释僚戈驱十驾，僚戈假我发浩歌。

从这几句诗里能发现，此诗最初的稿子，还要早些，当在《文物》刊发文章之后不久，也就是一九六二年的夏天。若在容庚先生的文章发表之后,"置诸吴器第一科"这样的意思不会不写上。"今释僚戈驱十驾",说得再明白不过了,就是《文物》发表之后不久。"驱十驾",最能见出你当时心里的高兴,说是志得意满亦不为过。

张:你知道"十驾"是什么意思?

韩:你大概希望我看成是十辆马车吧。荀子《劝学篇》上说:"骐骥一跃,不能十步;驽马十驾,功在不舍。"这该是出处吧。能奔走"十驾"的路程,是驽马成功的标志。这篇论文在《文物》上发表,你把它看作是学术上的一个飞跃,一高兴就吟起诗来了。这首诗,严格地说,不能叫《僚戈之歌》,也不能叫"僚戈假我发浩歌",该叫"我假僚戈发浩歌"。

张:愧煞老夫,愧煞老夫!

韩:这正是你的可爱之处啊。四十二岁,在前贤林立的考古学界,只能算个小青年,有此成就怎能不偷着乐呢。我还要跟你说的是,诗中有一句是错的,时间是错的。定稿,就说给容庚祝寿的叫定稿吧。说是"戊戌深冬日南至,古冢掊出双铜戈",戊戌变法是一八九八年,再一个甲子,就是一九五八年。你的初稿上,就是给崇宁写的那个稿子上,这一句是"一九五八日南至",跟"戊戌深冬日南至"意思是一样的。可是,"古冢掊出双铜戈"真的是这一年吗?不是。你看收入《张颔学术文集》的《山西万荣出土错金鸟书戈考释》里,开头是怎么说的:

解放后,一九五八年这里又发现过一批铜器,并经山西省文管会派人进行了清理。一九六一年后土庙附近贾家崖被黄河水冲塌,这次又塌出了不少铜器,其中有编钟、鼎、鉴等器,同时出土的还有带铭文的戈头一个和错金鸟书戈同样两个。

也就是说这两个戈头是一九六一年发现的。这种地方,只能信你的论文,不敢信你的诗歌。不必改了,没人会费心推算戊戌是哪一年。

张:你看书细。

韩:还是你的诗好,撩起我一探究竟的兴趣。

张：这首诗啊——

今天张先生兴致极好，还要说下去。天色已晚，我指指窗外，两人都笑了。

# 二十 华美的陶范 5月26日 星期一

去了又谈起地震，张先生问，你们机关缴了特殊党费没有，我说昨天缴了。问缴了多少，我说了一个不大的数字。问张先生，说了一个很大的数字。我说，毕竟是老党员啊。张先生说，想到地震中死伤的人心里就难受。

稍许沉默。张先生问，你们那儿给羊叫什么，我说，就叫羊啊。细分，公羊母羊，大羊小羊。张先生说，那种不大不小的羊叫什么，我说，我老家（山西临猗县）是平川，很少有养羊的，我在汾西待过十多年，那儿离你们介休不远，养羊的多，就分什么羖子呀，胡子呀。听人这么说，意思不知道。遇上我这样缺少常识的人，张先生只好放弃了他的诱导之法，挑明了说：你听说过给羊叫"骨驴"的吗？

他那介休话，我听不太清楚，请他写出来，这也是让人扫兴的。但凡一时的捷智，总愿它一出口就有应对，遇上听不清的，跟遇上聋子一样让人没了脾气。写出来了，是"羖䍽"二字。我没有一丝惊异的意思，过后也曾想过，以后遇到这种情况至少应当表示一下惊异。那天的实情是，我确实不认识这两个字。一惊异反会让他以为，我是他乡遇上了故知，而这故知正是他的旧亲，三方（他、我、那位古人）原系通家之好，反让他兴味索然，没了辟草莱、启蒙昧、敦教化的兴致。

我仍是那样恭敬地听着。

张先生徐徐言道，前几天他就在想这个问题，明明记得一本什么书上有这个记载，找了一天也没找见。今天中午梦见了，高兴得醒了，手里没有书啊。后来才想起，在吕振羽的书里，一拿到手就找见了。说罢将身边的一本书递给我，书中有他夹的纸条。

拿在手上，顿生感慨，什么人读什么书，人最有感情的，还是年轻时读过的书。书名《中国民族简史》一九四八年九月三联书店（东北光华）初版；一九五一年二月第二版。夹纸条的是第六章《回族》，全书第一〇五页：

铁勒部这时散布的情况，在颉利可汗时，据《新唐书》所记，自今甘肃、宁夏、绥远、察哈尔、热河以迄外蒙、新疆等处，均有部落。他们常从甘、宁、绥、察、热各地，入关略陕西、山西、河北，亦可见其散布之地域。最东之白霫部所居，即为今热河喀喇沁右旗一带。一九四〇年日人山本守等在热东叶柏树（疑系叶柏寿之误）发辽代古坟，掘出辽"上京盐铁副使"白霫人郑恪墓志铭，有"归葬于白霫羖勃水北源，附先人之墓次"语。墓地即在辽之中京东方老哈河右岸附近。老哈河即《唐书》所谓潢水，这可得一铁证。

张先生在书眉上小字批语：

铁勒部包括白霫，今名白霁，皆突厥语。羖勃水，此突厥名称，故羖勃一词系突厥族语也。

韩：有了这个核儿，再敷衍几句，就是一篇小随笔。你该写下来。

张：写不动了。看书想事情，成习惯了。不为无益之事，何以遣有涯之生。

韩：这是清代学者项莲生的话。我上高中时，把它写在《四角号码词典》的扉页上，可惜写错了，写成了"不为无益之事，何以遣有生之涯"，奇怪的是，整句的意思倒没有弄错。直到前几年看陈寅恪的《柳如是别传》才纠正过来，这句话就在《柳传》的前几页上。

张：今天说什么？

韩：上次说到鸟书戈，今天谈什么都行，只是别谈到《侯马盟书》上。

张：为什么？

韩：一说到盟书上就快完了，将来我就没有写的了。

张：在这上头，我和你一样。报社记者一跟我谈话，就想让我谈《侯

虘大晋野止盟

遟纏庆𢘑盟尃

虘入晋邦之地通绎矣为盟书虘字即吾我之字 此联字体（接次行）

悲临於盟书原笔意 此联 内容为言我互矣为考绎 当地（接下联）

出土之盟誓载书文字之事 此联早年写成 前日（接次行）

弟子高智携添歑 老朽止卢颔

虘入晋邦之地，通绎侯马盟书。

马盟书》，我也是不愿意，总觉得一上来就谈这个，没头没脑光身子，怪怪的。他们就知道个《侯马盟书》。我爱谈的是侯马东周遗址，那一大片地方，见了就让人兴奋。《侯马盟书》是成果，东周遗址才是我们的辛苦，没有辛苦，哪来的成果。再说盟书出土前，我们还有别的成果，比如牛村古城的勘探，平望古城的勘探，还有侯马铸铜遗址的挖掘。

韩：好，今天就说侯马东周遗址吧。

张：最早发现这个遗址的，不是我，是我们文管会的主任崔斗辰同志。文管会是一九五一年成立的，崔老当时是教育厅的副厅长，兼文管会的主任，就是他手里让我挂名当了文管会的顾问。

一九五二年崔老来侯马检查教育工作，顺便在城里城外转了转，用行话说，该叫踏勘。他知道侯马不是平常地方。在侯马附近的白淀村一带转悠时，他注意到，耕地里有许多绳纹灰陶片。有这种陶片，就说明这一带曾有先民活动。他是爱看书的人，知道晋国的都城新田就在这一带，虽不很确定，总有此一说。因此，一九五五年文物工作队成立之后，崔老就让先在侯马作试点挖掘，后来干脆在侯马设立了文物工作站。中科院山西分院撤销后，考古所并到文管会。我是文管会的副主任又是考古所的所长，侯马工作站就成了我蹲点的地方。

刚开始对这个地方勘探的时候，还不叫东周遗址，只能说是个人类早期活动的遗址。一九五六年四五月间，文化部组织了个调查团，对这一带作进一步的详细调查。当时对遗址范围，估计大约三十多平方公里。文化部顾铁符同志，根据《曲沃县志》上的线索，提出这里可能是晋国古都"新田"所在地。同年八月份，文化部文物局和中国科学院考古研究所又在这里作了鉴定性调查。当时对这一遗址的性质和时代，以及是否"新田"的问题，意见不一致。有的认为，这一遗址可能与晋国晚期都城"新田"有关；有的根据史料，认为"新田"应在曲沃城西南二里的古城一带，说新田在侯马镇一带是缺乏科学根据的。但有一个共同的认识，都认为这里是一处极为重要的东周文化遗址。经过几年的工作，直到上世纪六十年代初，才大致趋向于可能是晋国新田的看法。

韩：前两年，我去侯马开过一个学术会议，叫新田文化研讨会，看过一些材料，有一则史料让我很感兴趣。就是，过去上千年，多少著述都说新田在曲沃县，连长于考证的顾炎武，在《日知录》里也说，"景公迁新田在今曲沃县"。此后的学者，对此均无异议。一直到了乾隆年间，曲沃有个知县叫张坊，经过详细的考察和考证，力排众议，说新田就在当时的"侯马驿"一带。等于明确指出，就是现在的侯马市。我感兴趣的不是他的学问，他的见识，而是一个县长，处理公务之馀，能带着随从，或骑马或坐轿，整天价在县内山水间奔走考察，可见政务并不繁忙，也可见地面平静。只有这样的太平官，才有馀暇做这样的风雅事，白天徜徉山水，晚上翻检书册。现在怕难找见这样的县长了。

张：这个人是了不起。在这一点上，连司马光也不如他，司马光是夏县人，即便多年游宦，对家乡历史地理，文献典籍，也应当是熟烂于心的。可他的《游故绛》诗里，仍将曲沃当作晋故都之地，说"欲访虒祁宫，乡人亦不知"，这话自然是据《国语》"景公迁新田，平公建虒祁宫"来的，他把曲沃（故绛）当作了新田所在之地，当然找不到"虒祁宫"了。若他去了侯马，至少乡人会告诉他这儿有个虒祁村。至于你说那时的县长多么悠闲，多么有学问，则是另一回事。那时外放知县的，多是进士出身，至少也是仕宦多年的举人，早年饱读诗书，来到这么个文物昌盛之地，公务之馀，考察考证，应是情理中事。不这样，饱食终日，无所事事，反倒奇怪了。

韩：什么时候开始大规模勘探的，是你当了考古所长之后吗？

张：不是，在我当考古所长之前，就开始大规模勘探了。最重要的一次是一九五六年八月那次，那时山西还没有考古所。

过去，考古工作者是不允许在任何遗址中进行钻探的，唯恐经过钻探破坏了文化层，影响了对时代的准确判断。但在侯马，由于基建任务迫切，遗址面积特别大，技术力量不够，为了尽快地掌握地下堆积情况，了解遗址的性质和范围，破例地对遗址使用了钻探方法。在钻探过程中，每个钻孔都灌入了白灰，这样就可以避免上述缺陷的发生。经过这次钻探，证明在一定的情况和条件下，对遗址使用钻探的方法是可行的。这样做，对全面了解地下情况，重点选择发掘地点，探索古城及遗址的范围、布局等，起了很大的作用。一九五六年这次大范围勘探，共钻探了约五六十万平方米，探出遗址七十余处，古墓葬一百余座。当年冬季，在北京历史博物馆，中国科学院考古研究所，河南省文物工作队的支持下，发掘了二百五十平方米，清理了三处居住遗址，东周时代的十座墓葬，最重要的是，发掘了一处东周时代的烧陶窑址。为了工作的需要，就在这一年，在侯马设立了文物工作站。此后每年都有新的发掘，新的收获。

韩：好像那一次大规模发掘，你还是侯马考古工作队的队长。是一九六五年吗？

张：不是，你弄错了，一九六五年我已去原平"四清"。是三年困难时期，一九六〇年到一九六二年。一进入困难时期，国家实施"调整、巩固、充实、提高"方针，许多基建项目都下马了，许多地方的考古发掘也下马了。侯马的考古发掘本来也该下马的，可侯马的基建项目没有下马，还一个厂子又一个厂子的建着，这样勘探发掘也要跟上来。鉴于这种情况，文化部就把这个遗址定为全国考古发掘重点之一，力量没有削弱，还得到加强。为了便于领导协调，成立了更高一层的考古发掘委员会，你听听，主任委员是当时的侯马市委书记刘煜，副主任委员有两个，一个是山西文化局副局长景炎，另一个就是我，我同时兼任侯马考古队的队长。副队长有三个，一个是国家文物局的景略同志，一个是当时中国科学院考古研究所的张彦煌同志，一个是咱们侯马考古工作站的畅文斋同志。当时国家文物局副局长王书庄还有谢辰生、陈志德等同志，也常来工地视察指导工作，你就知道领导多么重视，这个遗址多么重要了。因为有国家文物局的领导亲自调度，加上其他省好多勘探发掘都下马了，经过协商，就把河南、江西等省的勘探队也调过来，那时有个说法叫会战，还是大会战，记不清了。

韩：这次成果一定很大。

张：具体就不说了，结论是，终于弄清了侯马晋国遗址的范围，是以现在的侯马镇为中心，总面积达三十三平方公里。包括"牛村"等五个毗连的古城在内。古城内有宫殿遗迹，古城外有各种手工业作坊和村落遗迹。历年来通过发掘取得了极为丰富的东周文化遗物，为我国历史文化研究，提供了宝贵的资料。

不知道你听清了没有，以前说到这一片地方，叫侯马东周遗址，往后就叫侯马晋国遗址。两字之差，等于是通过地下文物与历史文献互证，

解决了一个千年历史疑案，司马光若是活着，来到这里，再不会说"欲访厹祁宫，乡人亦不知"，要是问到我，我会领上他到厹祁宫遗址，把附近宫阙的位置规模，一处一处给他说个清楚明白。

韩：铸铜遗址就是这次发掘出来的吧。这次我去侯马开新田文化研讨会，住在平阳机械厂宾馆，出门往北走上一段路，就是铸铜遗址，没事了就转转。看了铸铜遗址，往后见了再宏大再精致的钟鼎彝器，说什么也不会说"鬼斧神工"了，因为你知道模是什么，范是什么，模和范合在一起，又怎样用青铜熔液来浇铸——全是人做成的。

张：倒没有想下那么多，我注重的是，每一块陶范的功用，合在一起能铸造什么器物，再就是，陶范上的花纹，模仿的是什么，有什么文化含义。当然我也感到震惊，过去在别的地方，也发现过陶范，数量不多，很难复元成完整的器物，因为陶范这东西，用过之后，就敲碎了，很难完整地保存下来。

侯马发掘出的陶范不同，一是数量大。两年间共发掘出铸造铜器的陶范三万多块，其中带有花纹的一万多块，能识别出器形的一千块左右，可以成形配套说明铸造过程的一百件左右。少数带文字的陶范非常珍贵。远在一九二六年安阳殷墟发掘时，曾经发现过殷商时期的铸铜范，可惜数量不多，当时有学者根据这些少量的陶范，曾经探索过我国古代铜器铸造的技术。侯马东周陶范的出土，一下子就是几万块，真可说是数量惊人啊。

二是集中。平阳机械厂附近一处，就发掘了上万块。像这种一个工地集中出现大批陶范，像是当时人为的，有意识地堆积在一起，准备再用。刚发现我就去看了，一层陶范一层瓦片，堆积得非常规律。这批陶范所涉及器形，有大小盖部、腹部、耳部、足部；各种镈的鼓部、舞部、钲部；豆的足部。这些范片大部分是可以复元的。我跟文物局的几个同志看了，笑着说，现在青铜冶炼技术已相当成熟，真想马上在这里升火开炼，铸造他几个大鼎出来！

韩：如果用残破的青铜器回炉重铸，那就是真正的周代鼎彝之器了。

张：我可没有你那么丰富的想像力，我注重的是研究。摩挲着那些陶范，心里那个美气呀。从陶范中识别出的器形有鼎、豆、壶、簋、匜、鉴、舟、敦、盘、匕、匙、、铲、斧、环首刀、剑、镞、尊、带钩、车马饰、空首布，以及各种器物的附件。还有些是叫不出名堂的。拼合出来，说不定会发现新的东周彝器。

陶范花纹的雕刻，工艺非常精致，有饕餮纹、窃曲纹、云纹、雷纹、夔龙纹、夔凤纹、蟠螭纹、蟠虺纹、环带纹、垂叶纹、绹索纹、柿蒂纹、贝纹、涡纹，以及鸭、鱼、鸟、兽、等立体纹饰。花纹的风格绝大部分与黄河流域中原地区出土的同时代铜器上的花纹有很多共同之处，但部分的花纹亦具有浓厚的地方性特点，最显著的有夔龙纹，造型构图别具一格，别的地方没有见过。从这些花纹特点，可以看出当时的工匠，在艺术手法上的大胆创造。比如夔龙噬螭，龙的前爪抓着小螭的身部，口里衔着小螭的颈部，或双爪抓着双螭，同时吞食，而小螭的前爪又抓着夔龙的下颚正在挣扎。在夔龙的颈项上，还有戴着一道花线束箍，可能是为了美观替夔龙装饰的项圈。

韩：这样丰富的想像力，真是不可思议。

谈得时间长了，看出张先生精神有些不济，我提出歇一歇。聊起当下社会风气，感叹不良的社会风气，这么快就侵蚀到学界，文化界，过去读书人自诩的淡泊自守的品格不知都哪里去了。张先生说，他记得一首旧诗，作者一下子想不起来了，说的是读书人的甘于清贫的操守。他微闭上眼皮，吟了一遍。有的句子没听清，我递过纸让他写下来，道是：

> 典却青衫供早厨，老妻何必更踌躇。
> 瓶中有醋堪浇菜，囊底无钱莫买鱼。
> 不敢妄为些子事，只因曾读数行书。
> 严霜烈日都经过，次第春风到草庐。

歇了一会儿，张先生精神振作起来，又接着谈下去。

张：这些陶范还有一个明显的特点，就是绹索纹，花样繁多，应用广泛，盘绕回旋，别有佳致。这类花纹多用于鼎、鉴的腹部及口沿之下，共计有七八种之多。绹索纹能登大雅之堂作为彝器的纹饰，似可说明当

时的农业发展的情况。《诗经》上说，"嗟我农夫……宵尔索绹"，便表明了绹索和农业的关系。在这一点上，侯马铜器和过去浑源李峪出土的铜器有着密切的关系。雁北文物考查团报告中说过："浑源李峪铜器在中国艺术上位置重要，和中原铜器虽非截然不同，但形制、花纹、风格确有其特殊的地方性，如绹纹最通行，这些绹纹后来传入中原。"从侯马陶范与浑源铜器花纹的比较中能够看出，两地铜器花纹确实存在着互为影响的关系。至于孰先孰后，恐怕还是侯马铜器在前。

陶范中有五个人的模型，有的服式与花纹清晰可观。以往安阳殷墟发现人型石像，但人形服饰均模糊不清。长沙楚墓发现的木俑服装又缺少花纹，侯马所发现的人型有立、坐、跽各种形象，甚至连鞋底上的花纹，都能表现出来。有的可以根据其服饰，判断其身份。

面对这些陶范，我深有感触，觉得从事考古的人是幸福的。当你勘探发掘时，你觉得古代离我们多么遥远，这才几千年，尘土竟积下这么厚，但是，当你面对这么些陶范的时候，你又觉得这一切恍如昨日。摩挲、研究侯马的陶范，我只有一个感觉，那就是大气，华美！

韩：别说你了，我在侯马看了遗址，看了复制的陶范，也是这个感觉。

张：这批陶范的出土，对于我国铜器铸造工艺方面也提供了宝贵的资料。从初步整理的结果观察，当时铸造已采用合范分铸的办法，在浇注系统中，浇冒口的安排以及内范的固定等方面都有了一套比较完整的措施。在陶范造型上更是别具匠心，可以根据不同的器物和陶范不同的形式而确定不同的块数，措施灵活运用自如，反映了当时的工艺水平，也可见出我国古代劳动人民的智慧。晋国何时有这样高超的铸铜技术，各种原料又如何获得，经过一番研究，我也有了自己的看法。

韩：说到铸造，我倒有点遗憾。在这方面，山西人总是不开窍，守着这么个宝贵的场地，有这么精美的陶范，侯马那竟没有青铜器加工企业。我去开会，会上给每人发了一个青铜酒尊，三足的那种，我以为是当地的出产，问了说是从西安订购的，真让人丧气。考古所或是侯马工作站，就可以办个小型的青铜品制造厂嘛。

张：那就成了不务正业了。我们只管发掘研究，别的一概不管。就在发现大量陶范的这一年，一九六一年春天，我把自己的研究心得，写成《侯马东周遗址铸铜陶范花纹所见》，寄给《文物》杂志，当年第十期就刊登了。当然内容不止上面说的这些。我还写了一首长诗，这首诗跟《僚戈之歌》一样，都是我的精心之作。

说到这儿，张先生取过一本复印的册子，一看是《长甘存稿》，长甘者张颔也。翻到《侯马出土陶范歌并序》，递给我。

先看《序》：

一九六一年，山西侯马东周遗址为全国考古发掘之重点，发现有东周古城以及当时手工业作坊遗址。出土铸造铜器陶范三万余块，其中带有花纹的一万余块，可以识别出器形的一千块左右。花纹精致，别具一格，绹索纹的运用非常广泛。夔龙纹饰突出，鳞甲遍体，羽翼生风，爪牙毕露，相互吞噬，可以看出东周时期晋国铸造业的铜器具有特殊的风格。这些陶范的出土，实有助于对山西地区古代史的研究。诗成六韵，以志其事。

再看全诗：

侯马晋国之新田，而今回首三千年，
古城台殿为瓦砾，霸业萧条绝可怜。
近来遗址多发掘，陶范万千出坑穴，
花纹雕镂夺天工，鬼神奔呼惊欲绝。
雷驰电掣天公怒，爪牙搏噬龙螭斗，
盘旋纠缠解不开，解开反觉神丰瘦。
翩翩鸾凤下蓬莱，翎羽缤纷五色开，
胁生锦翼飞鼍鼋，项戴金练伏夔魖，
构思变幻欺造化，别开蹊径出心裁。
人形体势各殊异，举手鹄立或长跪，
僮竖裋褐无裳裙，下士腰中服剑匕。
晋家公室总奢靡，庶人工牧供驰驱，
台高雷霍干云汉，宫连汾浍锁虒祁。
民逃公命如避寇，空教婴胠相唏嘘。
强使百工穷技艺，藻饰钟镈与鼎彝。

　　韩："台高雷霍干云汉"句中，高台雷霍何所指？

　　张：晋平公时曾作绛台，可说是高台。雷霍，分指雷首山和霍山。

　　韩："空教婴肸相唏嘘"，婴肸何所指？

　　张：婴为齐国晏婴，肸为晋国羊舌肸，也叫叔向。《左传》昭三年有"民闻公命如逃寇仇"之语。

　　韩：就是不知道这些典故，也能体会到这诗的气势，跟《僚戈之歌》一样，亦可谓硬语盘空，置诸韩昌黎集中，难分伯仲。

　　张先生笑了：你说不抵事。

　　天色向晚，告辞。晚上看电视，截止今天十二时，地震已造成六万五千零八十人死亡，另有两万三千一百五十人失踪。

张颔与林鹏先生在一起

# 二一 闲谈王子婴次炉 | 5月30日 星期五

赶写一个稿子，好些天没去张府，下午去了，室内多了两把椅子，张先生说来了两个客人，刚走。问是谁，说了名字，都认识。保姆过来将椅子搬走，沏上茶。桌上有《儿郎伟》诗稿。

韩：又有改动？

张：没有，刚才来的客人，说起这首诗，翻出来让他们看了改动的地方。老王（客人中的一个）说像我这样的人，不该说"闭门补课学文化"，该说闭门谢客做学问。

韩：这老兄还是不懂诗，做学问就没这个味儿了，还是"学文化"好。我看这首诗里，就这句最好，最有意味。

张：噢，你这么认为？

韩：这是自嘲，有复归于本初的意思，说来可笑，有深意存焉。人都要学文化。这些年，还有前多少年，都是叫人学思想的。实际上，文化最重要，有了文化也就有了思想，有思想而没文化，这个思想也就难说是思想了。学文化最大的好处，不在于知道什么是对的，而在于知道什么是不对的。没文化的人，什么时候都觉得自己是对的。赵树理的小说里，写过一个叫"常有理"的人物，就是没文化的典型。

张：我倒没想这么多。老王大辈子当记者，考虑问题直杠些。哎，我问你，你是作家，写文章的，学者和记者也都写文章，作家跟他们有什么不同。

韩：这真问住了我，从来没考虑过这个问题。是不是可以这么说，文章的流向不同。学者记者的文章是往上流的，可称为上流文章，作家的文章是往下流的，写的是普通人的事，也是让普通人看的，可称为下流文章。这只是流向不同，没有高低优劣的差异。写下流文章而能达到高的境界，就是上流作家；写下流文章又是低境界，只能说是下流作家了。

张：妙！你算什么流的作家？

韩：我是三流作家，能上流，能下流，还能横流——江河横流。这是说笑话，不过我说我是三流作家可不是笑话。九几年过年，我大门上贴的对联就是："一级职称三流作家，四口之家六人在望。"那时儿女还没成家，盼着来年他们都找下对象，让我能看到六口之家的影子。那时说三流作家，说的是一二三的三。今天受你的启发说了这番话，往后再说自己是三流作家，就有了新的解释。什么时候刻一方闲章，就刻上这四个字。

有个事差点忘了，那天你说的那首诗，就是"典却青衫供早厨"起句的那首，回去我写了篇小文章挂在博客上，引用了这首诗，说是听你说的，你忘了作者是谁。有人见了回帖说，是元代中书左丞吕仲实的诗，收在他的《辍耕录》一书中，诗题为《闲居诗》。还给改了一个字，说第三句"瓶中有醋堪浇菜"里，浇字应为和字。后来我在网上查看，丰子恺先生也喜欢这首诗，抗战期间在桂林，曾以后两句为题，一口气画了八幅画，有的送了人，有的自己留下。

张：这首诗是年轻时记住的，什么书上早就忘了。意境好，句子平实，默念上几遍就记住了。最重要的是，不悲观，相信将来会过上好日子。记得三年困难时期，家里日子难过，雨湖夫人急得都哭了，我就给她念这首诗。这诗越念到后头，感情越高昂——"严霜烈日都经过，次第春风到草庐"，等于说，挨也挨着了，轮也轮到了，会有好日子过的！

韩：是好诗，我也是念上两遍就记住了。能让人一读就喜欢，念上两三遍就记住的准是好诗。

张：这首诗不光是说家居艰难，砥砺气节，做学问也要有这种精神，耐得清贫，耐得寂寞。

韩：清贫好耐，难耐的是寂寞。一个学校出来的，在学校说不定不如你，几年天气，人家蹿红了，你还在那儿黄卷青灯，老牛破车地走着，能不着急吗？

张：这就看你的自信力如何，自持力如何了。通常有了自信力，也就有了自持力了。做学问还有一条，要多跟外界接触，好处是开阔眼界，多方比照，全面认识自己，不光是认识自己的不足，还能认识到自己的足。

韩：这得要自己有真本事，没真本事越比越气馁。

张：没真本事的人不敢跟人比，要比也是往下比，不敢往上比。往下，那不叫比，叫往下出溜。

韩：在这上头，哪个人对你启发最大，印象最深？

张：叫我想想。郭宝钧这个人你晓得吗？

韩：有一段时间，我爱看傅斯年和史语所的书，对这个人有些印象。参加过殷墟发掘，当时好像负责与地方上的联络协调，后来正式进了史语所，成了考古专家。他没有去台湾？

张：你以为他去了台湾？

韩：我记得看过一篇文章，说解放前夕，中央研究院往台湾撤退时，就史语所和另外一个什么所，全部人员和资料都迁过去了。

张：郭宝钧肯定没走。一九六三年来过山西，我们也算老相识了。我这儿有本书，也说郭去了台湾。是高增德送我的，就在那个柜子里，你取出来看看。

我俯下身子，在旁边书柜下层逐一看去，取出一本什么人的集子，说不是，又取出一本，说是。名为《思想操练》，是丁冬、谢泳、高增德、赵诚、智效民五人的"人文对话录"，广东人民出版社二〇〇四年一月出版。递给张先生，很快翻到第八页，上面有他的批注。我凑过去。

张：你看这儿，我写的——此处所言"郭宝钧到了台湾，在学术上很有成就"。据我国一九九二年出版的《中国人名大词典》第一七七六页著录郭宝钧条载，郭氏生年为一八九三，卒年为一九七一，未见有去台湾的记载。郭先生也算得上是我的一位老朋友，他去台湾我竟无闻，真是孤陋寡闻，莫此为甚！

韩：这几个人都是我的朋友，这话也不是老高说的，他们这种对话，天南海北，随兴而谈，疏漏之处在所难免。我们还是说郭宝钧吧。你们谈话时互相怎么称呼？

张：我叫他郭先生，他叫我张主任，我一直是文管会副主任兼考古所所长。官都是拣大的叫，还要省了那个副字往上靠，单位的人都这么叫，给他介绍时也这么介绍了。个头？比我高，比我排场。河南南阳人，南阳是个出人才的地方，董作宾，就是四堂之一的彦堂，也是南阳人。就是他把郭宝钧引进考古界的。他是哪年来山西的？一九六三年还是六四年，就说是一九六三年吧，也七十岁了。住在迎泽宾馆东楼，那时还没有西楼。我去宾馆拜访过，还领上郭先生到文庙看过青铜器。博物馆在文庙里头。

没有见面，我对他就有所了解。郭先生是中科院考古所的研究员，名气大，知道的人多。早先曾说过，这辈子要挖一千个墓，将来去世了，给他坟前立个碑，别的都不写，写上"千墓老人郭宝钧之墓"就心满意足了。实际没挖那么多，一是解放后挖掘古墓有了新规定，再就是他身体不好，有糖尿病，不能多往下面跑，总共挖了三百个左右。要按解放前他在史语所考古组的挖法，活了那么大，一辈子下来是能挖一千个墓的。谈话中能感到，这个人很自信，有股子豪气，也聪明。这样的性格，用到做学问上，就爱下判断，有时是对的，有时就难说了。

韩：郭宝钧是跟梁思永一起进的史语所，后来还主持过几次殷墟发掘，起初在史语所不甚得志，史语所里留洋的人多，相互之间问话免不了夹杂着英语，有次傅斯年跟他说话，无意间用了英语，他就受不了了，以为傅斯年欺他英语不行。好像他有个论断挺有名的，说是古代大型墓葬里，陪葬的马车，不是整个马车埋在一起，而是将轮子拆下靠在墓壁上。有的学者不相信，后来墓挖得多了，证明郭先生早先的论断是对的。

张：确实是这样的。还有一事，发掘青台史前遗址的房子，有火烧的痕迹，他说是用泥土木骨做起后，放一把火烧烤，使之坚实。据说夏鼐先生也不相信，说可能是自然火烧的。事过几十年后，大量挖掘证明，他老先生是对的。不过，也有些事上，判断就错了。他曾写文章说过，古墓葬里，凡发现带钩的，都是赵武灵王以后的墓，意思是赵武灵王"胡服骑射"，带钩才传到中原。这种说法，后来证明是错的，许多更早的墓葬里出土了带钩。

韩：好像在什么酒器上，他的判断也是错的。

张：爵，一种古代的酒器。边上有两根小柱柱，也是铜的，郭先生

王子婴次炉

说古人喝酒时往上倾，两个小柱正好抵住鼻梁上部两边，就这样（两手拇指翘起夹住鼻梁），让人不会喝得太猛。斝也是酒器，上面也有两根小柱柱，斝的口面有这么大（用手比作小盆大小），也是抵住鼻梁吗？说不通嘛。人都说他想象力丰富。

韩：想象力丰富是好事。郭沫若、闻一多、陈梦家这些人，后来搞了古文字研究，闻一多搞古典诗词研究，也跟古文字研究有相似之处，所以能有那么大的成绩，恐怕与他们当初是诗人，想象力丰富有关。有联想力嘛。

张：有道理。郭先生想象力丰富，有这么件事最能说明。有次发掘古墓葬，看着墓里残损的白骨，他对跟前的人说，我们现在发掘这些墓葬，肉体都腐烂消失了，骨头也有些朽坏，将来发明一种药水，往墓上一洒，消失的形体就可以重现出来。听的人不以然，认为这话显露出郭先生对科学的理解太肤浅了。

韩：我看不一定，腐烂的尸体溶入周围的土壤，这些土壤跟周围别的土壤，总会有所不同。真的科学发达了，说不定真会发明出这样的药水。郭先生这次来山西，主要是做什么？

张：收集材料，做研究，研究青铜器的铸造技术，具体说是，大件的青铜器，腿跟腹部是怎么衔接的。比如鼎，下面都有腿，方的，圆的，三个，四个，这些腿是怎么铸造的，怎么跟器物的主体连在一起的。

韩：侯马出土了那么多陶范，他想弄清楚，没有去侯马看看？

张：没去，陶范他知道，他主要是看实物。我领他去文庙看了许多实物。后来写了文章，看法还不成熟，没说出个子丑寅卯。我们在一起，主要谈"王子婴次炉"的事。王子婴次炉的发现，和由此引起的争端，是考古学界的大事，当年就惊动了好几个大人物，热闹得很。

发现就很蹊跷，跟秦俑的发现有相似的地方，都是打井打出来的。一九二三年，新郑县城一个叫李家楼的地方，有户居民在院子里打井，挖出几件青铜器，招来文物贩子，引起官府的重视，派兵把守，请来专家勘探挖掘，一挖就挖出大大小小一百多件，鼎呀、镈呀、簋呀、尊呀都有，很精美。蹊跷处是，其他器物全没有铭文，就这件烤炉上有。学界释为"王子婴次之炉"。实际上"之"和"炉"中间还有个字，笔画不清，认不出来，有人认为是"燎"字。这个字是什么已无关宏旨，后来都叫王子婴次炉。墓叫郑公大墓，也有叫李家楼大墓的，最有名的还是这个炉。

韩：你见过实物吗？

张：没见过。见过图片，好多书上都有。实物收藏在河南历史博物馆，是他们的镇馆之宝。长方形，高三寸多不到四寸，口纵一尺半的样子，横一尺多点，纵部外沿有环纽，横部即两端有三节提链，底部有残足三十几个。铭文在横沿一端的内侧，不是竖写的，与横沿平行，给人的感觉是将炉侧立起来，横沿垫在硬物上凿下的。

这个器物，从发现的第二年起，就引起史学界的争论，几十年没有断过。争论的焦点集中在，这个炉是哪个国家，谁人的器物，再一个就是，怎么到的郑国。当然认为是郑国出的，就不存在这个问题了。还有就是，这个郑公大墓是哪个郑公的。

最先提出看法的是王国维，一九二四年写了《王子婴次炉跋》，说：新郑所出土铜器数百事，皆无文字，独有一器长方而挫角者，有铭七字，曰：王子晏次之□炉。余谓晏次即婴齐，乃楚令尹子重之遗器也……古人以婴齐名者，不止一人，独楚令尹子重为庄王弟，故《春秋》书"公子婴齐"……子重之器何以出于新郑，盖鄢陵之役，楚师宵遁，故遗是器于新郑地。王国维同时指出，这件青铜炉器，其形制与纹饰具有楚国器物的特征，铭文字体亦为楚风。最后他得出的结论是，该墓主人，应当是葬于鲁成公十六年（公元前五七五年）鄢陵之战后的一位郑国的国君。时代在春秋中期，但他没有具体指明是哪一个国君。

郭沫若不同意王国维的看法。一九三二年他著文，认为婴齐应当是郑国公子婴齐，铸造时间应在春秋早期，鲁庄公元年即公元前六九三年。他认为王国维忽略了季节时令，"鄢陵之战，在鲁成公十六年六月二十九日，时当盛暑，令尹不得携炉以从征也"。况且败军丢弃之物，应当是晋军的胜利品才对，不会落入楚国盟军的郑人手里。后来发表的文章还很多，众说纷纭，莫衷一是。整体上看，还是认同王国维的多。

王子嬰次盧跋

新鄭所出銅器數百事皆無文字獨有一器長方而挫角者有
銘七字曰王子嬰次之□盧余謂嬰次即嬰齊乃楚令尹子重
之遺器也說文貝部嬰頸飾也从二貝又女部嬰頸飾也从女
頸其連也是則嬰一字案男子稱無飾嬰蓋專施於女子故字
亦从女作嬰此器又省作嬰从一貝與从二貝意無以異也又
次齊古同聲故盧聲之字亦从次聲徵之說文則餈餚同字餈
齋同字粢樏同字經典資爹亦作齋爹墻次亦作墻齊米茨亦
作粢齊粢盦亦作盧盦蠟螬亦作蠐螬又齊之名史記六
國表田敬仲完世家魯仲連傳並作嬰齊戰國策作嬰齊而傳

世陳侯因資敦陳侯因資亦弁作因資齊齎之異文也則嬰
次二字即嬰齊無疑古人以嬰齊名者不止一人獨楚令子
重為莊王弟故春秋書公子嬰齊自楚人言之則為王子嬰齊
矣子重之器何以出於新鄭蓋鄢陵之役楚師宵遁故遺是器
於鄭地此器品質制作與同時所出他器不類亦其一證然則
新鄭之墓當舞於魯成十六年鄢陵戰役後乃成公以下之墳
墓矣
盧說文云山盧飯器也又云山盧飯器以梛為之盧者山盧之器也
字亦作盆說文云盆籀也又云籀飯器也當五升秦謂盆為籀
又作籤方言云籤南楚謂之盆趙魏之郊謂之盆籤盆即山
盧合言之又謂之盆籤士昏禮注云籤蓋如今之盆籤盧矣
余謂盆籤盧本是一字隸釋所錄魏三體石經春秋盧之古
文作籤篆隸二體作盆籤者盧子之籤署上虞羅氏藏鄦侯敦

王国维《王子嬰次炉跋》

韩：为什么到了一九六三年你们会谈起这个话题？

张：这也是有原因的。一九六一年侯马上马村春秋大墓出土一批青铜器，李家楼郑公大墓那批青铜器在性质上，非常接近上马村十三号墓出土的器物，所以王子婴次炉和郑公大墓的话题又热起来。郭先生也认为郑公大墓的年代不应早到春秋早期，其年代应从王国维之说。王子婴齐，应是楚国令尹子重，而不是郑国公子婴齐。郑公大墓的主人，最有可能是卒于公元前五七一年的郑成公，或是卒于公元前五六六年的郑僖公。郭先生当时是这么说的，这些后来都写入他的《商周青铜器群综合研究》。这本书直到一九八一年，郭先生去世十年后才出版。

韩：你是怎么看的。

张：我基本上赞同王国维的说法，不过王先生在季节时令上确有疏忽。郭沫若注意到了季节时令，但他的算法不对。史书上说的鄢陵之战的时间，确是鲁成公十六年六月二十九，郭沫若以为是夏历，不对，春秋时期鲁国用的是周历，周历比夏历要早两个月，六月相当于同年的四月，天还冷，至少不是大热天，行军打仗完全有可能带着铜火炉。

看他说的那么自信，我问可有什么证据，张先生让我去北边书房取来《春秋左传注》，一套四册，杨伯峻注，中华书局出版。几下就翻到第二本八七八页，指着书页说了起来。

张：晋楚鄢陵之战，经文很简单，传文惊险曲折，能拍一部很好的战争题材电影。你看经文：

甲午晦，晋侯及楚子、郑伯战于鄢陵。楚子、郑师败绩。

传文里就说到公子婴齐了。你看：

郑人闻有晋师，使告于楚，姚句耳与往。楚子救郑。司马将中军，令尹将左，右尹子辛将右。

再看"令尹将左"下面，杨伯峻的注文：

令尹，公子婴齐子重，为左军师。依楚国官次，令尹在司马上。然司马为主军政官，此所以子反将中军欤？传世器有王子婴次炉，王国维定为楚公子婴齐所作。

至于怎么说鲁国奉行周历而不是夏历，你看前一页（八七七页）"十有六年春王正月"下的校注："正月十七日甲寅冬至，建子。"什么叫建子，先别管，我给你讲讲斗建。斗建明白了，建子的意思就明白了。

斗，是北斗，北斗的柄朝向什么位置，就表示到了什么季节，什么月份。以什么为正月，就叫"斗建"，等于说以斗确定时令。我们现在说的十二地支，就是子丑寅卯辰巳午未申酉戌亥这十二个字，在古代也表示月份，同时也有表示颜色的功用。古时每一个朝代，都有崇尚的颜色。崇尚什么颜色，就把什么颜色的月份作为一年的头一个月，就是正月。这也可以说是中国历法的一种政治性。比如秦国尚黑，就"建亥"，以亥为正月，殷人尚白，就"建丑"，以丑为正月。周人尚赤，就以子为正月，就是"建子"了。

现在用的农历，是夏历，过去春节时，家户门上往往写"斗柄回寅"四个字，就是看到天上的北斗星的把子，天文学上叫"斗柄"，指向寅位的时候，就是春天到了。当然现在农历正月斗柄已不在寅位，退到了子丑之间，这是因为岁差的关系，是另一个问题了。

韩：过去我在历史系念书时，老师也说过周人的历法比夏历早两个月，以十一月为正月，脑子里怎么也转不过这个弯儿，觉得十一月成了正月，那四季不就乱了吗？照你这么一说，就清楚了。只是时令对照的月份不一样了，该怎么着还怎么着。比如"七月流火，九月授衣"，就知道这"流火"是星位，表示到了秋天，九月是初冬，当然要"授衣"了。

张：你上过历史系，知道这些，好些人认为"七月流火"是夏天，热的跟着了火一样。前几年太原一家报上就登过这么一篇文章，听说写文章还是个有名的学者。

韩：我们单位有个年轻人在报上写文章纠正，好些人看了还说不该揭人短处，甚至说理解成夏天是约定俗成，不足为怪。还说我们的吧。

你说了你的看法，郭先生是什么意见？

张：郭先生说打仗是周历四月，发兵就更早，带个铜火炉是情理中事。至于这个郑公大墓，是郑成公的还是郑僖公的，我俩看法一致，都认为应该是僖公的。大墓的形制不合常规，器物虽丰厚，却有点草草而葬的意思。成公是正常死亡，不会这样对待。僖公是被宰相子驷害死的，正符合为了掩饰弑君真相，给以厚葬又草草完事，不顾形制的特点。

韩：你的这些看法，尤其是关于"建子"的看法，没有写成文章发表？

张：这只能算大家的失误，对我来说，不能算什么大的发现。再说一九六三年，还正是我潜心读书的时候，没有写争辩文章的兴趣。郭先生这个人很豪爽，跟他聊天还是有收益的。

韩：看来那次聊天，给你留下了印象，收益是什么。

张：要做好学问，就得多跟名家交往，他们的优点，可资借鉴，他们的缺点，可以引起自己的警惕，避免重蹈覆辙。做学问，还是要像顾炎武那样，每立一论，泰山难移。

韩：郭先生要是活着，听了你这话一定不受用。

张：郭先生这个人，我还是尊重的，只是我跟他做学问的路子不太一样。

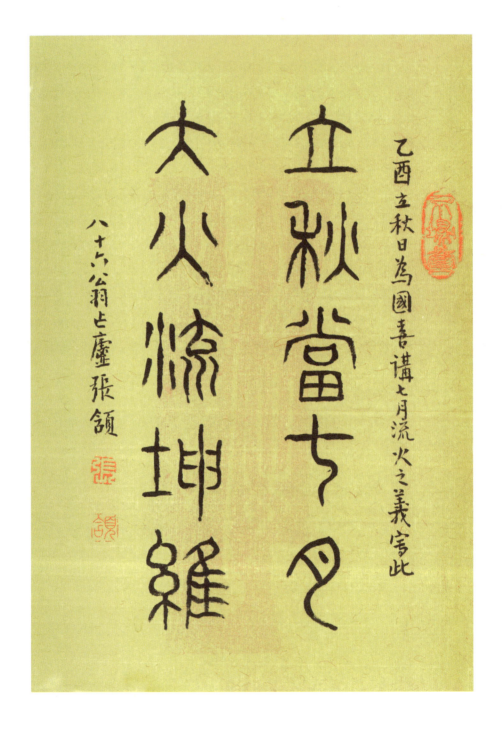

立秋当七月，大火流坤维。

# 二二 "壶"里做道场 6月5日 星期四

　　整整一下午，从《庚儿鼎解》谈到《陈喜壶辨》，话题没离开张先生的这两篇文章。重点在后者。

　　韩：翻看你的文集，我发现你还是喜欢跟人辩论的。

　　张：是吗？我一直觉得自己是老老实实做学问，不跟人辩论。

　　韩：可你一起手，做的就是辩驳文章，比如《陈喜壶辨》，后来还有《"贝丘"布文字辨正》《"贵海"铜印释文正误》《镜铭释文正误》《太原段帖释文指瑕》，不都是辩驳文章吗？

　　张：有的是辨正，有的只是个由头。

　　韩：看你的学术文集，觉得自从"鸟书戈"之后，你的学术文章进了一个层次。有两篇真是好。

　　张：哪两篇？

　　韩：《陈喜壶辨》和《庚儿鼎解》。这两篇文章，能看出你后来的学术风格。

　　张：你是说，从这两篇小文章，就能看出我后来形成风格的考证方法？

　　韩：是的，可用精细二字概括。我注意到这两篇文章的写作时间，《庚儿鼎解》发表在一九六三年第五期的《考古》上。《陈喜壶解》发表在一九六四年第九期的《文物》上，这样的文章去了就会安排发表，也就是说，一九六四年夏天你还在写文章。这年十月你就抽到"四清"工作队集训，不久就进村了。接下来就是"文化大革命"。可不可以说，"鸟书戈"那篇，是你考古学术生涯的肇始，而这两篇文章，才是你一生事业的分水岭。如果说此前你还是个懂业务的领导干部，有了这两篇文章，就是一个文物考古方面的专家。具备了这个资格，后来挂帅整理《侯马盟书》，就成了顺理成章的事儿。

张：你这个分析有道理。从一九五八年担任考古所所长，这些年我一直在钻研业务，巴望自己能成为一个合格的考古学者。

韩：你看，这些年山西的考古发掘在不停地前进，你也在不停地前进，发掘需要考证才能见出更大的成绩。就像两个人都在往前走，总会在一个路口遇上。侯马盟书的发现，就是这样的十字路口。今天不着急谈盟书，还是说说你怎么在"壶"里做道场吧！

张：怎么说我这是壶里做道场呢，同样的意思，说"壶里春秋"不好吗，也暗合了"皮里阳秋"的说法。

韩：我的这个说法，是从"螺丝壳里做道场"套过来的。壶里做道场，虽说地方逼窄些，但能在这么小的地方做开道场，得有大本事。至少你是在这里练下了大本事。还是先说"庚儿鼎"吧。

张：这事儿我记得清楚。侯马上马村有个东周墓群，一九六一年省文管会和考古所，做了一次考古发掘。十三号墓出土铜器最多，其中有两个大鼎，大小相同。看看书（翻出《张颔学术文集》），口径是四十厘米，足高十六点五厘米，腹部有两层蟠螭文，中间绚索纹相隔。两鼎花纹、铭文大致相同。铭文三行二十九字，在腹内，断开是：

佳正月初吉丁亥郐王之子
庚儿，自作飤鯀，用征用
行用龢用鬻，眉寿无疆。

郐同徐。从铭文上看，这是徐国的器物。铸鼎者是徐王的儿子，按业内规矩，可叫做"庚儿鼎"。那些年我对青铜器的著录做过研究，查看了一些资料，对这一对鼎的来路就有了大致的判断。

《两周金文辞大系图录考释》是郭沫若早年在日本完成的一部重要的著作，权威性很高。书中著录了七件徐器，跟我们的庚儿鼎文字风格大致相同。徐国七器铭文都有韵，此鼎也一样。细看鼎上文字，笔势流畅，舒朗奔放，与七件徐器中的沇儿钟和王孙遗者钟非常相近。庚儿鼎中的"庚"字，与沇儿钟铭文"徐王庚"三字中的"庚"字写法非常相近，两器上的"儿"字也非常相近。还有一些相近的字就不必说了。关键在于，这个"庚儿"在徐国王室中排在什么位置。

郭老《大系》的考释，对徐国七器排列了先后次序（指指文集里《庚儿鼎解》一文）。前面的对比别看了，重要的是这一段。你自个看吧。

张先生有点累了，仰靠在垫高的枕头上闭目养神。我接过书看下去。这段文字是这样的——

此次侯马东周墓所出土庚儿鼎，与沇儿钟铭文中"徐王庚之子沇儿"的徐王庚当为一人。因之，它在文字风格上和沇儿钟、王孙遗者钟极相近似。但在时间上，庚儿鼎较沇儿钟要早一些。如前所述，徐王鼎和宜桐盂是较早的徐器，宜桐是前器徐王之孙，当铸造于同时，二器文字风格相近，比较端庄浑厚。庚儿鼎是徐王庚为世子时所作，沇儿钟是庚儿为王时其子沇儿所作。此二器时间先后衔接，文字风格由规正变为豪放。王孙遗者钟的文体既与沇儿钟"如出一人之手笔"，遗者自称王孙，很可能是徐王庚之孙，亦为徐王庚在位时之铸造器。如果遗者是容居的话，那末容居往吊于邾，他代表的或许是徐王庚或其子沇儿。因此，庚儿鼎、沇儿钟和王孙遗者钟应在春秋中叶以后，即郭院长所说"与鲁襄公同时"。

由上所述，侯马所出庚儿鼎，不但为徐器增加了一件新材料，并且使已著录的徐器的相互关系得以更明显一些。

至于这个庚儿鼎怎么到了晋国，还有墓主人的身份，张先生文中亦有考证：

由以上引述不甚完备的材料来看，可知徐与邻国接触最多的是吴、楚两国，其次是齐。我们没有找到徐与晋有过什么来往，既未一同参与盟会，也未有过战争。因此，为何会在晋国出现徐国的铜器，成为问题。由两鼎铭文来看，它们不是媵女之器，所以可能是通过吴、楚等国的关系辗转流入晋国的。

徐与吴、楚、齐的关系，或友或敌，时常变化。吴有时伐徐，有

庚儿鼎铭文拓本

时救徐。楚既与徐、蔡等共同伐吴,有时又伐徐。齐亦伐过徐。徐最后在公元前五一二年为吴所灭,徐子章羽流亡至楚,作了楚的附庸。与徐有关系的楚、齐、蔡等,都与晋有过战争与盟会的关系。特别是吴与晋更较密切。通过这些关系,徐器流入吴、楚,再由吴、楚流入于晋,都是很可能的。关于诸侯之间以宗器相赂,《左传》屡有记载。

歇了一会儿,精神好些,又坐了起来。

张:侯马第十三号墓主人的身份,当时没有看到其他文字材料,不易推断。这个墓规格不大,随葬品数量也属中常,还称不起大墓,恐非晋国君卿显族之墓。晋国从平公以后,三卿强大,但晋室仍然维持其奢靡的排场,若为晋公族之墓,应该不会如此简单。但墓中出土了别国的较大的宗器,则又非一般人而可能是晋国大夫一类人的墓。墓中随葬的别国宗器,可能由晋侯受赂于他国而转赐其臣下的。《左传》有记载,襄公十一年郑"赂晋侯以……歌钟二肆及其铸磬……晋侯以乐之半赐魏绛"。也可能是接受别国赠予的,如《左传》襄公十九年,鲁"贿荀偃束锦加璧乘马,先吴寿梦之鼎"。

前面说过,庚儿鼎与沇儿钟、王孙遗者钟为同时之器,它们可能作于鲁襄公(公元前五七二——前五四二年)时,正当晋悼公、平公之际。此时期,吴季札、郑子产和齐晏婴都到过晋国。庚儿鼎之入晋,或许在这个时期。

张先生说话的当儿,我不由得想,《庚儿鼎解》毕竟只是一种印证,有"徐王之子庚儿"的既有铭文,等于给了个路径,只需照直前行就是了。真正见出张先生考证功夫的,该是一年后在《文物》上刊出的《陈喜壶辨》,那才叫个精彩。果然,一提陈喜壶,张先生就精神一振,眼睛也亮了起来。

韩:我发现一辩驳个什么,你特来精神。

张:"余岂好辩哉,余不得已也。"山西的这么一个铜器,让人家说来说去,我们自己提不出一个看法,太丢人了。我这个考古所长脸上也无光。

韩:记得以前聊天时你说过,嵩山一个庙里的墙上有首诗,其中两

陈喜壶

句是"争似满炉煨榾柮，漫吞吞地煨烘烘"。这篇《陈喜壶辨》虽有点激愤之作的意思，但从考证的态度上说，却是"漫吞吞地煨烘烘"。

张：你算是说对了。考证这种活儿，不能急，急了不定哪儿要出丑。这个壶是山西博物馆的老家当了。还是省政府文物室的旧物。我记得清楚，一九五二年的时候，太原有个古董商人叫王复元，我们叫他王掌柜，手里有这么件铜器，文物室的何泽农先生知道了，买了过来。再后来文物室撤销，这批铜器就归了省博物馆。我有时去省博库里，见了这个壶总觉得很亲切。至于考证，从没有想过。有人做过研究，断定为田齐之器，铸造风格还是拿不准。最重要的是，铭文多处剥落锈蚀，难以解读。都知道这是个正经课题，该做深一步的探讨。

转机出在一九五六年。这年秋天，上海博物馆的马承源先生来山西参观，我参与了接待。马先生当时正在做殷商青铜器研究，后来出版了编著的《中国青铜器》一书，他来山西就是收集青铜器资料的。看了陈喜壶，很感兴趣，他走后省博就将陈喜壶的照片和铭文拓片寄赠。一九六一年第二期《文物》上，他发表了《陈喜壶》一文，文中直指铭文中的"陈喜"即为陈僖子田乞。能在青铜器中发现一个史籍中著录的历史人物的名字，这是很了不起的，一下子就引起全国史学界的重视。《文物》编辑部趁势展开讨论，好多学者都写了文章，集中发在一九六一年《文物》第十期上，计有于省吾、陈邦怀、黄盛璋、石志廉等人。于省吾的文章名字我记得就叫《陈喜壶铭文考释》。这些文章，虽然在铭文考释方面互有出入，但一致认为此器是田乞之器无疑，黄盛璋先生更认为该器对于春秋器断代颇关重要，至少给齐国铜器增加了一件标准器。

大约一九六二年春天，中科院考古所的安志敏先生来太原，看了陈喜壶，带回图片资料研究，有不同的看法。在同年《文物》第六期上发表了《陈喜壶商榷》一文。于省吾他们的文章出来后，我就有自己的看法，当时觉得还不成熟，也是有些胆怯，就没有写文章；安志敏的文章一出来，我又对自己过去的看法作了慎重思考，觉得自己还是有道理的，就写了这篇《陈喜壶辨》，在一九六四年第九期《文物》上发表了。我的文章发表后，考古界和文博界的朋友见了，都说考证严谨，不落他人窠臼。

针对安志敏先生指出铭文有可能是镶补上去的说法，我的看法是：

壶颈内部，铭文的四周与颈内壁间，确有显著的高低不平的痕迹，但是，如细致地观察，便会发现它实为铸造的痕迹而不是镶嵌的痕迹，过去有许多铜器，采用分范合铸的办法。侯马所出土的铸铜陶范可以作为参证，例如编钟上的每个枚都是用小块零范单独雕制，制成后再嵌于钟的外范上合铸。如此就可以想见，用单独一块母范刻制成正面阴文的铭文，再翻为反面阳文的正式铭文范，然后再把它嵌入壶的内范中合铸之。侯马出土的陶范中，就发现了单独的铭文陶范。正因为采取嵌铸法，所以在范与范接合处如果修整不细的话，自然会出现高低不平的痕迹。至于陈喜壶的铭文部分与壶颈内壁的色泽，原是一致的，我们为了观察铭文，几次使用酸物起锈，故而铭文部分呈现淡红色。

陈喜壶的双耳和环，也不能认为是后人拼凑上去的。的确，它的双耳是压在器身纹饰之上的。但这种现象在一些铜器中是习见的，比如侯马上马村墓葬出土的铜壶上，在耳部脱落之处，便可以看到原来被耳所掩的花纹。再比如侯马陶范中，也发现了一部分专门铸造壶耳和鉴耳的范。证明这零件分铸的办法，在当时已被熟练地应用，甚至于某些器物是先铸其环，再把环套插于镈首的范中而铸镈首，镈首衔环铸成后，再把它接于器身的外范上浇铸。或者是等器身铸成后，把另外铸成的零件焊接上去，上马村墓葬出土的簠耳就是焊上去的，焊迹流铜，斑斑可见。正因采取零件分铸的关系，所以某些铜器的耳容易脱落，在脱落的耳足内常发现一些未能取出的内范。这些资料表明，陈喜壶的耳部叠压在器身纹饰之上的现象是可以理解的；它的耳部一旦脱落，经过后人焊接或是一些古董商人的粘接，而存在一些粘焊痕迹，也是可以理解的。

陈喜壶的壶耳和壶身，在格局和造型上也没有什么可以非议之处。安志敏先生文章中认为陈喜壶的耳，和壶身很不相称，其形制不同于一般的壶耳，相反的却和簠耳有某些相似之处，因而便认为是"后配"，这是值得商榷的问题。从许多壶、簠的耳部情况来看，除了少数特殊例子而外，一般的簠耳和壶之间存在着较为明显的差别。普通簠耳，带耳垂者差别极大不能相比，凡饰有兽首者，其兽吻均在耳的上半部；普通壶耳，凡饰有兽首者，其兽吻则延伸在耳的下半部。簋耳兽的耳部，比较圆浑，而壶耳兽的耳部则比较锋棱显著。从我在文章中附的一个壶耳对比表上，可以看出，陈喜壶的耳确为壶耳而非簋耳割下来移到这儿的。

再就是，我详细地测量并计算了，陈喜壶的耳环直径等于其壶身高度的五分之一。我从有关图录照片中选择了与陈喜壶时代差不多的几个壶作了对照，这些环的直径与壶身高度的比例，大致也是这个数。我有很具体的数字，就不必说了。耳环上的纹饰也不能认为很晚，上村岭出土的铜罐腹部就有这样的花纹。

总之，陈喜壶确实不是一件东拼西凑、移花接木的东西，作为一件田齐的真实器物是无疑义的。但是它在断代上的作用，正如安志敏先生所提出的，有再研究的必要。

韩：这才是最要紧的。于省吾、马承源、黄盛璋、石志廉这些人，可不是等闲之辈啊，你可倒好，要推翻他们的成说！

张：我心里还是有谱的。于老是前辈，其他几位，别看年龄大都在我之下，但在学术上都是早就有名望的人，反驳他们的观点，没有八分把握我是不敢下手的。学术上没有十分的事，有八分就不容易了。这就涉及到问题的核心，一个最重要的问题，首先是铭文中的"陈喜"这个人是不是"陈僖子田乞"，现在还难以遽下结论。铭文中的"鄙"字，仅仅是左半边作"喜"，还缺右半边半个字未弄清楚。马承源先生说是"似有笔画"，而判断右边的半个字可能是"欠"字，故省"欠"而作"喜"。于省吾先生说，喜字右侧从篆文的"亻"，隐约可辨，故认为是"僖"字。可是我们在金文字例中还没有发现过"僖"字，不只反面传形的僖字没有见过，就是正面的僖字也没有见过。相反的，在其它一些金文字例中，左旁书作喜字的则时常见到，如"壴"、"荳"二字，再如沇儿钟铭文中"永保鼓之"的"鼓"字。毛公鼎、齐叔夷钟，铭文中都有同样的例子。所以我们既不能遽然断定它为"鼓"字或是"艰"字，也不能贸然断为"僖"字，其道理是一样的。

从齐国铜器铭文校之，凡言"立事岁"者均书人名而不书懿美号。正如"国差𦉜"铭文中不书"国武子"或"国武"而直书"国差"（国佐）。"陈纯釜"立事者书"陈猶"，"陈骄壶"立事者书"陈得"。从这些例子来看，他们都是人名而非美号。如果"陈喜壶"立事者是"陈僖子田乞"的话，应该直书"陈乞"而不应书作"陈僖"。

再从一般金文习例校之，凡书作"喜"字者，皆为形容其欢乐而言，如许多钟铭中的"用宴以喜"的"喜"字。在一些有关文献中，也可以证明"喜"字有的作为人名，而不是美号，《尔雅·释诂》中说："……喜……乐也。"《诗·小雅·彤弓》中说："我有嘉宾，中心喜之。"《左传》昭公二十年："卫侯赐北宫喜谥曰贞子。"而在铜器铭文中凡懿美称"僖"之处均书作"釐"字，如罕鼎的"文考釐叔"，康鼎的"文考釐伯"，芮伯壶的"作釐公傅彝"等等。特别是田齐本身的铜器如陈贻簋铭文中亦书作"釐叔"，而这个"釐叔"，郭沫若先生则认为他即是陈僖子田乞。退一步想，陈喜壶铭文中也可能偶然书其美号的话，那么田乞当书作"釐叔"而不应书作"陈僖"。

我认为"陈鄹壶"之名，我们现在还不能称其为"陈僖壶"或"陈喜壶"，它只不过是半喜而已。至于铭文中立事岁者究竟是谁，那可能和陈猶、陈得他们一样，就不一定见于经传了。

说到这里，张先生微微一笑。这个人是从不开怀大笑的。这微微一笑，足可以表明他心里是如何的得意了。他以无可辩驳的事实，推翻了那么多高明的对手的成说。

韩：张先生，你这一番话中，你知道我最喜欢的是那一句吗？

张：你说！

韩："不能称其为陈僖壶或陈喜壶，它只不过是半喜而已。"半喜！在这么严肃的考证文章中，你还没有忘了幽一下默。不光这个字是半喜，他们的考证也不过是半喜而已。

张：只有你们当作家的，才会注意到这幽默，在我看来，不过是说了个简单的事实而已。光驳了人家的不行，还得有立，有自己的看法。这就要在他们说的"陈"字上做文章了。据我的考证，这个陈喜壶，其主人先就不姓陈。详细的材料与推理，文章里都写了。也就是说，学术界吵吵了一两年的"陈喜壶"先就不姓陈，眼下能确定的名字应当是"鄹□壶"，中间那个□可考的只有半个喜字。

韩：总得有个名字吧，就叫"半喜壶"如何？这一仗你是打胜了。

张：可惜刚开了头，正要大干一场，准备了好些题目要写，"四清"开始了，把我抽调到工作队去了。接下来又是"文化大革命"！

韩：这就是命，你的修持还不够，还要经历一番磨难才会委以大任。

张：前头的路是黑的，谁也不知道，知道了就不是路了。

舍南舍北皆春水，但见群鸥日日来。花径不曾缘客埽，蓬门今始为君开。

乙酉题日節 录杜工部句
八十六翁 張頷

中堂杜甫诗句：
舍南舍北皆春水，但见群鸥日日来。花径不曾缘客埽，蓬门今始为君开。

# 二三 李峪梦 6月24日 星期二

前些日子，张先生住了院。不是得了什么病，是他这样的干部的例行检查。入院是何日，我不知道，知道后的第二天去医院看望，病房里空荡荡的，没有花篮也没有礼品。我也只带了些寻常水果。值班护士告诉我，老先生的身体没有大毛病。再没有比这样的评价，更让人宽慰的了。大概住了十天的样子。

今天是出院后，我第一次去府上拜访。心里想的是，能谈就谈谈，不能谈就聊会儿天。去了才发现，是可以谈的。面色红润，精神健旺。桌上摊着书，旁边搁着放大镜。见我来了，推开书，呼唤保姆上茶。

说了几句闲话，张先生说还是谈正经的吧。

我说，那就谈谈你的李峪梦吧！

张先生没听清，疑惑地说：梦，你知道我昨天晚上做了个梦？问做的什么梦，说昨晚真的做了个梦，梦见有人让他看一篇学术文章，题名为《潏没运城大嵋镇水势研究》，还没看就醒了。名字记得清清楚楚。这个潏字不认识，就是这么写。真是怪了，梦里都是看学术文章，自己写不成了，给别人看。

韩：别人是钱迷心窍，你这是学问迷了心窍。说明你精神还好，还能看文章，还想写文章。

张：运城我没多去过，有没有个大嵋镇？

韩：有个嵋阳镇，就在我老家临晋镇东边二十里的样子，那儿是峨嵋岭的边缘地带，没有河，再大的雨也不会叫水"潏没"了。潏没是什么意思？

张：我也不明白，梦是胡思乱想，哪里会是真的。奇怪，怎么会做

张颔主持学术会议（上世纪八十年代）

这么个梦。这几天耳鸣，心焦，一鸣起来就跟有个电钻在脑子里钻，轰隆隆响，什么事也不能做。今天稍微好些。

韩：有意思。日有所思，夜有所梦，这些年没有写学术论文，心里焦急，晚上就做起梦来。我问你的梦，是你以前说过，总想有个像浑源李峪铜器那样的重大发现。这不是个梦吗？

张先生笑了：说到两岔了。我是这样说的吗？唉，山西考古人士都会有这样的梦。这是一个谜，到现在还没有解开。恐怕再也不会有人有这个福气了。说山西考古的历史，绕不开浑源铜器的发现。

韩：山西是文物大省，出土文物主要集中在晋南一带，怎么会在浑源发现那么多铜器呢。

张：《论语·子罕》里，颜渊说孔子："瞻之在前，忽焉在后。"考古发现这个事，也像圣人的遗教一样，看着在这里，忽儿又在那里。谁也不会想到浑源那样的地方，在上世纪二十年代出了那么一大批精美的铜器。

这几年，一说起倒贩文物，就说陕西、河南、山西，好像这三个省在考古上也该是一个水准线上。不是这么回事。陕西，是西周、秦、汉建都的地方，河南是东周、东汉建都的地方，历史文化深厚，地下文物丰富，在情理之中。山西除晋南一带，虽不时有地下文物发掘出来，在过去，无论质上还是量上，都不能跟陕西、河南二省相比。主要是考古上没有重大器物的发现。这几年还有些，除了侯马盟书，还有晋侯大墓礼器的发现，隋虞弘墓的发掘，但在山西考古所刚刚组建的六十年代，真正让人惊喜的挖掘几乎没有。所以朋友们嘲笑我这个所长是孔子的第七十三个贤人（闲人），不是没有道理。

在我没来考古所之前，就知道浑源铜器，当时不知道具体的村子，后来才知道，是浑源县李峪村出土的。当年真是震惊了全国，乃至世界。奇怪的是，此后几十年，沉寂无闻，浑源再也没有发现过类似的铜器。浑源铜器，正规的说法应当是浑源彝器。习惯了，我们还是叫铜器吧。

韩：说说具体的发现经过。

张：我去过浑源，实地调查过。有关资料，差不多全看过。

李峪山上青铜器的出土处

镶嵌狩猎纹豆（李峪青铜器）

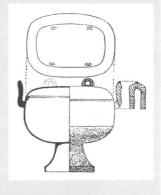

张颔绘李峪长方形豆器剖面图

牺尊（李峪青铜器·上海博物馆藏）

一九二三年浑源李峪村农民高凤章，在该村庙坡这个地方掘土，看到一条雨水冲刷而成的黄土沟里，部分铜器露了出来。高凤章开挖之后，地方人士闻风而至，争相掘挖，前后得到铜器几十件，均为战国样式，有特殊形式及价值。著名考古学家裴文中先生，事后曾去考察过，在他的《浑源县李峪村庙坡之彩陶文化遗址》报告中说，"据云，铜器在地下排列于一堆，曾有粗大之木梁拱卫。究竟为一墓葬或储藏之地，已不可知，将来亦无法开掘，只好存疑而已！"时伯齐先生在《浑源出土古铜器群图考》书前的序里，曾假定这批铜器的掩埋为"用以祭祀北岳"者，或根据浑源中学教员李君所谈，"为后魏名将某氏之冢墓，其生平雅好藏蓄古器物，后营墓于李峪堡，古器物尽殉焉……"总之，对李峪铜器地下埋藏之原因，谁也没有正式结论。

这批铜器的命运，真让人唏嘘不已。当时由于外国古董商，勾结地方官僚豪绅重金收买，很快有三十多件盗运到国外，分布在英、德、法、日、瑞典等国家的博物馆或私人手中，国内仅余十八件，虽说盗运出国未遂，也下落不明。全国解放后，仅上海博物馆搜集到几件精品。

韩：太可惜了。

张：铜器不见了，图录还是保存下来了。一九二九年山西省政府，对全省各县名胜古迹做调查时，未见原物，只依据照片"大略而命名"。一九三一年编印成的《山西省各县名胜古物调查表》中，著录浑源铜器十七件，缺陷是定名多不实，有叫"四足圆瓯"的，有叫"小圆筒带盆"的，一听就不是出于专业人士之手。地方上的绅士，也立了功。一九三五年浑源县的绅士麻国华先生编印《浑源出土古物图说》一册，石印行世，其中刊载铜器照片十八帧，除过法国人王涅克盗运走的，当时存在国内的，全印上了。这部分铜器，抗战前归"一山西军人所有，转押于北京一钱庄"，后来就下落不明了。说是一军人，实则是阎锡山手下的高级军官。那个钱庄，经我们那次调查，是北京打磨厂大德通钱庄。麻著中介绍的器物共十九宗，正副三十六件。所谓三十六件，包括器盖、器耳环、车辖等件。还有个日本人，也写了这方面的著作，叫什么记不清了。

韩：你的文章里有记载。日本人编的书有两种，一是一九三三年日人梅原末治所著《支那古铜器精华》中，著录浑源李峪铜器照片九件。二是一九三五年日本东方文化学院京都研究所出版的《战国式铜器之研究》一书中，刊载浑源李峪铜器较完整者三十余件，其中注有"在山西太原府某所"者十七件之照片，系麻书所载照片同底板洗印。集大成者是一九三六年商承祚先生编印行世的《浑源彝器图》。

张：你一说我想起来了。关于商先生这本书，还是有故事的。一九三二年的时候，太原并州大学有个教授叫时伯齐，得到麻国华所赠李峪铜器照片十八帧及尺度、重量的记述，就是后来麻书所刊载的内容。在麻书《浑源出土古物图说》石印出版的前一年，于一九三四年编成《山西浑源出土古铜器群图考》稿。他是教育界的人，路子总要宽一些，由一个叫于元甫的朋友介绍，送到金陵大学中国文化研究所印行，当时编者是商承祚先生，除了采用时伯齐稿中的十八帧照片外，还加上日人梅原末治《支那古铜器精华》中的九帧，于一九三六年编为《浑源彝器图》问世。时伯齐先生的序言，因送稿较迟未能刊入该书，在金陵大学校刊发表。时先生总是心有不平吧，又将原稿连同他与麻国华、商承祚来往函札编为《时氏守拙园稿》第五集。时氏原非专门研究铜器者，故原稿中对铜器的命名和花纹的描述，远不及商承祚先生《浑源彝器图》精确有据。

韩：一看这种关系，就知道时伯齐先生的书稿，与商承祚先生的书稿，是什么关系了。商先生不光善于做学问，还善于编书。

张：后来容庚先生在所著《商周彝器通考》等书中，对李峪铜器也有著录和论述。有这些中外出版物，你就可以想见李峪铜器当年在古文物界，产生了多大的影响。从此以后，人们对山西出土文物都企盼甚殷，然而几十年间，再也没有这样轰动中外的考古发现。

我对李峪这个地方的向往，可说为时已久，可以推到四十年代在太原办报的时候，盼着有朝一日能亲临其境，亲眼看看。当了考古所长后，总想着什么时候，去李峪勘探一次，看我们有没有运气，再挖掘出新的铜器。一九六四年八月，趁去阳高县勘察战国货币出土地点之便，偕同考古所的郭勇同志，绕道浑源，从八月二十一日到二十五日，对李峪庙坡一带作了勘察和简单的铲探，并在浑源县城和麻庄作了访问与座谈。

到浑源的当天，据浑源县政协副主席程醴泉、文史馆员韩之鲁诸老先生谈，自从一九二三年浑源李峪出土铜器以后，经过一些旧官僚、古董商历年的搜求，现在浑源县已见不到这些东西了。第二天我们到县文化馆参观，文化馆的同志从库房柜顶上取下两件铜器。一件为长方形豆形器，一件为圆形盖豆形器（足残）。据文化馆的同志谈，这些铜器从来没有人注意，未列入展品，上面也没有贴标签。我们问起来源，文化馆的同志只知道是前几年农村群众送来的，既说不清村名，也记不得送来人的姓名。馆内有的人记得似乎是麻庄（李峪西北六公里）的一个农民送来的。经我们到麻庄访问，并无其事，而且麻庄从来没有发现过那样的铜器。但这两件铜器，既非传世品，送来的又是农民，而非古董商和收藏家，所以这两件铜器系当地产物无疑。特别是长方形豆形器，其形式具有浓厚的李峪铜器的特色。对这两件铜器的考证就不必说了。说说大小和纹饰，你就知道多么珍贵。

韩：书上有记载。长方形豆形器，高十五点九厘米，口径长十五厘米，宽十一点二厘米，足高五点二厘米。盖沿为曲线涡雷纹带饰，器身口沿处亦为涡雷纹带饰，圈足，耳为绚索纹。圆形盖豆器，残高十八厘米，口径长十七点三厘米，足残，露内范。盖顶为蟠虺纹，盖肩部和口沿部有虺纹带饰，豆身口沿部分亦环以虺纹带饰，两环耳为雷纹中夹贝纹。你们当时的记录可是够细致的。

张：对它们的来历，还要说两句。这两件铜器，因为没有充分的根据，不能断然判定为李峪出土者，但经检诸文献，复向当地关心文物的许多老者访问，都说除李峪曾发现过战国铜器外，浑源其他地方再未发现过类似的铜器。据程醴泉老先生说，当年李峪发现铜器后，周围许多村的人都到李峪庙坡挖过宝。再据浑源麻国华《浑源出土古物图说》中称，当时铜器"毁弃散失颇多"。书中又说："当时发见古物甚多，人竞取之。"这也可以说明，李峪铜器当时流散到浑源其他村落者一定不少。再从这两件铜器的土花锈片看，绝非传世文物，又非最近一两年出土，因此我当时就断定这两件铜器乃李峪铜器的劫余之物，大概是近乎事实的。

我们在李峪村勘察访问期间，距李峪村约一公里的东湾村，有个叫张培荣的农民，送来一个残断的戈头，两个马衔，说是他十年前在李峪庙坡，距原来铜器出土地点不远处，割草时土中发现的。两个马衔，各长二十二厘米，和《战国式铜器之研究》图版中，法国人王涅克收藏的浑源出土的三个马衔形式完全相同。

李峪村农民高贵善也送来三件，一剑，一戈，一削刀的首部。高贵善即李峪铜器原来发现者高凤章的侄儿。据高贵善称：远在一九三三年左右，他的叔父高凤岐在距庙坡不到一公里的木瓜堰锄地时，还发现了铜鼎和铜镜。他的父亲高凤舞（与高凤岐均为高凤章的堂弟）知道后，也到木瓜堰挖掘，发现了铜剑、戈头等物。高凤岐的铜器，被当时土匪知道后，将高凤岐吊打逼索而去。高凤舞闻之，随即把铜剑、戈头等掩埋于院中，其时高贵善尚幼，只记得埋在院中，忘了埋在什么地点。直到现在高凤舞早已去世，高贵堂已四十岁左右，几十年前之事，本已隐约将忘，高贵善于七月间在院落挖兔窝时，忽将这几件铜器挖了出来。我们恰于八月间到达李峪，机遇不可谓不巧。

我们除了征集到以上许多铜器外，并到庙坡及其附近进行了勘察。勘察的时间较短，未能安排细密的钻探，只进行了一般的选点钻探。从地形上看，李峪村在浑源县城西南七公里的地方，一九二三年原来出土铜器的地点——庙坡在李峪村东南二公里处，一九三三年左右出铜器的地点——木瓜堰在庙坡东北，相距不到一公里。两个地点均在一个山坡上，都属李峪村管辖，后面是恒山。

我国古代往往选择这样的黄土高地作为墓地。从庙坡这个地点，不止一次地发现战国铜器，而且附近的木瓜堰也发现战国铜器的情况判断，原来庙坡所发现的铜器绝不是偶然的窖藏，也不是什么"用以祭祀北岳"者，更不是后代古物爱好者的墓葬。从许多迹象看，这一带可能是东周的一个墓葬区。同时我们在庙坡附近还采集到战国时代的陶鬲足，豆柄及盆的口沿。这块黄土高地，因水土流失坡度较大，在钻探中虽然未曾发现墓葬的痕迹，但从庙坡、木瓜堰以往历次发现铜器的情况看，这块黄土坡地土层中可能还会有没有露头的古代墓葬。

这些是我当年的考察，现在又过去几十年，并没有新的铜器发现，或许真的像当年有人推测的那样，是后魏名将某氏之墓冢，其生平雅好藏蓄古器物，后营墓于李峪堡，古器物尽殉焉。

韩：历史有时候是很吊诡的。有的人，从事某项研究一辈子，这个领域就没有大的进展，只能默默奉献，赍志以殁。有的人刚入某领域，恰逢这一领域突飞猛进发展，不经意间就会取得大成就。就说考古学界吧，一九二三年真是个祥瑞之年，河南新郑李家楼大墓出土那么多的铜器，山西浑源李峪又出土了这么多的铜器，文物发现也跟做生意似的，扎起堆啦。这种事，谁遇上是谁的福气，没有道理可言。

张：哪个从事考古工作的人，不希望自己手里有大的考古发现！或许是多少年来，我们考古所没有发掘过成规模的大型器物，像河南虢国墓那样。这样一来，我只能在一些小的器物上作精细的考证，比如对庚儿鼎的考释，对陈喜壶的辨析。虽说也能看出考证功夫，总觉得憋屈些。

崇宁先生早就进来了，站在一旁默默地听着。听到这儿，不知是没听清，还是听得太清，听出了话里的深意，对父亲的说法颇有些不以为然。正好这时张先生起身如厕，崇宁说：我爸这话欠考虑。一九八七年在太原一电厂扩建工程中，发现两座大型墓葬（其中一座的资料已发表），出土的青铜器上千件，其铜器纹饰与浑源李峪铜器几乎一致，而这两地出土的铜器纹饰，又与侯马铸铜遗址出土的陶范纹饰完全一致。考古学界一致认为，浑源李峪和太原一电厂的青铜器，都是侯马制造的。断代上，应属于春秋晚期，与侯马盟书属于同时期的东西。这些我爸是知道的，可能年纪大了，对新出土的东西记忆不深。不管怎样，说"多少年来，我们考古所没有发掘过成规模的大型器物"，总是欠妥的。

前面说了些什么，一时间我脑子里还反应不过来，总觉得崇宁先生性子急了点。纵然言语上有表达不完善的地方，这一大把年纪，张先生也只会说自己如何，而不会轻易对山西考古界，进而对考古所的工作成绩作什么总体的评价。本其心性，随意臧否，他老人家从来就不是这样的人。真要这样，张先生就可爱多了。另一方面，麻烦也就多了，是非也就多了。天下没有白吃的午饭，也没有白得的优秀品质。

张先生回来了，又接着他方才的话，重复了一句：是做了些事，总觉得憋屈。

韩：侯马盟书在等着你呐。

张先生笑了，快九十岁的人了，脸上漾开略带羞怯的笑纹。

# 二四 原平"五清" | 6月26日 星期四

说说四清吧，下午去了一坐下我就这么说。张先生揉揉手指，像惯常那样微微一笑，意思或许是，由你吧，便讲开了。

山西四清，全面展开，是一九六四年的事。这年十月，我们开始集中受训，十一月分派下去，我去了忻州地区原平县。当时忻州是个总团，原平是个分团。团下面还有队，工作队。正规的叫法是，社会主义教育运动工作队，简称社教工作队，因为主要工作是"四清"，又叫四清工作队。我在张村，是张村工作队的队长。手下有十几个工作队员，有省上机关的，也有地区机关的，县上机关的。

怎么会选上我当队长，我也不知道，想来我是省文物管理委员会的副主任，又是省考古所的所长。那时用人，讲究干部级别，我是老十四级，当个工作队长算是低就了。不过，我这个材体，也只能当个队长。

可能我年龄大吧，给我分的这个村子，就在县城跟前，东北方向五华里的样子。原平旧县城在崞阳，很长时间就叫崞县。一九五八年县城搬到原平镇上，就叫成原平县。现在叫原平市。

四清那一套，集训时就学过了，什么扎根串联，访贫问苦，明明解放多少年了，全是共产党的天下，弄得鬼鬼祟祟的，跟解放前做地下工作似的。四清，说白了，就是整顿农村干部队伍，把那些四不清分子，也就是所谓的走资本主义道路的当权派，清理出干部队伍。采取的方式，一是揭发，这是底下的，暗里的，二是批判，这是会上的，明里的。

张村的干部，还是比较好的。也有有问题的，不多，不外是多吃多占，借了公款不还。还有两个有男女关系问题。这种事，在农村不是什么大事，从来是民不告，官不究。有些工作队，把这个事儿当成大事，又是开会批斗，又是组织处理，弄得乌烟瘴气。

张颔六十五岁留影

　　张村是个大村子，有两个生产队。一个队里的问题稍为严重些，也夹杂些家族矛盾，宗派斗争。到了冬天，该着批判定性、退赔处理了，上面不断督促，各村的运动，一下子升了级。有的村（工作队）封了四不清干部的门，有的推走了人家家里的缝纫机、自行车。团部就在原平，我常去开会，每次去了总能碰上别的村的工作队队长，领上队员和积极分子去团部报喜。有的敲锣打鼓，有的还抬着清来的缝纫机等物件。

　　一次开完会，分管的副团长问我："张所长，你们那儿怎么没有动静啊，是不是回到自己村里，撕不开脸面啊？"自己村里云云，是说我姓张，又到了张村，等于回到自己村里。是开玩笑，也是批评。我也笑呵呵地说：村里不是没有问题，有个队长占用公家的钱不少，退赔一时也退赔不了，我已让他写了还款计划，保证明年年底全还了。其他人就没问题了吗？想不到他倒步步紧催。我说，干部里头，不是中农，就是贫下中农，连个富裕中农也没有。借钱最多的一个是贫农。逼得太紧了，阶级阵线搅乱了，我可担不起这个责任。

　　我担不起，他也担不起，往后再见了也不催我了。

　　上头不催了，村里的几个积极分子又不满意了。有的说，他已缴了入党申请书，运动过后还想入党哩，运动中没有突出表现，入党的事怕要黄了。也有的是跟大队干部有矛盾，想在运动中狠狠地整对方一下，出口恶气。有个出身雇农的中年人，就属于这种情况。会上气势汹汹地质问我，说我是老右倾，"面不慈，心太软"。老右倾这个说法，是工作团开会时，有的同志给我提的意见，不知他是从哪儿听来的。想来是工作队里的人给透的气。

　　我也没有批评他。散了会，把他叫到我住的地方，跟他说：你说我是老右倾，没有关系。明天我就左起来。那个大队干部的问题，就那些，不过是多借了大队的钱，再就是一点男女关系。我把他整上一顿，运动一完，我回到省上，还是我的考古所所长，你想过你没有？现在谁都知道你是积极分子，一直跟他过不去。你只有一个女儿，还嫁到外村，他可是有三个儿子，个个都是生货，真要处理了他父亲，往后三个儿子能饶了你？

　　这一说，那中年人一下子明白过来，连声说，还是张队长真正关心他这个雇农。并表态说，他不是心眼多坏，实在是感谢毛主席共产党领导贫雇农翻了身，想为毛主席共产党出些力气。既然张所长这么说，他就不闹腾了。几个积极分子不闹腾了，村里就安宁多了。直到我们撤离，张村都没出什么事儿。

团里对我有些看法，报告到总团，想不到的是，总团还表扬我，说我严格执行党的农村政策，没有过激行为，说我这个队长工作细致，有政策水平。后来村里还有人来太原看望我，说有的村子四清过后，宗派矛盾加深，多少年都和睦不起来，张村没有这种四清后遗症。那几个四清中受到批评的干部，也心服口服。

我哪有什么政策水平，不过是不愿意整人，不愿意瞎折腾罢了。张村的一位大队干部，我也开会批评过他，过后他对人说，张队长在咱们村搞运动，跟那些二杆子不一样，政策掌握好，为人心眼好，上头下头都能交代得过去，"心心也熟了，皮皮也没焦"。

在张村，没事了也会写写诗，抒发自己的情怀，记得有首诗前几句是这样的：

我来古代州，夜发原平道。
滹水寂无声，月色临蒿草。

这是半首诗，下面还该有几句，写不出来了，一直再没写。

在张村我还做了件大事。

一去了张村，就发现这是个文化蕴含极为丰富的村子，有些文物就在地表上，比如古长城遗址，烽火墩，碑刻。怎么会派我来这么一个村子呢？好像哪个领导同志，故意给了我这么个文化考察的机会。当时心想，谢天谢天，一定要趁此机会，在这儿做一次详细的文化考察。这也是对自己这些年，读书学习功夫的一个检测。以前也做过文化考察，比如对长平古战场的考察，那时还没有入了考古这一行，只能说是结合实地作文字上的辨析，还说不上是真正的文化考察。好些规矩都不懂，好些术语都不知道。

张村考察，可说是我进入考古这一行后，做的一次正规的古文化考察。用了六七个月的时间，从一九六四年十一月进张村开始，到一九六五年六月这一期四清结束，转到另一个村为止。

先说一下张村的地理和地貌。

前面说了，张村位于原平县城东北五华里，也就是二点五公里处。东北为磨头村，东南为东营村，西北为武彦村，张村居三村中心，辐射距离各一公里。村东通向滹沱河岸边，有毛家梁和碾坡梁两条道路，西南通往原平城里的，有南泉和范家玮两条道路；西北通往武彦村，有后河、冀家卜城道、大马地等七条道路。这些道路的名称，沿用时间很长，绝非近四五十年（就当时的时间说的）所开踏的蹊径，也绝非古代的通行大道，而是村与村之间和垄亩之间的便道。清朝以前的通行大道，当在张村西南二至三公里处，就是由原平通往崞阳镇（原崞县县治）的大道。原平在明清时期，设有驿站，介于忻口、崞县之间。沿路烽堠遗迹，历历可见。

有了要搞古文化考察的想法，下次从太原回来，就带来了经纬仪、天文望远镜等小型仪器。

经过我的测定，张村方向三百三十四度。崞阳、原平一带的古庙、民居和崞阳旧城的方向均偏东，大约三百二十度至三百三十左右。根据我对地貌的观察，方向偏东的原因，盖与当地山川走向有关。主要是由于滹沱河的方向，在崞阳、原平一带为东南流。两岸高山、丘陵、台地等均顺乎此势。古人傍水而居，滹沱河沿岸古代遗迹不少，张村滨河当无例外。

张村在平川地，海拔七百公尺，地理坐标东经一百一十二度三点五分，北纬三十八度七点六分，稼禾蔬菜较全，唯地势下湿，土薄风多，一般在地表下一公尺左右见水。每到春天，村中巷道行走需穿雨鞋，群众盖房、筑墙，一般不挖基槽，土地冬天冻成坯，春天消融后又能下陷，故房屋不甚牢固。这和历年来长城外沙碛南移有关。近年发现长城外草原跳鼠已蔓延到原平、定襄一带，原平附近小沙丘增多，滹沱河沿岸沙碛增厚，地下水位上升。一九六三年在武彦村出土的东周货币的层位，即在距地表深不到一公尺的地方，证明二千年以前战国时，现在的武彦一公尺以下还可以埋藏器物，当时的水位并不像现在这样高。而张村与武彦相距仅一公里，情形当无区别。

张村东南一公里东营村，有两座小山突起，像两个乳峰，上有明代的两个堡垒，呈油篓形，群众叫"油篓山"，像是远古洪水沉积之遗存。滹沱河的泛滥线，东岸到不了峙峪村脚，西岸到不了张村碾坡梁。而峙峪村和碾坡梁，均有古代文化遗迹发现，正合古人傍水居住的规律。这表明，东自峙峪西，西止张村碾坡梁东，在这零点五公里宽的河床正中，正是近两三千年来，或更早一些，滹沱河泛滥游移的范围，而在此期间滹沱河没有改道，这一带古文化不致有大的破坏。地势下湿，地层不清，又给考古工作带来一定程度的困难。

张村周围沙丘甚多，考察其成因，当为历年来风沙所堆积。这个结论获得的根据，一是张村西零点四公里多的"弓进芝玮"，当地称坟为玮，存有墓碑一通，碑身大部分沉埋沙堆中，只留碑额，经拨剔发现"大清嘉"三字。清代嘉庆时所立墓碑，仅一百六十来年积沙即高二公尺左右。再是张村西约一公里处，弓氏"南院坟"地，墓葬中有大清咸丰六年（公元一八五六年）之墓碑已被风沙沉埋一点五公尺左右。沙丘坡度为零点八至十二度。这就证明埋葬时的地表并不和沙丘高度相平衡，而接近于现在的地表。因此可以推断，古代的遗物保存在现在地表之下当属不少。

先看张村周围的古文化遗迹。

由原平到崞阳的古道沿途明代烽火墩台很多，武彦村南北各一，张村北也有一个，残高四点一三公尺，呈方形，边长七公尺，方向十八度，夯土层厚度十二至二十六公分，接近根基处较厚些。为平夯法，外砌以砖，大部分已剥落。明代建国后，除大事修筑长城（边墙）外，沿长城设九边重镇，这些边镇普立烽墩。"山西镇"为九边重镇之一。张村墩台附近的瓦片和现在的瓦式接近，唯稍厚一些，正反面均无纹缕，为明代遗物无疑。

更早的文化遗迹甚多。仅举一例。一九六三年五月，武彦村挖水渠时，曾挖出东周的布币两千二百余枚，刀币两千一百余枚，从货币文字所涉及的地望看，大部分是战国时赵国的地名，如邯郸、柏人、蔺、晋阳等（见一九六五年《文物》第一期《山西原平县出土的战国货币》）。

在滹沱河东，张村对岸的峙峪村，一九六四年九月，就是我们下乡的两个月前，在赵家垴高地挖地时，曾挖出一批铜器，现存省文管会。其中有一柄青铜短剑，已断为两截，剑身长五十公分，茎有三复，为春秋晚期及战国时期剑器的典型形制，上铸有"攻敔王光自作用剑"八字，"攻敔"即"勾吴"，光为吴王阖闾之名。吴国宗庙之器，竟在原平发现，正好我在这儿下乡，于是便调来了考古队的勘测队，在这一带进行勘察和钻探。结果发现，赵家垴高地是一个战国时期的墓葬区，地下还有十几个同时期的墓葬。战国时期，原平一带的地望属赵国，那么就可以肯定，赵家垴是一个赵国贵族的墓葬区。

峙峪村既有战国的重要墓葬区，相应的活人的活动地点一定不会很远。可能在滹沱河西一带平原，即原平、武彦一带。《史记正义》引《括地志》谓："原平故城，汉原平县也，在代州崞县南三十五里。"书中所说的汉代原平与现在原平的地望正吻合。从这一带汉代瓦片陶片非常密集的情况分析，书中所引《括地志》的记载是可信的。现在的原平镇旧城仅一条短街，不像汉县规制，汉代原平县古城大有希望在这一带发现。近代考古资料证明，汉代的县城有很多是在战国城邑的基础上扩大的。如汉代的杨县（在山西洪洞）即东周时的羊舌邑；汉代的临汾县（在山西襄汾赵康村一带）可能是东周时的绛邑；汉代的安邑县（在山西夏县境）即东周魏都之安邑。只要我们进行细致的工作，一定会在这一带找到与战国墓葬同时期的古城遗址。

至于赵国贵族的墓葬里，为什么会出现吴王光的剑器，也是有缘由的。

这首先是因为，自赵武灵王二十年以后，赵国的版图扩大到现在内蒙托克托一带，"代"地由赵国的北鄙变成了内地，这一带也就成为赵国的一个重要地方了。如果不是这样，张村隔河相对的峙峪，就不会发现有吴王光的剑器，随葬在赵国贵族的墓葬。东周时，晋国为在南方对付楚国，专门培养吴国，吴国的寿梦所以能称王而"通于上国"，全是仰仗晋国的力量。春秋末年，吴国被越国消灭以后，延陵季子之后，纷纷逃往晋国，特别是晋地做官者不少。吴季札封于延陵，称延陵季子，其后人遂姓延陵。在赵襄子时，有延陵钧，赵孝成王时有延陵玉，一直到西汉时，代郡还有延陵县的设置。因之，吴国后人把他们的宗庙之器带到赵国，为赵国贵族随葬是可以理解的。

说完附近村子，再说张村的古文化遗迹。

张村村外有烽墩，当与明代的军事防御形势有关。现在的张村小学内，一通清嘉靖二年的石碑上有文字："正德九年（公元一五一四年）甲戌，猃狁匪茹深入为寇……"说明这一带在军防上是很重要的。

张村东北角二百多公尺处，有一坟地，名为冀家玮，是一处古文化遗址。它的范围，经我以步踏勘（每步七十公分），东西宽度为一百八十九点七公尺，南北长度为二百二十七点五公尺。这处遗址内涵比较复杂，最多的是明代的瓦片，包括板瓦和筒瓦两种。其次为唐宋间的绳纹砖残块，还发现了一个唐代釉陶器底，有个弓姓社员挖地时还刨出一个北魏灰陶小瓶。比较早期的有汉代的绳纹陶片和绳纹、方格纹瓦片，也发现了和崞阳东门外同样的战国灰陶壶口沿。比较有意义的是，还发现了战国深盘豆的残片。坟地最老的一通墓碑，是明万历三十四年（公元一六〇六年）三月所立的冀明山墓碑，已仰仆在地。由此可见，冀家玮一带，可能从战国，经汉唐一直到明万历以前，均有人居住。万历以后已成为坟地了。

张村冀家玮战国文化的发现，在学术上具有很重要的意义。它在时代上已和武彦的战国货币，以及崞峪的战国墓葬相为吻合，文化性质连在了一起，对说明原平、崞阳一带的古代历史意义颇大。可以纠正《山西原平县出土的战国货币》一文中谈到货币被埋的原因时，说可能是因为武彦村仅系战国的交通要道和当时军事活动有关系的推测。根据今天的材料看，这一带在战国时代是一个繁荣的政治军事中心，不单纯是有关军事活动的交通要道。

张村这个名字是怎么来的，我也给他们考证出来了。

这得从张村在古史上的记载说起。据地面采集的资料和史料对证推断，早在东周时期，张村就可能成为居民点。这一带，在东周晚期，属于赵国的土地当无疑义。可以肯定，这一带的居民，大致从公元前四五八年左右，至迟从公元前三〇七年起，两千多年来瓜瓞绵绵，烟火未断。至于张村之名从何时而始，现在的张村和冀家玮文化遗址究竟有什么关系，根据现有的资料，可作一次初步的探讨。

先从近处说。我在张村，就听村里的老年人说，冀家玮原是古代的"万家庄"，是明初大将常遇春放火烧毁的。张村附近各村，都有"火烧万家庄"的传说。清光绪八年版的《续修崞县志》卷八《志馀》记载："明太祖洪武元年壬申徐达遣傅友德、薛显将步骑邀击贺宗哲军于石州败之，崞、忻、霍、绛、狝氏、平阳等处皆平。"注曰："相传明师至崞，弗下，乃退屯于万家街，敛兵十日不出，城守稍懈，陡焚万家街而纵兵攻城，州牧惧而遁，师攻北门而入。"这就是万家庄或万家街仅有的文字记载，而不言常遇春事。以今日地望考察，原平县城西南有地名"柳巷"、"半坡街"（即平地泉），均仿佛城市街巷之名，这一带也可能有一个"万家街"。这些地名表明古代，当不太远，这里也确有大的城市存在。但是冀家玮范围不大，不能屯大兵，瓦砾中也未发现过火烧的迹象。假若有万家街的话，冀家玮实不足以当之。

经我考察，可以断言，张村这个地名，在明洪武以前确已有了。据张村南梁东边，清光绪五年（公元一八七九年）所立的弓氏南梁祖坟碑文记载，弓氏原籍为静乐县柳子堰，明代洪武甲寅年（公元一三七四年即洪武七年）迁至代县西村镇，后嫌该地"风土浅薄"，又移至"张村"，"盖取弓长之义"。因为宣德七年（公元一四三二年）弓氏曾捐助过军粮四十石，于丙辰年（公元一四三六年即明正统元年）"奉旨授南梁沙滩荒地约十顷"云云。从这段记载了解，最低限度从洪武七年到宣德七年的五十八年中，张村之名已经有了。

另一个问题是，彼时之张村，是否即此时之张村？

据一些资料看，是有怀疑的。武彦村南北两个烽墩，均各距武彦村零点五公里，张村之烽墩却紧靠村落，甚至凸入村界，不合当时规制。墩位且在村之背阴，不易与其它烽墩呼应。由此推断，墩台之设，应比现在的张村为时尚早，张村之设当在明代早期或中期。从村里《观音阁记》碑文中看到，正德九年，在"猃狁匪茹深入为寇"的时候，"都察院总制陈，奉命来邑筑堡以保障生灵……张村在邑之南也……相其高原得中，选一隙地，东西四十一步许，南北四十九步许，以揲度筑削之役……名以张威堡"。

这段碑文告诉我们，正德九年（公元一五一四年），一、这里有个张村；

二、张村附近有个高原；三、在高原上筑了个堡垒，堡垒大致有五十平方米左右；四、堡垒叫张威堡。那么张威堡的痕迹何在？观音阁的痕迹又何在？

我以为，现在的张村就是在张威堡的基础上扩修而成的。现在的张村小学原为"佛堂"，乾隆十二年（公元一七四七年）《重修佛殿记》碑文和雍正五年（公元一七二七年）碑文亦称"张村旧有佛堂"，此称"佛堂"者，大有可能即原来"观音阁"旧址。

同时我认为，原来的张村就在现在冀家玮这个地方。当时现在的张村，比冀家玮地势高燥，《观音阁记》碑文中所说"相其高原得中，选一隙地"者，现在的张村当之甚为恰切。冀家玮比现在的张村地近河而低湿，自从正德九年筑张威堡，以后军事堡垒渐变为居民点，原来张村的人避湿就燥逐渐西迁至此。张村附近"东营村"者，亦是如此。原来也是兵营，军事作用逐渐消失以后，就变成一般的村落。张村由冀家玮迁到现在的村址以后，原来张村的旧址即荒凉下来，直到万历年间就变成坟茔了。

再就是，现在张村东北的关帝庙，在旧张村时为福胜寺，到新张村于清乾隆四年（公元一七三九年）改建为关帝庙，故现在关帝庙中乾隆四年《碑记》中说："村东越转武，有昔所云福胜寺者，代远年湮。"而成化二年（公元一四六六年）所立之《福胜寺记碑》（在关帝庙殿檐下），文中不说寺在村东，而说"张村中有古寺"。这些记载，对进一步研究原平县以及张村一带的历史都是有用的。

说到这里，张先生要去厕所了，一边挪动脚步，一边自嘲说："而今一无是处，惟尿频可骄人也！"

回来继续说下去。

"四清"结束的时候，工作队和村干部、积极分子在一起，要开个结束会。会上，除了谈四清的事之外，我还把我在张村作的古文化考察的情况，尽量用村干部能懂的话，跟他们说了。他们说，张队长来我们这儿，不是四清，是五清，把我们村的历史给弄清了。

离开张村，我们这个工作队又转到了另外一个村子，名字忘了。在

自拟联：文章千古事，浩劫十年身。

这个村里，运动搞得正紧张的时候，有次回太原，听文管会的同事说，在侯马电厂工地做文物勘探时，发现了一种用朱色写在玉石片上的文字。会是什么呢，不能不去看看。今天就到这里吧。

我说，听张先生这一席谈，真像上了一堂古文化课。

天色还早，又闲聊了一阵子。正说着什么，张先生递过一张照片，让我看照的是什么。细细地看了又看。是天上的云彩吧，不会这么乱，也不会有绿色掺杂其间；是山上的岩石吧，颜色不会这么淡，纹路也不会这么柔和。

是哪儿的墙壁吧？我说。再猜，张老说。该是你做的什么古董吧，砚台？我说。看我实在猜不出来，张老说，看看背面。一看，是首诗：

女娲炼石补天，余今剪纸补地。
平生一大发明，准备申请专利。

再看地上，一下子就明白了，那花纹正是地上铺的人造革地板块，经多年磨损后的样子。有的板块间有了缝隙，有的边儿翘了起来。张老说，前两天，他让保姆买来胶带，将破损、起边的地方，全用胶带粘合，正好三子崇宁过来看他，带着相机，就照了这么一张相。今天上午兴致好，作了这么一首诗自嘲。

张先生又说，今天真是小叩而大鸣，絮絮叨叨说了这么多。我说，说到你喜欢说的地方了。你这是寡人有疾，寡人好古呀。张先生呵呵地笑了，很是开心。

# 二五 盟书的发现 |

上次谈到侯马发现了朱书文字，我知道好戏开场了，今天下午通电话得到允许后，早早就到了张先生家里。似乎看出了我的心思，张先生笑笑说，你这个人呀，真是无利不起早，见利盼天黑——今天还早，当下黑不了。我说，我不是盼天黑，是盼天亮，上午就想来，有事耽搁了。张先生不知道的是，今天我是有备而来，往日瘪瘪的皮包，今天鼓鼓的。坐定后一边往出掏一边说，怕谈到盟书，实际还是想早点谈到盟书。张先生嘻嘻一笑，身子往前移移。

韩：这些日子看资料，我发现，侯马盟书的发现，整理，参与人员的组合，似乎冥冥中全是天意。就像一个大战役一样，早在多少年前，就开始部署兵力，向着既定目标运动，一旦强敌出现，立即聚而歼之。一切都是那样的自然，那样的充满着诗意。又像是一部好莱坞探宝大片，各路英雄汇集，历经艰险，探得宝物。就差有一个美女了。

张：你这是写小说吧。

韩：不全是想象。你的情况不用说了，山西古籍出版社新版《侯马盟书》封面署名的，还有陶正刚先生和张守中先生。你们三个人，可说是黄金搭档，各有所长，各有所司，离了哪一个，这场战役就不会打得这么漂亮，或者说，这活儿就不会做得这么完美。先看三人的来路，你是山西人，自学成才的古文字学者，正刚先生就不同了，江苏无锡人，南开大学历史系一九五七年毕业，学业优秀，先分配到中国科学院考古所，一九六一年"下放"到山西文物工作委员会，又被派到侯马工作站，从事考古发掘。守中先生呢，出身书香门第，少小师从邓散木学习书法，又师从商承祚学习古文字学，一九五六年来到侯马文物工作站，是

《侯马盟书》二〇〇六年修订本

工作站的筹建人之一。后来他的书法功夫，在描摹盟书文字，编制字表上，得到大用场。从年龄上说，你是一九二〇的生人，陶和张，一个是一九三六年，一个是一九三五年。这年龄结构多好！

张：照你这么一说，还真是这样。

韩：我们虽是访谈，但我最看重的还是文字材料。天下事真是奇了，前些日子，我还想着该不该去采访一下陶正刚先生，毕竟发现盟书时，他在现场。昨天下午我女婿整理家里一个小房间，为外孙作小书房，书柜里一个塑料袋子，里面是会议资料，问有没有用处，若没有用处，就放在废纸堆里处理掉。我多了个心眼，打开看了，你猜里面是什么。

张：我怎么能猜得出来，你说吧。

韩：是二〇〇五年秋天，我去侯马参加"晋文化暨侯马盟书出土四十周年研讨会"带回的资料。会上发了一大袋资料，也没怎么看，拿回来塞在书柜底层再也没有动过，不迟不早，昨天给翻出来了，够奇的吧。里面还有你一篇呢。

张：我没去啊。

韩：人没去，文章去了，叫《祝贺侯马盟书出土四十周年》。

张：想起来了。他们邀请我去侯马，年龄大了，腿脚不便，就写了这么篇东西，表示祝贺的意思。

韩：我觉得这篇文章还是有价值的，一是说六十年代初在侯马开展发掘的组织机构，二是由于陶范的出土，加上前人与今人的考察，你已断定侯马即晋国古都新田，有遗址遗物发现是迟早的事。我念一下你听。当时的组织机构是这样的：

一九六〇年，平阳机械厂建厂，厂址选在了堆积丰厚的晋文化遗址上。因此，国家文物局把侯马作为全国考古发掘的重点地区，抽调全国的一些考古人员到侯马开展工作并成立了考古发掘委员会；主任委员是当时侯马市委书记刘煜，副主任委员有两个，一个是山西文化局副局长景炎，另一个是我，我同时兼任侯马考古工作队队长，副队长有三位，即国家文物局黄景略同志，中国科学院考古研究所张彦煌同志以及侯马工作站站长畅文斋同志。当时，国家文物局副局长王书庄以及谢辰生、陈志德等同志也常来工地视察指导工作，可见当时侯马工地的重要性。

张：这是事实。你说我断定侯马即晋国古都新田，这我同意，好多人都是这个看法；说我断定必有重要文物发现，可不能这能说，这是两回事。有许多古都遗址并没有什么重要遗物发现。发现有其偶然性。发掘出盟书，正刚和守中是有功劳的。尤其是正刚，当时正在工地，我听说盟书石片刚出土，工地上帮助探查的学生见了稀罕，你拿他拿全拿走了，正刚知道了赶去说服同学们又交回来。

韩：在我从侯马带回的资料里，有一份《侯马盟书的发现与整理侧记》（回忆录之二），署名张守中、陶正刚，对发现这天有详细的记载：

珍贵文物盟书的出土是在一九六五年十二月中旬，张守中同志清楚地记得初次见到盟书时的情景。那天陶正刚同志正在工地值班，张守中吃过午饭，步行去工地换班，在侯马火车站南道口东侧，与陶正刚相遇。数九前夕北方野外的气温已降到零度以下，可想而知十分寒冷的。不知是因为天气冷若冰霜还是因为发现了珍贵文物，陶正刚同志脸色通红，见了张激动得几乎连话也说不出来。他从背包里取出用手帕包着的石片给张看，但当时张守中首先注意到的却是他正在颤抖着的手。石片上的朱色篆体文字（应称为六国古文）是清晰的，石片以及文字的数量都相当可观，张守中当时意识到这是一项重大发现，心情为之振奋。陶正刚同志又向张简要地介绍了盟书出土的现场情况：在电厂基建工地有曲沃县农业中学的师生在参加勤工俭学劳动，同学们在取土中首先碰到了盟书，一件件带土的石片，上面隐约有朱书字迹使同学们感到新奇，这个拿一片，那个拿一片，出土的盟书立时被分散了。陶正刚同志及时得到了消息，立即察看了现场，随即通过老师向同学们宣传保护珍贵文物的重要意义。经动员，已经分散了的盟书，重新又汇集到一起，这就是编号为第十六坑的第一批六十件盟书，其中包括十六坑三号篇，后来被郭沫若院长认为是盟书总序的一件重要标本。晋国是周代的重要诸侯国，铜器铭文或文物上文字资料奇少，从五十年代中期开始发掘晋国晚期都城新田——侯马市晋国遗址起，十余年基本很少见到有关文字资料的出土。我们天天盼望的文字资料终于第一次在我们手上发现了，并且篇幅很多，文字内容丰富，字数数量多，把陶正刚同志激动得流泪，连话也说不清了。事情已经过去若干年了，回想起这一段往事，实在后怕，倘若动员收回工作迟在下午或次日，那么六十件盟书能否安全无恙地收拢还是个问题。及时宣传文物政策，回收珍贵出土文物的功劳，是应该记在陶正刚名下的。

守中和正刚两先生都有功劳。如果那天上午是守中先生在工地，也会这么做的。

张：他俩都是优秀的考古工作者。

韩：下来一个问题，恐怕就不是这么简单了。我发现，你是怎么去工地的，又是怎么参加盟书整理的，两人的叙述与你的叙述不尽相同。按说这个问题并不重要，毕竟一九六五年刚发现盟书时，你就去了，毕竟一九七三年重新启动盟书的整理，你参加了。但是这些不尽相同的叙述还是让我感兴趣。

张：参照各家说法，概括一下不就行了吗？

韩：不，在这种事情上，我倒想各存其说，各是其是，因为它们都离事实不远，不过各自略有侧重而已。这种差异，既可看出其时社会的情状，也可看出人性的特质。最为可贵的是，这些差异，都没有违拗了知识分子的良知，反倒见出了人性的丰富。记得你在一篇文章里说过"多闻阙疑，慎言其余"，我取的正是这种态度。

张：哦，这里头有这么大的学问，我还真想听听。

韩：先说你是怎么到侯马的，再说你是怎样重新参加盟书整理的。我不说了，还是看资料吧。你的学术文集后面附有《张颔传略》，降大任先生写的，文末特意附了一笔，"本文完稿后复经张颔先生审阅核对"。换个说法就是，降先生的所写，也可视为你的所述。说到盟书出土，书里是这么写的：

"四清"之前，一九六〇年以来，山西侯马市发现有东周晋国文化遗址，开始发掘出不少有价值的文物。一九六五年底，张颔听到盟书出土后便向组织上请了七天假，奔赴侯马遗址现场考察这批重要的文物。实际只花了五天时间，就对当时刚刚出土的少数资料进行了全面研究，写出了《侯马东周遗址发现晋国朱书文字》一文，这是他专门研究侯马盟书的发端。（《张颔学术文集》第二三七页）

我所以重视这条材料，因为他比较早。降文后面标着时间，一九八五年九月。再看二〇〇五年九月你写的《祝贺侯马盟书出土四十周年》里是怎么说的：

一九六五年冬，在原平四清工作队我听说侯马出土了大批带文字的石片，我即向工作队请了七天假，赶赴侯马。在侯马的五天时间，我仔细观察辨认了这批石片标本上的文字，并写出了《侯马东周遗址发现晋国朱书文字》一文，谢辰生同志便把文章带到了北京，我随即返回四清工作队。郭沫若同志看了这篇文章后也撰写文章并确定为"盟书"文字，和我的文章同时发表在《文物》一九六六年第二期上。

也就是说，整整二十年间，你没有倒过口。要点有二，一是在"四清"工作队听说的；二是向工作队请假来到侯马。同一件事，在张守中、陶正刚共同署名的《侯马盟书的发现与整理侧记》里，是这么说的：

侯马出土朱书文字的消息很快传到了北京文化部文物局，文物局立即派谢辰生先生来山西侯马。当时交通很不方便，去侯马必定要到太原换车，路过太原市，谢先生来到山西文物工作委员会张颔主任家小憩，适逢张颔主任从原平四清工作点回到太原养病，正卧床休息。谢先生把这个重要的新发现告诉张主任，张主任顿时精神振爽，立即起床和谢先生一起坐上火车，熬煎了一夜到达侯马文物工作站。当年干部出差基本上是不允许坐卧铺的，都只能坐硬板车，太原至侯马需坐十余小时才能到达。会同侯马文物工作站畅文斋站长等许多同志共同查看了盟书标本，巡视了发掘工地。张颔先生立即动手，赶写了一篇文章，简略介绍了盟书出土情况并作了初步考释，同时提议让张守中同志试摹文字。

跟你的说法稍为不同，一是盟书出土是谢辰生到了太原才告诉你的；二是你与谢辰生一起来的。怎么知道的，并不重要，你的职务和兴趣，都会让你及时知晓这一重大发现。怎么去侯马的，属基本事实，该不会不记得吧？

张：我是独自去的，我到了侯马，谢辰生已经在那儿了。他们对我的事情比我知道得还清。我是向工作队请的假，用不着惊动他们。这些话，

侯马盟书发掘探方七竖坑现场

我先前也听说过，还是古人说的好，"大行不顾细谨，大礼不辞小让"。你也别做判断了，就让两说并存吧。

韩：我还想问个业务上的问题，你别见怪，我是确实不懂。这个问题是，山西的侯马有了重大考古发现，应该是山西文物局先知道，还是北京的文化部文物局先知道？有没有个报告程序或是工作纪律？

张：当然是山西文物局先知道，再报告中央文物局。这是常识，还用问吗？

韩：好，我明白了。再一个事，是"文革"中你怎样又重新参加盟书整理。这回先听陶张二位是怎么说的，还是在《侯马盟书的发现与整理侧记》里：

时光在流逝，到一九七三年盟书出土已越八年，我们介绍给学术界的仅仅是些零星资料，对盟书整理工作的搁浅，张守中同志当时就心急如焚，虽向有关方面呼吁，但难以得到响应。到了这一年秋季，终于有了一个开展工作的转机。当时任国务院图博口副组长的王冶秋同志来到山西，他先到大同，检查大同云冈石窟，为周恩来总理陪同蓬皮杜总统参观云冈石窟作准备工作，又绕道五台山，然后来到太原。八月四日下午，和张守中同志住一室的王传勋同志接到指示，随车到五台山接王冶秋局长。守中同志得知这一消息后，在他出发前的瞬间，给王冶秋同志写了一封简短的信，大意是说侯马盟书出土已久，一箱箱标本均在太原，盼王冶秋同志有空能过目，希望能对盟书整理工作给予支持。守中同志嘱托王传勋同志将信交给省文物工作委员会书记张新华同志，面呈王冶秋同志。八日王冶秋来到山西省文物工作委员会看了盟书标本；张新华书记又嘱咐守中同志于九日清早到迎泽宾馆面见王冶秋同志。守中带了几册盟书摹本于早八时赶到宾馆，向王冶秋同志作了汇报。这一天上午省领导邀请王冶秋同志在省图书馆会议室为文博图书干部作报告。王冶秋在谈到出土文物古迹的整理研究工作时，明确提出要及时公布重要资料，不要积压，更不要垄断。关于侯马盟书，他提议尽快整理出版，把材料公布于众，便于科学界共同研究。王冶秋同志的一席话，对盟书整理工作是个极大的推动。事后省有关领导及时召集会议，抽调人员，成立了侯马盟书整理小组，有张颔、陶正刚、张守中三人参加工作，经费方面给予了大力支持，工作房间也作了相应调整。从此以后侯马盟书的整理编写工作，有了一个相对稳定的良好环境，大家的心情是十分高兴的。

在你的复出上，正刚先生也做了工作。还是这篇文章里头，接下来是这么说的：

> 张颔先生"文革"期间，受到极左思潮冲击，被揪斗，关牛棚，被强制劳动多年，直至一九七三年还关在牛棚，被强制劳动。时年已五十四岁，他曾自叹："马齿徒增五十四，地球白转二千三。"这次成立盟书整理小组，就张颔先生能否正常参加工作，还是个谜，请求机关领导，在那多事之秋，一些新领导还刚刚从牛棚出来，不敢表态。为此，陶正刚同志专程跑到省委宣传部，找到宣传部副部长、文化厅厅长、党组书记卢梦同志；卢梦经过思考后很有胆量，冒着风险，同意张颔同志参加盟书整理工作。从此，张颔同志一下子被解放出来，其投入工作的愉快心情和实干劲头是不言而喻的。经过大家充分讨论和研究后，张颔同志分工撰写盟书的释文和考证。

张：说的都是事实。为我出来，他俩都尽了力。

韩：上文中说，"经过大家充分讨论和研究后，张颔同志分工撰写盟书的释文和考证"。我想问的是，会不会有另外一种情况，就是，经过大家充分讨论和研究后，其他一位同志"撰写盟书的释文和考证"，你来临摹盟书文字。你的毛笔字不错，该是写得了的。

张：你说的是什么呀，曲里拐弯的，我听不懂。

韩：听不懂也好。下面说的，你肯定能听懂。关于你的复出，降大任的《张颔传略》里是这样说的：

> 一九七三年，国家文物局王冶秋来山西。在王的直接过问下，山西省委决定对侯马盟书进行全面综合整理研究，同意由张颔负责这一工作，于是他回到了热爱的本职岗位，并同陶正刚、张守中组成了整理盟书的三人小组。

在《祝贺侯马盟书出土四十周年》里，你的说法就更为具体：

一九七四年，"文革"还没有结束，王冶秋同志来山西，建议省委王大任同志把我从"牛棚"中"解放"出来，对侯马盟书进行综合整理。参加这一工作的有陶正刚、张守中两位同志。

张：你真是作家，平日看你大大咧咧的，原来心细如发。争究这个做什么，都是同事，最后胜任愉快地完成了工作，比什么都好。

韩：从你的叙述里能看出一种自信，你原是文工委的副主任，当过考古所的所长，又当过侯马考古工作队的队长，你既然出来，不管名头是什么，实际上就是领导这一工作。而在陶张二先生的叙述中，说其时是"文化大革命"时期，你早被打倒了，关进"牛棚"强制劳动，是他们奔走呼号，才将你解放出来。因此这个三人小组里，彼此是平等的，没有主次之分。

张：你是不是太较真了？

韩：不是故意较真，是从这些不同的叙述里，隐隐约约地感受到了一点人性的什么，仍在知识分子人格的范围内，却又有着那个时代的气味。话是这么说，我最看重的，是你的另一篇文章。

王大任同志，"文革"前是山西的省委书记，那时有第一书记，还有省长，他这个书记，实际上是第三把手，主管文卫宣教。他一直很关心你的工作。"文革"后，他恢复了工作。在《王大任纪念文集》中，收了你一篇《是知音，也是向导》，里面也说到这件事。是这样写的：

我是什么情况下出得牛棚来呢？也和大任同志有密切关系。一九七三年他又回省里工作了。原来国家文物局局长王冶秋同志来山西和大任同志提出，把我从牛棚里解放出来，让我对侯马出土的盟书进行综合整理。于是成立了三个人的小组，参加者有原来在侯马考古工地进行发掘工作的陶正刚和对盟书进行过临摹的张守中他们两位，我是做文字识别与文辞训诂及历史考证的。每个人各有专重，缺一不可。据我所知，王冶秋曾在太原担任过教员，大任同志是冶秋的学生。我在"文革"中也算挺过来了，又拿起笔涂抹起来了。

王大任同志一九九九年去世，这本书二〇〇一年出版，你的文章只会写在这两年之间。比给侯马会议写的贺信要早几年，再加上又是专为纪念王大任同志而写的，在这件事上，就写得细些。从你们两方面的文章中能看得出来，盟书研究的启动，你的复出，是各方面共同努力的结果。我最欣赏的，是你对你们这个小组的评价，"每个人各有专重，缺一不可"。这还不就是我说的"黄金搭档"吗？

张：我一参与，文字考释的工作，只能由我来做。这个基本事实是谁也改变不了的。我且问你，以你对当年山西学术界的了解，推测也是一种了解，除了我，谁还可以担负侯马盟书整理考释这个任务？

韩：没说的，只有你。

张：王冶秋是这样认为的，王大任是这样认为的，别的人也不会不这样认为。这就是当时山西考古界的基本事实。如果这个事搞全国会战，我给那些考古名家拉下手都不一定要。山西嘛，且让老夫出一头地。你笑什么？

韩：和张先生交往这么多年，交谈不下几十次，什么时候听张先生说话，都是轻言慢语，心平气和，单怕冲撞着什么。今天算是听了张先生几句有气派的话。虽说有气派，也不过是稍稍提高点音量，但对你这样的人来说，已极不容易。看来再平和的人，也会偶尔露峥嵘的。这个话题打住，还是谈谈你到侯马后的情况。

张：多少年没碰上"大活儿"，当听说侯马勘探现场发现了大量朱书文字，你知道我有多么激动吗？你想像不出来。我说一下你就知道了。考古中，文字占的分量很重。器物的型制，当然也有讲究，形状纹饰有差别，但不会很大。工艺上的改进，总是微乎其微的。文字可就不同了，一个字一个样，每个字传递的都是独特的信息。中国古代青铜礼器中，铭文字数最多的，是西周宣王时期的毛公鼎。高五十多厘米，口径四十多厘米，鼎内铸有铭文四百九十九字，内容记载了周宣王对毛公的诰命和赏赐，为研究西周晚期社会历史提供了重要资料。毛公鼎系清代道光末年陕西岐山礼村出土，后归山东潍县陈介祺收藏，现藏中国台北故宫博物院。我考证过的庚儿鼎，文字算多的，三行二十九字。这些年我们也挖掘出一些青铜礼器，形制都不大，有字的也多是五六个，七八个，且漫漶不清。这次侯马站传来的喜讯是，一片片玉石叠压在一起，上面

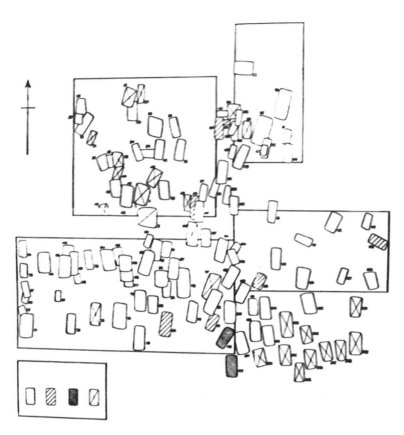

侯马盟书出土范围

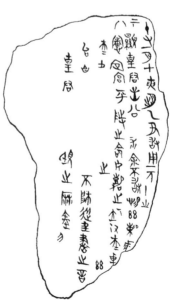

《侯马盟书》（摹本）

密密麻麻全是朱书文字。你想，我听了这个消息，该是多么兴奋，恨不得马上就赶到侯马工地上去！

当时我已从驻村的工作队抽出来，到了四清检查组。运动到了后期，要检查验收各工作队的成果，才成立这个组，正在太原集中，还没有去检查的地方。请了七天的假，说单位有重要事情让我回去处理，就坐火车去了侯马。

到侯马已是下午，冬日天短，不等洗漱完毕，天色已暗了下来。先去研究室看了那些玉片，知道了文字的笔画和颜色。正是冬天，有些土块掰不开，他们是整块土运到工作室，搁在桌子上。好处是室内不生火，冻土消不开。看完出来，工作站的同志说坐车累了，歇歇吧。我说不用了，趁天还不黑，现在就去工地。那儿是侯马电厂的工地，也是东周遗址的勘探区，我们平常也叫它工地。不远，我们几个人相跟着去了。有我，有谢辰生，有陶正刚、张守中，还有一两个人，边走边说，不等走到工地，勘探的情况已了然于胸。到了工地一看那些探坑，实物，虽说还不能给个确切的答案，怎么一回事心里已大致明白了。

韩：这地方我去过，在侯马电厂的办公区，院里围起一片地方，像个花池似的，旁边立着一块石碑。

张：当时我们去了，看到的还是一片庄稼地，麦地，正是冬天，麦垄儿冻得瓷瓷实实的，只有几个探坑露在那儿，上面苫着席片。里面的东西，都取走了。坑口距地表六十至七十厘米，坑内大都是牛、马或羊的骨架，牲首方向多为北偏东五至十度。不是所有的坑里都有盟书，有的有，有的没有。多是集中在一个坑里，有石简、玉块、玉片。石简长约二十厘米，宽约三至五厘米。玉块、玉片大小不同，形状各异，最大的不过一拳掌，每件上均有朱书。伴随玉块玉片出土的有玉圭、璋、璧、璜等祭器。他们已将大批石简连同冻土一并取回，因文字容易脱落，尚未敢剔动。

第二天，我们在一起，详细核实了发掘的经过，各人谈了对这一发现的看法，决定由我对朱书文字作进一步的研究，并及时地报道出去。我用了三天的时间，关在我的办公室里，细细地研究这些石简、玉块和玉片，反复辨识上面的朱书文字。

对文字风格，我的看法是，与东周铜器《栾书缶》《晋公盦》有相

张颔晚年修订《侯马盟书》

仿处，其笔法与战国时期楚国的帛书、信阳书简有相似之处，但略浑厚。连同土块一并取回的玉简，尚未剥离，不便察看。我能察看的是散见的玉块、玉片，共有六十件，都是在十六号祭祀坑出土的。文字大多漫漶不清，比较清楚者仅有十二件，但字迹多脱落，不能见其全豹。

经过识字、联句、篇章缀合，发现每块玉石上均各书写一篇完整的文字。最多者九十三字，一般为九十二字。内容基本相同，只是篇首祭祀人的名字不同。只有第三号玉片上内容不一样，也是记载祭祀之事。书法有的纤巧，有的洒脱，不像是一个人的笔法。有的字迹小到零点四厘米。笔锋非常清晰，一看就是毛笔书写的。正因为每篇文字内容相同，这样对复原章句就有很大的方便。根据五十九篇残断文字，经过缀合临摹，基本上恢复了原来的面貌。因字迹模糊，辨认困难，有个别字可能临摹得不够准确。就这样，整篇文章，大致上全考释出来了，意思能看得出来。最让我感兴趣的是，那篇复原的文字中，出现了"上宫"二字。

"上宫"当指所祭祀的宗庙而言。晋国的宗庙，见于文献者有"武宫"、"下宫"，还有一个"固宫"，不一定是宗庙。"武宫"为晋武公的宗庙，地点在当时的曲沃，晋文公和晋成公即位时都曾朝于武宫。说明晋国在景公迁都新田之前，所朝祀的宗庙为"武宫"。赵氏灭族，史称"下宫之难"，此事发生在景公十七年（公元前五八三年）迁都新田之后。下宫之难，注家未及，从文义省察，赵氏灭族之事可能发生在"下宫"。而下宫与祭文中的"上宫"正相对，故上宫亦当为晋国的宗庙。玉片祭文中既说"不敢……不守上宫"，可见上宫离祭祀之处当不会很远。

还有几个考证，不一一细说了。我把自己的这些看法写成一篇文章，名为《侯马东周遗址发现晋国朱书文字》，托谢辰生带回北京给《文物》杂志，第二年第二期刊出的。没想到的是，同期刊出的，还有郭沫若院长的一篇文章，叫《侯马盟书试探》。后来听人说，侯马发现朱书文字的事，引起了中科院的关注，让山西送去几个玉片，供郭院长作研究用。

郭沫若是有名的考古学家，也是古文字学家，他对这个发现当然会感兴趣。郭老主要是考证了主盟人赵章即赵敬侯赵章。同时他据盟书上的人名"邦"判断，《魏世家》等史上说的"公子朝"、"公子朔"都错了，应当是"公子邦"。我觉得，郭老还是武断了些。我后来考证出，主盟人"子赵孟"乃赵简子赵鞅，不过这是后话了。郭老最大的一个功劳，是将这批朱书文字，定为"盟书"。

在侯马住了五天，文章写成我就回到太原，参加四清检查组下乡去了。请了七天假，一天都没耽搁。

郭老对我们的工作评价很高，说"张颔和其他同志们的努力是大有贡献的"。

韩：先前你也说过这话，可我在郭沫若的文章里没有找见。你的学术文集里附录了郭老的文章，后来细看，原来在郭老文章后面附的手稿里。毛笔写的，印得又不太清，细细辨认，这话在最后一段。下面有说明，说"郭沫若同志在校样上有修改"。原来是手稿上写了，发表出来的文章上没有，不管怎样这话是说过的。听你谈盟书，真怕很快就谈完了。

张：不会那么容易，"文化大革命"还没有开始呢。

韩：今天所谈的，已超出了"盟书的发现"这一话题，接触到了盟书的整理。不过还没有谈到正式的整理，只能说是廓清了外围的疑难问题，可以窥见其堂奥了。

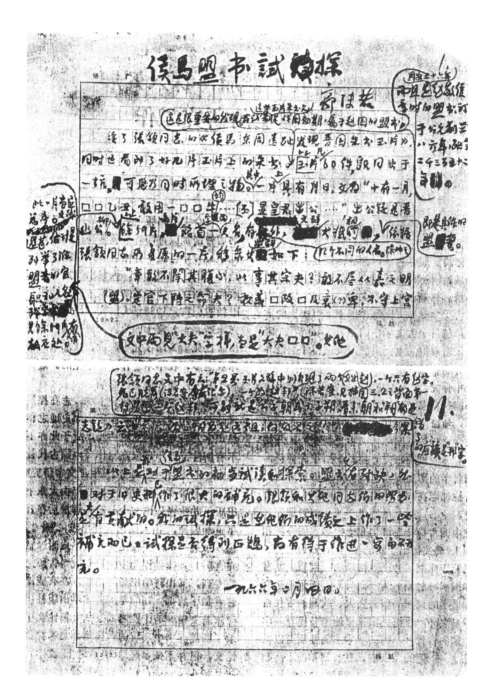

郭沫若《侯马盟书试探》手迹

致张守中信札

# 二六 二堆居士

　　每次去了谈什么，有时他知道，有时并不知道，常是坐下闲扯，扯到什么感兴趣的话题上，就扯开了。那种按部就班的访谈，对他并不适合。年龄大了，有些你以为重要的事，他反而没什么印象，或是谈不出什么。由着他说，或者逗着他说，常会有意外的收获。兴致会激活记忆。

　　按我的设想，今天要谈的是"文化大革命"。我早就发现，张先生嘴上说他不在乎"文革"，不提了，事实上在他心里，总是块心病。只是他从不疾言厉色地表达，而是出以讥讽，自嘲，既见出他的旷达，也见出他的无奈。

　　主意已定，问他近日看什么书，说《吕氏春秋》，没事了，闲翻翻。前两天，林鹏先生来访，说起一个掌故，他当时说了出处，怕有误，找出来看看，还好，几十年了，记忆没有背叛他。

　　我说，跟你打了这么多年的交道，有个感觉是，有你不知道的，绝没有你含糊两可的。你那脑子，部件精密，既经记住，就错不了。张先生笑了，说，你别说，还真是这样。这可能与我记忆时就下了硬功夫有关，要么记住，准确无误，要么忘了，一干二净。

　　我说，林鹏先生是研究《吕氏春秋》的专家，我去他家看过，明清以来，各种《吕氏春秋》的本子，收罗了十好几种。做学问就得这样，你把有关的书都看过了，也就可以说是专家了。就怕看书不多而夸夸其谈，这样的人，没有不偾事的。

　　张先生说，刚才看《吕氏春秋》，又看到那一段，说《吕氏春秋》完成后，吕不韦在咸阳城门张榜，说谁能增益一字，奖十金。我的这个本子，多年来一直翻看，有什么心得随手记在天头上。上午大致数了一数，我若生在秦国，能得千两黄金。就是黄铜，也还是值钱的。

我说，以你的学问，吕氏定然待之如上宾，如国士，那你就是范睢、张仪一流的人了。当时可以衣锦还乡，后世的声名可就要大打折扣了。

张先生说，不一定在秦国，有周一代，直到战国，哪个国家我都可以找到工作，还是体面的工作。位列朝班不敢说，在卿大夫的家邑中，谋点事做，还是有把握的。那些国家的文字，我都能辨认书写。比如一个寿字，我一看就知道，是山东地区古代齐、鲁、薛哪一国的文字。有的字，还能分出是古齐所用，还是后来的姜齐或是田齐所用。这都是年轻时下的功夫，现在不过是假其余威而已。年轻时，真是下了大功夫。别人是珍惜寸阴，我是连分阴也珍惜。看到年轻人白天睡午觉，体育活动，都认为是堕落。

我说，你这一生，真是个奇迹，年轻时用了功的，后来都见了效，没有白下过的功夫。比如，年轻时本是学篆刻学会的篆字，后来用来辨识钟鼎文字，年轻时因为藏书太少而只能读先秦典籍，后来做古史考证，秦汉以下原本也就没大用处。可说是，看闲书都没白看了。就连你当小伙计受的训练，说起来是个耽搁，可想想解放后严酷的斗争，没有当小伙计屈了性子，练下委曲求全隐忍不发的功夫，由着从你妈那儿遗传下来的烈性子，解放初不出事儿，五七年准出事儿。你那方闲章，"皇天生我意何如"，是感慨自己生不逢时，命途多舛，要叫我说，真该改为"皇天为我费苦心"才是。

张先生说，或许是因为不堪造就，上苍也就弃之不顾，让我自由自在地成长了。庄子说，樗木以不材而自全其身，此之谓也。我如果有一点长处的话，就是仔细，认真。那套《中文大辞典》（说着指指旁边的柜子），台湾学者编的，大陆翻印了，一套几十本，都说编得好。我接触的古文字学界的人，都夸精确无误。可我刚拿到手，不经意地一翻，就看出了一处错误，不是手民误植什么的，是编的人写错了。你把那本拿过来，就是第一册。

扭身从旁边的书架上将书抽出奉上。

张先生翻到二二三页，指给我看：你看"三武"一词的释文："北魏之道武，北周之武帝，唐之武宗，皆禁佛，令僧尼还俗，佛家称为三武之厄。"你再看我批的这几个字："不是道武帝（拓跋珪），而是太武帝（拓跋焘）"。

我说，你该给他们去封信，让改过来。

张先生说，嗨，不止这一处，要指出就该全指出，可我没那个精神了。再说，咱们这个本子，本来就是八十年代的盗版，说了还丢人败兴。有的事，该说的我会说。比如古文字学界，不知听了哪位高人的高论，对《汗简》一书评价普遍偏低，认为字体不规范，出处不明确，我不这么看。经过几十年的使用，我觉得《汗简》中的字，大体都还是规范的，出处也是清楚的，即便有误识的地方，一点也不比别的字书多。因此上，八十年代中华书局问我，该先出什么古文字典籍时，我就推荐了《汗简》，他们很快就出版了《汗简·古文四声韵》，书末所附古文《碧落碑》还是我提供的。

说到兴头上，张先生两颊泛红，额上沁出细微的汗珠。

我忽然正色言道：张先生，咱俩访谈，已有多半年了，对你的性格，我一直在考虑，总也把握不准，你究竟是个谦虚的人，还是个孤傲的人，进一步，究竟是个真诚的人，还是个虚伪的人。学术是学术，品格是品格，这么说你不会生气吧。

张先生一错愕，很真诚地说：我有什么让你怀疑的吗？

韩：不是，是有些我难以理解的东西。

张：具体点，我听听。

韩：比如对那些伤害过你的人，对历次运动中受到的冲击，公开场合，或是跟不很熟悉的朋友谈话时，你总是说，过去的事就过去了，群众运动嘛，谁能没个头脑发热的时候。你很大度，原谅了那些在运动中整你，甚至打你的人。可是我看，实际上你没有忘记，用毛主席的话说，就是阶级敌人他们人还在，心不死，时时刻刻妄想恢复他们失去的天堂。

张老笑了，说：有那么严重吗？

我说：现在看，当然没有那么严重，要是再来一次"文化大革命"，就有那么严重了。

张先生说：具体点，具体点嘛。

韩：我说了，你可别嫌。你给自己起了一个室名叫"不扫堂"，一个号叫"二堆居士"，都还刻了闲章，不就说明你对"文革"中遭受的屈辱念念不忘吗？

张：这意思别人也能看得出来？"不扫堂"一般人会以为是"一室之不扫，何以扫天下"的意思吧。

韩：换个人用了"不扫堂"作书斋名，别人会想到"一室之不扫，何以扫天下"，意思是不拘小节，志在天下。你用了可就不一样了，谁会认为这么一把年纪的大学者，冒充愣头青？再说，你的这两个名号常连用，想到"二堆"是什么，马上就会猜出"不扫"是什么了。

张：二堆不就是二堆黄土吗？

韩：你给别人可以这么说。我第一次听二堆，就想到了，这二堆呀，一堆是"不齿于人类的狗屎堆"，另一堆当时没想到，过后也想到了，是"扫进历史的垃圾堆"。两句最后一个字都是"堆"，此二堆之由来也。二堆明白了，"不扫"也就明白了。两句起始的两个字，一个是"不"，一个是"扫"，此"不扫"之由来也。出处相同，用意无二。还有你写的那些对联和诗，明眼人一看，其用心就不打自招了。

说到这儿，我取出复印的《长甘诗存》，翻了几下，指着一副对联说道：你看这副——

毛公语录天天斗，汤子盘铭日日新。

张：这是纪实。汤子铭盘，是有名的东周彝器，上面刻的铭文中确有"日日新"三字。毛主席说过，阶级斗争要年年讲，月月讲，天天讲。天天讲还不是天天斗吗？

韩：即便是纪实，一摆在一起，反讽的意味就出来了。借用"文革"时期的语言说，可谓"狼子野心，昭然若揭"。好了，不说对联了，说这首诗吧，叫《界限》，也是纪实吗？你听：

界线一缕若游丝，苍狗白云作幻姿。
美人琵琶迷绝塞，将军骅骝失雷池。
匠师草草费绳墨，辩士滔滔饰壮辞。
不才驽马多俗步，愧无华藻释君疑。

张先生笑了：不是我狡辩，真的是纪实，还有典故呢。"文革"期间，有个部队的朋友，来我家里聊天，说他怎么也明白不了"界限"这个词儿。今天跟这个划清界限，明天又跟那个划清界限，划到后来连自己都糊涂了，保不定哪天把自己也划进去了。他要我给他解释，我也解释不清，便写了这首诗送他。过不久他调走了。又过了一年，他们单位的人来外调，原来他出事了，在他的笔记本上发现了这首诗，以为是他写的，他没办法，只好说是我写的。我那时正在"牛棚"里，就坦然承认了。

韩：不会这么简单，这首诗够恶毒的了。将军、匠师，都该是有所指的，辩士滔滔饰壮辞，什么叫壮辞，不就是毛主席语录吗？壮辞二字就是讽刺。

张：你要用这种"敲骨吸髓"的办法钩索诗义，牵其强而附其会，我只有低头认罪了。

韩：张先生，逗乐到此结束，今天你还是说说你在"文化大革命"中的事吧。只有实话实说，我才能知道你那些谐趣对联，和幽愤之诗，是小叩而大鸣，还是大叩而小鸣，抑或不叩自鸣。

张：哪用你绕这么大的弯子，一上来就说"坦白从宽，抗拒从严"，我就老老实实全交待了。提起"文化大革命"，真是让人心寒。运动我也经过几场，哪一场都没有这场这么荒唐，这么残酷。这就不叫个运动，叫什么呢，叫灾难都轻了，该叫炼狱，把你老祖宗的底儿都翻了，把你心里的底儿全翻了，把你的尊严和自信全打掉了，然后呢，还说你心不红志不坚，掌不了无产阶级革命的权，接不了无产阶级革命的班。几年的事，扯起来没个完，还是简单点说吧。

运动刚开始，我还在原平搞"四清"，不在工作队了，在检查组。到八月份，全国都乱了，四清搞不下去了，我们工作团的好几个头儿，都叫本单位揪回去批斗。检查组附设在团部，干部级别相对低些，倒还没有乱，但也无工作可做。正当彷徨无依的时候，我们单位来了几个人，也是文物系统的造反派，把我揪回来了。一回到单位，就赶上揪斗走资派，因为文物工作委员会是一个单位，我只是个副职，以为不过是陪斗，没想到，一上了批斗会，矛头全对准了我。这才知道，别人只有个走资派的头衔，我还多个"反动学术权威"的名头，斗起来说辞多些。

前面几次批斗，图了热闹，戴个纸帽子，弯腰屈背，站上两个小时，衫子都湿透了。大会批斗，听起来可怕，实际上只能说是可笑，真正厉害的是小会批斗，俗话叫"拼刺刀"。记得当时还有个歌儿，就叫《拼刺刀》，有这么两句我还记得：拼刺刀，拼刺刀，看谁的刺刀硬，看谁的刺刀红。可怕吧，就是要刀刀见血，才是英雄好汉。

我们单位的小会，一般都在机关的会议室开。革命群众坐在下面，我们几个人站在上面，有人上来发言，也有人在下面乱喊，不管是发言的还是乱喊的，说要你回答，你都得回答，不回答或是回答得慢了，就有人领着喊口号："张颔必须老实交待！张颔不交待，就砸碎他的狗头！"

对我的批斗，主要是两个问题，一个是出身，我一直填的是工商业者。他们就说，既是工商业者，就是开商店的，要我交待家里有什么浮财。这也怨我，刚解放时，组织上动员我回介休参加土改，若回去，给我家划成分肯定是贫农，还能分房子分地。我嫌麻烦没有回去，觉得自己都参加革命了，要房子和地做什么。实际上，哪是什么工商业者，我是店员，跟雇农一样的。再一个是党员问题，说我假党员。我说，我是北京解放前夕入的党，关系在北平城工部。单位还真的派人去北京调查，一查我确实是城工部的关系，他们就没话可说了。

最可笑的是，说我利用给孩子起名字这个事儿，反对伟大领袖毛主席。

我记得是一九六八年秋天，军宣队进驻了文物工作委员会，歇息了一年多的批斗会，突然又开张了。一次机关开批斗会，军宣队的一个连级干部主持。忽然有人在下面喊：张颔反对伟大领袖毛主席，他给他的两个孩子，一个叫狗狗，一个叫毛毛，这不是反对伟大领袖又是什么！我早就怀疑他的用心！

他说是毛毛，实际上我的孩子叫的是猫猫。狗狗，猫猫，我喜欢这些小动物，就给孩子起这么个贱名。要说我这两个孩子，大的和二的，名字都还挺革命的。老大叫张纪林，解放前出生，一直叫狗狗，解放后到了一九五三年，幼儿园上完，要上小学了，这才想到该起个学名。当时正遇上斯大林死了，全国人民都在悼念，我就顺便给孩子起了个名字叫张纪林，意思是纪念斯大林，把革命进行到底。老二叫张立茂，奶出去没接回来，机关的人不知道，以为老三就是老二。老三就是崇宁，意思是崇拜列宁。这也是一时偷懒，老大纪念斯大林，老三干脆崇拜列宁得了，就叫成崇宁。两个名字，都属于听起来文雅，追究起来还时兴的那种。

军代表听了下面的喊声，要我老实交待，我只好实话实说。那种会，不管你说什么，下面都是喊："张颔不老实！张颔在狡辩！"

批斗完了就办"学习班"。原来的"牛棚"，是群众专政，现在的学习班是组织行为。群众闹不清，还叫牛棚。实际上，学习班比牛棚厉害得多。记得刚办班那天，军代表说，这儿是决定你命运的地方。旁边办班的造反派跟上说，好好交代，否则叫你走着进来，躺着出去。我当时心想，真是小人得势，过去看你敢对我高声说话嘛。后来才知道，真是小看了这些人，人不厉害，拳头厉害。

韩：不说这些伤感的事了，说说"文革"中感触最深的是什么。

张：感触最深的是，自己读书，追求进步大半辈子，怎么到了这个年纪反而成了反革命分子。有时夜里睡不着，就想，毛主席啊毛主席，我跟上你干革命干了这么多年，他们这么虐待我，糟践我，你知道不知道？知道了你管不管？我感叹，自己这几十年，真可说是：旧时代的新先锋，新时代的反革命。到了后来，慢慢地就想通了，不是群众要把我们怎么样，是他老人家就要这么着——防修反修，怕下面变成修正主义分子。不管这些人心里怎样受苦，身体怎样受苦。这道理一想通，也就无所谓了。大好江山，人家都不珍惜，我们还有什么好冤枉的。那时候，什么都不求，只求能活着出了学习班。

韩：最难忘的一件事是什么？

张先生略一沉吟，便说了起来：是一九六六年农历十月六日，阳历哪一天记不得了，十月初七是我的生日，所以我记得这个日子。当时我正在机关挨批斗，根本记不得具体的日子，只知道星期几，因为批斗会一说就是星期几上午，星期几下午。那天正好是星期四，为什么能记住星期四呢？说完你就知道了。中午回到家里，坐在饭桌前等着雨湖夫人端饭，这些日子，几乎天天是面条，不是西红柿面就是炸酱面。我最爱吃面条。等了一会儿，雨湖夫人端来醋碟儿，还有捣好的大蒜，我也没在意，以为她闲在家里没事，顺手剥了几瓣蒜捣了。又过了一会儿，饭端上来了，不是西红柿面也不是炸酱面，是一盘热腾腾的饺子，一闻就是猪肉大葱的，真香啊。看了一眼没吃，瞅瞅雨湖夫人，没说话，意思是今天又不是节庆，又不是我俩谁的生日，为啥吃饺子呢？

雨湖夫人说，吃吧，明天是你的生日呀。我说，明天才是，今天吃个什么味气？这时，雨湖夫人的眼睛潮了，泪花流出来了，忙撩起围裙抹眼泪，哽咽着说，你真的不知道？明天一大早，人家就要押上你去侯马上批斗会呀，侯马工作站造反派的人都来了。我说，我怎么不知道？雨湖夫人说，这号事人家还会告诉你？到时候让你带件衣服就上火车了。她是听机关某某的夫人说的，院子里见了，避过人悄悄说的，说明天上午的火车，快给张所长准备件厚点的衣服，别到时候拳打脚踢的受了罪。

我放下筷子，心里难受得吃不下去。真没想到，这些人，不管是保皇派也好，造反派也好，过去都算是我的下级，不说下级了，也是同事吧，就是要上批斗会，事先打个招呼有什么不好？雨湖夫人以为我是害怕吃不下饭，劝我还是多吃些。我说，我不是害怕，是寒心。几十年为这个为那个，一遇上什么事，老是担心别人心里会不会受委屈，有什么难事都自己一个人兜下来。现在才知道，全是瞎操心。你有天大的承担，不如社会清明一点点。社会不清明，人心就往暗处走，黑处走，最终是你毒我恨，灰天黑地。常见批斗会上，一把就把人推得趴下，一拳就把人打得鼻子流血。平日无仇无冤，一有人放话，就下得了那么重的手。

那天我记得我吃了十六个饺子，喝了一碗面汤。雨湖夫人劝我再吃两个，最少也要再吃一个，我说十六是命定的数字，人力不可拗也。实际上我也不知道为什么要说十六是命定的数字，再加一个十七就不是命定的数字。再吃一个，就是奇数了，于出行不利？反正当时就说了那么一句。后来应验在什么上也没在意，一个月后平安回来了。

果然第二天就去了侯马。侯马工作站的两个年轻人押着我去的，也还客气，路上还给我买饭吃，我说不用了，我带着钱。去了才知道，不是侯马工作站开批斗会，是侯马市开全市批斗走资派大会。大会是星期六上午开的，就在火车站前面的广场上，批斗对象，头一个是市委书记，第二个就是我。我这个级别，在省里算不上什么，在侯马就是大官了。批斗会就是那一套，喊口号，念批斗稿子，照例先是喷气式，过一会儿，只要低头弯腰站着就行了。

这就明白了，我为什么能记住吃饺子那天是星期四。那是我"文革"中参加的规模最大的批斗会。广场上花里胡哨一大片，这个单位，那个单位，都打着旗子，后来听说有五万人呢。过去看史书，看到"旌旗蔽日"，总觉得是夸饰之词，不可能，多少旗呀，能遮住日头。那天我才知道，古人说的"旌旗蔽日"是可能的。

从批评发言和喊的口号中，我明白了我的罪行，是"黑文化部阎王殿的黑小鬼，黑省委的黑干将"，侯马工作站是张颔"复辟资本主义的基地"。

批斗完了，又押到工作站，再开批斗会。规模小多了，全是工作站的人。

韩：我去过你们的侯马工作站，大前年。

张：那还是不一样的。现在一进门是一个四层的办公楼，那时候全是平房。西街上，大门朝南，现在盖了楼房的地方，是两排平房，第一排是办公室、研究室，第二排是库房、厨房。大门东侧那座金代墓葬，当时就有了。

市里开过一场批斗会，工作站也开了一次。人来了总要有住处，原来我在工作站有专门的办公室，床铺，办公桌，洗漱用具，一应俱全。那时我是文工委的副主任，又是考古队的队长，住得时间长了是从事业务研究，短了是下乡指导工作。现在成了走资派，当然不能住原来的办公室。他们也真够绝的，排房东边，金代大墓北边，有新建成的一排平房，隔成三间，刚竣工，墙还是湿的，就那样让我住进去了。侯马的初秋你是知道的，天气热，房间潮，沤热难当，身上起了痱子，痒得难受，一抠就破，破了就化脓，几天好不了。好在那个时期，"走资派"也是宝贵资源，不能由侯马工作站老占着，太原也要批，过了一个月就放我回来了。仍由接的人押着，不同处是来时两个人押，回去只一个人押。虽说前恭后倨，礼有不周，也算是言而有信，完璧归赵。

韩：机关的同志该客气些。

张：客气？那个时代就没有这一说。一回来就进了"牛棚"，就在文庙后面一个小院子里。要说跟侯马那边有什么不同，都是过油过火，侯马那边是烈火爆炒，这儿是慢火细炖。今天写检查，明天写交代。没有一次的交代，写一遍就能过关，不折磨你三回五回，过不了整人者的瘾。不高兴了，文的武的都敢来。

韩：有人打过你吗？

张：不能这么说，是人家的手痒了。

韩：你这一说，我想起来了，你还有个自号叫"二触翁"或"二触老人"，先前我不明白，问过大任先生才知道，是触及灵魂、触及皮肉的意思。除了批斗和"修理"，还干活吗？

张先生苦笑一下，说：不干活，那不是去享福去了？每天规定的活儿是打扫院子，机关的厕所，男女厕所都要打扫。因为我原先是考古所的所长，又打扫厕所，"文化大革命"结束，问题解决以后，我还是所长，同志们叫我"老所长"。不管人家心里想的是什么，我知道我这个所长，实际上还是什么所的所长。

前期主要是批斗，让我承认是假党员，反对毛泽东思想，反对共产党的领导，反对无产阶级专政，是所谓的三反分子。不承认就打，一打我就承认，过后又不承认了，他们说我是老奸巨猾，出尔反尔。你想，这些罪行怎么敢承认，真要承认了，汇报上去，不定会给你定个什么罪名，那时候真叫枪毙了的也不是没有。后期主要是学习，学习毛主席著作。给我指定的两篇，一篇是《别了，司徒雷登》，一篇是《敦促杜聿明投降书》。要按人家的"战略部署"，前一篇是要打掉你的妄想，后一篇是让你彻底向人民投降。机关有那么几个人，平时不好好钻研业务，搞起这些鬼名堂，全是坏点子。时间长了，把人整"疲"了，也就想通了，反正就是这么回事。《礼记》上说"临财勿苟得，临难勿苟免"，既然灾难一定要降临到你头上，就挺起脖子承受吧。

韩：最困难的时候，还动过轻生的念头？

张先生吃了一惊：你怎么知道？

韩：有诗为证，有一首诗里，你说"冤愤曾吟绝命诗"，吟了"绝命诗"，不就是动了轻生的念头？

张：是动过，可是不甘心，只能说是"有动机无决心"。

韩：是不是雨湖夫人有个事？

张：没有，没有。

韩：我发现，一提到"文化大革命"中的事，你还是有点讳莫如深的。我真不明白，都到了这个岁数了，还有什么好忌讳的。跟你交流，有时候真让我泄气。上次聊天时，我说过，我有你写的纪念王大任同志的文章，叫《是知音，也是向导》，今天又带来了。你看这一段：

清理阶级队伍时，又被打成"历史反革命"及"现行反革命"、"假党员"、"特务"等等。我爱人也被关入牛棚，因受不了毒打而栽了水缸自杀，幸亏发现得早，被人救出来而未死。至于我自己就可想而知了。

清理阶级队伍，我是知道的，在一九六九年冬天，再后来就是"一打三反"，我也住了学习班。当时山西大学"疏散"到昔阳，我就是从那儿毕业的。雨湖夫人的事，好像以前就听人说过。

张：不说了。

韩：你自己也挨过打。这里有一份你八十年代写的文章的开头部分，是不久前崇宁先生找出来给我的。就是这张纸，你见过吗？

张：哦，是八十年代，文物局领导让我写个自传，我一提起过去的事，心里就麻烦，手也抖，写不下去。见我实在不想写，局里让崇宁代我写了，我在前面写了些话，算是对局里的尊重。这样的文字，你也觉得有意思？

韩：很有意思。你没有写过"文化大革命"的总结，这就算是一个。只有几百个字，大题目叫《孜孜汲汲五十年》，小题目叫《正文前的说明》。我给你念一下：

建国五十年了。国家发展到现在这样大好的形势很不容易。反躬自问我呢，年事进入八十，能看到今天国家兴旺的景象也确为平生幸事。至于自身在工作中尽其匹夫之微力，做出丁点之所谓的成绩，实在不值一提。

机关领导想让我写点关于自己五十年来工作的情况。本来拙口笨舌，要让我写自己如何如何，弄不好便陷于罗列条款形如记账，如果加形象笔墨又免不了附加佐料，吹嘘自己。我最怕写个人材料，这同我怕开会发言，怕填个人履历表，怕外人来调查采访是一样的。遇到这些事，心里就发慌，脸就发烧，血压就升高。这是"文革"的后遗症，受到的毒打和折磨就不必说了。

记得在一九八四年，某刊物要我写自己的传略，并说，活人自己写，死了的别人写。我当时就婉拒说，我不够他们所要求的资格，如果一定要写，等我死了，他们写吧。后来过了一年多，我还没死，他们等不得了，只好请另外一位编辑同志写好刊载。这就是我目前所保存的唯一传略（见《张颔学术文集》所附者）。我的文集出版时（中华版），我自己也没有写序言，也没有请别人写序言。是好是坏读者自会品量，何必自我张扬！

我对写这种文字确有一定的困难处，所以领导同志又让我的孩子崇宁捉笔代写，崇宁跟我在一起工作了几十年，他可以说既是同行，而且受我的濡染不小，我的工作情况他都知道，就由他来写吧。这个材料是他从有关我工作历史的档案中整理的。标题是我后来加的。下面就是他写的文字了。

韩：你这么一说，我知道了，那个刊物是《晋阳学刊》，让你写的是高增德先生，当时他是主编，这位编辑是降大任先生。后来出了书，叫《中国现代社会科学家传略》，十本，我家里有这套书。在我看来，那么长的一篇传记，也不如这篇文章有价值。看起来轻松，实际上很沉痛。还有你写的那些诗，也是心里话。

张：诗里写的，确是那个时期的真实感受。

韩：想到抗战胜利后，办《工作与学习》时，你写的文章多么轻灵，多么张扬，而"文革"后写这样的文章，却这样艰涩，真是不可同日而语。可是一写学术论文，又来劲了。我看呀，你写"文革"的诗中，最沉痛的该是刚才提到一句的这首《无题》：

> 回溯十年劫难时，凶蛮挂网密盘丝。
> 灾罹恶煞魂出窍，兵构红卫血染旗。
> 非刑苦炼荒唐狱，冤愤曾吟绝命诗。
> 精气摧伤元气损，此身合着薜萝衣。

诗中能看出，你是伤心透了，也大彻大悟了。"此身合着薜萝衣"，薜萝衣乃隐者之衣，意思是无心用世，退隐山林。对一个年轻时就以身许国的人来说，还有比这更沉痛的吗！你没有寻死，真是万幸。

张：唉，那年头，想到过死的不是我一个，还有多少人说死就死了。对我来说，死了什么都不说了，而没有死还苟活于世，最大的悲哀就是诗里说的，"精气摧伤元气损"。你想想，正是四十几岁到五十几岁年纪，可说是大好时光，如果没有那些年的耽搁，能做多少事，做多少研究，写多少文章。"灾罹恶煞魂出窍，兵构红卫血染旗"，想起来都让人害怕。

韩：真是首好诗，看韵脚，跟鲁迅那首《无题》诗很像。

张：你这一说，我想起来了。这里头也有个典故呢。这首诗不是"文革"中写的，是过了好几年才写的。大约是一九九二年吧，余振先生从上海回原平老家探亲，路过太原住了两天，来我家里看我。从上海来时，就带了几首诗，有鲁迅的《无题》，还有郭沫若一九三七年从日本归国时步鲁迅原韵写的诗，胡风写的和鲁迅的诗，说我懂音韵，会写诗，该也和上一首。余先生走了之后，我就认真构想，掂掇词句，写了这么一首。自认为也还妥贴工稳，配得上鲁迅的原诗，至少不在胡风的和诗之下。

韩：叫我看，也不在郭沫若的和诗之下。你写"文革"的诗，都是心血之作。就说你那副对联吧，"马齿徒增五十四，地球白转二千三"，虽说用语平直，实际上含着多少愤懑，多少悲伤。注里有句话，最让人感慨："有人责余曰：没有你，地球照样转云云。地球虽然照样转，但余啥也没有干，在余身上等于白转了。"不过，我从你先前的谈话中，知道你也没有让日子真正的闲着，一是暗地里做学问，再就是，不时与三五好友，小酌一番，谈诗论文，品评时政，倒也自得其乐。

张：是啊，也是苦中作乐，记得有李炳璜先生、林鹏先生、林凡先生，还有什么人记不得了。也就那么四五个人，隔上一段时光，总要在一起聚聚。

韩：前些日子，我去看望林鹏先生，他还说起这事，说还有一位经常聚会的朋友，是省军区的一位副参谋长。你们也没有一定之规，隔上段时间不见了，总要在一起聚聚。到了谁家里，男人们聊天，主妇往往得想办法搞点下酒菜。那时候搞一桌酒菜也不容易，有时候实在没有了，炒盘白菜，炸碟花生豆也能对付。也不是定期定员，高兴了你找我，我找你，三五个人凑在一起更好，凑不齐两个人也能谈个痛快淋漓。什么都不图，就图个开心。

张：确实是这样的，那时我也不过五十出头，还能喝两盅。老林他们知道得多，会说，我多半是静静地听，紧慢也说上两句。还是他们请客的时候多。

韩：林先生说过一个小故事，说是有次他一个人来你家聊天，快半夜了，雨湖夫人还给你们一人下了碗馄饨，吃了继续聊。觉得不早了，他要回家，你要去另一个房间叫醒儿子送他，他一撩门帘说：不用了，天亮了！

张：你这一说我也想起来了，是有这事儿。聊天喝酒，次数再多也有限，没事了一是看书，再就是写字画画。

韩：我这儿有你两幅画的照片，一幅画的是孤灯，一幅画的是瓶梅，两幅都有落款，前者是一九七三年八月二十一日，后者是甲寅仲夏，即一九七四年夏天，据收藏者说，这是你画作中的精品。可见那个时候，是沉浸此中，大有心得的。孤灯一画有题诗：

孤檠秋雨夜初长，愿借丹心吐寸光。
万古分明看简册，一生照耀付文章。

看此题诗，当是正在整理侯马盟书的时候，也可说是一首言志诗吧。

生活篇

少小孤衰　形影相吊　一生苦难

靡所言告　若云坐官　不是材料

或云发财　不知门道　臭九声华

难得哭笑　岁月熬煎　身心衰老

老景况何　幸能温饱　知足常乐

明霞寂晚照

二堆翁张含颔八十自叙　一九九九年十一月十四日

张颔《八十自叙》诗稿

最近仔细读了你这些年写的诗文，不是指学术论文，是指平日写的那些见性情的诗词和小文章，觉得"文革"之后，你的性情还是有变化的。

张：什么变化，说给我听听。

韩：脱了头巾气，多了诙谐气，讽世讥人也自嘲，大体说来就这三类最好。

张：这个我倒没有留意，心淡了是真的。八十年代初，赶着写书稿写论文，顾不上写这类小诗小文，九十年代以后写得就多了，不过你说分三类，讽世、讥人、自嘲，还是头一回听人这么说。我有一首《八十自叙》，也叫《生活篇》，说了我的一生，也说了眼下的心态。你没见过吧，我给你念一遍：

> 少小孤哀，形影相吊。
> 一生苦难，靡所言告。
> 若云坐官，不是材料。
> 或云发财，不知门道。
> 臭九升华，难得哭笑。
> 岁月熬煎，身心衰老。
> 老景如何？幸能温饱。
> 知足常乐，明霞晚照。

若说往后有什么祈求，我是只求往后人间，再没有"文化大革命"这样的事。

韩：善良的人都有这样的愿望，还有些不那么善良的人，却在想着，是不是过上几年，就来上一次。我倒是觉得，我们做别的有困难，做不起来，真要有人想再来一次"文化大革命"，不是什么难事。因此上，要想这样的浩劫，不再在中国大地上发生，不能只靠善良人们的眼泪与祈祷，没有制度上的保障，说了跟没说一个样。

张："周虽旧邦，其命维新"，从来的维新，都是制度层面上的改革。中国的事，再不能靠"皇上圣明"来决断了。谁要再搞"文化大革命"，那真是伤天害理，天地不容。

　　韩：所以你要自号"不扫堂"、"二堆居士"，时时警惕自己，也是警惕世人，接受历史教训，不要再做蠢事了。

　　老人爽朗地笑了：只是个愿望。

　　今天谈得很愉快。没想到这个难题，竟这样轻松地解决了。

晓英同志雅属

丙寅暮春 张颔

鼋鼓传声薄言吟咏，鲗胸放墨得艺挥毫。

# 二七 夜读天章 | 9月15日 星期一

前段时间，我自己有事，没顾上来张府。昨天打了电话，今天下午来了。一个多月没见，算是看望，不打算定什么题目，随意聊聊就行了。桌上放着一份《参考消息》，像是刚才还在看着。

前几天山西出了大事，襄汾县新塔矿业公司尾矿库发生特大溃坝事故，死亡二百余人。中枢震怒，上任不及一年的省长孟学农辞职，分管安全工作的副省长张建民免职，县乡两级多人撤职。到了哪儿，都会谈及此事。我以为张先生不会关心这类事件，不料寒暄几句之后，张先生主动提起此事，说在山西当官可不省心啊。我听了想笑，辞职和免职的省长们，此时肯定度日如年，追悔莫及，网上评论也是"晋官难当"，他老先生倒好，用了"不省心"三字，像是在责怪一个当家而出了娄子的晚辈。

接着这个话头，我说起这些年，山西接连出事，加上水资源污染，地表污染，工农业生产又没有大的起色，外地人对山西的观感也大打折扣。张先生说，近来他也考虑过这个问题。觉得这些年来，山西在全国的地位下滑，连带得山西人在世人的眼里也跌了价儿，无论是山西还是山西人，甚至不及三十年代在全国的地位。原因很多，怕与单一强调煤炭生产不无关系。实际上，山西可利用的资源不止煤炭一端，不知当局为何智不及此，虑不及此。说着拿起床边的一本叫《天下山西名人》的杂志（内部发行），手里掂了掂，对我说，地上的山西人掉了价儿，可在天上，山西人还是很吃得开的。

我问此话怎讲，张先生说，他说的是天文学上的事儿。天上的恒星，那几个大的自古就有专名，像金星、木星，还有一些恒星，也有专名，起名的方法有多种，其中一个就是用地上的人名给天上的星星命名。古代著录的人名只有三个，这三个都是山西人。你先看看这个。说着起身，让我看旁边桌面上玻璃板下压的一幅大图，上面标的名称是《古代天象图》。指指这儿，指指那儿，说了起来。

张：一个是傅说（读悦音）。他是商朝高宗武丁时的宰相。《尚书》中《说命》三篇是专门记载傅说的文章。大意是说，傅说初以囚徒的身份隐于傅岩，负版筑墙，用杵夯土，被武丁访得举为相，从而国家大治。历史上称为贤相、圣人，并奉为天星。《晋书·天文志》载傅说一星，在尾宿（尾宿为二十八宿第六宿）之后。《庄子·大宗师》上说："傅说以相武丁，奄有天下，乘东维，骑箕尾而比于列星。"也就是说此人后来成了天上的星宿。

傅说版筑的地方叫傅岩，在虞国和虢国之间。张其均所著的《中国五千年史》上说：傅说之故居在今山西省平陆县东二十五里。《山西通志辑要》平陆县山川部分说："傅说在县东二十五里隐贤社圣人涧。"即傅说版筑之处。该县志古迹部分说："圣人涧有傅说之祠。"

第二个是造父。《史记·赵世家》载造父是我国历史上周穆王的御者，就是驾御车马的能手。《晋书·天文志》上说："传舍南河中五星曰造父，御官也。"周穆王西狩时，所乘的马车即造父所驾御，曾至西王母之国乐而忘归。闻徐偃王反，又乘造父所驾之车日驰千里，大破徐偃王。周穆王即赐造父以赵城之地，今山西的赵城即是造父当时的封邑。《赵世家》正义上说："晋州赵城县即造父邑也。"造父即晋国赵氏之始祖，在此基础上赵氏日益壮大，以至与韩、魏三卿瓜分晋国，此后中国的历史由春秋时期进入战国时期。

第三个是王良。春秋时晋人，一名邮无恤，以"善御"而成名，是赵简子（赵鞅）的御者。历史上对他驾御的技术有"控缰、揽辔"等神化般的记载。《史记·天官书》上说："汉中四星曰天驷，旁一星曰王良，王良策马车骑满野。"《索隐》上说："王良，主天马也。"《正义》上说："王良五星，天子奉御之官也。"《韩非子·外储篇》《淮南子·主术训》《吕氏春秋·审分篇》以及《说苑》《论衡》等典籍中都有对王良事迹的引证，特别是《孟子·滕文公》中说："王良死，而托于驷星，天文有王良星是也。"

这三个历史人物的籍望，都在今天的山西地区。再说一下他们在星球上所处的位置，据伊世同所编的《恒星图表》记载，"傅说"是一颗单星，赤经多少度，赤纬多少度，都有明确的记载。"造父"由五颗星组成，第一星为四等星，其他四星都在六等以上。"王良"也是由五颗星组成，第一星为二等星，其他四星亦在六等以上。

韩：这些星星，普通人晚上能看到吗？

张：地面上的山西人抬起头，能看到天上山西人的身影，会觉得格外亲切。"王良"和"造父"在天球上的纬度较高，都在北纬四十度的北极圈中，相当于北斗星的高度，在太原很容易看到，但也有一定的难度，比如"造父"第一，虽为四等星，但它系明暗不定的"变星"，很难捉摸，而"王良"就非常显眼，它在北极紫微垣的边缘处，附有横跨银河的"阁道"五星。特别是"王良"的附近还有一颗叫"策"的单星，由于它和"王良"的关系，古占星家把它看作是王良所鞭策的马。由于"策"星也是"变星"，所以用它的明暗来象征地下的军事灾异，故有"王良策马，车骑满野"之谚。"傅说"一星的纬度较低，在赤道之南四十度，在夏天观察很容易看到，因为它处于"尾宿"的尾部。尾宿的八、九两星是比较显亮的星，与"傅说"非常贴近，容易判别。

这三个人的星，都在六等以上，在太原地区不需要用望远镜都能看到，俗称"肉眼星"。一九七五年前后太原的天空很清朗，我经常在夜间观星，就等于读书。

说到天上的山西人，还有一个是活着的，席泽宗先生，山西垣曲人，中科院院士。去年，二〇〇七年八月二十日《山西晚报》要闻版上有篇文章，叫《山西籍院士星空留名》，文中说："国家天文台十七日宣布我国一九九七年六月九日发现的一颗小行星命名为'席泽宗星'。现年八十岁的席泽宗是自然科学史家、天文学家，该行星发现之日恰逢席先生七十寿辰。"席泽宗先生是中国科学院院士和国际欧亚科学院院士，这次发现的 CCD 小行星"席泽宗星"，其国际永久编号为第 85472 号。

韩：以前听你说过，你的一个什么天文观测，还得到席泽宗先生的赞扬。

张：这也是我值得自豪的事儿。是一九七三年底，天文界都传说明年春节前后，太阳表面上会有异常活动，各地天文台都在作监测的准备。我知道了这事，跟我家崇宁说，咱们也测一测。第二年从一月下旬到春节前后，我们连续十几天都监测，最后写成监测报告送到南京紫金山天文台，过后收到席泽宗先生的来信，说"今年一月二十日到二十八日春节前后，您在日面上观测到的现象，的确是黑子，这几天，只有云南天文台和北京天文馆有观测记录，您就是第三家了，实属难能可贵！有些观测资料可补两台之不足"。我们用自制的仪器测天象，能与国家天文台的监测吻合，与历史记载吻合，我和崇宁着实高兴了几天。

韩：你可真是个天文学家了。

张：不能说是天文学家，现代天文学我不是很懂，懂的是古代天文学。古代天文学的特点是，虽不太精确，但对天象的运行，有自己独特的解释。与现代天文学互相发明，难说谁对谁错，就像农历与公历，是两个历法系统一样。我们可说公历纪年更准确些，却不能说农历纪年是错的。

韩：那就叫你古代天文学家了，怎么听着别别扭扭的，好像你是个古人似的。

张：什么学家，只能说是古代天文学的爱好者，研究者。古天文学也可说是星象学。

我问张先生，这一手是什么时候学下的。是不是当了考古所所长之后，为了充实自己的知识储备，才自学了古代天文学。张先生说，早先在樊城当学徒时，就读过一本叫《高厚蒙求》的书。说罢，过到北边的书房里，取来一函《高厚蒙求》，清嘉庆十四年云间徐氏刊本，一函四册。著者徐朝俊。

张：徐朝俊是徐光启的五世孙，清代松江府人，生性聪慧，精通天文算学。创制"龙尾车"，灌田功效很高；又自制多种仪器及钟表，为松江地区早期造钟表者之一。嘉庆十四年（公元一八〇九年）著成《高厚蒙求》，包括《天学入门》《海域大观》《中星表》《天地图仪》《自鸣钟表图说》等九种。

不久前看过一篇文章，四川有人拿上书中的古星图求教流沙河先生，流沙河很兴奋，指着图中北斗七星旁一颗叫"辅"的星说："古代罗马人

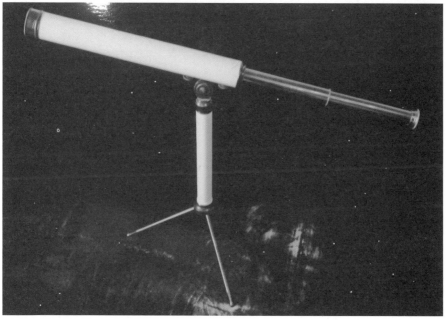

张颌摆历卦及所用天文望远镜

招考士兵时，就叫他们用肉眼看这颗星，谁能看到并指出其方位，就算是眼睛好，合格了。"流沙河还告诉这个人，中国古代一般是不准私学天文的，统治者认为天文即天机，所以天文知识一般为古代的大祭师或是国家专门机构如钦天监掌握。在古代，查出你私藏这两幅星象图，会吃官司的。

我信手翻看《高厚蒙求》，里面全是图谱，让人眼花缭乱。我惊奇地问：在樊城当学徒的时候，你就能看懂吗？

张：那时候我只对天文学感兴趣，别的不看。天文学部分，也只是大致懂得，深一步的道理也不懂。"文革"期间住牛棚，一住就住了七年多，除了《毛选》，别的不让看，时间长了，看管我的两个人，见我也没有什么大问题，反而对我起了同情心，只要我不寻死，他们也就睁只眼闭只眼，看什么书都行。于是我就细细地研究起《高厚蒙求》里的天文学部分，还找了些其他书籍参照着看，那时候太原的天空还没有后来那样污染，夜里观察星象，只要没云，许多星宿肉眼都能看到。

为了便于观察天象，我还用《毛选》的硬壳盒儿，制造了一个观测仪。夜间观看天上的繁星，在我来说，跟读书一样有滋味。后来管得松了，能回家了，在家里我有一套观测天象的仪器，用起来很方便。当年太原城里，怕是个人拥有的最高级的观测天象的仪器了。我的高倍望远镜，是法国货呢。一九七三年出牛棚以后，一九七五年六月十八日，还观测过"月掩角宿"的情况。

观察天星最好的时间，古人有个粗糙的标准，就是"始昏"和"大昏"。太阳刚一落山叫始昏，就是我们平常说的黄昏，西天还有太阳的余意，就是所谓的一抹黄色，再过一会儿就是大昏。观察天象最好在大昏时刻，这时天上的星星出全了。现代西洋天文学上叫"晨昏蒙影时刻"，其标准是太阳落到了地平线下六度以后，民间在室外不用照明设备还能工作，叫"民用蒙影时刻"，相当于中国的始昏；太阳落到地平线下十八度时，正是捕捉天象的好机会，叫"天文蒙影时刻"，相当于中国的大昏。

我观察天象，选在大昏以后，这时天空摆上了第一道菜，就是咱们太阳系的成员，即行星，如月亮、金、木、水、火、土，有时看不全。

恒星中只有最亮的强一等星和一等星，就是心宿第一、毕星第五、天狼、大角、参宿第四第五等星星。第二道菜是二、三等星，最后第三道菜就上全了，凡肉眼星，就是六等星以上者，都能看到了。

大致从一九八〇年以后，太原的天空便逐渐灰暗下来，乌烟瘴气，夜间的天空几乎连一等星也很难看到了。前几年我曾用古代上梁词的体例，写了一首描述我宿舍四周及上下的氛围，第五段的辞句为："儿朗伟，抛梁上，青空漫被乌烟障。夜来无计读天章，从使老夫气凋丧。"奈何！

我问张先生，学会古代天文学，或者他说的星象学，有什么用处。张先生说，还是有用处的。对考古的用处，就很大。比如你说现在的包头以北的长城遗址，是赵武灵王时修的赵长城，有什么依据？如果历史记载里有赵人在什么季节，看到了天上的什么星宿，你要是精通古代天文学的话，就可以推算一下，这个星宿，只有在包头以北这个地方才能看到，别处看不到，那就证明赵国的疆域确实到了这儿，也就可能证明这段长城为赵长城了。当然，这只是一个小例子。最近国家的夏商周断代工程，其中一个重要的时间标志，武王伐商的日子，就是靠了古代天文学与现代天文学结合才勘定的。我解脱之后，研究侯马盟书时，也运用了古天文学的知识，勘定了一条盟辞的具体日子。这可不是推测，而是确证，谁都得服气。

我跟张先生正说着，张先生的学生薛国喜来了，彼此点点头，国喜站在一旁静静地听着。对古天文学的事，我总有些听不懂，希望能有个更切实的例证，我说了这个意思，张先生对国喜说，以前复印过的《新莽嘉量铭文跋》在哪儿放着，找出来给韩先生看看。国喜熟练地在柜子下面取出一个纸袋，三两下就翻出一张复印纸，是张先生手书的一篇跋文。见我要抄，国喜说不必了，就把这张拿上好了。张先生将考证的道理说了一遍，我仍似懂非懂。且将此文抄录于后。相信看过这篇小文的读者，对张先生古天文学的造诣会有新的理解。

右临新莽嘉量铭文。考以公元前十八年岁次癸卯，至公元前六十六年岁次戊辰，即自西汉成帝鸿嘉三年到东汉明帝永平十一年，包括新莽积年在内，其星岁交在，属于戊率。余用旋栻，以戊率推之，居摄三年，岁次戊辰，岁星居实沈之次……故铭文中之星岁交在进属

张颔临新莽嘉量铭文

黄帝垂衣而御祖

德而布于宾宇

宾而绍于祖祉

德而布于宾

岁扛木深

龙集戌辰

而命咸民

榛土德育真

于亥率。余以亥率推之，居摄三年岁次戊辰，岁星居于大梁之次名曰启明，与胃、昂、毕三星宿同出入失次见尾。始建国元年，岁次己巳，岁星居沈实之次，名曰长列，与觜觿参二宿同出入失次见箕。与嘉量铭文之岁次在大梁、龙集、戊辰及龙在己巳、岁次在实沈之记，均密合无间。自一九六零年到二零四六年岁星交在，复入于亥率，证之今年岁次丙辰，岁星实测，恰在大梁之次，自公元前十八年到现在，岁星经过二十四次超辰，而复入于同率也。一九七五年张颔记于太原

说起古天文学，张先生的兴致极高，伸出手掌，一会儿捏成拳头，一会儿又开虎口，说：我这小指，相当于汉尺的二寸半，正是王莽货币的长度。握起拳，宽是十公分，去外地观摩什么器物，他们还在那儿看的时候，我握住拳头在那儿过一下，心里就有了确切的尺寸。看天上星象，又开虎口就是三十度的角。

说到这里，张先生诡秘地一笑，说有个好东西你看看，随即从旁边的抽屉里，取出一叠复印纸订成的本子，上书《天文指掌图稿》。你看看，我休息一下，说罢靠在高枕上阖上眼。

我细细地读下去，说实话，大半是读不懂的，但这"大半"并不是一个平均分布的恒值，遇到能懂的地方，还是一清二楚的。且将我能看懂的部分抄录两段，其中一段解释了用硬壳做的高弧仪的使用方法，可补前面叙述的不足。

图三上用红笔画的子午线是地方子午线。因为要捕捉"中星"，就必须在星宿过子午线的时候。所以必须用地方的正南正北。用现在的罗盘是不准确的，现在的罗盘所指的南北，叫磁子午，而太阳当头照射的地方的时刻，才是正子午。比如在考古工地上遇到要测古墓的方向，和地下古遗址的方向，用现在的罗盘测绘出的，绝不是古人的方向，中间有差距。古代还没有罗盘，但有一定的规律测地方子午线，据说是用"立圭见影"、"周公测影法"……有的考古工地遇到方向问题，应该考虑到磁针与地方真子午的偏差问题。我国在唐宋时，国外还没有磁的指极知识，而中国已知道"磁偏角"了。

我有时需要测量某星某时的高弧时，是用《毛选》四卷本的硬外壳，上面沿边画了一个半圆仪，用针刺个小洞，穿条线，吊一个纽扣。

右临新莽嘉量铭文 □□□□□前十八年岁次癸卯

至公元六七八年岁次戊辰卯自西汉哀帝鸿嘉三年到

东汉哀帝永平十一年乙酉新莽积年左内之星岁

文左属於戊寅 余用璇玑以戊寅推之居摄三年岁次

戊辰岁星居寅沈之次始建国元年岁次己巳岁星

居鹑首之次与铭文所载之星岁文左皆不符合

刘歆创三统历时用超辰法曾於武帝太始二

年使太阴超乙酉入丙戌而岁星超寿星入天大迟合

于太初历之制故铭文中之星岁文左进腐于实率

余以实率推之居摄三年岁次戊辰岁星居大梁之次名曰

启明与胃昴毕三宿同出入失顺见尾岁星居大梁龙集戊辰及龙

次己巳岁星居实沈之次名曰长列与此角觜参三宿同

出入失顺见箕与嘉星铭文之岁主大梁龙集戊辰

左己巳岁次实沈之记均密合世间

自一九六零年至二零四六年岁次丙辰岁星复入于实率证

之今年岁次丙辰 岁星实测恰居大梁之次自公元前十八

年到现在 岁星经过廿次超辰而复入于同率也

一九七五年张颔记于太原

张颔《新莽嘉量铭文》跋

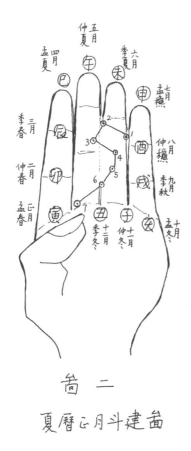

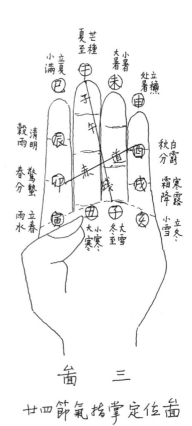

张颔自制的"天文指掌图"

当然，这同样是不科学的，因为高弧应该从地平面算起，我的身高和眼与地平的高度也不知差多少。想起来甚感无聊可笑。当时我住牛棚，完全与世隔绝，住在一个小院子里，还有两个"革命群众"监督着。当然侯、董二同志对我算很客气了。

看了这本小书，我能得出的结论只有一个，对古代天文学这一套，他是真正懂得的，不是装腔作势，欺蒙世人的。这一点最让我服气。同时脑子里闪过一个念头。这时，张先生小憩之后睁开眼，朝我笑笑。我说，看了这份《天文指掌图稿》，我有个想法，就是，别人常说你是学什么会什么，这话说错了。

张先生欠起身子，脸上多少有些茫然的神态。

我说：学什么会什么，这话听起来很尊敬，说你这个人多么敬业又多么聪明，想学什么，一学就会。这是不可能的。你想学制造导弹，能学会吗？肯定学不会。但是颠倒过来就对了，你是"会什么，学什么"。此话听起来没有道理，但细一想，还是有道理的。只是这个会，不是已然"会了"的会，而是"会心"的会，就是说，你的内心里，已然有了对这门学问的"会意"，学习不过是求证，或是验证。简单点说，就是你心里有这个"窍"，学习不过是开一下这个窍罢了。这也就是为什么，像天文、考古、古文字这些学问，你一学就会，一会就精通的道理。

不说对，也不说不对，张先生只小声喟叹：稀奇，稀奇！

谈的时间不短了，我提议停下来。见桌上有几个铜布（古代青铜货币），拿起来看看。问张先生可是真的，张先生说现在还不能说是假的，在南宫市场上买的，留下玩玩。国喜在一旁插话说，前一向天气好，张先生精神也好，说想去南宫文物市场走一趟。就联系了个小轿车，去了让他坐在轮椅上，推上转悠。一个摊主前，有铜布一小堆，要价三百，搞成二百全要了。还买了个铜笔架，就是这个（指指桌上）。回来张先生挺高兴，说新莽布泉(钱)在历史上很有名，市场上很难见到，这像是真的。但他又有些疑惑，到了下个星期（南宫文物市场每逢周六周日开业），张先生让我再去南宫探访一下，看那个摊位上还没有成堆的新莽布泉。我去了一看，又是一小堆儿，跟我们前一星期看到的一模一样。

张先生接上说：造得真像，作为实物看看还是有意义的，说不定就是真的呢。

我说：今天原本想不谈正经的就行了，没想到稀里糊涂地又谈了一个问题。

# 二八 待罪侯马绎盟书 ｜ 9月17日 星期三

午后三时，准时前往张府。要谈到侯马盟书了，心情格外激动。前面谈了多少，写了多少，最后都要归结到这上头。天黑了，走长路的行人，要么住店，要么回到家里，总得有个落脚的地方。侯马盟书，正是张颔先生坎坷大半生落脚的地方。

走在路上，由不得想起两个历史人物，该说是戏剧人物，一个是《打登州》里的秦琼，一个是《薛刚反唐》里的徐策。秦琼是以登州比武为契机，促成了瓦岗寨众弟兄的举义，徐策则是十八年后终于盼来薛刚率领的大军兵临长安城下，迫使皇上剪除了奸佞。只是这么想了一下，也许既不是秦琼，也不是徐策，只是一个历史戏剧中的人物，受尽磨难，历经艰辛，最后终于建树了不世的功业。有的人活了几十年，这不顺遂那不顺遂，到老才知道，原来是上苍做了精妙的安排，就是要让他历尽磨难之后来做一件了不起的事情。

命里注定，张先生此生要与侯马盟书碰头。

看看他这大半生的经历吧。高小毕业进入行余学社，学徒时期刻苦读书，抗战中历尽艰辛，一九五八年大跃进中出任中科院山西分院考古所所长，"文革"中受尽屈辱，大半生磕磕绊绊地走下来，如果没有破释侯马盟书，只能说是个懂行的领导干部，而这样的干部，在当今的干部队伍中又何其多也。就算不多，像凤毛像麟角，又能怎么样？与纯粹的学者相比，不过是个二把刀。

今天我们就要谈谈这个落脚的地方，谈这个命里注定的碰头。为了作好这次访谈，我特意邀请了我的学长降大任先生同去张家。他家在另一个方向，家里有事，说迟一点会去的。说他是我的学长，一点也不掺假，一九六五年秋天我上山西大学历史系时，他已是同系四年级的学生了。

事先打过电话，张先生坐在书桌前静静地等着。书桌的一端，放着摊开的《侯马盟书》，山西古籍出版社二〇〇六年出的增订本。

我也拿出了我带来的《侯马盟书》，文物出版社一九七六年出的初版本。这本书是一位叫谢泳的朋友，在太原南宫旧书市场上买下送我的。此前他曾买到一本，我告诉他，若再遇到务必买下，不久果然就遇到了。时间在两年前。当时我曾送到张先生这儿题签，张先生用毛笔抄了他那首著名的《有感》诗：

> 凋谢韶华岁月除，皇天生我欲何如？
> 惨经十年余幸在，待罪侯马读盟书。

今天的访谈，就由此诗谈起。我说，此诗与你《长甘诗存》上的句子有些不同，前两句完全相同，第三句《长甘诗存》是"惨经十年浩劫后"，此处是"十年浩劫余幸在"，第四句《长甘诗存》是"待罪侯马绎盟书"，此处是"待罪侯马读盟书"，此中有什么讲究，请说说。

张：《长甘诗存》是前些年写的，给你写的是近来修改的。"惨经十年浩劫后"，纯粹是叙事，改为"十年浩劫余幸在"，就有感情的成分在里面了。第四句里，"绎盟书"说的是事功，"读盟书"则有一份闲适，整个诗的怨怼之气少了，飘逸之气多了，格调就稍稍高了些。

韩：细细品味，还真是这么回事。

张：这话也只能与有心人道。

韩：记得你有一方闲章，常用的，印文是"皇天生我意何如"，我记得关汉卿的什么杂剧里有这话，查了一下，是《关大王单刀赴会》，不在现在整理的本子里，在明抄本的第一折，是鲁肃上场后的定场诗：

> 三尺龙泉万卷书，皇天生我意何如？
> 山东宰相山西将，彼丈夫兮我丈夫。

后两句只能说是鄙陋，前两句真个是豪气冲天。想来你的"欲何如"是从这儿的"意何如"来的。张先生没有遇到侯马盟书时，可以这样说，

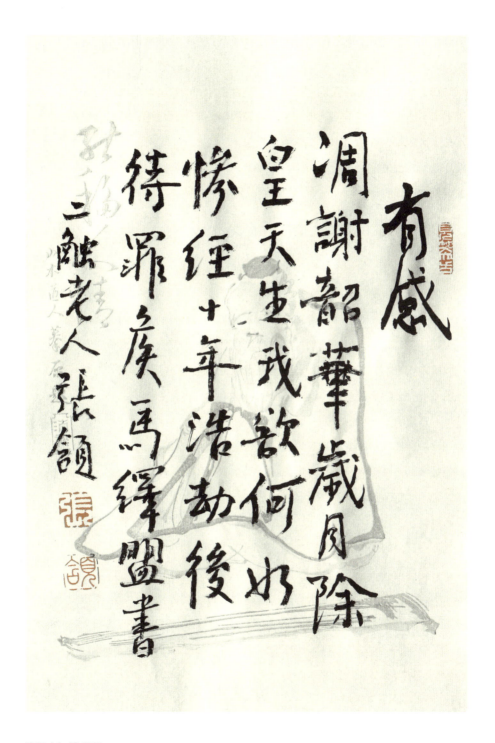

张颌《有感》诗篇

遇到侯马盟书之后，就不能这样说了，该说是：皇天生我欲何如，且去侯马绎盟书。此乃皇天有意安排，让你了却此生一大心愿。

张：你要这么看，我也无话可说，这都是历史的机遇啊。说到这个机遇，不能忘了一个人，就是国家文物局的局长王冶秋先生，他那时候不是这个职务，也相当于这个职务，后来就明确是这个职务了。以前谈发现盟书时说过他，我记得当年剪下报纸，没找见，不久前找见了。你看看报上这张照片。

我接过来。是一张一九七三年某日的《山西日报》，上面有一张照片，周恩来总理与法国总统蓬皮杜在云冈石窟前的合影，旁边还有两个人，一个显然是翻译，另一个看装束像是陪同的领导干部。张先生指着此人说，他就是王冶秋同志。

张先生接下来说：一九七三年九月十五日，王冶秋同志陪周总理来到大同，主要是安排山西方面做好接待蓬皮杜总统游览云冈石窟事宜。完成接待任务后，王冶秋没随总理返回北京，而是南下太原，见了当时省革命委员会的负责人，具体布置重新启动侯马盟书研究的事。

我最近看了一份材料，是说王冶秋的，这个人很了不起，对新中国的文物事业有大功。安徽霍丘人，父亲是前清拔贡，民国初年在几个地方任过知县，在王冶秋少年时即去世。王冶秋早年加入中国共产党，曾任共青团北京市委秘书、霍丘县委书记。三十年代初，参加左联，与鲁迅有过交往。还在冯玉祥身边，当过教员兼秘书。新中国成立后，历任文化部文物局副局长、局长，国家文物局局长、一九八七年去世。王跟山西有很深的渊源，三十年代中期，曾在山西的大同省立三中、太原的进山中学、运城第二师范学校教过书，山西有许多党政领导干部是他的学生，比如赵宗复就是他的学生。"文革"前，我是山西考古所的所长，他是文物局的局长，那时我就跟他打过交道，他知道我这个人的本事如何。

韩：你怎样从牛棚里出来，以前都讲过了，只是我后来又发现个小小的疑问，就是王冶秋来山西后，让你整理盟书已成定局，可我在新版《侯马盟书》上，降大任先生写的《"侯马盟书"研究综述》里，看到这样的话："幸有王冶秋先生来山西考察考古工作，经过疏通，才抽调他参与盟书材料的综合整理工作。"这儿既说疏通，该是你自己主动做了些什么事吧。

张：这是那个时期的怪事。王冶秋虽跟省革命委员会的王大任同志说了，可我毕竟还在审查之中，问题是大是小王冶秋并不清楚，他的话只能说是建议。当时在文工委里还有那么一些人，未必想自己参与盟书的整理，却是十分不愿意张颔参与此事。单位革委会负责人是部队派来的，不了解具体情况，只听信跟前几个人瞎嘀咕。我知道这个情况之后，也很着急。别的事耽误了没什么，这事耽误了会后悔一辈子，因此我也要竭力争取，托人向革委会负责人说明情况。这就是大任文章中说的"疏通"吧。"文革"耽搁了那么几年，我已"马齿徒增五十四"，实在不敢让他徒增五十五、五十六了。

韩：还有一事我不太明白。你们整理盟书，明明就在文庙后面的文物仓库里，为什么你的诗里说"待罪侯马绎盟书"，给人的感觉是你在侯马待了很长时间，整理盟书是在侯马进行的。

张：哈哈！你真心细，还没有人提出这个问题呢。这是对那一个时期的整体概括。我不是去侯马挨批挨整了一个多月吗？说待罪侯马该不是诳语。全句是说，以待罪之身绎读侯马盟书。诗里的句子，不可机械地理解。

韩：不是较真，是想弄清史实，还是说说整理盟书的事吧。

张：这是个枯燥的事儿。没什么好说的。我这儿有一本《盟书燃犀录》，是我当年整理盟书时的日记本，也可说是记事本，大大小小的事情，对每个字的辨识，都在上头写着，今天咱们先谈别的，这个你拿回去慢慢看。

说罢，又要去卫生间，又说了惯常说的那句笑话，"年来无有长进，唯善小便耳"。

趁此机会，我随意地翻看起《盟书燃犀录》，另有副题《侯马盟书观察及思考日记》，上下两册。上册扉页，题名下另有注释："即从一九七三年八月二十二日（从牛棚中放出来，投入对盟书的综合整理）到一九七四年九月二十六日止对盟书的观察及思考日记。其中有对盟书观察的方法与手段。"

正文中，对古文字的考证，不是我能理解的。一时的感觉，觉得所

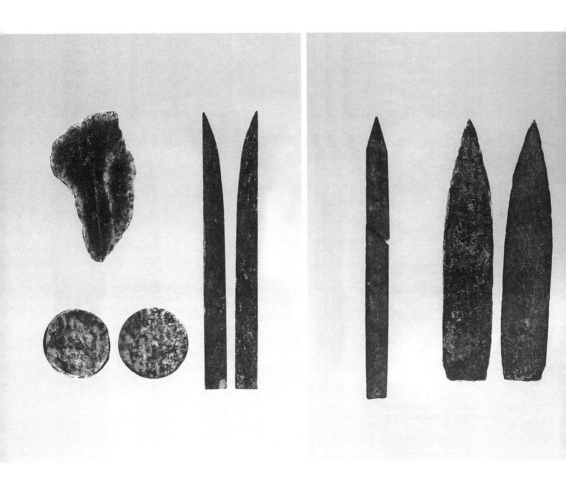

侯马盟书玉片　石片

谓的考证，颇似一种高等级的猜谜游戏，又像是一种玄妙的造字工程。我这样说，将来张先生看到这里，一定不会同意，但是，不管多么庄重的学问，也架不住一个一窍不通者的胡思乱想。思绪的离奇，不光与熟知有关，或许与无知更有关。

公允地说（我能公允吗），张先生的记载，绝不仅仅是一种程序复杂的辨识，有时还是一种科学的试验。比如一九七三年八月二十五日（星期六）就有这样的记载：

> 标本上有土花，摹本字不多，基于这个条件，似用硬水（在无蒸馏水的情况下）烫涤，其效应：
>
> ①土花入水，四出奔散，如奔星散索；如再将标本在水中摇涮，其结果土花尽无，只留酸钙质朱书，由暗转亮，较前清晰；
>
> ②在水中用吹管吸水喷射，字迹宛然无损；
>
> ③出水后二十分钟标本已干（无水花只有湿气），用放大镜观察。
> 摹本中摹十六字，现在能看到二十三字，还有半个字者八个，不计在内。
>
> 现在放到盆内，明天看全干后的效果。

因为当时处于"文化革命"中，整理盟书只能算是业务工作，政治学习是谁也不能耽搁的。比如二十八日就有这样的记载：

> 1、上午看病。
> 2、下午学习（陶通知张学习《国家与革命》）

这里的陶当是陶正刚，张当指张守中或他自己。有时也记下他们之间的不同意见。比如二十九日就有一句："因守中未同意我的意见，摹本中笔道未顺，故后来我放弃此意（此段为后补）。"每天的所作所为，事无巨细，均有记载。比如二十九日这天还记有：

> 1、今天下午小陶买台灯。这时才有了台灯，用一百光灯泡。
> 2、小陶打开了两个箱子，准备揭取。

顺便还记下当天的国家大事：十大公布。

张先生从卫生间回来了。见我在看《燃犀录》，说你回去看吧，趁这会儿精神好，给你说说做学问的方法。特别强调，这是他自己摸索出来的，不是哪个书上写的。我推开《燃犀录》，取出笔记本。

张：我的办法是，不管做什么学问，先立个簿子再说。所谓立个簿子，不是简单地订个簿子记事，而是给个分类，给个系统。写人物，就是做年谱；写历史，就是做纪事本末；研究古字，就是做个字典或字谱。这个办法是我从字号里办事上悟出的。字号就是商店，字号里不管办什么事，都讲究立个簿子。有了簿子，再琐碎再麻缠的事，最后都是清清楚楚的，可说毫厘不爽。什么事情，清楚了，也就明白了。办事是这样，做学问又何尝不是这样？能清楚的，自然就明白，能明白的，自然就是通了。学问上的事，不管多少，关键是个通字。而通的关键，则是清楚。所以人们说"清楚明白"，没有人说"糊涂明白"的。立个簿子，就是要弄他个清楚。这本《盟书燃犀录》上下两册，就是我为绎读侯马盟书立的簿子。有人说盟书文字是他研究出来的，只要他能拿出这么个簿子，我什么话也不说了。

韩：张先生这个办法，真是个好办法。尤其是说，做学问跟办事一样，太精辟了。好多人不明白这个道理，要么把做学问看得太简单，要么看得太复杂。看作办事，是既不简单也不复杂，可说是恰如其分。平日怎么办事，就怎么做学问。吾未见办事精细而做学问粗疏者也。反过来也可以印证，古代以科举取士而委以军国大任，往往胜任愉快，这是把做学问的本事用在办事上了。只是我不明白，过去已有沁阳盟书，而你最初发表的文章中，只说是"朱书文字"，怎么不确定是盟书呢？

张：郭老的材料全是我们提供的。当时我也想到盟书，还是学识不足，不敢做决断。在这上头，大家就是大家，郭老就是郭老，不佩服不行。

正说着，降大任先生来了。一进门双手抱拳拱了拱，说实在抱歉，来迟一步。我说，你老兄说到自己总是大事化小，小事化了，今天你来迟可不是一步，至少也是两步。大任忙改口，来迟两步，来迟两步。

坐定后，大任说，说到哪儿了，你们接着说吧。我说，你来了，那就只能是你来说了。

第 1 页

《子赵孟考》 （侯马盟书杂考之一）

侯马盟书之"宗盟类"（另见《盟书宗盟考》）第二条盟约中有"豁不尽从嘉之明"的句子，其中之"嘉"字是从盟人

对主盟人～～～～的称谓。根据同类盟书左同条盟约中有把"嘉"字换写为"某"字者（H1：86）。"某"是～从盟人对主盟人的谨称。《广雅·释诂》："某，名也。"当对不但卿大夫对国君不能直称其名，而且卿大夫的家臣邑宰对～～也不能直称其名。《说文通训定声》某字条："臣谨君故曰某。"《左传·桓公六年》："终将谨之既，君父之在主时，臣子不得指斥其名也。"根据这些记载，即可知盟书中从盟人对主盟人所称的"嘉"绝不是真正的名字，亦可知盟书中的主盟人不是一般的身份，而是卿大夫以上主君一类的人物。那么"嘉"字则当为从盟人对主

盟书中从盟的人对主盟人所称"晋君其名"

15×20＝300

张颔《子赵孟考》手稿

凡聚谈有大任学长在场，我这样的角色，只有洗耳恭听的份儿。在山西文化界，大任与张颔先生、林鹏先生三人，相交甚笃，相知也最深。三人中，数他年龄最小，数他学历最高，长期交往，耳濡目染，观察就是研究，聊天就是传授，几乎是天然地取得了对张林二公的诠释权。大任学长还有一样过人之处，善作旧体诗，这一点最对张先生的脾胃，彼此常有唱和。我最爱听的，还是大任在林先生府上的高谈阔论，在张先生这儿，要乖巧许多。想到平日落拓不羁的大任先生，还有这样的禁忌，不由一笑。

见我笑了，大任说，韩石山（他称呼我这样的学弟，从来是连名带姓，不给一点亲切之感）不定又在怎样编排我哩。我说，我正在恭恭敬敬地等着你来讲张先生的盟书研究，怎么会编排你呢。

张先生知道我们之间的关系，笑着说，石山这次真没有编排你，只是等得着急了些。虽是精明的学者，毕竟还是老实之人，大任立马庄重地说，那就开谈吧。

韩：你参加了《侯马盟书》的增订，还写了洋洋万言的"研究综述"，就请说说张先生盟书研究的意义。这个我是真不懂。

降：这是很明显的嘛，可说彰彰在人之目。张先生的《侯马盟书》，与一般的考古发掘报告不同，不仅是盟书资料的集大成，也是盟书研究中，考古学、古文字学与历史学三者相结合的学术专著。可以这么说，这本书，全面展示了侯马盟书出土的资料、内容和收获，论证了盟书的性质、内容及各方面的意义和科学价值，是春秋乃至先秦史研究的必读书之一。书中极为准确地考定出，侯马出土的盟书，是公元前四九五年晋国赵鞅，就是赵简子，索要"卫贡五百家"时的产物，澄清了相差约二百年的诸种断代说法的出入，这一点在书中《历朔考》里说得最为清楚。

大任说着，将书桌上文物出版社的《侯马盟书》往跟前移移，翻开目录部分，一边指点着，一边说了起来：

先看这个初版本，包括九部分：一、《侯马盟书和春秋末期晋国的阶级斗争》；二、《盟书及其发掘与整理》；三、《盟书类例释注》，分宗盟类、委质类、纳室类、诅咒类、卜筮类、其它类，共六类。四、《盟书人名表》。五、《盟书丛考》六篇，包括《"子赵孟"考》《"宗盟"考》《"委质"考》《"内室"考》《历朔考》《诅辞探解》。六、图版。七、盟书摹本。附录则有：《盟书字表》、《遗址出土的其他文物》、《遗址竖坑情况表》、《有关盟书的历史文献摘编》。其中《盟书字表》的体例，在古文字学与考古学专著中尚属首例，给读者以很大的便利。第三部分叫《盟书类例释注》，这名字起得多好，多严谨，类、例、释、注，四项全有了。这就叫创造。

这本书出版于"文革"后期，从撰写时起，就受到多种干扰，有些人宣扬什么要"突出儒法斗争"，乱施影响，企图把盟誓的立盟人树立为"法家"形象，要拿盟书证明所谓"晋国已彻底解放了奴隶"。对这些胡言妄语，张先生没有采纳，坚持实事求是的科学态度，使全书内容基本上做到了完整、精确，形成严密的体例和系统。尽管当时书上不能署著者姓名，有时发表文章也不得不用单位名或笔名，出书后也没有稿酬，张先生觉得能无愧于学术界，无愧于自己，心中足以自慰。故此书一出版，便引起国内外学术界的重视与赞扬。后来张先生又写《侯马盟书丛考续》一文，作了补充。再看这本！

说着将山西古籍出版社的《侯马盟书》翻开。接着说下去：前面说了，"文化大革命"中不能署名，这次有了，三个人，分别是张颔、陶正刚、张守中。同是著者，三个人的作用是不同的。张先生是主要的研究者，也是全书的总其成者，其他两人各有专司，具体说来，遗址的发掘和出土器物的描述出于陶正刚先生之手，标本文字的临写和两个字表的编纂以及插图的绘制，皆出于张守中先生之手。应当说三人齐心协力，各尽其责，方有此书的大功告成。

内文有什么增订呢？前面加了张先生跟我联合署名的《前言》，我署名的《侯马盟书研究综述》。正文几乎没有改动，这是最难得的，几十年了，张先生对内文几乎没有作什么修订，可见当初的考证功夫多么严谨。改动的是第一题，原为"侯马盟书和春秋末期晋国的阶级斗争"，现在改为"侯马盟书和春秋后期晋国的社会背景"，也就是说，用"社会背景"代替了"阶级斗争"。

增加了什么呢？增加了张先生后来写的《"侯马盟书"丛考续》，分五个部分：一是《赵尼考》，二是《丕显晋公》，三是《"晋邦之中"试解》，四是《侯马盟书与沁阳盟书的关系》，五是《侯马盟书文字体例》。附录部分原是四篇，现在增加到八篇，其中两篇是张先生原就写下，碍于当时的形势没有印入，现在政治清明了，也就一并收入，分别是《〈春秋左传〉盟誓表》和《春秋晋国赵氏世系表》。另外两篇是《侯马盟书字表单字合文检字》和《侯马盟书论文论著索引》。这两个附录的作用，一目了然，给使用者以便利，免除盲目翻检之苦。

这样一部书，可说是当代考古学界、古文字学界的一部杰作，经典之作。难怪出版后一直受到学界极大的推崇。书中最让人折服的是《侯马盟书丛考》中的文字，一是《"子赵孟"考》，一是《历朔考》。

韩：能不能把这两篇考证文字讲一讲。

降：《"子赵孟"考》太复杂，就不说了，我给你说说《历朔考》。这篇文章，主要是考订"宗盟类"盟书中一条盟辞："十又一月甲寅朏，乙丑敢用□告于丕显晋公。"究竟是公元纪年的哪一年。

这条盟辞意思是，在十一月甲寅这一天，见到新月，又在乙丑这一天，用牛牲向晋公亡灵祝告。张颔指出，古籍律历文献中"朏"往往假借为霸或魄，指每月初三。这一说法是概言之，并不精确。晚清王韬《春秋历学三种》，是一部重要的历学著作，据其中《春秋朔闰表》记述，鲁定公十三年至鲁哀公六年（公元前四九七年至公元前四八九年）这八年中的月朔情况，惟有鲁定公十五年（公元前四九五年）正月癸丑朔日最为相当。而此年正月初二即甲寅之日，与盟书所载"甲寅朏"适相吻合。张先生注意到了春秋时历法比较混乱的史实，根据当时晋国奉行夏历的传统（启以夏政），与鲁国所奉周历相较，即夏历十一月为周历（即鲁历）正月，而盟书所云"十又一月甲寅朏"，在鲁历则正是"正月甲寅朏"。这与王韬《春秋朔闰表》所载时间序列完全一致。由此可推定这件盟辞记录的时间，为晋定公十六年（公元前四九六年）十一月十三日。而证以史籍，这一时段正是赵鞅与范、中行氏激烈斗争的时期。此外，文章中还说明了盟书以"朏"纪月相，与古籍用"朔"不同的可能性，分析了

张颔在北京校核《侯马盟书》时乘坐公交车所用月票

此中的原因。这篇文章涉及了古历法的知识，非专家不易知。文章极重要，对考订盟书产生的历史年代，对确认当时的历史事实具有重要作用。

说到这里，大任得意地扬了扬他那不大的脑袋，双眼微眯，似乎为自己的好记性、好口才而陶醉了。

我暗暗惊异，大任真是不负才子之名。在山西大学历史系上学时，大任就是全系乃至全校公认的才子。离校三十多年，一直在文化界工作，当过出版社的编辑，后来调到山西社会科学院，不几年时间，就成为该院首席文化学专家。平日交往，我最佩服的是他的口才，可谓辩才无碍。最大的特点是，文章像口语一样酣畅，口语又像文章一样严谨，若据此以为他是"学生腔"那可就全错了——随时会蹦出一句太原腔的粗口。

此番在张先生府上，说的又是《侯马盟书》，自然满口全是学术词汇，不时还有点小幽默。对大任的学问与口才，张先生也是很欣赏的。记得多年前，张先生写过一首诗叫《二堆骨相·酬降大》，其中说"二堆骨相世无奇，降大诙谐我滑稽"。可见两人平日相谈的欢悦。

前面说了这么多，我知道，不过是引子，正经的谈论还在后头。大任重又点燃一支烟。他是唯一一个可以在张先生房间吸烟的客人。

让我略略失望的是，这次大任没有侃侃而谈，而是移过《侯马盟书》增订版，翻到他写的《侯马盟书研究综述》部分，颇带几分自负地说：我总结的这几条，就很实在嘛。下面的谈论，一会儿是他的发挥，一会儿是照读原文，好在他口才极佳，在我这样对盟书毫无研究的人听来，仍可说左右逢源，头头是道：

张先生的研究，不是单学科奇兵突进，而是考古学、古文字学与历史学相结合，融为一体，多学科的相互参证。韩石山你该知道，王国维先生倡导的"二重证据法"，就是史学研究应以地下出土新材料与纸上材料互相印证，给史学研究打开了一个新局面。二重证据法是近世以来，史学界公认的正确原则。张先生的盟书研究，严格地遵循了这一原则。跟一般历史学家不同的是，他不仅有亲事考古发掘的经验，掌握了大量第一手资料，还运用"标型学"对出土的每个玉片石片，详细观察记录，对出土坑位、方向、深高及种种随葬品了然于心，而且博引文献，对照

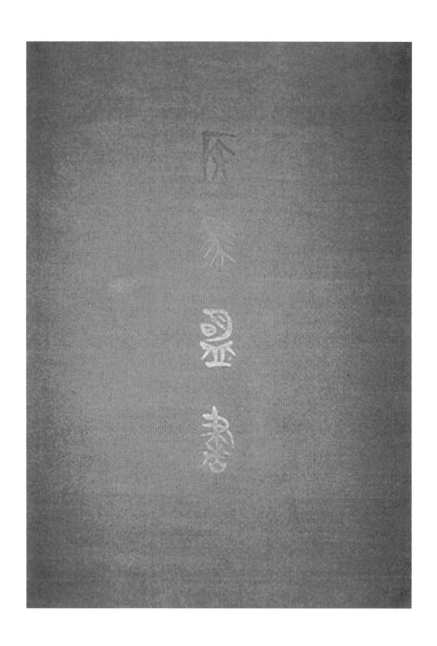

《侯马盟书》（文物出版社，一九七六年版）

历史典籍上的材料分析比较,使考古学与历史学研究相互发明,相得益彰。

就说盟书年代的断定吧,过去史学界有几种说法,代表人物有郭沫若、唐兰、陈梦家诸位,均堪称一时大家。史学界对此,亦莫衷一是,张先生的结论一出,少有不折服的。著名古文字学家于省吾先生,在给张先生的信中曾说:"《侯马盟书》等文章,早已盥读过。但当时不知道哪篇是您所手写的。其结论和郭、唐、陈之迥然不同,饶有发明,至为倾佩。"如果说当年只是倾佩的话,现在可说是河宴海清,定于一尊了。

精辟,精辟!我连连赞叹。同时也知道,大任论学,多是这样斩钉截铁,不容辩驳,是优长也是毛病。若能允执其中,当是另一境界,只是那样一来,也就不是"天将降大任于斯人"的大任先生了。

大任的兴致更高了,朗声言道:张先生做学问的独到之处,是立字当头,以立为主。以往学术研究倡导"破字当头,立在其中",想法是好的,想提倡创新,但运用稍有不当,常是破之有馀,立而不稳,甚至只破不立,适得其反。张先生的研究则反是,立字当头,以立为主。只有致力于立,为立而破,才是治学的正途。因此上,张先生平日做研究,决不纠缠与不同观点的枝节纷争,而是专注于自己的探讨与印证。证据确凿,逻辑严密,结论自然可以取信于人,谬误与不妥的观点也就必然相形见绌,不攻自破。可惜这些年来,这种大得乾嘉朴学精髓的学风,越来越后继乏人了,奈何,奈何!

不光是精辟,简直是警醒。我真诚地说。不料大任先生说,韩石山,你算了吧,自己不细细琢磨,认真考辨,总想让我多说些,好吃现成饭。将来书出版了,给不给我分点稿费?还有几点,我的文章里写得明明白白,你自个看吧。

一定,一定。我也觉得,让老学长这样掰碎了给我解说,有些对人不起。见我如此恭敬,大任似乎于心不忍,又训诫道:韩石山,你将来写张先生时,万不可一味地褒扬,该说不足时一定要说不足。该说借鉴他人的地方,也一定要说到。谁治学,也不能闭门造车,孤芳自赏,都要吸收先贤与同行专家的有价值的成果,择善而从。张先生对此有自知之明,他在自己的研究中就虚心采纳好的见解,如"盟书"称谓的确定取自郭沫若,对"赵尼"人名的考证认同唐兰，对"麻夷非是"一语的理解最终首肯裴锡圭，对摹写文字则称赞张守中，等等。不拒细流，黄河乃成其大，不弃壤土，泰山乃成其高，张先生正是这样完成这部心血之作的。

说到这里，大任对张先生说：记得你整理过一本"信件集"，让韩石山看看松丸道雄的信。张先生说，就在那边桌子上放着，石山你自己看吧。

我起身，在靠东墙的条几上翻翻，很快便找见一册《张颔先生学术交往信件（部分）》复印本。前面两页，就是日本东京大学名誉教授、著名学者松丸道雄写给张先生，庆贺他八十岁寿诞的信。时间是一九九九年一月七日，信中对张先生的治学业绩称誉备至。全文毛笔竖写，字迹流畅苍劲：

张颔先生台鉴：

欣闻先生今次迎接"从事文物考古工作五十年暨八十华诞"之喜，衷心为您庆贺。由于一九七八年日中两国恢复国交，中国学术界的消息渐渐流传到我国。先生的令名立刻就以代表中国古文字学界的研究者闻名于我国，受到日本古文字学者的注目，普遍著称于我国学术界。其研究范围以商周青铜器铭文为主，涉及到钱币文字、玺印、镜铭、朱文盟书等许多方面，可谓充分掌握了古文字资料全领域，环视斯学，几乎无人能完成如此全面的研究。而且先生的贡献不限于学问，在书法篆刻等与古文字关系甚深的艺术方面，先生精妙入神，这一点亦是现代学者所未能企及也。隔海遥贺，贵体日益康泰！东京大学名誉教授松丸道雄顿首。

己卯年正月初七日

见我看完了，大任说：日本的汉学家傲得很。可你看他怎么说张先生的，环视斯学，几乎无人能完成这样的研究，这评价真是够高的了。

我很惊奇，大任多少年前看过这封信，竟能记得信中最关键的句子。

博闻强记，如数家珍，是大任的拿手好戏，别说我了，连张先生都时常赞赏。

我当即表示：感谢大任学长今天对张先生做这样全面而又深中肯綮

的阐述，日后一定带一条好烟赠送。

大任说：韩石山就会卖嘴，什么时候也不会吸上你的好烟。

我不由嘿嘿一笑。天色已晚，与大任一起离开张府。

回来的路上，我告诫自己，最近要抓紧采访，前段时间，耽搁得太多了。

# 二九 无影塔

　　今天一去，还没落座，张先生就笑眯眯地说，让你看个好东西。说着就要去北边的小书房，我要跟过去，摆摆手说不用了。会是什么好东西，我有些纳闷，想来该是什么他心爱的宝贝，要不，不会这么神秘兮兮的。

　　趁这个空儿，我打量着他的房间。这儿既是书房，也是卧室，朝南，光线好，自从上了年纪后，常这边坐卧将息，那边事实上成了一个小库房。书啦，字画啦，制作的什么物件啦，全在那边。真要来了什么重要的客人，也要在那边接待，那边有一对小沙发，这边除了他坐的椅子外，只有一个木头凳子。

　　作为一个老文物工作者，且一直居于领导岗位，张先生恪守着"不收藏文物"的业内戒律。但是，在张先生家里，却有一种置身文物之中的感觉。几乎可以说，一转身，一眨眼，都会遇上文物，其精美典雅，让你由衷赞叹。

　　就说这个普通房间吧，不过十二三平方米，经他精心布置，处处都闪耀着"文物"光彩。西墙上挂的那些字画，件件都可说是文物。一副小小的木质四条屏上，是他手书的《郑哀成叔鼎铭文》，赭色的木板，石绿的篆字，经岁月磨砺，显得古色古香。我细细地辨认上面的字迹："正月庚午，嘉曰：郑邦之产，少去母父……"后面的就不认识了。只有从跋文中知道，此鼎系公元一九六六年河南洛阳出土，是当时的一个重大考古发现。

　　正看着，张先生过来了，啊呀，双手搬着一个大砖，颤巍巍地走着。我忙抢前一步，接过他手里的大砖。他腾出手来，随即取出腋下夹的一个牛皮纸袋子。气喘吁吁又兴致勃勃地说：这可是个宝贝啊！

张颔自制"无影塔"模型

移了移位置，将大砖在桌上放好，张先生一边演示一边叙说。

无影塔的道理，是他在"文化大革命"中，住牛棚时，闲着没事，琢磨出来的。出来后，就找了块明朝的大砖，精心制作，才做成这个模型。无影塔不是哪儿都能造，得选个合适的地方，太原就行。

我说：早就听说你有个无影塔模型，今天总算见上了。

张先生说：我国现在地面上保存的古代无影塔标志，只有唐朝天文学家南宫说这个人，公元七二三年（开元十一年）在河南登封县孔庙门外建立的"无影塔石表"。为什么在登封？登封是古阳城，号称地中。但它只能在夏至节令时显示无影效果，不能用表影体现二十四节令的效应。这是登封的地理位置所决定的。我参照元代天文学家郭守敬，在登封县建造"观星台"时附设圭表的原理，与南宫说"无影石表"的原理，合而为一设计制作了这个模型，用直观形象来介绍我国古天文学方面的成就。

见砖上有小水池，有刻度，边上还有许多说明文字。我问张先生，这些全是你做的吗？张先生说，全都是他亲自凿的，亲自刻的。又详细说了这个模型的尺寸。塔身高十公分，底座南北长五十二公分，东西宽度为十九点五公分，厚度为八公分。

接下来说：显示无影的时刻，在每年夏至这一天的中午，北京时间是中午十二点半，太原时间是中午十二点整。因为模型小，卧圭（俗名量天尺）上只有冬至、夏至、春分、秋分、立春、立夏、立秋、立冬八个标志点。只有标志点，没有刻度和文字。如果在地面建造此塔，就要把二十四节令的名称、刻度详细标明，以显示塔影在各个节令的投影效应。

塔座四侧刻有铭文二百余字，说明使用方法、塔身长度、塔底直径、塔尖角度三者相应数据。整个模型，造型美观，雕刻古朴，涂色凝重，本身也是一件文物。看看四侧这些字，就知道它的原理和意义了：

日下塔影投入平面上，量天圭并以金属点做标记，冬至影尖指于北池南岸之第一点；立春、立冬指于第二点；春分、秋分指于第三点；立秋、立夏指于第四点；夏至即无影。此塔适用之地区与时间以北京时间计，山西太原中午十二时三十分，河北石家庄十二时二十二分，陕西葭县（今佳县）十二时三十九分，甘肃武威下午一时九分，宁夏青铜峡一时五十六分，新疆沙车二时四十分。国外雅典五时十分，突尼斯六时十一分，阿尔及尔六时四十分，直布罗陀七时二十分，美国丹佛上午三时。平面正南北刻有地方子午线，塔前后为水平尺，南池水平面浮金属司南鱼，以定方向。一九七五年、三、二。

张先生说，从一九七五年到一九九〇年十五年中，凡逢节令时刻，他都用此模型反复校验，皆准确无误。

我问此塔有何作用，张先生说，从研究我国科技史的角度，弘扬我国古天文学、历学方面的成就，阐明我国古代观象授时、圭表测影和观察二十四节令的手段和技术，从而推动农业发展，都可见出它的重要意义。

当时他想的是，如果在太原市区某个群众多、风景好的游览场所找个合适地点，放大比例建造起来，不但可以普及科技知识、宣扬古代文化之精粹，而且还能点缀风景名胜。

我问后来的结果，张先生说：可以这么说，空喜欢了一年多，最后还是一场空，受了一肚子的气，无影塔到头来还是无影儿。说着取出一叠打印的文稿，说这是他给太原市委、市政府的报告，前面说了意义和价值，还给人家列了"建造须注意事项"，你看看，写得多详细：

一、选择地点。以便考虑地点的宽敞与塔身高度、圭尺长度和夏至、冬至太阳照射的角度。

二、塔的中轴线必须摆在太原地方子午线上（用磁针有偏差，故必须用标杆影实测）。地方子午线也叫"真子午"，必须测量准确。

三、"量天尺"（主）上的刻度必须先在卧平地面预制稿型，考验一年多（在各个节令证明表影无误）才能动工建造，稍有错误便会贻误后人。

待我看罢，张先生长长地叹了口气，接着说下去：来来往往一年多，惊动了太原市人大主住谷文波，太原市委书记王茂林，副市长张希升，人大秘书长徐宪章，折腾了差不多两年，最后栽在下面几个办事的人的手里。一个迎泽公园不感兴趣，就全泡了汤。当然，不会是这么简单，哪头说起来，都有一大堆理由，反正是直到这个下了台，那个下了台，事情也就不了了之。两年来的经过，我全记在这儿。你看看这个！

我接过来，题名为《倡议在太原市建造"无影塔"记事（备忘录）》。从一九九〇年八月遇见谷文波，到一九九二年五月徐宪章将无影塔模型送还，近两年时间，关于建造无影塔的种种曲折，根根稍稍，老先生全记了下来。

从这份备忘录上能看出来，此事最初的动议，是张先生与其时任太原市人大主任的谷文波同志的一次叙谈。一九九〇年八月初，在一次会议上遇见谷，谈叙中说到他在"牛棚"数年中夜观星象，昼观日影，联系以往的知识与经验，颇有心得，出得"牛棚"便制造了几种小型的天文仪器，其中有适合于太原地区的无影塔模型。据此模型，可在太原放大建造一座无影塔。谷听了极表赞同。

这一年八月十一日，谷文波为此专门来到张家，不巧张先生外出未见面，留言说改日再来。当时他觉得谷对此事甚为热心，非虚词应酬可比。隔了一天，专门就此事的意义，给谷写了一封信并打电话告知。过了些日子，谷与市人大秘书长徐宪章两人来到张家，把他的书面意见和"无影塔"模型取走。

九月十日是个星期一，上午徐宪章同志专来家里告知，太原市委书记王茂林同志、市长万良适同志以及太原专管城市建设的副市长，均同意在太原建造此塔，地点初步提出在迎泽公园或在双塔寺。徐问张对此事的意见，张表示各有长短，两处都可以。徐并说在建造期间，请张担任学术方面的顾问。过后张又就选址问题给谷写信说，为了塔影不受外界建筑或树木切断太阳斜射光线，地点以空旷宽敞为宜。因为冬至最长的投影为十八米三十二公分，量天尺的宽度大致需要三米，上面既要有刻度，又要在刻度的两侧刻二十四节令的名目。同时提议，对此塔的建造如能找一位懂得天文测量的工程师就好了。九月底，张先生应邀参加"太原碑林公园揭碑仪式"时，遇到谷文波，谷说已决定在迎泽公园建造。国庆节以后开始研究具体事项。

转眼到了十月中旬，一天上午，张先生去参加董寿平美术馆开馆仪式时，遇到徐宪章，徐说最近将和市城建局的同志去张府专谈此事。并说太原市为此投多少钱在所不惜，又说太原市过去有什么"十景""八景"等，此塔建成后将也将作为一景。

十二月十八日晚，市人大来电话告知，明日上午八时谷文波主任与太原市某副市长前来研究建塔之事。第二天上午八点半，谷派司机前来张府，接张先生去迎泽公园园林处。参与研究者，除谷外，另有副市长张希升，太原市城建委梁效唐，太原市园林局局长白俊才、王杰。先共同看了公园南门内外情况，遂把建塔地点定在南门内（南面无障碍）。塔的高度与南门气氛相为呼应，有畅朗舒适的感觉，将来建有基台，基台上有栏杆。议定明年三四月天气暖和后，先让张先生测太原子午线。具体时间由梁效唐、王杰二人通知，届时派两三人参与测量事宜。

说话间到了一九九一年。三月二十八日徐宪章同志来谈，无影塔之事谷主任已安排迎泽公园某主任负责此事。四月八日下午，徐宪章同志来约，相随到迎泽公园园林处，见到公园园林处主任，及基建股一同志。还见到太原市园林局基建科焦双印同志，这个人有天文学知识。还见到设计院的一位同志，也是徐宪章通知来的。经过协商，决定本月十六日（下星期二）上午在园林处开一次会专门研究此事，并来车接张先生。

四月十六日上午，会议如期召开，地点在迎泽公园园林处。参加者有徐宪章、焦双印诸人，园林处主任后来也来了。这次会上做了几件事，一是张先生把无影塔的三张照片，还有关于建塔的各种数据全交给了焦双印。二是看了玫瑰园地址，觉得玫瑰园比南门内地址更好一些。三是据焦双印估计（青石塔、基台边及栏杆）工料需一百万元。四是拟订方案、送批施工图纸，均由市园林局负责，要求一年半完成（大致）。五是动工时请谷文波主任来奠基。六是从即日起，开始进入正式工作。

五月间，徐宪章还来张家，说了他将公园开会的情况，向市园林局领导同志汇报的结果。确定今年（一九九一年）无影塔建造工作进度如下：（一）制订方案，（二）作施工图，（三）确定预算，（四）报城建委审批，（五）破土动工，跨年度于一九九二年完工。工程款一百万元，分两年投资。

看到这儿，我抬头对张先生说：事情至此，按说已万无一失啊。

张先生苦笑一声，说：谁能料到，后来竟是"一失无万"！

我再看下去。七月二十三日，张先生从汾阳杏花村酒厂归来，儿子告知，徐宪章来说，无影塔不能用石头，要用砖，用砖五十万元可以完成。下午张先生给徐宪章打电话，徐说：今年怕不能开工了。太原市园林局及迎泽公园的同志说，他们对此兴趣不大。用石头建塔需一百多万元，钱太多，只能造砖塔。张先生说，他同意造砖塔，但可用琉璃镶边，量天尺必须用石头，如果迎泽公园不感兴趣的话，是否转移到晋祠或双塔寺。

八月底，徐宪章还来过张家一次，仍是说，看来今年不可能动工了，城建处还没有批出计划，没人动手拟定，没有积极性。又说，现在只能批五十万，不需要占城建局的钱，市委另给批，还是有希望的，不可能告吹。三是希望张先生跟谷主任联系一下，请对方敦促张希升副市长抓一下。九月初，张先生给谷文波去了一封信，希望谷催促一下，把这件事办好。此后，他还给时已调任省委副书记的王茂林同志去过信，也是希望能关照此事的进行。王书记委托秘书刘传旺同志转告张先生，让他放心，说王书记说了，这是件好事，他会过问的。这期间，张希升也告诉张先生，他已跟刘传旺同志通过电话，说王书记已把他的信批转给文波同志了。下面几句是这件事的收尾，也是张先生的原话：

一九九二年四月二十八日下午，徐宪章同志来舍下说，文波同志已不在位了，张希升副市长也不在位了。看来无影塔事已办不成了，并说过了"五一"，我回介休参加县改市的揭牌仪式回来，即把模型退还我。我请他转告市园林局焦双印同志，把三张照片及各项数据退给我。

五月四日下午，徐宪章同志将无影塔模型送来。

这场事情即告吹。这才是真正的无影塔，我将作诗纪念。

张颔 公元一九九二年四月二十八日下午六时于宿舍

我说，看了这份备忘录，我觉得，几个领导，是真心想办成这件事。但下面的人，一开始就不怎么热心，起初是应付，后来就是磨蹭着等市里的两个领导下台了。有人总认为领导说了顶事，就不知道，在中国办

哲 学 社 会 科 学 部　第　　　页

张颔同志:

　　6月26日来信及大作《侯马盟书历朔考》,均已拜读。侯马盟书的历史内容,只听您口头谈过一点,详情不了解。单就这篇天文考证来说,我觉得有以下几点值得讨论:

　　首先,"十又一月甲寅朏"的"朏"字是否完全可靠?有没有可能是"朔"字?这一点请仔细考察一下。(查先生知道山西有考据)

　　其次,朏是初二或三,游移的时间范围虽仅两天,但年代了可差出十年。若甲寅为初三,则初一朔为壬子,时间为鲁定公五年;与您所定的鲁定公十五年,相差十年。就是甲寅朏是初二,初一朔为癸丑,也还可以是鲁定公十年。所以单用这个办法,定不了具体年代。要用,就得把各种了能年代都列出来,然后用其他办法再把别的了能年代排除掉,才有说服力。像现在这样写法,别人会说您是只顾一点,不计其余。

　　第三,4页开头"颔按:我国古代以冬至点……0度",括号内的这一句宜删去。0宫,1宫的说法是西方的东西,我国古代叫入宿度。

　　第四,1页15行"三月庚辰朔之三日也"中"庚辰"后疑"甲辰"之误。2页8行"平场数值"后改为"平均数"。

　　以上意见,仅供参考。　祝

撰安

泽宗 75.7.10.

又:弗拉马利翁《大众天文学》是公开出版物,可以引用。您所用的数据,我已核对过,是正确的。

年　　月　　日

成一件事多么难，下面人审时度势的能力有多么强。

又问后来可写了诗。张先生说，当时很想写一首长律，就像《僚戈之歌》一样，把这事情细说一遍，把心里的苦诉一诉，唉，时间一长，气也就消了。也许原本就不该给他们说那些话，多情惹得无情恼，只可说咎由自取，自讨无趣。

我笑着说，你还是有长进的。不过，也不要生气，你的任务已经完成了，你做了这么精美典雅的一个无影塔模型，后世的人看了，不会说你做得不好，只会说其时的政府机构没有这个眼力。放心吧，光你这个模型，就是个极有价值的文物。多少年后，不定哪个民间人士，会出资建造的。

张先生说，怕这辈子是见不上了。

我说，我也是这么看的。说罢又觉得，是不是孟浪了些。复念，说他会看上，后果更严重，不止是扯谎而是嘲弄了。

时间还早，这个话题已没有什么可谈的了。上次访谈后的一个连带话题，何不趁此机会谈谈。上次大任学长谈张先生学术造诣时，隐隐约约地，我感到一些疑惑，就是在张先生早年的知识储备，中年的多方修炼，与这样高的学术成就之间，似乎少了点什么连结。这样的措辞未必妥当，或者该说是一种自然的过渡。这个跨度，实在是太大了。

委婉地提出这个看法，以为张先生会面色不悦的，不料老先生微微一笑，说你的思考有道理，该问，别人只是背后嘀咕，不会这么当面提出。研究盟书，疑难处甚多，有些驾轻就熟，一看即可勘破；有些旁搜远绍，会豁然贯通；有些穷极八荒，阑杆拍遍，也难有一得；有些虽有心得，却难以定夺，这就要请教高人了。比如古天文学，我也懂得，却不能说精通。在这方面，我有个老朋友，也可说是老师，不时请教，互相切磋，受益不少。

敢问是何方神圣？我急切地问。

张先生言道，就是先前跟你说过的，已成了天上一颗小行星名字的席泽宗先生。说罢撑持着站起，说他存有当年与席先生的通信，看看就全知道了。

取来了。说是通信，只有席先生的回信，没有他的去信。不过，从这几封信中，仍能看出当年为探讨盟书中的天时问题，晋京之间，信函交驰的情景。写于一九七三年至一九七五年之间，正是张先生整理盟书时期。

探讨的焦点，集中在对"十又一月甲寅朏"的解释。在这上头，席先生是有自己的看法的。一面径直说明，一面又指示进一步探索的方法。比如一九七三年十二月六日的第一封信中，席先生说：

> 关于侯马盟书中的年代问题，您的见解似乎不能成立。据一九六六年《文物》第二期摹本，十六号坑第三号小玉片文字为："十又一月□□乙丑。""十又一月"是不能变的，晋用夏正，鲁用周正，这也是肯定的。于是晋国的十一月，便是鲁国的次年二月，与十二月联系不上。再退一步说，晋国的闰月没有放在年终，那就和十二月联系上了。但是"十又一月"和"乙丑"之间的两个字不清的地方，又怎样能解释成"甲寅朔"呢？在春秋期间，似乎没有这样纪日的方法，即先说月朔的干支，再说当日的干支。因此单凭这条月日的记载，来考订其年代，恐怕很难，主要还得依靠其历史内容了。

大概后来的信中，张先生说一个原先看不清的字，现在看清了，是"朏"字。又去信请教，席回信说：

> 《盟书》中的干支问题，恐怕只能作为问题提出，暂时不易解决。"甲寅"与"乙丑"之间模糊不清的字，若作为"朏"字考虑，似亦难成立。因为①与《尚书·毕命》中的"惟十有二年六月庚午朏，越三日壬申……"不相当，其间没有"越"或其他类似的字；②《毕命》系西周初年康王时的作品，当时可能还没有"朔"的概念，故用"朏"，而《盟书》系春秋末年的作品，当时历法已相当准确，"告朔"成了主要的礼节，"朏"已不用。《历代长术辑要》中周敬王廿四年（鲁定公十四年）的朔闰干支如下……

到了一九七五年六月间，张先生写成《侯马盟书历朔考》，寄席先生征求意见，同年七月十日席回信，先说来信及大作收到拜读，继说，盟书的历史内容，只听您口头说过一点，详情不了解。单就这篇天文考证来说，觉得有以下几点值得讨论。

首先"十又一月甲寅䏦"的"䏦"字，是否完全可靠？有没有可能是"朔"字？这一点请仔细考虑一下。

其次，䏦是初二或是初三，游移的时间范围虽仅两天，但年代可差出十年。若甲寅为初三，则初一朔为壬子，时间为鲁定公五年；与您所定的鲁定公十五年，相差十年。就是甲寅䏦是初二，初一朔为癸丑，也还可以是鲁定公十年。所以单用这个办法，定不了具体年代。要用，就得把各种可能年代都列出来，然后用其他办法再把别的可能年代排除掉，才有说服力。像现在这样写法，别人会说您只顾一点，不计其余。

此外，信中还提出几点小的纠错。比如"三月庚辰之日也"中"庚辰"应系"申辰"之误。这几点小的纠错，在后来出版的《侯马盟书》都改正了。

对此信中提出的问题，张先生看信的当时，都有批语。第一段的批语是："铁证如山，无可动摇。"第二段是："好得很！"对纠错的批语不一，有的是"好"，有的是"查一下"。

多年来，对盟书年份的考证，只能说渐趋认同，难说定于一尊。张先生尽可斩钉截铁，一点也不妨碍他人持之以恒。在泰半靠推勘考证的古文字学界，理占三分，是其所是，非其所非，再正常不过。即如张先生对盟书考证，按他自己的说法，该是"铁证如山"了。且说那几个关键字，一九六六年《文物》第二期上刊出的是"十又一月□□乙丑"，一九七五年六月寄席的《侯马盟书历朔考》上，就成了"十又一月甲寅䏦"（与后来出版的《侯马盟书》一致），我们总不好说经过近十年的时间，盟书石片上的文字经过一番鱼龙变化更为清晰了，只可说张先生和他的同事们的研究，更其深入也更其精细了。好在那块珍贵的玉片，先后出版的两种《侯马盟书》上都有，有照片也有摹本。倘若某位高人据此考证出决然不同的结论，我一点也不奇怪，更不会据以低估张先生当初研究的价值。张先生坦然拿出席先生的来信，便是一份绝大的自信。

我说了自己的看法，张先生说：尽心力而为之，或有加焉。听出来了，是《孟子》上的一句话。又吟了一首诗：

> 未济终焉心飘渺，百事翻从阙陷好。
> 吟到夕阳山外山，古今谁免余情绕。

也听清了。是清人龚自珍的一首诗。当年央视《大家》摄制组给他做节目时，末后也是吟了这首诗。

老先生有这样的胸怀，我还有什么多余的话可说呢。

洞庭波涌连天雪，长岛人歌动地诗。

2018年夏，介休市政协副主席郝继文先生为新城公园张颋先生铜像所作记

# 三十 "文物"制造者

上次去，看了无影塔，忽然萌生一个想法，想清理一下，看看张先生制造了多少"文物"。这当然也是因为，这些年陆陆续续地，看过张先生制造的许多类似的文物。比如竹简、司南仪，还有旋杖，那么古朴，那么精巧可爱。利用工地上废弃的石片仿制的侯马盟书，几乎可以乱真。

这次去了，一说这个想法，张先生也很高兴，说没想到我会动这个脑筋。说会动脑筋，是他对年轻人的一种夸奖。

有什么宝贝都拿出来展览一下吧！我大大咧咧地说。

先让你看个东西，前几天我的一个学生刚给我照了张相。张先生说着，在身旁的书册里翻翻，递过一张照片。接过来看去，有小三十二开书本那么大，边上还有题字：老步全依瘦竹筇。照片没有那么大，是贴在一张更大些的黄色纸板上，字题在纸板上。照片平常，只能说看去比平日精神些，惹眼的是他手上拄的那根手杖。

瘦竹筇，什么意思？

见我注意到手杖，张先生也就说了实话，说这手杖可是个宝贝，你看看实物。说着站了起来，朝北边的小屋走去，片刻之后过来了，手里掂着一根竹质手杖，看去比照片上的要粗大许多。古色古香，一看就非寻常之物。

我接过来，在自己身边比了一下，我一米七八，手杖的顶端与我胸口齐，当在一米四左右。坐下细细端详，下部细些，往上渐粗。通体竹节，也由下而上渐粗渐短。下部四节，几乎为全杖三分之二。上部十个短节，节痕敧侧不一，又井然有序，如同精心缠绕的绳索。唯第十小节又忽地长了许多，恰可手握。顶端嵌着一个似瓶盖又稍厚的圆木，亦可手握。

老步全依"瘦竹筇"

在那长了许多的第十小节上，有刀刻且涂了石绿的四个小字："横拖瘦竹"，左下是更小一行刻字："颔　一九八一年夏。"

不用问，这些字全是张先生亲手刻的。

我知道，这根手杖，不会是我看到的这一些，若仅是这一些，张先生就不会这么兴奋了。不必催问，听他讲下去就是了。

张先生说，这叫筇竹杖。苏东坡有诗曰："老大横拖瘦竹筇。"这就是我刻"横拖瘦竹"四字的出处。说到这儿，又过到那边，取来《汉书》第九册。翻到某页（二六八九页），指给我看《张骞李广利传》中一段：

> 骞身所致者，大宛、大月氏、大夏、康居，而传闻其旁大国五六，具为天子言其地形所有……骞曰："臣在大夏时，见邛竹杖、蜀布，问安得此。大夏国人曰：'吾贾人往市之身毒国。身毒国在大夏东南可数千里。其俗土著，与大夏同，而卑湿暑热。其民乘象以战。其国临大水焉。'以骞度之，大夏去汉万二千里，居西南。今身毒又居大夏东南数千里，有蜀物，此其去蜀不远矣。"

一面解说：大月氏、大夏，今克什米尔一带。身毒就是印度。张骞对汉武帝说，从大夏这条路往外扩展，风险太大；往北，匈奴占着，也不好走。蜀地直通身毒，路顺，也没有什么敌寇阻挡，以后可以往南发展。武帝听从了张骞的建议，派兵南下，"于是汉以求大夏道，始通滇国"，又开始经营西南夷，终使中国的版图大大地扩充了。

谁又能想到，一根小小的筇竹杖，竟与中国的版图有这么大的关系！

由张骞在西域所见，到苏东坡赋诗赞美，到张颔先生亲手刻制，筇竹杖的历史脉络，竟绵绵两千年不绝。

先生要将那册《汉书》送回小书房，见他走动吃力，我便为之代劳，不放心，跟了过来，给我指该插在什么地方。这儿，是我过去来了跟他谈天的地方，各种物件的摆设，全跟往昔一样。近来我很少到这边。三面墙上（北边是窗户），错错落落地挂着一些字画、镜框，哪个都让你看了还想看。靠墙的茶几上，小桌上，摆着各种各样的工艺盒子，哪个里面都像是藏着什么宝物。我不会打开盒子，这是我在张先生家给自己定的一条规则，不经他的允许，绝不随意翻动他的东西。

张颔自制的"旋栻""司南"

　　靠南墙是一张小床，想来过去是他看书累了小憩的地方。墙上几个镜框，其中一个，比电脑的屏幕略大些，褐色的底子上，左侧粘着一条长方形的白宣纸，写的是他的一首诗，右侧是一个略窄也略短，形制相仿的翠绿色的布条。无论是诗笺，还是这布条，都是精心装裱的，四周镶着金色的窄带。我以为，他是要装裱他的诗笺，而这个镜框稍大了些，便在一侧加上这么个翠绿的布条作为点缀。

　　有这么一片翠绿，一下子就精神了！我自作聪明地说。

　　你看看，细细地看。张先生站在旁边，轻轻地说，像是在劝导一个不用功的孩子。我看了，细细地看了，不就是一片普普通通的绿布条吗？

　　你看看那图案！张先生趋前一步，指点着镜框里的绿布条。

　　啊，这回看清了。这绿布条不是单色的，上面有小小的白点，那些白点，每三个成一组，上下左右规则地，也是无限制地排列开来。三个白点，分别是三个图形，一个是毛笔，一个是步枪，一个是带把子的印，其寓意再明显不过了，就是"文革"时期那两句叫人听厌了的话："笔杆子，枪杆子，夺取政权靠这两杆子，巩固政权也靠这两杆子"；"无产阶级专政就是要牢牢地掌握印把子"。真是邪门了，谁会有这样的设计创意。再看那个诗笺，是这样写的：

　　　　阜东友好足清才，辛苦逶迤不得志，
　　　　飘摇风雨十年劫，落难同在牛棚里。
　　　　低眉强颜着轻装，芳草萋萋绿衫子，
　　　　上有花纹出新奇，生面别开谁设计？
　　　　印把笔杆与枪杆，一代兴亡图谶事。
　　　　于兹国运转为安，烽火文革今已矣。
　　　　天生余性好搜求，钩沉探微发深义。
　　　　黄花明日皆文物，多见杜衡杂芳芷。
　　　　惠然肯赠翡翠绔，何以报之数行字。

　　诗题为《向友人乞得片羽》。

　　张先生说，那是一九七二年，还正乱着，他与一位姓足名叫清才的朋友在一起开会，他坐在清才同志后面，忽然注意到他新穿的一件衫子上，竟全是细小的枪杆子、笔杆子和印把子。当时觉得非常奇特，但也没有动收藏的念头。过了一年，出了牛棚，又想起这件事，想收藏他的花布衫，说衫子已破烂不堪，问可有成块的布料，说这要回去问问他妻子。第二天来单位，果然拿来一块下脚料，好在还新，正好可以剪出这么一个长方形的条儿。看着感慨万端，即兴吟了这首诗。没事了，将诗抄出，配上布条，裱好装了框子。

真会制造文物啊！我说。

我是搞文物的，一见了什么可能成为文物，总要想方设法保存下来。你看，还有个好东西！说着指指旁边一个小几上的锦缎盒子，上面有题笺。我没顾上看，打开了盒子，只见两个白搪瓷盘子，静静地躺在皱起的黄绫子上。这东西，我可不生疏，早些年说不定我家里都用过。

你看那字！张先生说。

盘子上有图案，红色的，宽宽的边沿上，每个都是一行字绕成圈儿，一个上面是"工人阶级必须领导一切"，一个上面是"千万不要忘记阶级斗争"。

真是个有心人，我心里暗暗赞叹。问是怎么弄下的，说是"文化大革命"期间，在一个朋友家里见了讨来的。

没有这样的实物，多少年后，谁要是说当年我们的前辈就是用这样的盘子吃饭的，后人保不准会说是诬蔑呢。它记录的不仅是荒唐，而且是恐怖。转过身来，又看到西墙上那幅画轴，就是先前曾看过的，装裱有王世英赠送的日月砚拓片的画轴。在我看来，砚台固然是文物，这幅画轴也是文物。有砚台的拓片，王世英的手迹，张先生的题诗，自自然然地组合在一起。

见我关注这幅画轴，张先生神色黯淡地说：画轴还在，砚台却不见了。

怎么？我惊讶地问，叫谁偷走了？

张先生随手掩上房门，指指画轴下面的茶几，说原先在这儿放着，不见了。后来一查，发现旋杕不见了，长平箭头也不见了。

我说，记得你有一盒子长平箭头呀？

张先生说，那些是普通箭头，这个是放在一个单独盒子里，上面还

张颔自制的"流沙坠简瓤"

写着李贺的《长平箭头歌》。那个箭头，三棱带血槽，最是珍贵。还有我临摹的侯马盟书的石片，也不见了。唉，这些东西，该散的时候，总是要散的。说罢，默默地念叨着什么，我以为他在发感慨呢，仔细听去，竟是在默诵李贺的《箭头歌》开头几句：

漆灰骨末丹水沙，凄凄古血生铜花，
白翎金杆雨中尽，直馀三脊残狼牙。

见我留意他的默诵，张先生停住，说道：李贺诗中说的"三脊"，就是说箭头为三棱形，等于带了血槽，一带血槽，杀伤力大了许多。这正是秦人能荡平六国，在技术上的一大长处。唉，那个旋栻，是个小型天文仪器，是我精心制作的。怎么会这么快呢？

看得出来，他不能忘情的，还是他亲手制作的那些宝贝。这末后一句，我不好应答。

你看吧！他轻轻地说。好像我不多看看，往后就看不上了。

我扶他在椅子上坐下，自己再看别的东西，一面看一面想，不管多么珍爱的收藏，及身而散的事，是免不了的，但要看是什么时候。战乱中失散了，比如抗战中敌寇来了，比如"文革"中叫抄了家，心痛是心痛，略一想也便释怀，国家都这个样子了，个人的一点收藏算得了什么。还得看年龄，年轻的时候，失了也就失了，散了也就散了，来日方长，或许还会有更大的收获。老了，安居时期，就不一样了，不是说这些东西多么宝贵，失不得其时，散不在其地，最是坏人的心境。

又想，这些东西，有的是文物比如长平箭头，有的难说是文物比如绿布条，将来就是捐赠也不会有地方收存。然而，它们的价值，又岂是"文物"二字能够涵盖的？

时间不早了，扶张先生过那边坐了会儿便告辞出来。

附：本书稿修订期间，薛国喜先生转来香港中文大学张光裕教授写的《作庐先生临摹的望山简小记》一文，兹附于本章之后，以见张先生制作的"文物"之精美与功用。文曰：

看来我这辈子和竹简的确有着深厚的情缘。上博战国楚竹书、清华战国竹简和岳麓书院秦简，我都有缘率先目验。但第一次接触竹简，还得要从作庐先生临摹的望山简说起。

已经是二十多年前的旧事，但至今还记忆犹新。当时我刚从澳大利亚回港，应聘在香港中文大学中国语文及文学系担任教职，因为外访开会，有机会在山西太原拜访张颔先生，张先生热情地请我到他家里做客。书桌上正摆着用绳子编好的几枚竹简，是张先生临摹望山简的仿制品，但是古意盎然，制作精美。一瞬间，脑子里闪过一个念头，于是便不假思索，很天真地恳请先生也替我仿制一两枚，以作教学之用。

过了不到一年，陶正刚先生因事访港，同时也捎来了几枚竹简，说是张颔先生送给我的。把长长的封包打开一看，倒让我大吃一惊，那不就是原来在先生家里看到的那几枚竹简吗？先生还特意用牛皮纸黏制了一个长形封套，把四枚长达六十五公分的仿制竹简妥加保护，封套左外侧书“湖北江陵望山第一、二号战国楚墓遣册竹简仿制品四简，张颔于太原。”原简多历年所，早已泛呈老黄，然简文描摹逼真，契口编绳更是用心系联，每一简背上端皆贴有红签，其一墨书“望山一号墓竹简摹本二十四”；另外三枚，亦分别写上“望山一号二十五”、“望山二号二”、“望山二号四”。又以塑料套及白纸裹包仰天湖一号简（长二十四公分）及隶书汉简（长二十二点五公分）仿品各一枚，一并附赠。陶先生说，张颔先生近年已没有太多精神重新替我制简了，因此便把原来只有六枚精制的作品，抽出四枚，只留下两枚自用。当时手捧竹简，内心的激荡和感动，真是难以形容。其后多年的教学生涯里，每逢古文字的课，我都不忘把它们拿出来让学生摩挲欣赏，并述说张颔先生扶掖后学和嘉惠学子的热诚。

作庐先生的道德学问，大家都尊崇有加，毋庸我的赘言。谨藉此短文，用贺嵩寿，祈颂介福康宁，并识不忘。

己丑十月雪斋光裕谨识于西沙帝琴轩

兰言载芳润

碧木相撞之年

榖性多温纯

并力偁父颔

兰言载芳润，榖性多温纯。

# 三一 书信叙真情 | 9月25日 星期四

今天去张府，不光心里装着问题，包里还带着一些材料。我想谈一个过去没有接触过的问题，就是从平日与年轻人的书信交往，看其人品学问。所以产生这个念头，是不久前得到的一封信给了我启发。访谈的好处是亲切，缺憾是容易流于空疏，书信一类资料的引用，不失为一种救赎的办法。

信是从太原师范学院姚国瑾先生那儿得到的。国瑾是我的朋友，一次去他那儿闲谈，看到张先生给他的一封信，得到同意复印了。这封信透露的信息甚多，使我急于见张先生一询究竟。信是这样写的——

国瑾同志坐次：

大函敬悉。关于你对海南出版的《古史考》第九册读后感受，甚好。

窃以为钱玄同、顾颉刚诸先辈皆为一代通儒，在我国史学上创疑古一派，有其光辉的一面，功不可没，但对古籍文献先设疑伪而作为前提，或有偏颇之失。至于当今某公，亦确为后起英俊，学识赡博，有逼薄先贤之势，唯似于守盈持满之道，过于自信，驰骋突出，欲创新径自立门户。但循名责实，实有难副事宜，遂惹起学界二三人士烦言啧啧，致伤嘉誉。憾焉！

关于断代工程，所下之结论，尚欠扎实，但自信颇足，追求迎合满足于政治任务，沸沸扬扬，喧嚣于世，以招中外学者的指摘，亦必然之果。

清人龚定庵读《易》终篇《未济》后写诗曰："未济终焉心缥缈，百事翻从阙陷好。吟到夕阳山外山，古今谁免余情绕？"古人云："立异标新，炫才扬己，君子所戒。"信然。不知国瑾以为如何？顺致

嘉安

张颔　二〇〇五年十一月十二日

钢笔竖写。山西省考古研究所稿纸，用背面，整两页。

见面后，几句闲话说过，我将给国瑾的信呈上，先生粗粗一看，说这事还记得，国瑾是奠中先生和林鹏先生的弟子，有时也来这儿坐坐，谈谈学问。有次来，说起买下一套《古史考》，我问可有与夏商周断代工程相关的文章，说有，在第九册上，我说想看看，过几天送来了，同时附一信，谈对疑古派的看法。

韩：国瑾对疑古学派是什么看法？

张：他是从征信上着眼的。对顾氏"层累地构成古史"的说法，认为有其合理的一面，但不能说古史全是如此。那些故事性强的多半是，还有些朴拙的事例，就不是这样了。恐怕正因其为信史才这样简略朴拙。"层累"说，对某些史实的勾稽还原是有用的，一概而论，怕就难说公允了。第九册上，还有钱玄同先生的一篇文章，此人乃疑古学派的大将，曾给自己起名为"疑古玄同"。看了两人的文章，我觉得他们研究历史的方法是有偏颇的，对古籍文献，怎么能先设疑伪，作为前提，再加以论证。你是学历史的，对夏商周断代工程有何看法？

韩：前些年启动的这一工程，以举国之力攻克一个学术难题，这种做法本身就值得商榷。这一做法的前提是，夏商周断代这一学术课题本身并不难，先前所以没有解决，是因为学者贫穷，谁也无法以一己之力攻下这一难关，适值盛世，国力充裕，有足够的资金供研究之用，自然可以一举拿下。事实上不是这么回事。对于三代之史实与年份，从清代到现在，几百年间一直有人在研究，焚膏油以继晷，恒兀兀以穷年，不能说没有成果，只是难以得到学界的确认。这本来是很正常的。现在我们的一个副总理，去了一趟国外，觉得埃及、巴比伦的上古史都有确切的年份，而我们这样一个古老的国家，虽有夏商周这样的古史朝代，每一朝代却没有确切的年份起止，觉得是很丢面子的事。回来上报中央，批下款子，就启动了这个断代工程，经过两三年的攻坚，现在成果出来了，跟以前学界的说法差不了多少，仍然处于疑信之间，

张颔在写作

这怎么能让人宾服。

张：做学术上的事，总比胡花了强，还是要从好的一面看。

韩：那倒也是的。还可以退一步说，让学者胡花了，总比让贪官胡花了强。你引用的龚诗，可说任何一个历史研究者应当秉持不移的原则。

张：龚诗的胸襟，也正是我多少年来，在文物考古上所持的一种态度。简略地说，就是孔夫子的那句话：知之为知之，不知为不知，是知也。按说《易》这部书，记述史实，也推测未来，可它的终篇竟是《未济》，不是很有意味吗？天下事，以为已济者，实则尚处于未济之中。那种别人做不成，只要我去做准能成的想法，本身就是狂悖的。如果当初不是那样大张旗鼓地动员，信誓旦旦地预言，也就不会闹到如今这种地步，遗笑世人，致伤嘉誉。学问上的事，一定要老老实实。

韩：过去人说，学问与人品是一致的，有人不信，说不老实的人也许更聪明，更适合做学问，更容易出成果。说学问与人品一致，不过是教人为善。不能说没有这层意思，但主要的意思，还是说诚实正直的品行，更适宜于在学问上探求，也更容易做出成绩来。别说为人奸诈、品行不端之辈，就是心性飘浮的人，要在学问上获得大发展，也是很难的。我离开大学后，没有从事过历史研究，但一直关心史学界的事。有些人本来能成为一代大家的，就差那么一个台阶，总也迈不上去，不能不让人惋惜。说到底，还是智不及此。我不是说具体哪个人，是说我对史学界的一点看法。

张：不管是谁，在这些重大学术疑难问题面前，若能退一步，取"百事翻从阙陷好"的态度就好了，不是说学问马上就大了，而是说，不会有"失街亭"这样的憾事。几百年都解决不了的学术难题，总是有大的难度。

韩：好些学人，一旦领了上方宝剑，就觉得建不世功业，直如探囊取物。有了失误，马上又做出一副英烈模样，似乎自己是为国家牺牲了，理应得到旌节表彰。看那架势，似乎失败了更好，能得到更大的荣誉，这不是荒谬嘛。一码归一码，就不想想，树个英烈，用得着花那么多钱吗？造个金人也造下了。扯远了，我想问你，手头还有跟年轻人的通信没有？

张：我这儿有个张守中搞的一个本子，你没见过？

韩：好像听你说过，是给你生日的寿礼。

张：你翻翻，有个复印的本子在那个柜子底下，前几天做什么我还查过。就是那一格。

在旁边柜子底下的一格里，很快就取出一册复印本子，能想象出原物定然是古色古香。题笺上的几个字，勉强能辨认出是"甘公书简印本"，那个"甘"字，我怎么看都像个"回"字。问张先生，说是侯马盟书的写法。一翻内文，大喜过望。全是张先生的手书。前面有守中先生一段序文，毛笔小楷，一字一格，漂亮极了：

甘公八十寿辰，守中拜贺。回顾盟书之役，结深厚情谊，动乱之后，分手两地，而书信不绝。公来书，关心冷暖，亦训作人之道。中于学业，每有疑难，公更详尽解答。廿年间，积公之华翰五十又八，每开卷览阅，受益良多。公训要作时间之主，中不敢有怠。譬编之后，续有数编，今郭店简编又将杀青，中述及此，念公能得忻慰。晋国铸铜陶范遗址出土陶范，见有安宁寿久之句，今借此铭向公祝福。己卯立冬张守中于石家庄。

内中信札，全系复印。除了几封较长外，大都不长，不一会儿就看完了。

韩：从这本信札集里，能看出你与守中先生之间的那种亦师亦友的情感，它是基于学术的，但却不是学术所能涵盖的。是一份责任，也是一份情感，更是一种境界。

张：我这人在与人交往上少"心机"，对谁都是诚心相待，你苛待我一次我领会不了，三次五次还是能心领神会的。往后也不会怎么你，总能躲着你，这也是有人说我"冷不叽叽"的原因。跟我交往多的不会这样认为，守中就是这样一个朋友，从认识时候起，就相处得很好。他的书法很有根底，曾跟上商承祚先生学过古文字，又到南京，跟上邓散木先生学书法，当时邓先生年纪很高了，让他先学小楷。不多久，解放了，不兴这一套了，就回到北京参加了工作，三转两转，转到侯马文物工作站。他是大家出身，祖父张人骏，做过清朝最后一任两江总督。这个人品行好，工作中从不挑挑拣拣，钻研业务，很有悟性。整理盟书时，所有的字，全是他临摹的。"文革"后回到石家庄，已是独当一面的古文字专家了。

韩：从这些信里，能看出守中先生的品格，也能看出你对他的感情。

说到这儿，我翻开《书简印本》，指指上面的一封信，递到张先生面前。

来信悉。知你工作与生活皆安定下来，虽忙亦慰。希能对时间争取主动权，趁未老抓紧工作，将来一定会有更大的成就。我已迟暮，时间不能挽回，但也必须主动争取时间，做一些有用于后世的工作。

近来又患脑血管痉挛病，目前脱离机关和宿舍，排除大气干扰，专门整理先秦货币字编。自从去年筹备古文字研究会年会以来，一直没有动笔，浪费了不少时间。现在才算抽出空来。

你临的九成宫格很好，功力甚佳。图章一般，印泥特好。

时间是一九八二年四月二十六日。

一看就知道，是张守中先生刚由太原调到石家庄后写的。其时张先生刚开完古文字学会的年会，正躲在一个寺院里整理《先秦货币文字编》。后来由中华书局正式出版，改名为《古币文编》。又翻到另一封，张先生看着看着，不知想起了什么，像是动了感情，眼睛有点湿润了，掏出手绢揩揩，看着看着又笑了。

来信收到。前信尚未复，甚歉！

印章已读。内容为《西厢记》张生对崔莺莺所吟之诗："月色溶溶夜，花容寂寂春。如何临皓魄，不见月中人？"崔莺莺对张生所和之诗为："空闺深寂寞，无计度芳春。料得高吟者，应怜长叹人。"我手头无《西厢记》，这还是幼小时脑里记下的，请你抽暇查对一下（王实甫西厢）。

印章上的刻文，字体是《汗简》。最近中华书局印行了《汗简·古文四声韵》。请你在该书中查对字形和边旁，以便放实。《汗简》文字，我曾替它恢复过名誉，但其中毕竟问题不少。作为工具书还须谨慎对待。

至于图章是什么时代的东西，仅仅从拓印片上看不出来。明清都有可能。从印章的刀法章法上看还是不错的。印文共二十个字，除了重文，您已释出十六个字，已经够好的了。即此祝愿全家安好。

时间是一九八五年九月九日。

我问为何动了感情，张先生说想起了过去在一起整理盟书的事情，一转眼三十多年过去了。又问为何破颜一笑，是不是看到自己信中一连写出《西厢记》里两首诗，你说过能背西厢全本，果然不假。张先生说，不是笑这个，是笑信里头对守中同志说话的口气，是该夸奖，但那口气像是长辈夸晚辈，实际上守中只比他小十五六岁，当时已四十岁，不该还把人家当孩子。好为人师的毛病总也改不了，要是搁到现在，就不会用这种口气说话了。我又指着一封信说，看你，在外地开会，还牵挂着守中著作出版的事。这封信的落款是"张颔于古杜邮（咸阳）"。信中一段是：

> 这个字编，我计划推荐单独发表，用您的正式名字发表。在《古文字研究》集刊发表（中华书局编）。不知您的意见如何？我已和中华书局初步取得同意。您考虑如果作为字编发表是否会对正式发掘报告有什么影响（我觉得不影响），但又要考虑到各方面的关系。就是说，您发表的，别人是否有意见？等等等等。（一九七九年四月十四日）

张守中研究中山王墓器物文字的一本专著，是张先生写的序，书还没出版，山西将召开中国古文字学会的年会，在给守中的信上说："我意，赶明年年会上，将你的书印出给大家散发。大会预订二百份，我已给赵诚同志去信，您可在京催促。"信的末尾，说他在整理《古币文编》的稿子，"连个助手也没有，所以就常想到你，你如果在太原的话，我就能活下去了。无奈又得革命加拼命，拼一个时期"。看到这里，张先生又动了感情，或许是想起他一人在南十方院禅寺里抄《古币文编》的情形吧。"就能活下去了"，这话里有多少感情，多少感慨。

从给姚国瑾的信，到《甘公书简印本》，能看出张先生性格的另一面。较之平日说话，信中更见性情，也更见胆识。比如平日谈起《侯马盟书》，是那样的谦抑，而在给张守中的一封信中，说到那些对《盟书》挑剔的人，却是那样的不屑，说到《盟书》获得的赞誉，又是那样的自豪：

近几年内，日本人搞盟书有股风气，除过发表不少文章与小册子，今年三月又出了一本《东周晋国侯马盟书字体通览》，是在我们基础上炒的回锅菜。在其叙文中谈到我们的结论是最有说服力。我也佩服他们的治学精神。

国内有的学者对我们的结论发表了一些不同的看法，有的不错，如对"宗"、"主"字的意见等，有的"寡气"，我当然还可以写一些驳议，但我没有写，让其自为生灭。总的来说尚动摇不了我们研究结果的基础。比如说"主"字的解释，不足以推翻"宗盟"，况且，一，"主"也是宗祐，假宗为主。"主"字不是本体。二，盟书"宗"、"主"在字形有别，是因为用处分别的原因……充其量也只是一家之言。前若干年有一位黄姓学者对我说："我可以推翻你的整个论点！"我说："非常欢迎。"后来他的文章发表了，时间过去也多少年了，我们的论点还是依然。在国内虽然也有的学者坚持唐兰先生的说法，认为盟书是战国的，而我们认为是春秋晚期，这一点海内外还是主流之说。当然我们不怕推翻，如果推翻而能得出更为科学的结论，把学术研究推进一步的话，推翻更好。（一九八八年八月十八日）

看到这里，轮到我笑了。张先生警觉地问，你笑什么？说我想起了白居易的一首咏桃花的诗，"人间四月"什么，后面的想不起来了。张先生说：可是《大林寺桃花》？是这样的——

人间四月芳菲尽，山寺桃花始盛开。
长恨春归无觅处，不知转入此中来。

我说，正是。张先生说，笑什么，这会儿是秋天呀。我说，在我们访谈的这些日子里，我心里一直有个疑惑强忍着不说，你可能会说，那就问呀。在没有确实证据之前不能问，以你的性格，问了也不会直说的。但我认为我的疑惑是有道理的，没想到刚才无意间得到了这个答案，就由不得笑了。

张先生没说什么，只是不解地瞅着我。我说，我有个观念，凡有大才智，有大本事的人，从本质上说，都是骄傲的。可笑世人，一说起这些人，若是革命的进步的，就说他怎样的谦虚谨慎，怎样的从善如流，若是反动的落后的，又说怎样的虚伪，怎样的示人以假象。我总觉得，这两种说法，都有违常理。

张：新鲜。

韩：我是这么想的，凡有大才智，有大本事的，面对这么一个平凡庸俗的世界，不可能心平如镜，更不可能处处认同。既然这样，他怎么能一点不动气，一点也不骄傲呢？骄傲是不同凡俗的表现，是一种人生的境界。可是，我在访谈中，一说到你的成就，说到你的品德，你总是表现出一种谦抑的态度，弄得我无话可说。只有今天，就是刚才，在给张守中的信里，我看到了你的自信，你的张扬，你的骄傲。该有的东西一定会有，要不就不合人之常情。

张：这跟这首诗有什么关系？

韩：原来人间三月正芳菲的桃花，到四月看似尽了，哪里会尽呢？只是在人前不显露了，原来是逃避到与好朋友的书信里来了。给国瑾的信是一例证，给守中的信则是一个铁证。

张先生听了，嘿然而笑，说这本《甘公书简印本》就送给你吧。

时间还早，又闲聊起来，我忽然想起谢泳先生的一番话。谢泳原在山西省作家协会工作，去年去厦门大学当了教授，不久前回来一趟，在一起聊天时说起张先生。或许是对大学教书有了新的体会，谢泳说，张先生若早年就在大学里，现在那可了不得。几十年下来，多少学生，学生又有学生，分布在全国各地的教育科研单位，该是什么光景。我当时也是认同谢泳的话的，觉得张先生这么大的学问，没在大学里教书是个遗憾。反正是我说，事实上你还是有学生的，只是不是那种注册上课的学生，这些年我看有几个人，跟上你学习，也跟学生差不了多少，比如高智，国喜，还有海涛，不叫学生该叫入室弟子吧。

张先生说，他们视我为业师，我只视他们为年轻的学问上的朋友。他们从我这里学下什么东西没有，我不知道，我跟他们的交往中，受到他们活力的感染，智慧的启发，是确确实实能感受到的。比如高智这孩子，这些年一直跟着我学古文字，有悟性，肯动脑子。说着取出一册《古代文明研究通讯》，北京大学震旦古代文明研究中心编的，二○○七年第九期。翻到《西伯既勘黎——西周黎侯铜器的出土与黎国墓地的确认》，作者高智、张崇宁。接着说下去：

这个墓地的发掘，是崇宁主持的，回来常跟我说说。高智和崇宁这篇论文，别看不长，解决的问题也不大，但论证严密，让人信服。古代分土封侯，除了中原的几个大国之外，还有许多小国，既奉周室为正朔，又依附于大的诸侯国，史书上说商汤之际，方国三千，到了周朝，没有三千也该有三百吧，我们现在知道的也不过几十个。过去人们研究历史，对这些方国很少注意。前两年山西考古的一个重要发现，就是在绛县一处墓室里发现了倗国的器物，等于确认了这么一个方国，是史书上没有记载的。黎也是个方国，《尚书》上说"西伯既戡黎"，地域一直没有明确。现在高智和崇宁的这篇文章，等于弄清了黎这个方国的确切地址。

我说，你这用的是孔子带门徒的办法，其效应，跟在大学里教书没法比。不过，什么都是命，多了这个会少了那个，天旱雨涝不会那么均匀。

接下来张先生的一句话，很平实又耐人寻味，让我多少感到，自己还是太卑污，太势利了。他的话是：有多大的门面，操多大的心，世上没有白下的辛苦，也没有白得的好处。没有那么多的荣誉，也就没有那么多的麻烦——心静啊。

一面又觉得好笑，这样警策的话语，不正是他多年小伙计生涯，得出的悟道箴言吗？直到走在回家的路上，仍在思索，道这个东西，真像庄子说的那样，什么地方都有，下功夫去悟就是了；还是端看什么人在悟，像《红楼梦》里说的，"世事洞明"了，看着哪儿都是学问。质言之便是，先有可悟之道，还是先有悟道之人。原先我相信前者，总以为有个道在那儿放着，纵使像我这样的蠢人，只要孜孜以求，离道也会越来越近，直到有一天拿到手里。这一刻竟疑心起来，怕还是先有悟道之人，才有可悟之道。若谁也能悟出，这天下的道也太多了。一个是主体的修持，一个是方法的寻觅，轻重不用掂量也该知道。

真是这样吗？直到临睡前，还是疑疑惑惑。

# 三二 《古币文编》 | 10月24日 星期五

差不多一个月的时间，接连外出，今天总算消停下来。下午去了，送给张先生一叠韩国的宣纸与信笺。闲聊了一阵子，归入正题。好久没谈了，问谈什么，我说就谈《古币文编》的事吧。

韩：昨天晚上做准备时，看到两则关于《古币文编》的资料，一是给张守中的信，收入《甘公书简印本》，一是你写的一首诗，收入你的《长甘诗存》。先看《甘公书简印本》上这封信：

> 前天考古会闭幕，昨天来到咸阳，我和代尊德二人同行也。来咸阳目的是拓印秦国出土货币，主要是半两钱的各种字形，两三天后即离陕返并……我这次在陕西，和张政烺、于省吾、胡厚宣、商承祚（临时病未参加）同到扶风、岐山看了周原出土的铜器和铭文。中途经过马嵬坡（杨贵妃墓），墓园门上锁，掌钥人回家，没有看到碑刻，遗憾！

落款是：张颔于古杜邮（今咸阳），一九七九年四月十四日。从这封信中看出，你去咸阳的目的很明确，就是"拓印秦国出土货币"，那肯定是为修订《古币文编》收集资料。《长甘诗存》里的这首诗，写你在山东搜集资料，叫《有感》。小序里说，一九七九年因蒐集古文字资料，途经济南，入曲阜，遂宿孔府观文物。诗为：

> 孔子未入晋，余今过鲁来，
> 衍府一栖止，阙里几徘徊。
> 桧柢知寒暑，杏坛感盛衰，
> 轻薄妄评说，大抵俱土灰。
> 乌鸟趋林集，空轩向暮开，

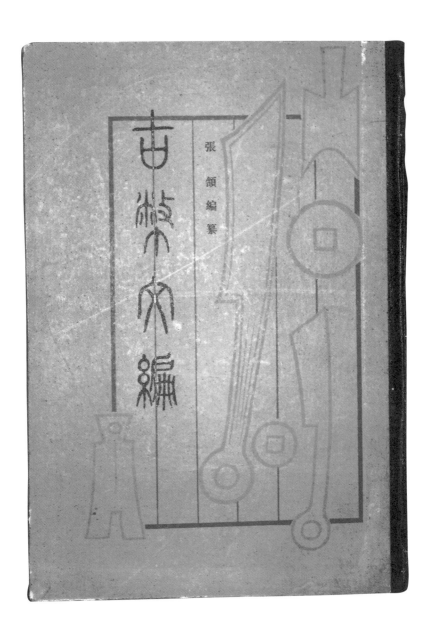

张颔著《古币文编》书影（中华书局一九八六年版）

瞥眼中天近，营室复南迥。
鬓斑三秋迫，体弱四凶摧，
登攀须黾勉，尽我尺木材。

也就是说，一九七九年一年间，你至少去了陕西、山东等地，搜集古钱币资料，订正你的《古币文编》。

我知道，你先是辑纂了个《中国古代货币文编稿》，是对自己多年积攒的资料的梳理，主要的还是为自己翻检方便，最初肯定没有想到出版。从这个稿本到《古币文编》，一搞就是二三十年，彰显了你的一种学术精神，也透露了一种做事上的聪明，可说早早就掌握了一种行之有效的方法。

张：你算是说到点子上了。做学问，方法很重要。有些人做了一辈子学问，方法上一窍不通，怎么会有成绩。别说大成绩，小成绩也不会有，只能是东抄抄西抄抄，敷衍成文。我不是这样，接触的学者多，看的学术著作多，早就知道方法的重要。方法就是学问，学问就是方法。梁启超的《中国历史研究法》看过吧，真是一本好书，专讲做学问的方法。梁启超，那是一等一的脑袋，一等一的学问，也是一等一的方法。才气太大了，跟龙卷风似的，一刮过去就是一大片。有人说梁先生的学问不深，不对，他做的都是开创性的事情，但开风气只为师，不是不为师，深不深是你们后人的事。

韩：可惜这个人太不爱惜身体，写起文章来没黑没明，又受了庸医的误治，活了五十七八岁就死了。

张：《古币文编》的出版，可不像序里说得那么简单，书上只能大而化之地说说。事情过去这么多年了，我也老了，权当笑话给你说说。

搞考古的，主要是挖墓，不管挖出来的是铜器，还是钱币，只要上面有文字的，辨识文字是头一条。铜器的文字少些，最多的还是货币，每个货币上几乎都有字。山西出土的刀布很多，字形怪异，辨识更难。为了工作方便，我编了本《中国古代货币文编稿》，自己用的，没有想过出版。最初只是摘录各种书上的，慢慢加上自己采集到的，越来越多，用处也越来越大。凡有疑难字形，只要用这个本子比照核实，十有八九辨识得了。

八十年代初期，有次去北京开会，见着商承祚先生，让他看了，他说他也搜集到一部分古钱币资料，可以合编为一本书。我当时没在意，以为商先生这么大的学者，怎么屑于跟我合作呢。过了一段时间，商先生从广州来信，一是说他有部分钱币资料，二是说他已向学校申请下一笔钱，可作出版经费。我当时还是动了个心眼，心想，你看了我的，我没有看到你的，怎么能合编在一起？若答应了，你只能提供几条普通资料怎么办？出版社的朋友也劝我还是自己搞。只要书稿质量上乘，出版不是难事。

商先生这个人也不可小觑。上世纪二十年代，是中国金石学的黄金时代，甲骨文热潮方兴未艾，安阳发掘不时传来新的考古成果。当时学术界有金石四少年之说，一是容庚先生，二是商先生，三是唐兰先生，四是柯昌济先生。这四个人，都大有来历。商先生的门第，很了不起，父亲商衍鎏是前清的探花。商先生是罗振玉的学生，在罗的指导下，早早就写了一部《殷墟文字类编》。这书可不是一般的印刷物，是他父亲把雕版工匠请到家里，精雕细刻，做成书版，印成线装书。此书一出，立马声名大振，就是此后一无所有，也够他享用一辈子的了。不管商先生多么大的名声，多么大的本事，我还是决定自己编自己的书稿，不假借他人。

对商先生的学风，还是有领教的。我的第一篇论文《山西万荣出土错金鸟书戈铭文考释》是怎么写出来的呢？一九六二年，文物局王冶秋局长来山西检查工作，看到山西文物考古工作有声有色，提议在《文物》上给山西出个专辑，我是考古所长，义不容辞，便写了这么一篇关于鸟书文字的论文。我的论文，跟山西的其他几篇文章，送到《文物》杂志社后，可能是编辑怕我的文章考证不准吧，寄到广州让商先生看看，给个鉴定。为此山西专辑，推迟一个月刊出。就在这期间，商先生自己写了文章，在《中山大学学报》上发表了。《文物》的编辑对我说，商先生写了篇好文章，意思是我的文章还要不要发。我看了商先生的文章，心里不是个滋味，明明是送去让你校核的，你倒写了文章，但这话不能说出来。我跟编辑说，我的考证比商先生的严密，编辑经过比较，认可了我的说法，还是发表了。后来容庚先生看了我的文章，说比商先生的好，在他的《鸟书考》里，把我对"王子于之用戈"的考证，作为吴器

一九八六年，张颔在山东长岛留影

张颔手书古币释文和《古币文编·序言》

的第一例证，断代的标准器物。商先生的文章中，说"王子于"的"于"字，是"州于"二字的反切，我说不是，这是单称。商先生还是很大度的，给我来信，说同意我的看法。这一点上，我倒是很敬重商先生，大学者毕竟是大学者。

就在我整理文稿的时候，听说商先生出了本《先秦货币文编》，也给我寄了。北京书目文献出版社一九八三年第一版，十六开本，硬皮精装，三百多页。署名为：商承祚、王贵忱、谭棣华编。

这种情况下，还要不要出自己的书？我有些犹豫，看了商先生的书之后，我的信心反而坚定了。这本书，显然是想与我合作不果之后，又与两位不甚出名的作者合作了。想来基本的稿本也是这两位合作者的。我边看边作批语，有些地方批语比他的正文还要多。中华书局的赵诚同志看了我的批语，说：张先生你该写篇文章呀。我说，那我就没德行了，人嘛，做好自己的事就行了。出了这么多差错，真不像是商先生署名的书，商先生怎么就不把关呢？赵诚说：要是把关就不是商先生了。

怕我有别的理解，张先生特意说，商先生这人，大德无亏，只是名士习气重了些。说着，过到北边书房里，取来一本自制的精装书，很像过去那种带硬壳的"毛选"，只是要大许多。一边翻动着书页，一边说了开来。书脊上四个金字是"古币文编"。

张：顾虑没有了，我就自己做了起来。家里太乱，常有人来找，为了图清静，我躲在建设路上的南十方院禅寺里，从从容容地整理誊抄我的《古币文编》，一抄就是三个月。从目录，到页码，更别说正文了，全是用毛笔一笔一画抄录的。连目录，共四百多个页码，写在"八行笺"上。完稿之后，复印了一份，让南纸店的伙计，装订成这个精装本，配上这种硬纸书匣，留作纪念。

张先生说着将书推到我面前，接过看去，但见扉页上，用毛笔小楷写着《书前》一篇文字，简略叙述了送稿、审阅和出版的经过。其中一段说：

一九八五年六月三日接责编赵诚同志来电，余与崇宁儿携稿赴京，六日内定稿即付影印制版。并商定下一步写《盟书汇考》以及余之《论文集》编写事宜。十二日返并。二十四日中华书局语言编辑室洪文涛、李聪慧二同志专程来并谈制版及封面设计事宜，四天返京，七月五日中华书局寄来专用稿纸及《汗简·古文四声韵》二册。七月二十三日以仅有复印本装订成此册，用以自存。

文中一语，令人惊异，乃"即付影印制版"数字。信手翻阅书稿，看那端庄凝重的墨笔小楷，让人通心里舒畅。这不光是一部学术著作，也可说是一部书法精品。记得看过一本刘墉的书法册页，清代的一位收藏者，在空页上批了几行字，说是："能日临此帖，何患书法不能长进乎！"张先生此书，亦当得起这样的评价。

看到这里，忽然想起，前些日子谈《侯马盟书》时，看过一叠信件，内中有一些学者收到《古币文编》后，给张先生的来信，涉及对此书的评价。问这批信件可在手边，说还在那儿放着，取来一看，果然记得不错。摘录数则，是对《古币文编》的评价，也可见出考古学界、古文字学界对张先生的敬重。

承赐大作《古币文编》，已于日前奉到，曷胜感激。大著极精审，与《先秦货币文编》真有上下床之别，读后十分敬佩。（北京大学教授、著名古文字学家 裘锡圭）

大著《古币文编》拜领，谢谢。大著面世，《先秦货币文编》即可汰出局也。（香港大学教授 许礼平）

宏著《古币文编》敬领并拜读，得益匪浅。堪称币文专著之白眉，可敬可贺！（山东博物馆馆长、考古学家 朱活）

学者们多爱用典故，我问张先生，何为上下床之别，又何为白眉之誉。

张先生说：你看过《三国演义》，未必看过《三国志》。《魏书》里有篇《陈登传》，上面说，刘表、刘备、许汜在一起评论当时人物，许汜说陈登看不起他，相处时甚傲慢，自卧上床，让他卧下床。刘备说，你这个人号称国士，不能拯救天下，只是求田问舍，谋取私利，言无可采，恐怕连卧下床也不配。大意是这样。后世用此典，有优劣、高下明显区分的意思。

白眉的出典，在《三国志》的《马良传》里。马良，字季常，襄阳宜城人，弟兄五个，都有才名，字里也都有个常字。马良眉毛里有白毛，乡里有谚曰："马氏五常，白眉最良。"后世用来指优中之优。这两个典故的意思是这样，我只能看作朋友们的鼓励，真要这么说，可就愧煞老夫了。

说罢，又在桌边摸索了一阵，什么也不说，递给我一张复印纸，神色有些不太自然。时间久了，我已习惯了，每当他要给我看什么关于他的成绩的材料，总是这样。大概在他看来，给人说自己的成绩是件可羞的事，与他从小所受的教育相抵触。

看去，是北京大学儒藏编纂中心，编的一份《二十世纪文字学大事记》，收录各种文字学著作共二百种，张先生一人就占了两种，分别是第九十号《侯马盟书》，第一三七号《古币文编》。

我说，这是最高的评价。张先生面色和悦，不加一语。

# 三三　考证的乐趣 | 11月14日 星期五

昨天晚上，还有今天上午，我都在翻看《张颔学术文集》，体会颇多，又不敢自专，亟想与张先生晤谈印证。踏进张府，正是午后三时。张先生已坐在桌前，几句寒暄过后，进入正题。

韩：你过去老感叹"文革"耽搁了多少时间，少写了多少文章，诚然不假，但我昨天到今天，一直在翻阅你的学术文集，想勾勒出你的一个大致的学术路线图，结果发现，你的学术路线跟别的许多学术名家没有二致。

张：此话怎讲，我不太明白。

韩：听我说个端详。前几天看台湾史学家汪荣祖的《史学九章》，其中说，世上有年轻的文学家，却少有年轻的史学家。这主要是因为文学家凭才气就可以少年成名，而史学家要饱览典籍，精研细判，没有相当的岁月难以做到，出名就要迟些。文学圈里有个说法是，二十五六拿出成名作，四十五六拿出代表作或是传世作，史学家迟些，推后十年如何？那就是三十五六拿出成名作，五十五六拿出代表作。你入道迟，较之那些科班出身的学者，应当再推迟十年，即四十五六拿出成名作，六十五六拿出代表作。

张：停，停。你说的成名作好理解，这代表作与传世作有什么分别。

韩：代表作是就学者自己说的，你有许多著作，这一种代表你的最高水准，就是代表作。传世作是就整个文化传承说的，今世有许多学术著作，大都十年二十年没人问津，三十年五十后也就灰飞烟灭，不是叫人烧了，是它自己纸质老化了，一抖就成了灰。只有极少数会一印再印，传到下世或下下世，那就是传世作了。好些学者，成名作只是上了台阶进了门，再苦读一二十年，能拿出代表作就是万幸了。还有些学者，终

一九八〇年八月十二日于个休

张颔

张颔手书《中山王礜器文字编序》

# 中山王譽器文字編序

河北省平山縣戰國中山王墓地于一九七七年出土了大量帶有銘文的器物，當年秋天張守中同志遂將中山王譽銅器、方壺銘文摹本陸續寄到太原，一九七八年又將胤嗣詧鎣圓壺兆域圖和它的銅玉等小件器物文字摹本全都寄進，守中同志為進確的摹本和原器物上的字形的臨摹，但因水平有限故編寫過一些，但意見少，我也曾赴河北省和守中同志和我于一九七三至七四年一起編寫過《廣馬盟書》，盟書中的摹本和守中的摹本均出于二人之手，無論從字形、書法諸方面均甚謹嚴，因此我對守中同志的摹本和原器物上的字形編之輯之，我也深于相信，對摹本和原器物上的字形編之也進行過一次校核。

譽器文字遂易于傳世，以至現在已有十餘家文章發表，考釋蒙啟創見，守中同志在工作之餘將譽器文字速匯一網分別部居緝為此書。我曾兩次看到檔本，覽得這個字編對研究我國戰國時期的文字是一部很重要的工具書，其中對釋諸家或有未釋或有異說、或擇信而用，對未識別者附備待討，將卸免待于未裁，以釋瑜(玫)為陀釋國文字形發之怪，故對字形編之之輯之易復探討之家。

快(□)為惠等字尚有反復探討之必要，自感童虞山右見聞寡陋，不敢遽然應命，終當思再，又恐負雅意，只好勉舉。

---

駑步勉力振責。

立此較標準的體系或曰鈐模形文字或曰金文等，皆未賦予時代概念，特別是東周時期社會進較大，在春秋戰國間我國古文字演歷之一種繁雜的狀態。戰中山國譽器文字編有其相互之間的文化圖關係甚窜，其相互之間的關係甚窜，之事。這次發掘出來的中山國典章文字，于茲器物出土後沒有這樣發現過古文字學者沒有機會作為一個專門的意念，我的財富，歷史學界甚至研究古文字有獨特的意念，我也對研討高時各國文字形，歷史學界甚至對研討高時各國文字形較大的價值。無論對古文字學界入具體研究，

我國光輩學者對古漢字研究的歷史較長，但在歷史分期間題上尚沒有建立比較標準的體系或曰鈐模形文字或曰金文等，皆未賦予時代概念，特別是東周時期社會進較大，在春秋戰國間我國古文字演歷之一種繁雜的狀態。戰中山國譽器文字編有其相互之間的文化圖，一圈之間的文化圖雜豊，一圈之間的文化圖雜豊，中山國閏係甚窜，其相互之間的關係甚窜，之事。這次發掘出來的中山王譽器文字編的出版以具體揭密未有這樣發現過古文字學者沒有機會作為一個專門的意念，這次發掘出來的中山國典章文字有獨特的，歷史學界甚至對研討高時各國文字形，歷史學界甚至對研討高時各國文字形較大的價值。無論對古文字學界入具體。

所以我們對譽器銘文中季(越)人微(徵)(敬)字形雜同但不能視可能是趙國和中山國商業文化的一種專門貨幣，若三晉諸國本來使用「布」制，但可能是趙國為之與燕國交往而專門發行一種專用于趙國貨幣的需要，契合之家甚多，國之今天對《汗簡》一書中有重新估價的必要茲，以趙國地名。

---

鄙東垣，石邑布等她。于此可以証明三孔布上的「姑邑卸上述之「石邑」原屬中山後歸于趙，離石邑等她名在它的刀布各鏪中都以反映中山之她名，但在趙國卸不一定作為重名者符所有石邑原是中山之她，雒然沒有石邑原是中山之她，雒然沒有石邑在趙國的平首尖足布中不見石邑或妨邑在上面所述及的鄙以妨邑卸邑等她均在今河北的唐山真定邢台一帶，因此值得考慮三孔布或有可能卸是戰國時期中山國所鑄造之鎣、諸她名者根豈之鎣鎣至于在形式上「三孔布而無孔」帶面鑄方孔圓，可能是趙國與中山國商業文化的一種專門貨幣，若三晉諸國本來使用「布」制，但趙國為之與燕國交往而專門發行一種專用于趙國貨幣的需要，契合之家甚多，國之今天對《汗簡》一書中有重新估價的必要茲，以趙國甘之，白人等趙國地名。全國所聞不廣，姑以「姑」竟之見就教于識者，實未敢云必。

近年來有不少東周文字的發現，特別是譽器文字的發現，其中有不少東周文字的《汗簡》不甚重視，的確《汗簡》一書中所引証之偽書出古文古尚書》和偽器形，吳季子碑等固然不少，也有後人手云立异自我作古者不一定全未見古文原字，和偽器形招致字鑒遺弄，疑惑叢生，附會增減，以致釋疑是尚書》中疑屢夏未原有標的今可以用者皆承任聽歎卻之雜和雒有死罪之雛，甚其他多國之今天對《汗簡》一書中有重新估價的必要茲，器器文字校核。

譽器文字童、葬宇作、繪，《說文》古文作攤，《汗簡》作攤，器真滑宇右季作「曹」《汗簡》、器宇右季。

---

作、曹。

譽器方童「曹」，兆域圖昽(視)宇作、器，廣馬盟書覬(視)字左季有作「虍」者，《汗簡》、刣作、器。

憑之詠中之、張宇左季作「緣」，看來小、緣，為張由來有業。唯義切張、辭義忘兮兮，有大羲《詩、韓奕》孔脩且張、句近是。

譽器「獲」五年後宾「」與圖壺、弟可復得，五年後宾「」與圖壺，復應為五十四種寫法，連同興「」、盟書中的後字之「」釋復憲意、永言獨的思樹良因之，字相為邁假者竟有一百弜形，者皆从夏、从報的假借字古連憂、與報的假借字古連憂，者皆从夏、《汗簡》、操碧落文，由義切張、辭義忘兮兮，有大羲《詩、韓奕》孔脩且張、句近是。

字使賦予同義、試看譽器上、不願逆收、作順生福之順、作順生福之順，銘文中既亦不願逆收，唯眠順天德之刻之順，大以佳字、童和移銘文之維和唯連佳、字之一字大昌銘文中既亦不願逆收、等字之一字大昌銘文中既亦于庳坂或「或之羲同時又作「」者于庳坂邦之、兹，吳、克斤之、辭中鈦之「」云云、克斤乃我愫和并于義重複應視為兩事、報者于指報復性的戰爭、斤并乃我愫和并于其他之義、《史记、越王句踐世家》刜以樂字為切。

其一生，既无成名作，也无代表作，更遑论传世作。当然，这并不否认他们别的方面的贡献，比如教学啊行政啊。天分极高的学者，成名作就是代表作也就是传世作的，也不是没有。像你张先生，有成名作有代表作，代表作就是传世作的，也不多有。

张：听你的话不能听完，听完了总会有个蝎子尾巴。

韩：这就是我人生失败的根源，什么好意思说到后来都让人理解反了。你听我往下说。这本学术文集，出版于一九九五年，其时你已七十五岁，可说将你的主要学术论文都收进来了，也就会显示出你学术研究的路径。较早的几篇中，可称之为成名作的是《陈喜壶辨》，一九六四年《文物》第九期发表，当时你是四十四岁。《侯马盟书》虽说名声大，但它的成功有许多偶然性，从某种意义上说，也是一种集体的成果，真正可说是你的代表作和传世作的是《古币文编》，一九八六年中华书局出版，其时你六十五岁。这也就是我所以说你，虽经了那么多的耽搁，又受了那么多的磨难，学术线路并未逸出常规的原因。

张：有几分道理。

韩：研读这本文集我还发现，从上世纪七十年代末到八十年代末，这十年是你学术研究的一个喷涌期，可说是佳作不断，硕果累累。我做了统计，书里共收文章三十六篇，写于五十年代的两篇，六十年代八篇，七十年代四篇，八十年代十七篇，九十年代两篇。若考虑发表在七十年代者多为末期，发表在九十年代者多为初期，那么这十年的成就就更大了，说是喷涌一点也不为过。

张：跟人家那些大名家相比，我的文章数量还是少了些。这与我的学术操守有关。好些学者跟作家一样，不是想着怎么做学问，而是想着怎么写学术文章。有一年去河南博物馆参观，主人领我参观了他们新出土的青铜器，特意对我说：张先生你可以照相。主人所以说这个话，是因为他们那儿前不久刚出了个事儿。有个北京文物单位的学者，去他们那儿参观，又是照相又是量数字，一看就是要写文章。参观过后，主人当场要求对方交出笔记本，退出胶片，弄得很是难堪。主人说，非是他们无情，实在是这样的事情遇得太多了。出了一件重器，他们还正在研究，浮皮潦草的文章已经发表了。什么文章该写，什么文章不该写，这里有个学术操守。他们知道，张颔不会做这样的事。

学术操守不光是这个，这是个底线。还有高的，我秉持的理念是别人写过的不写，没有新意的不写，破人家的容易，立自己的难。破人家的，挑几个刺就行了，立自己的，没有实实在在的材料，光凭几句空话是立不起来的。著书容易立说难，斯之谓欤？

韩：立论务求稳妥，材料务求全备，这种态度，确实影响了你文章的数量。再就是，你这个人不小气，常把自己搜集的资料提供给别人，一点也不心疼。降大任写你的《传略》里说，个别同志利用你未发表的观点或资料撰文发表，你从不计较，只微笑着说："只要是正确的，不管是谁的文章，都有益于社会，别人已写进文章，我可以不写，可以研究新的题目。"这种胸怀，不是谁都有的。陈寅恪当年在清华大学教书，第一堂课就特别申明，他讲述的课题及所用的材料，只可研习，绝不能写成文章发表。因为他列举的材料，都是不经见的，一个材料说不定就能写成一篇学术文章。对此事，我的看法是，普通材料，别人用了也就用了，真正的问题，重要的材料，谁也偷不去的。这应当是前提。

张：陈先生是对的。有时一个材料，不知看多少书才能得到，都是心血，人家一讲你就写成文章发表，跟打劫差不了多少。我提供给别人的材料，大多是我看书时随手记下来的，自己可以写文章，也可以不写文章，给了别人也不耽搁自己什么。我这里可写文章的题目太多了，只有缓急之分，没有写得成写不成的差别，端看我愿意不愿意写。前些年有位作家，就不说名字了，想写豫让这个人，来我这儿讨教，正好以前我曾留意过豫让，积攒下一些材料，就全部提供给他，他很满意，临走时连声道谢，说没想到张先生这么大方。

韩：你爱帮助人，在圈内是有名的。我就听张仁健先生说过八十年代他和降大任搞了本《咏史诗注析》，成稿后送你审阅，那时你挺忙，竟放下手头事儿，抽出时间通读全稿，纠正了注释中的不少错误，批注了许多可贵的意见。书稿上地方小写不下，就夹了条子写。仁健先生说，没有张先生的审阅指正，这本书达不到这样高的学术水准。

还是回到前面的话题上。八十年代，确实是你学术上的一个喷发期，收获期。不说《古币文编》了，这是个里程碑式的著作，就说那些单篇论文，达到的学术高度也是令人企羡的。我算过了，连上七十年代末跟九十年代初的，共是二十二篇。我弄不清的是，为什么"文革"一结束，你发表的第一篇论文竟是《匏形壶与"匏瓜"星》，我看了一点也摸不着头脑。

张：这你就不明白了。"文革"中我一直偷偷观测天象，研究古天文学。我有个对子，叫"终日劳动批斗，有时测影观天"。这个文章早在我脑子里成熟了，只要动笔就能写出来，当然就先写它了。

韩：又是一个"壶"！

张：你是说，我早先写过陈喜壶吧？此壶非彼壶也。我给你讲讲，很有意思。现在天亮着，要是天黑了星星出来，指着星星讲就更有意思了。

我国古代天文学典籍上著录的星星，有一个称为"匏瓜"的。《史记·天官书》里说："匏瓜有青黑星守之，鱼盐贵。"《史记索引》里说："匏瓜一名天鸡，在河鼓东。"《史记正义》里说："匏瓜五星在离珠北。"匏瓜星座还有个名称叫瓠瓜。这个星座在西洋天文学中属于"海豚座"。海豚座除了"匏瓜"五个星以外，还包括"败瓜"五个星在内。

匏瓜星和牛郎（河鼓）都在银河东岸，距离很近，而且与银河西的"织女"三星隔岸相对，它的一、二、三、四星连贯起来，组成一个菱形，像一个织布的梭子。民间神话传说中，就把它说成是织女为了向牛郎表示感情，抛向牛郎的信物了。你小时候在老家，定然听说过这个神话，天黑了你看看，这个梭子星是很好辨识的。

四个星连在一起像个梭子，五个星连在一起又像个匏瓜了，这就是叫它"匏瓜"的原因。匏瓜你在农村该见过，前些年我腿脚好，早上去自由市场转，还见过卖匏瓜的。古代"匏"、"瓠"两字可以通用，"匏瓜"也可以称为"瓠瓜"。《史记》孔子世家里有句话，很有名，一说怀才不遇就会想到，是："我岂是瓠瓜也哉，焉能系而不食？"瓠瓜青着能吃，老了一剖两半就是舀水的瓢了，这水瓢古代称为"蠡"，以蠡测海，说的就是瓠瓜水瓢。我国古代陶器和铜器里的"壶"，就是由瓠瓜演化而来的。壶瓠二字音同，义相近，可以通假。匏壶作为陶器形式出现后，随着社会的进展，登上了"礼器"的台盘。但它在礼器中只能算从属地位。贾谊赋中有句："斡弃周鼎而宝康瓠兮。"意思是怎么能抛弃贵重的周鼎而宝爱品位低得多的康瓠呢。康瓠就是陶匏壶。匏壶作为礼器，盛的是"玄酒"，玄酒不是酒而是水，也叫明水，是祭祀或宴享时的辅料，由此可见陶匏在礼器中的地位，与钟鼎相比实在居次要地位，这样就可以理解贾谊为什么那样说了。

韩：这一番宏论，真有泰山压顶之势，下面再说什么，听的人只有俯首贴耳了。

张：不是泰山压顶之势，那是懵人的；是移山填海之法，让人信服的。把匏壶的来历和用处交待清楚，下面的论证就有了坚实的基础。

韩：大任先生说你做学问的方法是，多重防线，层层剥皮，既有广度又有深度。多重防线就是从研究的广度说的，意思是每有论证，必对研究对象前后左右，全面考察。层层剥皮是从深度说的，意思是对研究的材料，剥笋见心，抓住要害。像这篇文章，未触及研究对象前，先高屋建瓴，对与匏壶有关的天象与器物，来一次全面的考察，这该是"层层设防"之一种。说说这个壶吧！

张：一九七三年山西闻喜县邱家庄，发掘了一批战国时期的墓葬，第一号墓出了一组陶器，其中有一件很精致的陶匏，它的出土反映了陶匏在战国时作为礼器的一种"上古"遗制。壶高三十厘米，口径四厘米，腹深二十二厘米，鸟首盖高九厘米。《殷周青铜器通论》图版里，著录有两个青铜匏壶，一个标名"鳞纹瓠壶"，一个标名"鸟盖瓠壶"。鳞纹壶通高二十九厘米，鸟盖壶通高三十一点八厘米。这两个匏壶，大小与闻喜邱家庄出土的陶匏大致相似。

还值得注意的是，前面提到的两件东周青铜匏壶里，一件有鸟首之盖，而闻喜邱家庄出土的战国陶匏亦有鸟首之盖。《史记·天官书》索隐里说，匏瓜一名天鸡。中国古代星座中称为"天鸡"者不止"匏瓜"一个，《晋书·天文志》里说："天鸡……主候时，又尾宿、箕宿、瓠瓜之别称。"瓠瓜所以有天鸡的别名，是因为瓠瓜的样子，长胫大腹有鸡鸣之象。天鸡这个星座名称，在我国古代天文典籍中虽晚见于《晋书·天文志》和唐人的《史记·天官书》索隐，但从周代铜、陶鸡首匏形壶

一九八〇年，张颔在太原电解铜厂拣选文物

的出现来看，早在周代"匏瓜"和"天鸡"已经发生了关系。也可以这样说，天上的"匏瓜"星以"天鸡"为别名的时间，应当在周代已经为人们所习闻了。但"匏瓜"星的命名比"天鸡"肯定要早。

韩：日出而鸡鸣，可说是古代劳动人民对天时物证的直接体会。对鸡加个"天"字的谥号，带上神话色彩，无非是对这种动物的崇拜心理，就像说月蚀是"天狗吃月"一样。

张：从这个陶匏有带鸡形盖来看，可以推测在战国时，天上的匏瓜星座就已经和"天鸡"联系起来了。当然，星座用"匏瓜"命名，时代应当更早。《诗·豳风》上说"八月断壶"，是农民采摘甘瓠作为食物的记载；《诗·小雅》上说"幡幡瓠叶"，反映当时把甘瓠叶煮熟当菜吃的情况；《诗·邶风》上说"匏有苦叶"，是形容古人佩带匏壶涉水的情况；《诗·大雅》上说"绵绵瓜瓞"，是形容子孙昌盛如小匏瓜生殖繁衍一样。其它古文献上，也有类似记载。这些记载同样可以印证，我国古代天文学中对"匏瓜"星的命名由来已久。这样看来，"匏瓜"星的命名，应相当于《诗·豳风》《邶风》《小雅》等民谣流传的时代，早于东周。

韩：这结论多坚实，任你有多大力气也撼它不动。难怪大任先生说："这篇文章是张颔考古与天文相结合进行学术研究的代表性例证之一。"读这样的学术文章，真让人有如饮甘泉，浑身清爽之感。

张：过誉了。不过我对这篇文章确实是满意的。"文革"后复出，总得拿出个像样的东西。那一段我正在研究古天文学，对这类事考虑得比较多。

韩：我注意到，文集中你很少注明文章写作时间，注了时间的只有四五篇，三篇谈印的文章有两篇注了时间，这篇也注了，不光注了时间，还写了地点，"一九七八年一月十三日于太原"，可见你对这篇文章的珍爱。

张：这篇文章先是在《山西文物》一九七九年第一期上刊出，后来《光明日报》文物副刊的编辑见了，又在同年八月二十二日刊出。外地老朋友见了，有的打电话祝贺我复出，说经过这么多折磨，仍笔力雄健，宝刀不老。

韩：同一时期，《检选古文物秦汉器考释》中对秦吕不韦"少府"戈的考证，也堪称经典之作。

张先生笑了：你真是搔到痒处了，我正要说这个事呢。

太原有个电解铜厂，是个老厂子，在并州路上，跟省文物工作委员会的关系一直很好，那些年经常从回收的大量废铜中，检选出有价值的历史文物，提供给我们。大约七十年代末期，从陕西运来的大批废铜中，又检选出一批古代文物，其中包括汉唐的各式铜镜，南北朝时期的小型造像。最有价值的两件，一是秦始皇五年吕不韦造的兵器"少府"戈，一是西汉早期的量器"尚方"椭量。量器就不说了，单说"少府"戈。

他们送来，登记造册后我很快就看到了。一看就知道，这是典型的战国式兵器，虽然残损，丝毫无损它的历史价值。"胡"（说着，伸开右手的拇指和食指，拇指朝下），就是拇指这个地方，长十一厘米。援就是食指这个地方，原来要长些，断了一部分，仍有八厘米。胡上有四穿，就是四个穿皮条的小孔，长方形。"内"有一穿。"内"是戈朝里的那个刃，像个斧头似的，斫人用的。字都在"内"上。下面有细线条刻画的文字两行，共十九个字，断句为："五年，相邦吕不韦造。少府工室阰丞冉，工九。武库。"背面铸造有"少府"二字。正面的铭刻文字，线条流利，笔法熟练，是秦始皇统一文字前的秦国文字。吕不韦的"吕"字附于邦字的右下方。"令丞"的令字左旁从"阝"，作"阰"。五年，指秦始皇立为王以后的纪年，公元前二四二年。相邦，这个词儿听起来怪怪的吧？

韩：前不久，湖北作协搞个活动，邀请我去，十几个人去了武当山、神农架、三峡大坝等地参观游览，坐的中巴车上，一路上都在放电视连续剧《大秦帝国》。里面给吕不韦叫"相邦"，我心里还在想，该叫"丞相"或"相国"，怎么会叫"相邦"呢，原来秦朝真的叫相邦。

张：战国时期，好些国家就称宰相为"相邦"或者"丞相"。一九七一年新郑出土的战国兵器中，有的戈上就刻着"相邦"的名称。《秦会要》职官部分说："秦……置丞相……武悼王二年始置，有左、右。始皇立，又尊吕不韦为相国。"《史记·吕不韦传》上说："太子政立为王，尊吕不韦为相国。"《汉书·百官表》里说："相国、丞相皆秦官。"在古文献中是不见"相邦"这个名称的。王国维《匈奴相邦印跋》一文中说："考六国执政者均称相邦，秦有相邦吕不韦（见戈文），魏有相邦建信侯（见剑文）……史家作相国者，盖避汉高帝讳改。"《汉书·百官表》里说："高帝即位，置一丞相，十一年更名相国。"从而我们知道史书上所说"尊吕不韦相国者"，实际上当时的名称应该是"相邦"。

吕不韦制造的兵器见于著录的，我见到的有三件资料。其中一件"诏事"戈，上面铭刻的文字，跟这件"少府"戈上的铭文文法相同，尺寸大小也相近。

韩：戈上这些字，作何解释？

张：一个一个说。"少府"是供养帝王的私府，也是官名，《史记》上有"少府章邯"的记载。秦代以后，历代王朝都有少府的设置。

"工室阽"以下几个字很有讲究。

"工室阽丞冉"。"工室"可能就是《汉书·百官表》中所谓"考工室"，也叫"考工"，属于"少府"。"阽丞"即"令丞"，"阽"是"令"字的繁书。"令丞"是掌管"工室"的主要官吏的职称。在汉代"少府"所属官吏中有"考工令丞"，当为秦时遗制。《秦会要》职官部分有"尚书令丞"、"太官令丞"、"中书令丞"、"谒者令丞"、"乐府令丞"、"太医令丞"、"都水令丞"七种，而无"工室令丞"。这件铜器铭文的发现，对秦国的官制增加了一项新的内容。"冉"是"工室令丞"的名字。

"工九"。"工"是指铸造器物的工人。"九"是铸造器物工人的名字。秦汉间兵器铭文中多勒有工师、冶尹以及工人的名字，有的还把罪犯服刑期的工人名字连同所服刑名，都一齐刻在器物上面，如"……鬼薪工某"等。想来是为了检查铸造件的质量，便于追查责任的一种措施。

"武库"即为少府下属贮藏兵器的机构。

这段铭刻文辞，总的意思是说这件兵器是在秦始皇立为秦王的五年，吕不韦做相邦执政时，由王室的少府为武库所造。具体承办的官吏是"工室令丞冉"，制造工人的名字叫"九"。

韩：这么一考证，就把这件戈，从制度的层面上坐实了。深一层的意义，有待进一步的阐释。考过之后，该着"释"了。

张：怎么释，全看对这一段历史的见识。当时掂量着这件兵器，我心里真是感慨万千。平常人说起吕不韦，首先想到的是《吕氏春秋》，是将赵姬推荐给秦公子子楚，就是后来的秦庄襄王。抚摸着"少府"戈，我觉得跟吕不韦一下子亲近了许多，谁敢定这个戈，吕不韦没有拿过，至少也是看到过吧。这就是考古工作者的幸运！

张先生接下来的讲述简略得多。兹将《检选古文物秦汉二器考释》中《吕不韦"少府"戈》的最后一段抄录如下，以见张先生史识之丰赡：

这件兵器的铸造时间，正当吕不韦得势之时。吕不韦于秦庄襄王元年已为丞相，封文信侯，食邑河南（蓝田十二县）十万户，第二年吕不韦领兵伐灭东周。第三年，庄襄王死后秦始皇立为秦王（"始皇帝"这个名称是二十六年他消灭六国以后才定的称谓，但历史学者习惯地从他立为秦王时便称作"秦始皇"了），即尊吕不韦为相邦。当时秦始皇才十三岁，所以委政于吕不韦，军政大权集于一身。他主编的《吕氏春秋》就是这个时候完成的。当铸造这个"少府"戈的时候秦始皇才十七岁。此后五年即秦始皇十年（公元前二三七年），因嫪毐作乱事牵连到吕不韦，被免去相邦职位，逐出咸阳回到"河南"的封地，这时秦始皇二十三岁，已经可以自己施行皇帝的权力了。第二年吕不韦自杀。吕不韦在秦国执政共十三个年头（公元前二四九——前二三七年）。这件兵器是吕不韦当时权力的一个象征。我们拿起这个戈就不由得使人想到这件武器的时代背景，并不是空虚的岁月。在吕不韦执政期间秦国灭掉了东周，攻占了韩国的成皋、荥阳、巩和上党地区以及另外的十三个城市，初置三川郡。攻占了魏国的朝歌、汲、垣、衍、蒲阳等二十个城市。攻占了赵国的榆次、新城、狼孟、晋阳等三十七个城市，初置太原郡。攻占了燕国的酸枣等二十个城市，初置东郡。当吕不韦因嫪毐作乱牵涉到他的时候，秦始皇因"为其奉先王功大及宾客辩士为游说者众，王不忍致法"，仍不忍杀掉他。当他被逐回"河南"闲居的一年之内，"诸侯宾客、使者相望于道请文信侯"（见《史记·吕不韦传》）。他的势力、威望、影响仍然很大，所以引起秦始皇的畏忌，从而令其迁蜀威胁他自杀，他自杀之后仍然有数千宾客偷偷地举行葬礼并痛哭哀悼。为此，秦始皇为了消除吕不韦的影响，对参加其葬礼并举行过哀悼的数千人分别类型加以惩罚。凡国籍属于三晋者驱逐出国，属于秦国者，夺其秩级，流放远境。这件吕不韦的"少府戈"经过了如此不平凡的岁月，仍于两千二百多年以后被我们发现，虽然有所残损，但毕竟是难能可贵的。

韩：刚才说了，大任先生说你做学问的方法是多重防线，层层剥皮，前面那篇《瓠形壶与"匏瓜"星》可说是"多重防线"的典范，这篇《吕不韦"少府"戈》则可说是"层层剥皮"的典范。前者未谈出土器物之前，先是一大通关于匏瓜星、匏瓜、陶匏的概述，天上地下，典籍民俗，广征博引，铁壁合围，如猛狮搏兔，擒住的是一只闻喜邱家庄出土的小小陶壶。一下子就将这个出土器物钉在了历史的坐标上。后者则反是。一起首就说了"少府"戈的来历，形制，然后对戈上的铭文一一考证，得出此戈确为秦相邦吕不韦府中所制的结论。至此还仅是考而未释。随后引出的一大段释文，则由这一件小小的兵器，引发了对一个时代的描述，让人看了，如同一支铁骑，疾如闪电，冲入历史的深处，搅了个天翻地覆。痛快，痛快！

张：像这类题目，我做了许多卡片，随便几个凑在一起，再翻翻看过的书，就能写出一篇。有的就在脑子里，现成的，唉，要不是"文革"，该写多少文章！

韩：我有个感觉，你这些学术文章，不管长短，如何开篇，如何收束，起承转合，都极讲究，又不落俗套，你是怎么做到这一点的？

张：说来不怕你见笑，未当考古所所长前，我连学术文章该怎么写都不知道。我做学问有个从不自觉到自觉的过程，写文章也一样。原本就不是学问中人，出于工作需要，从行政事务上转到学术战线。开始写论文，也不懂是学术争论，只是出于对有的人不调查研究就发议论，洋洋万言地写文章不满意，想给以反驳。到后来，结识了不少前辈名家，有了实践，方知做学问不能凭意气用事，为文就更加慎重。学写论文，主要的是揣摩名家写的学术文章。再就是不惮修改。我写文章，初稿拉出来很快，写好了不急于拿出手，总要反复检验，不光事例、引用要牢实可靠，一字一句也要妥妥贴贴。好文章是改出来的。

韩：你这一点，跟许多史学前辈的做法极为相似。不久前我看《励耘书屋问学记》，收有陈垣先生弟子李瑚写的一篇文章，叫《励耘书屋受业偶记》，说陈先生主张文章写成后，要反复推敲，甚至放置一个时期。说别人写文章三四次易稿，他做文章至少七八次易稿。最有意思的是，他是广东人，广东有做红木家具的传统，他就拿做家具来打比方，说"做得容易，打磨则更费时日"。你的文章，能看出打磨的功夫，但读起来又流畅自然。当然，考古文章中有许多生僻难认的字，是没办法避开的。

张：要写好文章，最重要的是多看书，从中发现问题，古人说"读书得间"，就是这个意思。有些来我这儿的年轻人，一说就是他要做哪个专题，问我能提供什么材料，该看些什么书。你就是把书名给他说了，他也只是从中找跟自己课题有关的材料，那不叫读书，叫"铲探"。就像考古工地上，用洛阳铲打探孔，一铲子下去就想探个青铜鼎，那怎么能行。

韩：说得好。我最近看了台湾学者严耕望的论文集，也是这么说的，提醒他的门人，"要看书，不要只抱个题目去翻材料"（《严耕望史学论文选集》第五六五页）。

张：学问上没有"方便面"。

韩：看书发现问题，可说是"顺流而下"，抱个题目翻书，可说是"逆流而上"。逆流而上，必然处处吃力，捉襟见肘，顺流而下就不一样了，轻松愉快，左右逢源，感觉好得很。

六点，已是黑天黑地，出得门来，竟飘起细碎的雪霰。

# 三四 治印与识印 | 11 月 20 日 星期四

　　今天去了，带上《作庐印存》，正好张先生的学生李海涛女士也在，那本印存，就是春天海涛为我拓的。好几次访谈，海涛都在，只是没有提起罢了。

　　海涛有篇文章，正在请教张先生，我坐在一边，随手翻看《印存》。山西篆刻高手如水既生、沈晓英、赵宝琴、刘刚、许若石、王志刚诸位，都为张先生制过印，有的还不止一方。

　　细细看了张先生自制的几方印，不能不佩服布局的新颖，功力的老到。他刻的几方，"姓张名额"稍大些，也只有普通名章那么大，其余数方都极小，有两方印，比常人的小指甲盖还要小些，而字字清晰，笔笔不苟，真不知道他老人家是怎么操作的。听说也刻过几方大印，可惜我没见过。

　　文章的事说完了，见我正在看《印存》，海涛说，跟张先生学篆书多年，不是这次亲自拓印，不知先生还有这等本事。我说，我也是这两年才知道的。

　　没什么，一点童子功。张先生说，记得给你说过，我高小毕业没找下事，有两年时间就专门学绘画，学刻印，还是有些基础的。我喜欢刻小印。

　　是的，张先生确曾说过，早年在介休城里"行余学社"学艺的事儿，当时听了以为不过是玩玩，没想到会有这样扎实的功夫。说了自己的感想，忽然想起，张先生前几年加入西泠印社的事，问是不是印社知道他治印有成，才劝其加入。张先生笑笑说，靠这么几方小印怎么能成了西泠社员，他们看重的是他写过几篇研究古印玺的文章。

二十世纪八十年代，张颔在西泠印社留影

安国君印模

成皋丞印模

我问海涛说，张先生的几篇研究古印玺的论文可看过。

海涛说，看是看过，意思明白，精妙之处，就难以领略了。

张先生说，哪有什么精妙之处，我的论文，都平平实实，说清道理就行了。

我说，张先生，你这就不全是谦虚了。你以为你说平平实实，别人都会信吗？这话你自己说可以，要是我也这么说，你嘴上不说，心里定会嘲笑我，连这么明显的精妙之处都看不出来，可谓有眼无珠，有珠无水了。

张先生笑了。海涛从书架上取过《张颔学术文集》，翻到目录页上，对我说，韩先生就说说张先生的这几篇文章吧。

我说也好，反正今天也不打算谈什么，我就当一回解说员吧，好在张先生在跟前，也算是向张先生讨教。接过来翻到目录的第二页，说这个集子里，真正的古印玺论文有三篇，计《"安国君"印跋》、《"贵海"铜印释文正误》、《"成皋丞印"跋》。这三篇文章，先前就认真地看过，当时的感觉是，读张先生这类考证文字，大有读小说的感觉，至少也是故事性很强的散文，扑朔迷离又回肠荡气，清爽宜人，绝无生涩之感。海涛既诚心求教，我也就不客气了。

《"贵海"铜印释文正误》，看题名便知，是就印文"贵海"二字的正误立论，得出的结论是，有关专家释此印的印文为"贵海"二字是错的，经张先生缜密考证，应是"周渝"二字。《"安国君"印跋》和《"成皋丞印"跋》，考证的不是印文，而是印本身，又各有侧重，前者侧重的是形势，后者侧重的是制度。

张：先给小李说《"安国君"印跋》吧。

韩：一九七一年夏天，山西文物工作委员会在榆次县王湖岭发掘了一批古墓葬，其中一个古墓的出土文物里，有一枚石质印章，印文为"安国君"三字。这个墓里，随葬品极为简单，与墓主人作为一个封君的身份很不相称。从随葬品里有矛、镞等随身武器的情况看，墓主人当为武职身份。这个"安国君"不可能是大国封爵，很可能是偏侯弱国，在局势动乱兵马倥偬之际，因某人临时有武功而颁给的封号。如果不是这样，这位安国君的墓葬，绝不会如此草率，杂厕在其他墓葬中。

封君之事，东周早期就有，到战国时代，情形各有不同。秦始皇统一以后的秦国，除了二十六年以前的封君之外，再没有封君之举。直到陈涉起义后，六国贵族趁机崛起，旧的封君纷纷恢复位号，在已经灭亡的残灰余烬里，把故国的旗帜重新树起：项梁自号武信君，楚国的英布为当阳君，赵国的李左车为广武君。同时在起义军中封君的现象也很盛行：陈涉称王以后，封大将武臣为武信君，陈余为安成君，张敖为成都君。刘邦未建立西汉王朝之前，在夺取政权的军事斗争中，封君的现象更为盛行：曾经赐樊哙为贤成君，郦商为信成君，灌婴为宣陵君，傅德为共德君，曹参为建成君，郦食其为广野君，侯公由于随刘邦父亲和吕后逃难封为平国君，娄敬由于提了一个建议定都关中也封为奉春君。这个时期，封君现象特别混乱，其名为"君"，身份地位远不如战国时显赫。颜师古在《汉书·樊哙传》的注里说："楚汉之际，权设宠荣，假其位号，或得邑地，或空受爵，此例多矣。"榆次"安国君"的墓葬，作为一个封君而随葬品如此简单，正反映了当时墓主人所处的时代特点，偏土小国，战乱贫弱，与"楚汉之际，权设宠荣"，各国轻率赐爵的情况正相吻合。

这样穷举论列，已经足以说明此安国君之由来了，然而，还有一个情况，必然单独排斥在外，那就是，秦国在始皇统一之前，确曾有过"安国君"的封号。为什么不会是这个"安国君"呢？

秦昭襄王四十二年，以次子安国君嬴柱为太子，即位后为秦孝文王，其子为庄襄王，其孙即始皇帝。此人即位时五十多岁，即位的第三天就死了，葬于寿陵，在今陕西临潼县北，后来华阳太后也安葬在这儿。庄襄王四年，秦攻拔赵之榆次，四年初置太原郡，直到秦统一，这期间秦王不会以自己祖父生前的封号赐与一个普通的将领而葬于榆次。因此之故，榆次的安国君墓，也就绝不会是秦孝文王之墓。

李：会不会是楚汉纷争之际，刘邦给手下什么将领颁了这样的封号呢？

韩：也不会。楚汉纷争之际，"安国"属于赵地，刘邦不可能以"安国"封君。统一全国之后，才封王陵为安国侯，此后刘邦再也不会以安国二字封赐他人。因此，这个"安国君"也不会是汉初的封号。这样一来，此墓葬只能是楚汉纷争时期六国混乱的遗迹了。

且看当时的军事形势。

榆次在春秋时，称涂水，后置涂水县。战国时属赵国，为榆次邑。公元前二四八年（秦庄襄王三年），秦攻赵，定太原，第二年攻取榆次，置太原郡。直到公元前二〇九年陈涉、吴广起义，起义军中虽然也有封君之举，但起义军的势力，最初没有达到榆次地区。后来起义军将领武臣做了赵王，派张耳、陈馀"徇赵地"时，其作战地区在今河北省邯郸、邢台、涿县、正定一带。在秦军失去控制力之后，因应六国旧时的地区，榆次仍为赵国的范围。陈涉将领武臣死后，抬出赵国的贵族苗裔赵歇为赵王，先都于信都，后都于代。项羽把常山地区从赵国分出来，又封张耳为常山王，仍都信都。公元前二〇五年韩信虏魏王豹于安邑，接着引兵向东北击赵、代地区，在阏与（今山西沁县一带）擒魏相夏说，又东下井陉击赵。榆次距沁县不远，这时的战争，可能波及现在晋中的赵国某些地区。"安国"地望在今河北省蠡县南，在秦属恒山郡，在汉属中山国，但中山国到汉景帝时始置，故"安国"在楚汉相争之时当为赵国之地（曾经一度属于常山王张耳的属地）。

明瞭这样的战争形势，"安国君"印在古赵地的榆次发现，这个"安国君"必为当时赵国的封号，而"安国君"其人为一介武夫，当为战时赏功空授的爵位。

从印文上说，"安国君"三字仍然保留了战国时期六国文字的风格，而不采用秦国李斯的小篆文字，是对秦国典章制度的违抗，是六国文化的复旧。可以这样说，凡在印章风格上，具有与"安国君"印相仿佛的三字君印，大致都是这个时期的遗物。你看看，这论证多么的严密，可说是层层剥皮，直抵内心。

李：这么一方小小的石印，竟蕴含着这样丰富的历史内容，而且可以作为后人判断此类文物的标本。

韩：再说《"成皋丞印"跋》，如果说前一篇最见张先生考证的严谨，这篇见出的，则是张先生考证的智慧。我所以说，读张先生的考证文字，大有读小说的感觉，扑朔迷离又回肠荡气，主要是从这篇文章得出来的。

读张先生的《学术文集》，你会发现，他所写的研究文章，大多带有工作性质，山西哪儿挖出了什么东西，经过一段时间的琢磨，有了心得，便写成文章发表。从文物出土，到写成文章，间隔时间都比较长。另两篇谈古印玺的文章，《"安国君"印跋》是山西文物工作委员会早在一九七一年在榆次出土了一方石质印章，他经过研究，写成文章，直到一九八〇年才在《中国历史博物馆馆刊》上发表。《"贵海"铜印释文正误》，是看到一九八七年《文物》第六期上《山西朔县秦汉墓发掘简报》文中，对西汉前期墓葬出土的一枚铜印的释文有误，才写了文章纠正，可说也与山西有关。他是山西考古研究所的所长，就山西的出土文物写点什么，是本分，也可说是职责所系，不得不然。

《"成皋丞印"跋》的写作缘起，先就非同寻常。不是看到什么山西出土文物，是看到《天津文物简讯》上说，天津文物收藏家周叔弢先生将一大批多年收藏的珍贵文物捐献给国家，捐献品中，有古玺三百多方，其中有汉印"成皋丞印"一方，引起了张先生的注意。给他的朋友，在天津文物部门工作的尤仁德先生去信，托尤拓一印模给他。

张：印模拓回来，我也嘀咕，能写成一篇什么文章呢？考证制作时代，还是研究字体的变迁？

韩：若是这样，也只能是一篇普通的考证文章，没什么称奇之处了。

李：让张先生歇会儿，还是你说吧。

韩：且看张先生是怎么写的。先说了这个印模是怎么得来的，写信之后，一九八一年十二月尤先生即寄来了。对印文的评价，也极简略，只说是"从其印文字形和章法上看，虽然不能说是汉印中之上乘，但字体端庄，笔力老到，堪称佳品"。印是汉印，品相不错，堪称佳品。注意，不是绝品，对一方古印来说，说到这儿，还有什么可说的？这么开头，几乎是绝了自己做文章的路子。往后，要么是绝处重生，要么是另辟蹊径，再不然就只有掷笔作罢了。

你看他老先生是怎么接下去的。绝不故作惊人之语，只是以平常的语调，说他"所以对此印特别注意的原因，是因为它曾涉及到历史上有关古印文字方面的一段史话，同时这方印章又能反过来为这段史话提供有趣的印证"。原来有这么大的意义！

怎样的一段史话呢，且看：据《后汉书·马援传》记载，光武帝建武十七年（公元四十一年）马援出兵交趾时，"玺书拜马援伏波将军"。李贤注引《东观记》载，受封后马援曾上书云：

> 臣所假伏波将军印，书伏字犬外嚮，成皋令印，皋字为白下羊，丞印四下羊，尉印白下人，人下羊。即一县长吏印文不同，恐天下不正者多。符印所以为信也，所宜齐同。荐晓古文字者，事下大司空，正郡国印章。

文中"嚮"同"向"。此上书得到皇帝的批准，"奏可"。

这段历史记载说明，东汉建武十七年以前的成皋丞印的皋字是四字下面一个羊字，而成皋令印的皋字却是白字下面一个羊字，成皋尉印的皋字又是白字下面一个人字，人字下面一个羊字。也就是，马援当时看到了成皋县长吏三印中的皋字篆法非常混乱，作为一个典型的例子提了出来，建议遴选通晓古文字的人，由朝廷统一领导来订正"郡国印章"。

李：任谁看到这儿，都会惊异，怎么就能想到这儿，怎么就能钻进这么个旮旯角儿。

韩：从《东观记》中可知当时皇帝批准了马援的建议，但对印章上混乱的文字究竟如何"齐同"，却不得而知。从周叔弢先生捐献的这方"成皋丞印"来看，上面的篆体"皋"字，乃皋字的正体。它对马援所指成皋县其他令、尉两印中的"皋"字不但"齐同"而已，而是得到了彻底的纠正。故此可知，这方印章当为公元四十一年以后所制。同时我们可以想象，东汉建武年间，对当时的郡国印章文字，根据马援的建议曾进行过一次划一的整顿。

考证至此，已然豁朗。停在这儿，显然不是张先生一贯的作风。他的考证，从来就是穷追猛打，不翻个底儿朝天不肯罢手。

成皋县为西汉所置，是否西汉时的官印文字比较正规统一，不像东汉时马援所说的那样混乱呢？也就是说，周叔弢所捐献的这方印章，非是建武十七年以后所"正"的遗物，而是西汉时期的遗物？经过一番详细的举证，张先生得出的结论是，此印确为建武十七年以后所正的遗物。我们也就明白了，这方印章的发现，对篆体的变迁有着怎样不同寻常的意义了。

马援上书，是因为颁给他的伏波将军印上的"伏"字"犬外噃"所引起的，张先生顺便也对"犬外噃"作了一番考证。考证的结果是，犬外向、内向没有特别的含义，与外向相比，内向还是有违习俗的。考古发现，殷商墓中有颈系铜铃的警犬，犬的"头向大多与墓主相反或头朝外"。从《周礼》一书也可以看出，无论做何种用项的犬，在字形或字的偏旁组合中，都没有赋予相应的专义。马援所以上书认为"伏"字"犬外噃"者为错误，乃是拘于当时的字形习惯而发的议论，实际上作为"伏"字来说，犬的内向外向，没什么不同的意义。

难能可贵的是，马援在当时作为一个将军，于戎马倥偬之际而对印玺文字那样关心，向皇帝提出了"正郡国印章"文字的建议，从而获得皇帝的批准，采取了措施，这也是我国古文字和篆刻历史上一件有意义而值得记述的事情。

李：这下该结束了。

韩：末了还不忘发一通感慨。说事隔近两千年，现在我们的篆刻界只注意了艺术而忽视了文字的正误，错字连篇不可数计，有的把"百花齐放"四字印的篆体"百"字，竟误书为篆体"白"字，成为单一色的"白花齐放"。一字之差，义便相违，欲颂反讥，岂非大谬，伏波将军如生于当今，必上书不暇。海涛你听听，必上书不暇，就是说，马援若生于当今，一定会一道一道不断气地给皇上上书，这话多刻薄，又多犀利。就这，你们平日还说他多么厚道。

李：韩先生又开起玩笑了。

韩：全文将近四千字，不要说见解的精辟了，光从章法上说，也堪称美文，峰回路转，美不胜收。《"贵海"铜印释文正误》就不说了，你是学篆书的，细细品味，不难明白。

说到这儿，想起件事，对张先生说，先前跟你说过，考古所的张庆捷先生，给我提供过一个材料。说几年前，他带人在大同一处名为"操场城"的遗址作考古发掘，得到一方古代小铜印，对印上文字不敢断识，拿回太原送到你这儿请教。你这儿有极好的印泥，数次拓下辨识，终于解开了印文之谜。庆捷说起此事，对你的这种本事，很是钦佩。

张：这事儿我记得，过后我给他写了个短短的说明，他拿去署上我名字在《考古学报》上发表了。庆捷是行内人，懂得规矩，给了别人，夹在自己的文章中，什么也不说就是自己的了。

说到识印，我问张先生，以你的年龄，怎么想起加入西泠印社。张先生说，是他的学生李元茂先生向印社推荐的。元茂原在山西，后来去了海南，怎么推荐的就不知道了。印社有规定，入社者都要写个申请，他也写了。他这是特邀入社，手续不过是个形式。我说想看看他当年写的申请，他说只写了两句话，表明愿意加入，没有留底稿，送去就批了。

我说，特邀入社，这面子是给足了。听说最近林鹏先生也加入了。

张先生说，林先生是治印高手，且有《蒙斋印话》行世，加入印社是理所当然的事。

《张颔印存》书影

# 三五 扑朔迷离地方史 | 11 月 24 日 星期一

午后。今天去得早了些，跟往常一样，坐定后先闲聊几句。腿脚不便，老人很少参加外面的活动，耳目闭塞，难免寂寞，虽有电视报纸，总是隔了一层，没有闲聊这样亲切自然，听来真实可信。格于性情，他不会像有的老人那样，一见面就说，有什么新鲜事给我说说。总是关切地问，最近忙不忙，又去了什么地方。他知道我常外出。这回知道我前段去了外地，就问去做什么，说某地一个文化机构请我去演讲，又问讲什么，说谈写作，也谈做学问。

张：演讲要看对象，你跟什么人讲，又谈写作又谈做学问。

韩：是当地图书馆组织的，听众不受限制，老中青都有，各行各业都有，举办者说了，一个特点是共同的，就是都爱好文学写作，有的写诗，有的写散文，还有的写小说。还有的做学问，也是写作。

张：这么多人，要有针对性可不容易，讲题是什么？

韩：《一个写作者的一生该怎样安排》。

张：这是个讨巧的办法，一生，老中青都有了，只怕泛泛而谈，难切实用。

韩：那是你没听我讲，讲的还是切乎实用的。我说，一个爱好写作的人，应将自己的人生分作三个阶段，青春作赋，中年治学，老年研究乡邦文献。青春作赋，就是年轻时要从事文学创作，诗歌散文小说，喜爱什么写什么，把自己的文学才华发挥出来，把自己的激情尽情地宣泄出来。到了四十左右，中年了，写作上还没有大的建树，就该掉转身选一门学问做做。到了五十大几，要是学问上还没名堂，就该退而求其次，研究本地的乡邦文献。这样到了七八十岁，至少可以给孩子们讲讲家乡的历史故事。虽说一生没有什么大成就，作为一个写作者，一个文化人，人生还是充实的。最可怕的是，都五六十了，还在写"小鸟在唱歌"这样的诗。

张：有道理，你是怎么想出来的。

韩：这还用想吗？历代文人大致就是这么个路子。最常见的说法是"青春作赋，皓首穷经"，"中年向学"也是成说，只有"晚年研究乡邦文献"，多少有点新意，实际上也是不用多想就能想到的。全是成说，我不过把它们排了一下顺序。

张：我会不会也是这个路子。年轻时在晋西写过小说，抗战胜利后回到太原写过诗，当时不到三十岁，该说是青春作赋了。一九五八年三十八岁到了考古所，可说是中年向学。只有晚年研究乡邦文献对不上，我这该说是"皓首穷经"吧。

韩：我看也一样的。你的《学术文集》前面有中华书局编辑部写的"出版说明"，说你的学术成就主要有两个方面，一个是古文字学的研究，尤其是战国文字的研究，这是指侯马盟书的考释，古币文字的研究；再一个，是对山西地方史的研究。书中文章目录也分作两大类，只是没有明确标示，中间空了一行。前面一部分，是对古器物的考释，包括《侯马盟书》的两个丛考，后面一部分，就是对山西地方史的研究了。研究地方史，就可说是研究乡邦文献。你是大学者，有时是请托，有时是工作，只能说你是不自觉地进入了这一领域。

张：人在江湖身不由己，学术界也一样。不过，对山西地方史我一直有兴趣。最初或许不是兴趣，是一种义愤，说义愤有点过了，该说是一种不满，见许多地方，许多人因循旧说，无视历史真相，觉得自己有责任给指出来。

我是搞考古的，山西各地有不少古迹，这个庙呀，那个墓呀，按说该重视了，搞考古的都知道，最不敢信的就是这号古迹。这些古迹，地方志中都有记载。考古学者和历史学者，一般不愿征引地方志的资料，就是因为这类资料多不可靠。我给你说，你看这些记载多不靠谱。

孝义县原有魏文侯墓，这个墓葬远在唐朝的《元和志》里，就有记载，开元年间还有碑石刻记，发掘之后，实为汉墓。曲沃县城内，有晋国太子申生的墓，发掘了也是汉墓。介子推是东周时的人物，颇具传奇性，

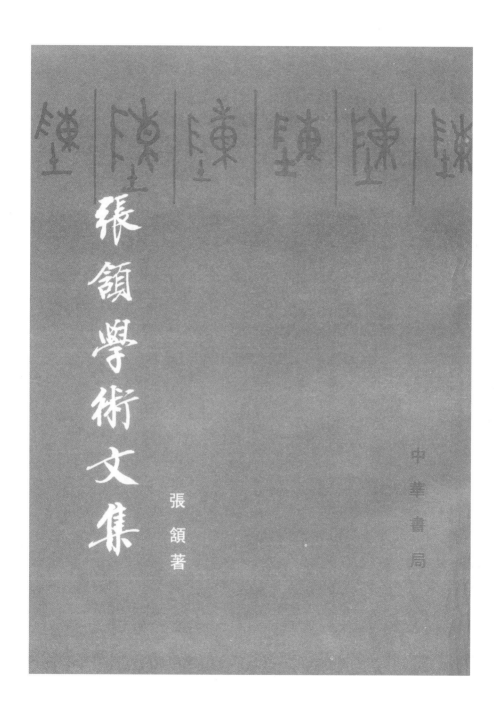

《张颔学术文集》书影

不只介休有传说的遗迹，沁源有介子推的墓葬，灵石县也有介子推的墓葬。你们晋南的万泉县，现在跟荣河合在一起叫万荣县了，也有个介子推隐居处，还有绵山，县志上说那儿的孤山也叫绵山。曲沃有介休墓，并说介休是介子推的儿子。更奇的是，太谷有妬女祠，所祀之神说是介子推的妹妹。原平有个石虎庙，庙里有地狱的小塑像，碑文中说石虎神是介子推，塑像是个黑面阎王。最可笑的是，原荣河县南三十里天兴村有诸葛亮墓葬。原安邑县有陶朱公范蠡的墓葬。叫我看，这些荒唐无稽的古迹，大致都是一些好事的地方俗吏和闾里夫子，或盲信传说，或附庸风雅的结果。

韩：桐叶封弟的事，有可能是真的。我在山西大学历史系念书的时候，教我们《历史文选》的是郝树侯先生，说给的是桐叶为什么封号为唐，是读音转了，桐、桐、桐，读下去就是唐了。郝先生也算是有名的地方史专家了，写过《杨业传》《太原史话》等书。

张：树侯先生，我们是老朋友了，在一起开会，常开玩笑的。他是老山西大学毕业的，四几年我们就认识，还是个书法家，右手残疾，用左手写字。树侯先生这样解释，下面还面临着一个唐如何变成晋的问题，就复杂化了。总不能说唐、唐、唐读下去，就成了晋吧。这个问题，我考虑多年了。各地学者，差不多都会遇到本地的学术难题。司马迁是不是河津人，就是这类问题，在太原，"桐叶封弟"也是这类问题。这不是你喜欢不喜欢的事儿，到时候就会有人问到门上，不想研究也得研究。

研究是个认真的事，不能想当然耳。桐叶封弟这个故事，秦汉以前不见经传。晋国封土建国的详细情况，到东周时连晋国的主君、卿大夫们都说不清了，这才是几百年的事情。《左传》昭元年（公元前五四一年）记载：晋平公病了，子产代表郑国到晋国来问疾，在跟晋大夫叔向谈话时，对唐叔为什么名"虞"，为什么封于"唐"，讲了一段神话般的传说。大意是说，叔虞的母亲叫邑姜，是周武王的后妃，怀孕时天帝对她说，我命你的儿子名"虞"，并给以唐地。后来儿子出生，果然手纹上有个"虞"字，便名为"虞"。成王灭了唐国，就把唐地封给叔虞了。晋平公对子产这些神话很是欣赏，称赞子产为"博物君子"。这段记载说明了两点，一是当时晋国的上层人物对其开国的故事已茫然无知，二是叔虞未出生时已经由梦中的天神预定了封地。当时并没有什么"剪桐"、"削桐"之说。晋国有个世掌史籍的人叫籍谈，也不知叔虞封唐时的情况，赴周天子穆后丧礼时出了笑话，周景王嘲笑他"数典忘祖"，这事在《左传·昭五年》上有记载。可见"剪桐"、"削桐"之说，当是后起的事。

《左传·定四年》有一段文字，涉及周王朝建立时对各诸侯国授土、授民、分器的情况，是这么说的："分唐叔以大路，密须之鼓，阙巩、姑洗、怀姓九宗、职官五正，命以唐诰而于夏虚，启以夏政，疆以索戎。"其中难解的字词，看看《左传·昭十五年》的记述，可得以补弃与阐明。关于晋国始封较为可靠的史料，就是这么一点少得可怜的记载。一般讲，无论在《春秋》《国语》《竹书》《史记》中关于晋国史事，只有"靖侯以来"才有"年记可推"，这是《史记》晋世家里的说法。从曲沃武公以旁支夺宗之后，才有了较为翔实的记载。

《史记》晋世家里关于"削桐封叔虞"的说法，像一个断线的风筝，没有根源和线索可寻。直到战国时期，这个故事才有流传，最早是在《吕氏春秋》里。这书不是史籍，其中多有杂记，"桐叶封弟"便是其《重言》篇里借用的一个传说故事。

这个故事写得原原本本，有声有色，是这样说的："成王与唐叔虞燕居，援桐叶以为圭，而授唐叔虞曰，余以此封汝。虞喜以告周公，周公以请曰，天子其封虞邪？成王曰，余一人与虞戏也。周公对曰，天子无戏言，天子言则史书之，工诵之，士称之。于是遂封叔虞于晋。"细看这个故事，就会发现，真是矛盾百出，如故事说，"与唐叔虞燕居"，在叔虞尚未封唐时，史笔是不能称之为"唐叔"的，又说"遂封唐叔于晋"，在叔虞封唐时并没有晋国这个名称。还有"周公以请曰，天子其封虞邪"，周公当面对成王的这种称谓，也是谬于史笔的。从《书·洛诰》中可以看到，周公与成王对话的一段记载。成王对周公称"公"，周公对成王称"王"，不称"天子"。这些完全可以说明，《吕氏春秋》里记载的这个故事是后人的拼凑之作，只能当神话与传说看待。

说这些，只能揭露"桐叶封弟"故事的虚假，对故事的成因尚缺乏考察。我认为这种传说一定有其来龙去脉，不会无缘无故的凭空想象。以我的看法，这传说的形成，是由于对个别文字的误识而造成的。

　　古代文书都书于简牍，而简牍经常卷舒，文字易于磨损，字迹往往漫漶不清，于是常发生鱼与燕、马与为相混淆的误读误识，人们常说，"书经三写便鲁成鱼、帝成虎"，就是指这种情况。基于这些原因，我认为，所谓"削桐"、"剪桐"当为"削唐"、"剪唐"之误。

　　先要知道，削、剪（古书作翦）二字都有灭和分割的意思。《尔雅·释言》说："翦，削也。"《战国策·齐策》说：夫削地而封田婴。高诱注："削，分也。"这样说来，晋国始封当以成王灭唐、剪唐、削唐而封叔虞的辞义为正。

　　接下来就是唐字为什么能讹为桐字呢？这完全是唐、桐二字，在古文字中字形相似的缘故。唐字不用说了，是这样的：　　　　。而桐字，《汗简》把从木的偏旁移到同字的下面，成了这样：　　。古文字中，从木偏旁之字，木字不但可以下移，也可以上移的。《金文编》著录的桐字有四个，木字偏旁均在这个字的上部，成了这样：　　　　　　。把古文字中的唐、桐二字作一比较，其鲁鱼亥豕相混之迹，便一目了然。

　　因简牍文字"削唐"、"剪唐"有所漫漶，唐、桐二字混淆，便有人将"唐"误为"桐"，错释成梧桐叶子，从而敷衍出"桐叶封弟"的故事，煞有介事地传播开来。这个故事的编造与传播，时间大致是在战国时期并盛传于秦汉之际。

　　韩：你老人家是高兴了，解决了山西地方史上一个大疑难。可是，对于普通老百姓来说，这么一个有人情味的故事，也就永远破灭了。

　　张：这就是历史学家的罪过嘛。真实不一定是美丽的。

　　韩：这些你说给郝先生了吗？

　　张：山西大学历史系就这么些人，不定开个什么会就遇到一起了。记得六几年在海子边招待所开会，会上会下谈的，全是山西地方史上的问题。树侯先生有句名言，叫"司马迁不能迁，介子推不能推"。

　　韩：什么意思？

　　张：司马迁是哪儿人，山西省的河津跟陕西那边的韩城，都在争。史学界倾向于韩城，因为人家那边有司马迁的祠堂墓葬，史书记载是龙门韩城人，明明确确，山西这边就不必争了。还有我们介休的介子推，史学界对是否有这个人，持怀疑态度，因为无论是时间，还是事件，都与晋国挂不上钩，权当是传说中人物算了。树侯先生不同意，力主司马迁是河津人，介子推于史有据，这就是"司马迁不能迁，介子推不能推"的来历。一次开会，又说起这事，有人说树侯先生可封为"关内侯"，都笑了。意思是学术上搞地方主义，跟阎锡山的"守土抗战"一样，不管外面怎么说，山西的利益一点也不能受损害。只能说忠勇可嘉，难说是严肃的学术态度。别的且不说，我是介休人，对介子推的事，很早就关注。我还不想介休有这么个忠义之士吗？可是翻过多少史书，想过多少时辰，怎么都不敢说实有其人，实有其事。

韩：这么严重，还真没有想到。

张：你想听吗？

韩：你说的我都想听。

张：那我就说说。这个问题，所以近年来又一次提起，是因为李敦愚编纂的光绪版《介休志》又一次被人提起，这是个手抄本，芜杂些，也有它的价值。以一人之力，编这么一部县志，很不容易，也很难得。人都说介休，是介子推"休矣"的地方，李敦愚是介休人，他不作肯定，也不作否定，只是每说到介子推的事，前面都加个"相传"。一个清朝的地方文人，能有这样的气度，是值得后人敬重的。他也没做什么考证，是采信了顾炎武的说法。顾是一代大师，治学严谨，每下一结论泰山难移。顾来过山西，在这个问题上下了很大功夫，根据的理由非常充分，他认为相传介子推隐居的绵上，不可能在今天的介休，晋文公时霍山以北皆为狄地，晋国的边界没有那么远。这个见解很精辟，也难撼动。

顾炎武是怎么考证的就不说了，我找见的几个材料，也能说明这个问题，也可说是对顾炎武的补充。

一是，晋献公消灭了晋国周围的魏国（芮城古魏遗址）、耿国（在河津市境内）、霍国（霍县一带）、杨国（洪洞羊舌古城遗址）之后，把北面的版图扩大到霍山以南地区。《国语·晋语》里记载着这么个事。公元前六五一年，晋献公参加齐桓公召集的"葵丘之会"的时候，在半路上遇见了周天子的使臣宰孔，也叫宰周公。宰孔对晋献公有一段评语："景霍（指霍山）以为城，河汾涑浍以为渠……汪是土也……释其闭修而轻于行道，失其心矣。"说明当时的霍山正是晋国的边界，宰孔的意思是说，扩充了这么大的地方不去好好治理，却随便到外面去跑，这是很不正常的。这段话就表明，公元前六五一年晋国的版图，北面的界线还超不过霍山。晋国版图扩张到霍山以北是晋襄公以后的事情。

二是，晋文公元年即公元前六三六年，介子推隐绵上，晋文公以绵上田旌表，当时并没有介休这个地名。自此以后，有关历史文献上无论是春秋时期的晋国，还是战国时期的三晋，都没有介休这个地名。自从公元前六三六年介子推的事发生，经过了一百二十二年，到了《左传》昭公二十八年即公元前五一四年，晋国曾分祁氏之田为七县，这些县是祁（祁县）、徐水（徐沟一带）、马首（寿阳）、盂（盂县）、梗阳（清源一带）、平陵（文水）、邬（介休），也没有介休这个地名，当时介休属于邬县。"界休"作为县名的出现，始见于《汉书·地理志》。考虑到汉初设立的郡县，所用地名基本上是因袭秦国的旧名，少部分为新建，我们把界休得名时间的上限估计得宽一些的话，可以算到秦始皇二十六年统一建立郡县的时候。先秦经过春秋战国四百一十五年，这样漫长的时间从来没有界休地名的记载，四百多年后才出现了界休这个地名，并且和介子推的故事联系在一起，很明显是后人附会的产物。

三是，再举战国货币资料作为佐证。战国时代三晋的经济非常发达，货币铸有地名的"平首方足布"，绝大部分是三晋即韩赵魏三国的。现有文献中著录的平首方足布，共有六十四种，属于三晋的四十八种，地名属于现在山西省内的有二十种。其中用战国地名的，有襄垣、长子、祁、离石、霍、安邑、屯留、榆次等十种。总观战国货币中的地名，地望在晋中一带的有晋阳、祁、兹氏（汾阳一带）、阳邑（太谷附近）、中都（平遥一带）、中阳（孝义一带）、平州（介休灵石一带）、邬（介休境内）。可见战国晚期晋中县邑名称中，仍无"界休"其名。这些足以说明，介子推和界休这个地名看来是两回事，没有什么联系。跟界休没联系，介休是由界休来的，跟介休就更不会有什么联系了。

韩：你的这种说法，获得普遍接受吗？

张：有人接受，不多。没办法，旧地方志普遍存在着，爱把历史上有名气的人物和事件，硬拉到自己地区的现象。很多是既不顾历史渊源，又昧于古代地望，牵强附会，伪造古迹。遇上这样的事，是很让人头疼的。我的办法是，考证是考证，古迹是古迹，各是各的。比如前面说过的孝义县的魏文侯墓，不是春秋时的墓，是汉朝的墓，也是古迹，也可说相传是魏文侯的墓。有人要较真，那就告诉人家是怎么回事。地方上的古迹保存下来了，历史真相也弄清了。

韩：今天是不是就到这儿？

张：我也该歇歇了。

今日之日千载一时

學逝斷目仰我醒獅

廿一世纪首年元旦开笔此作并刊于二〇〇〇年一月一日之山西日报　八十岁翁张颔于太原宿次

今日之日千载一时，举世刮目仰我醒狮。

# 三六 巧释"索达干"

下午。上次谈地方史，意犹未尽，这次去了又接着谈。

韩：《学术文集》里，那么多地方史研究的文章，你知道我最佩服哪一篇吗？

张：你说。

韩：那篇《"索达干"解》，真是篇妙文，可谓地方史研究的典范之作。如果从事地方史研究的人都有这样的研究水平，或者都有这种精神，这种学风，地方史研究该是何等景象。

张：快打住，我脸倒不红，只是心跳得快了些。这么一篇普通考证文章，怎么会让你这么青眼有加。又唠叨了，你说吧。

韩：本来是你讲的，倒成了我讲了，待会儿我再说，你先说说怎么想起写这么一篇文章。

张：山西吕梁地区，现在叫吕梁市了，有个村子叫"索达干"，在临县境内，当时还是公社所在地。一九七七年春天，记不得是在临县开会去碛口参观路过，还是专门去那儿看个古墓葬遗址什么的，记得还在公社食堂吃了顿饭，待客很热情，什么上来都是一大盆。粉条山药炖肉最有特色，做法跟别处不一样，别处稀汤寡水，那儿稠糊糊一大盆，吃得你直冒汗。村子就在黄河岸边，过了河，陕西那边是吴堡。我对这个村名很感兴趣，吃饭时好几次问公社的人，他们说不清，炊事员是本地人，上了年纪，还叫进来问了，总想弄清这个村名的来历。陪我的人，当地的人，都不知道我为什么对这个村名这么感兴趣。我跟他们说，这个村名不像是汉族的村名，弄清它的来历，说不定可以弄清这一带与少数民族的关系。不是什么大题目，只是觉得有意思。可惜的是，当地人什么也说不上来，只说这儿祖祖辈辈就叫这么个名字。心里记着这个事儿，后来看书就多了个心眼，有什么先记在卡片上放起来。

韩：这是个好习惯。

张：为这事还跟一个朋友闹了点不愉快。是谁就不说了，也没有坏心，只是急了点。大约一九八七年，去索达干十年之后，就在太原，一次学术会议休息的时候，几个人在院子里闲聊，正好有个人是临县的，我又问起索达干，还是个不清楚。我就把自己这十来年看书得到的材料，还有自己的大致思考说了，说索达干很可能是突厥语，这个村子很可能是唐代西突厥一个部落的聚居地，或是一个武装集团的驻扎地。没想到的是，有个听的朋友，过后写了篇短文，给了报纸发表了，说了我的不成熟的意见并加以发挥，说我认为索达干是突厥语言中的"虎"字。读报后，我非常惊愕，给他打电话，希望他赶紧把"虎"字的说法纠正一下，说我认为是突厥称谓的看法是个不成熟的意见，以免贻笑大方，贻误读者。后来据这位朋友说，他把纠正意见送交报纸编辑，但未见刊出纠正。这事儿让我多少年来耿耿于怀，愧疚难安。有次偶然翻捡读书卡片，从中抽出几则有关记载，从这些记载中发现，我原来认为"索达干"是突厥名称的想法，竟是受这些资料的影响，在脑子里形成一种模糊的印象。又过了几年，积攒的卡片多了，觉得索达干作为突厥名称的想法，还是可以作为一个见解正式提出来的。

韩：你说又过了几年，就是从一九八七年起又过了几年，写文章到了什么时候？

张：该是一九九二年或是一九九三年，大致就在这个时候。这篇文章写了没发表，当时正在编我的学术文集就放到文集里了。你说这篇文章好在什么地方，我听听。有时候毛病是无意的，自己不知道；有时候优点也是无意的，自己也不知道。

韩：我佩服的，一是你这种小处着眼，随时发现选题的学术敏感。这没什么，对你来说已经习惯了。再是你的论证方法，既是穷举法，又是递进法。穷举法好说，陈寅恪、钱锺书做学问惯用这种办法，什么小事，一举证就是十个八个，多的时候一连举二十几个，能把人吓死，不免给人炫耀博学的感觉。当然这也是大本事，不佩服不行。你也用穷举法，不给人排山倒海的恐惧，只给人见好就收的乖巧。这不难做到，难的是，你在举例的时候，就注意到了证据之间的逻辑力量，看似几个平列，实则逐一递进。待到你要说出结论时，读者早就喉咙痒痒得要抢答了。文章做到这个地步，怎能不说是奇文，妙文，又是用在地方史的研究上，怎能不说是典范之文。

张：哦，是这个意思呀。穷举是有点，递进先前倒没想过。可能是有个由远及近，由浅入深的考虑，在你看来就是一种递进之术了。

韩：且看你的论证过程。先从史书上找见"达干"这个名字，用在什么地方。

《新唐书·突厥传》上说，突厥汗国的国君"可汗"，下设诸大臣有二十八等，但是在文字中按次序只排列了九个名称，即叶护、屈律啜、阿波、俟利发、吐屯、俟斤、阎洪达、颉利发、达干。其中"达干"列为第九等。这些大臣皆为世袭而无限员。由此可见"达干"是突厥可汗下属一个层次的头领名称。

这个第九等的官员，或者说是可汗下属的头领有多大呢？仍是《新唐书》里的材料。唐永淳元年（公元六八二年）载："绛骨啜禄……遂以为阿波达干，悉属以兵……遂攻并州。"长安三年（公元七〇三年）载："突厥遣使者莫贺达干请进女，妻皇太子"；"伊然可汗立八年……可汗幼，其母婆匐与小臣饫斯达干乱。"上述史料中有三个达干名称。沃斯达干虽为"小臣"，但也是"大臣"中的第九等，应该是小头领一类的人物，否则是不可能与可汗之母相乱的。其他两个达干，阿波是带兵官，莫贺是遣唐使臣身份，皆非卑微者。

疑心是突厥地名，到《突厥传》里找材料，这是常规做法，没什么可称道的。接下来的论证就不然了。这么个居于九等的官，若是个朝臣，又怎么会在黄河边的黄土高坡上留下历史的痕迹呢？接下来才是你惯用的扒皮抽筋的手段，从各种史籍上，一连举了五六个例证，说明"达干"这个职务，除了前面所说为部落首领、牧主而外，同时也是带兵的头领。

至此，这个索达干，既可是部落首领，又可是带兵将领，就可以满

世界地跑了，就有可能跑到黄河东岸后来成了临县的这个地方了。这就
又要说到突厥与山西的关系，如果突厥与山西没有关系，索达干再是部
落首领，再是带兵将领，再能跑也跑不到山西的黄河岸边。噢，停住停住，
我说得太快了，"索达干"三字，前面只解决了"达干"二字，还有个"索"
字没有惊动，这个问题不大，对你来说费不了什么力气。几乎像个枪法
高明的枪手，就像你的《西里奥维》里的那位神枪手，抬手一枪连准也
没瞄，就打了个正着，把这个问题解决掉了：

> 我国古代称异族辫发者为"索头"，恶称"索头虏"、"索虏"。
> 突厥族是否索头？据《北史·突厥传》称："其俗被发左衽……"好
> 像非辫发者，但大业三年（公元六〇七年）隋炀帝幸巡榆林等地时，
> 突厥启民可汗在宴会上"奉觞上寿"，杨广在情绪激奋的情况下即席
> 赋诗，诗中有"辫索擘膻肉，韦鞴献酒杯"之句（见《隋书·北狄传》）。
> 唐圣历初，突厥默啜请和，被唐册封为"立功报国可汗"，使者司宾
> 田归道上言中有"解辫削衽"之辞，均为形容当时突厥人为索头辫发
> 者。这些记载从词气分析，也可能是对西北民族的泛指，不一定是指
> 突厥而言者。但最值得注意的是，《北史·突厥传》中说"突厥之先，
> 出于索国……"的一条记载。这很可能是"达干"称"索"的一个因素。

张：这就是你说的扒皮抽筋的手段？我觉得还是平实的叙述。

韩：下面还有。你习惯了，不觉得好，我看了却是另一种感受。《水
浒》的好汉里有个索超，原是官军的将领，祖上会不会像杨业一样，是
北汉或辽国的降将，赐了个索姓？《百家姓》前一百个姓氏里头没有索姓。

张：不会吧？《元和姓纂》里就有索姓的记载。商朝的王公贵族有
七支，形成七姓公族。商亡周兴，武王就把周公旦的长子伯禽分封在鲁，
建立了鲁国，并把殷商七族中的六族迁徙到鲁国，这六姓分别是徐、条、
萧、索、长勺和尾勺。武王伐纣，索姓出力不少，定居鲁国后成了名门
望族。历史上，索姓出了不少人才。西晋时有个大书法家叫索靖，能文
能武，擅长草书，得到大书法家张芝的亲传而又有发展，笔力劲迈，素
称"银钩虿尾"。有《章书状》传世，搞书法的人都知道。

韩：还是说索达干吧，你说好了。

张：今天山西省临县还保留着"索达干"这样一个突厥称号的地名，说明临县在历史上，曾经有过一个军事头领"达干"，在这个地方建立过牙帐，或者是这个地方当初就是突厥的一个部落的所在地。这样看来，"索达干村"是以突厥官名作为称号的地名。类似的情况在山西汉族地名中是常见的，如"杨千户河"、"萧官人河"（皆在右玉县），"秦王堡"（新绛县），"葛伯寨"（闻喜县），"韩侯岭"（灵石县）等皆是。

韩：还是我说吧。如果只考证出索达干是突厥语，是一个以突厥官名作为称号的地名，意义也有限，只能说明是你的小小的学术兴趣。这篇文章的好处是由此扩展开来，展现了突厥在山西地面上活动的历史画卷。其中隋代所举的事例最为精彩。仅举两例，以概其余：

大业十年（公元六一四年），隋炀帝北巡雁代，曾被突厥数十万围于雁门，史称"雁门之厄"。解围后，隋炀帝杨广逃奔太原。其明年，突厥又寇马邑（今山西朔县）。在双方和好时则遣使往来不绝于途，当时突厥前后"入朝"者竟达"三百七十余辈"。甚至上表称隋皇帝为"大隋圣人莫缘可汗"。当时山西的代州、朔县一带便是与突厥交往冲突，最为密切敏感的地带。

在隋代有一个突厥人叫"特勤大奈"的，随同曷罗那可汗归于中国，此人曾从隋炀帝征讨过辽东，并赐姓史氏。入唐后又随李渊在太原起兵。因为他在唐朝建国战争中立了大功，官至右武卫大将军，封窦国公，为凌烟阁图形二十四功臣之一，成为我国历史上的名将。他原来所辖领的突厥部落均散居于楼烦之地，隋代的楼烦郡即在山西省静乐县一带。

上世纪七十年代，山西新设了一些县，太原有个娄烦县，好大一块地方是从静乐划出来的，当时还觉得这个县名怪怪的，看来还是其来有自。

张：从历史地理上说，有根有据。还说唐朝与突厥的关系吧。这一时期，唐朝与突厥的战和之事很多。突厥的活动地区从边塞云朔一带，推进到晋阳（今太原）和石岭关以北的忻州，阳曲（今山西定襄县）一带。归附唐朝者被册封为"归化可汗"，其从臣皆授予显官。敌对者仍"乘月犯边"、"弯弓报怨"。唐武德三年，突厥处罗可汗联合刘武周曾进据并州（今山西太原）。

　　总括起来说，突厥自从西魏、北周入侵太原开始，直到唐肃宗至德年间，突厥衰落为止，在军事、文化等方面，与汉族政权交往凡二百三十多年，可见山西地区当时是汉族和突厥族文化交流、融合的重要纽带地区。直到晚唐及五代时，曾帮助唐朝镇压黄巢起义的晋王李克用，是西突厥沙陀部族人，他的势力也几乎遍及山西整个地区。他本人先后担任过大同军防御使、云中守护使、代州刺使、忻州兵马留后、领河东节度使等要职。他的儿子李存勖，五代时建都于太原，当了后唐的开国皇帝。建都于太原的后汉开国皇帝刘知远，也是西突厥沙陀部族人。从以上史实中，不难看到突厥族在山西地区的深厚基础。有这样的历史渊源，在今天山西省地区内，发现有突厥称号的地名是丝毫不足为怪的。

　　韩：山西别的地方，还有突厥族遗迹吗？

　　张：有，还不少，我所知就有好几处。介休县张壁村有"可汗王"庙（《介休县志·古迹考》民国十九年版），这个庙里有清道光十二年树立的石碑，碑文中称之为"罕王"，当地群众称该庙为"鞑王庙"，现在这个庙还保存完好。孝义县城西一百六十里，殿山上也有"可汗庙"（见《孝义县志·胜迹》乾隆三十五年版）。又据一九八五年七月间，汾阳县刘守覃先生来函见告："汾阳县阳城村，有可姓，是一大家族。巩村有'可汗庙'即可姓之宗祠，今已缺如……"过了几年，当时山西省考古研究所副所长刘永生同志，在汾阳巩村调查时发现有一座龙王庙，残破不堪，殿壁上有残存壁画，其内容非关龙王故事。当地群众都说殿内原有可汗的塑像，年老者还能表述一二。这很可能就是刘守覃先生信中所说的"可汗庙"。

　　韩：至此，这篇考证文章，就可说完满了。但你心有未甘，又预设了一道防线，因为搞地方史的都知道，唐代活动在山西一带的，除了突厥还有回纥，回纥与突厥关系密切，索达干这地名，也有可能是回纥语，是回纥一个部落的名字。

　　张：你说得对，我确实有这个考虑。降大任给我的这种写法叫"多重设防"，跟你的意思一样。他说的是求证之后的提防，也可说是堵塞漏洞。所以文章最后，谈谈回纥在山西的兴衰也是题中应有之义。

唐自肃宗朝始，突厥势力开始衰落，代之而起的便是回纥。回纥本匈奴的苗裔，先为铁勒部落臣属于突厥，一切制度受突厥影响很深，官职名称都和突厥相同，"署官号皆如突厥故事"（见《旧唐书·回纥传》）。唐肃宗朝平息安史之乱，曾得到回纥军的大力帮助。从那时起唐朝的外族关系，便由突厥转换为对回纥的关系。正由于回纥继承突厥的官职称号，所以一些高级官员也有多称"达干"者。唐肃宗上元元年（公元七六〇年），"回纥九姓可汗使大臣具陆莫达干朝奉起居"。当时回纥族宰相称"达干"的例子也不少，计有"磨咄莫贺达干"、"揭拉裴罗达干"、"海盈阙达干"等。回纥族在山西活动的史料远远不及突厥丰富。肃宗宝应元年（公元七六二年），"回纥毗伽阙可汗以唐大臣仆固怀恩之女为可敦（王后），故相随前来太原参拜岳父"。大历十三年（公元七七九年），"回纥寇太原，过榆次、太谷"。又：太原尹鲍防与回纥战于阳曲，代州都督张光晟与回纥战于羊武谷（今山西原平市阳武村西）。那么"索达干"村是否为回纥的遗迹，而非突厥者？我以为如前面所述，突厥在山西活动的历史长达二百三十余年之久，与山西的历史源远流长，而回纥只是从唐朝肃宗时才开始活动于内地，到德宗时其势便衰落了，唐朝与外族的接触，主要转向对吐番的交往。此后，回纥虽然也有骚扰，但已"如手足之疥"，微不足道了。回纥在唐朝时的活动不过三四十年，远不及突厥的时间久长，关系更不及突厥深厚。况且回纥"达干"的称号也是承源于突厥的习俗，所以"索达干"地名的由来，应首先考虑其为突厥的因素。

韩：你这个结论虽是以商讨的口气说的，但是层层递进，步步踏实，至此也可说是泰山难移了。

张：历史考证，我还是有几分自信的。我也知道，有人在盯着，总想抓住个什么把柄，说不是科班还是不行。因此我写起文章来，总是如临深渊，如履薄冰，地方史考证上也不敢掉以轻心。

韩：这个是你的深层心态，外人看不出。我看到的，只有你做学问的浓厚的兴趣。梁启超说过："把我梁启超烧成灰作化学分析——也只有一点为学的兴趣。"看你的文章，我也是只看出一种为学的兴趣。

张：不敢攀附梁先生，为学的兴趣还是有些的。

韩：也许是年龄大了，这些年我觉得研究地方史，也是蛮有意思的。没有人做地方史研究，中国的历史就很难落到实处，细处。比如突厥在山西的活动，通史上就那么几条，要看分布，谭其骧编的《中国历史地图集》上想来会有。可是，没有索达干这样的地名，没有你这样详实的考证，总觉得隔膜了些，遥远了些。你这么一考证，这段历史马上就活了起来，成为可以亲眼看到，亲手触摸到的东西。

张：也是的，可惜做地方史研究的人太少了，有梁启超先生那种"为学的兴趣"的，就更少了。

韩：对许多一辈子做文化工作的人来说，晚年转到乡邦文献也就是地方史的研究上来，是最好不过的。年龄大了，有积淀，有时间，说不定真能搞出点名堂。

张：地方史常常是扑朔迷离，疑难重重，要搞得下大力气。

韩：这也正是地方史研究的魅力啊。

# 三七　谐趣诗文 |

前几天回了一趟老家，给父亲过了三周年祭奠。此前三弟张罗，在老家坟地里，给父母亲，还有早些年过世的祖父母，各立了一通石碑且盖了碑楼，两通石碑的篆额，都是春天请张颔先生写的。从老家回来的第二天，就打算看望张先生，七事八事打扰，一耽搁就是好几天。

下午去了，大任学长在。在这儿遇见大任，跟重要会议上有领导干部出席一样稀松平常，不足为奇。再就是当下便知道，今天不能定谈话的主题了，有大任在，谈什么只能"任意为之"，任意者，大任之意也。疏不间亲，说的是做人的道理，用在此类事上也一样。大任与张先生的关系，是有诗为证的。

前些年，张先生书房墙上，挂过一帧大照片，上面是张颔、林鹏、大任三先生，或者说是三贤人。不是那种正儿八经的照片，就那么随意地坐着，各自尽显各自的本相。正面稍远，张先生面对镜头，头微扬，一副平和的样子，正在专注地听着。左边林鹏先生，斜侧，像是刚刚笑罢，脸上还漾着笑的涟漪。再一个就是大任了，几乎背对镜头，略侧，能看清脸相，一手擎烟，正在说着什么。照片与相框之间有宽大的白边，右侧的白边上，有张先生小楷写的一首六言诗，道是：

> 林君降大长甘，兴来促膝倾谈。
> 难得臭味相投，故尔对影成三。

此书初稿中，我将三人的位置记错了，张先生在书稿上批道："三人照片，我是正面，林为斜面，大任是背面，所以是对影成三，借李白句。"

每次来了，先有一番闲聊，常借此机会请益些学问上的事，比如最近看了什么书，遇到什么疑难。略一思索，忽然想起，前两天看过的什么书上，说襄樊的羊祜祠，有一通堕泪碑，不甚了然，便问张先生，当年在樊城做生意时，可去过这个地方。

张先生说，有年清明时节，掌柜王先生带上他们出去踏青，还真的去过。襄阳城南七里，东临汉水，有个岘山。其山虽不高峻雄奇，却因羊祜而闻名遐迩。羊祜是西晋人，曾任襄阳太守。有次登岘山，深有感触地对僚属言道："自有宇宙，便有此山，由来贤达胜士，登此远望，如我与卿者多矣，皆湮灭无闻，使人悲伤。如百岁后有知，魂魄犹应登此山也。"邹湛答道："公德冠四海，道嗣前哲，令闻令望，必与此山俱传。"历史证实了邹湛的预言。羊祜逝世后，襄阳百姓便在岘山羊祜生前游憩的地方，建碑立庙，岁时祭飨。游人瞻望羊祜庙前的碑石，无不为之落泪流涕。接替羊祜镇守襄阳的大将杜预，便将此碑命名为"堕泪碑"。李白《襄阳歌》后半部分说：

> 君不见晋朝羊公一片石，龟头剥落生莓苔。
>
> 泪亦不能为之堕，心亦不能为之哀。
>
> 清风朗月不用一钱买，玉山自倒非人推。
>
> 舒州杓，力士铛，李白与尔同死生。
>
> 襄王云雨今安在？江水东流猿夜声。

大任听了，说张先生这一手真是绝了，一说什么哗哗哗就背了下来。这一来倒让张先生不好意思了，说，那时候没有什么正经事，除了洒水扫地，端茶倒水，没事了就爱看闲书，看到精彩的地方，总想着背下来。《西厢记》就是看门时背下来的。《封神榜》里各位神仙的名号洞府，也是那时候背下的。有的有用，有的纯粹没用。

我说，不能说没用，这是一种记忆训练。

张先生说，那倒是的，现在我也是，没事了把过去记得的东西背上一遍，觉得自己脑子还不糊涂，以前背会的东西，现在还能背得下来。

大任说，做学问，端在两个能力，一个是记忆力，一个是联想力，能记住，又能这儿那儿作联想。看嘛，都会看过，能不能记住是一大关键，光记住还不行，还得能作联想。有了这两个能力，就有见识，就做得学问了。张先生的记忆力是一流的，联想力更是一流，许多日怪的地方，他就能联想到，多方求证，出奇制胜，让你心有不满，却无话可说。心有不满的是，怎么会这样推论，怎么从斜处冒出一个证据？过后只能服气。

我说，大任兄，你刚才说了，最佩服张先生的记忆力与联想力，我也认同，不过张先生与一般学者有所不同的一个地方，该是他的这种风趣。记忆力、联想力，在学问上的表现是多方求证，出奇制胜，这没说的，但我总觉得，在记忆力、联想力与学术见识之间，还应当有个什么东西，起联结的作用，化合的作用。这个东西就是风趣。既是一种动力，也是一种品质。我看啊，风趣就是一种创造的能力。张先生的过人之处，就在这上头。不管多么难的学问，在张先生看来，研究也好，思考也好，只是觉得有趣，有趣就有劲儿。这几年，你知道我最喜欢张先生的是什么，不是他的那些学术著作，有的我能懂，有的我不能懂，也不是他会背这个背那个，一背就是一大片，常人下了大功夫，也能做到。我最佩服的，还是他的那种风趣，机智，一说到什么，总能让你忍俊不禁，让你笑过之后，思想上豁然一亮。

张先生有些惊愕，没想到我对他平日的风趣幽默，给了这么高的评价。

我掏出一个小本子，说这是一九九九在山西文艺大厦一层，给张先生办的一个诗书画展览上，我抄的几首诗，全是看了觉得有意思的。当时想写篇文章，一直没写。这个小本子没舍得扔，前些天找出来，思考自己为什么当时没有写成文章，想来想去，就是其时只是喜欢张先生这些谐趣诗文，觉得有意思，却没有认识到这些"有意思"的内涵，和它的价值。也就是说，只是把它们当作一个大学者的小聪明，而没有想到，这实际上就是大学者的大聪明，只是用在了小地方。用在小地方这么聪明，用在大地方还不是一样的聪明？有了平日这样"小处"聪明的训练，做起学问来，才能在"大处"显出他的聪明。

大任来了兴致，撇撇嘴说，嗨，还真有一套呢。

我说，你看张先生的这些诗，可说是谐趣诗文，处处见机智，处处

扑蝇记

有青蝇止于斋壁，余以拍扑之，
蝇逸去，坐甫定蝇复至，余急扑复
逸以是者三蝇终逸点，
妻曰拍破败奈何，兑曰老夫遲援，
胡怒手拍余曰皆非也顾今营々辈，
特狡绘耳、
　坐共六十五字张颔稿

张颔《扑蝇记》手稿

见才情，他用这等本事做学问，学问在他手里，也像这些诗文一样的活泛，一样的妙趣横生，机锋毕现。咱们今天一起捋捋张先生有多少这样的诗文。最有名的该是那首《儿郎伟》，仿六朝上梁体的打油诗。还有几首愤世嫉俗的，也不作金刚怒目状，而是出以谐趣。比如：

> 惯食唐明饭，常为迎泽宾。
> 往来三晋厦，起坐梅山厅。
> 会海诚浩渺，文山自嶙峋。
> 同志安其乐，年年雨露新。

这首诗，外地人看了，或许不觉得什么，太原人看了，趣味就出来了。唐明饭——唐明饭店，迎泽宾——迎泽宾馆，三晋厦——三晋大厦，梅山厅——省政府里的会议厅，都是文山会海，宾朋聚会的地方。有首《马年赞·壬午元日》明明是赞，也别有滋味在里头：

> 岁纪常逢马，憾无伯乐年。
> 汉皇求龙种，来自渥洼泉。
> 深厌拍髀股，不耐羽鞍羁。
> 腾跃本天性，谁能得挽牵？

还有一首《咏李白戏作·一九九一年夏》：

> 李白斗酒诗百篇，醉卧长安酒吧间。
> 皇上请他他不去，矫揉造作装神仙。

大任说，你要这么看，说到"装神仙"，还有更妙的。有首写耳聋的诗，仿《西江月》体，共四首，我给你背一下：

> 任尔南腔北调，不烦暮鼓晨钟，
> 天塌下来寂无闻，我自岿然不动。
>
> 有人闻雷掩耳，有人掩耳盗铃，
> 我有双耳失功能，只能架设眼镜。

> 不听背后笑骂，无须当面奉承，
> 人生贵有自知明，毁誉无足轻重。

> 苏张巧言游说，漫谈合纵连横，
> 寡人塞耳不收听，空见嘴皮磨损。

这首诗是赠友人的，题为《聋友》，亦可视为"耳聋之友"。两个人耳朵都不好，以此相勉。实则张先生的情况要特殊些，不可作寻常聋友视之。前些年就有耳鸣之疾，可知耳朵不太好，但这只是在耳鸣之际，耳鸣一旦消失，又是正常人的听力了。但这也不妨碍他会装聋作哑，作哑太难，主要是没人信，装聋对一个八九十岁的老人来说，则无人不信，于是"吾道行矣"。有那些言语粗鄙的人，来到张宅，任其高声粗口，侃侃不休，他老先生只作老僧入定状，眼皮下苦，一动不动，不待咳嗽一声，放言高论者便泄了气——原来张先生是聋子呀，那还谈什么，走人。客人一走，此老又复如常人矣。此诗不妨当作张先生的一种处世的态度看。

张先生突然问，你们在说我吗？

大任大笑，看看看，说着就来了。

张先生说，我看见你嘴皮呼嗒呼嗒，像是在说"空见嘴皮磨损"。

大任不在乎，说有次他亲眼见了，张先生就是用这个办法对付不耐其烦的访客，他在旁边，见张先生不光老僧入定，还念念有词，来人的惊异可想而知，以为此老不光聋，或许还痴。来人走后，他问张老，刚才嘴里念什么，该不是什么咒语吧，你猜他老人家是怎么说的，说他把范仲淹的《岳阳楼记》背了两遍了。心里在想，背上三遍看他们还走不走。正打算背第三遍，眼皮一撩，走了。这法儿怪灵的。

我说，前面说了《马年赞》，还有一首《兔年咏兔》，写在一个盘子上。大任说，那首不算稀奇，张先生有首诗写他家的花猫，信手拈来，最有味儿，真是宅心仁厚啊。这首诗我看过一遍就记住了，你听：

> 吾家花狸猛于虎，上仰苍鹰下逼鼠。
> 惟有潜德善睦邻，能与鸡雏交相处。

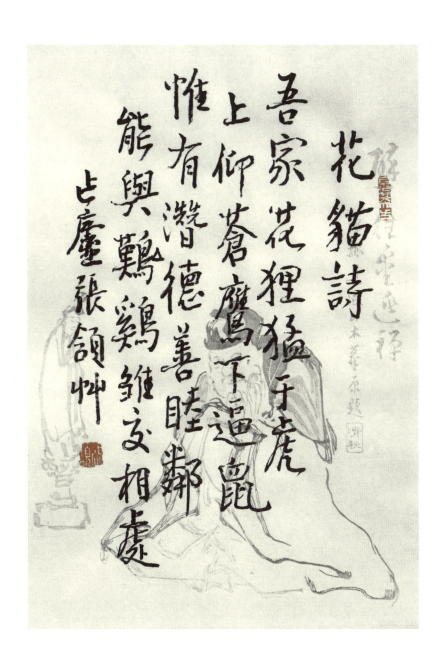

花貓詩

吾家花狸猛于虎
上仰蒼鷹下逼鼠
惟有潛德善睦鄰
能與鸂鶒雛支相處

占廬張頷艸

张颔《花猫》诗稿

正说着，张先生起身朝外走去，想来又是"善于小便耳"，我跟大任都没理会，继续说下去。大任说，张先生的一些对联，意味甚深，有副《自题》是这样的：

笔墨不求缙绅喜，声名毋得狗监知。

还有一副《自拟联》，最见张老做人的境界：

深知自己没油水，不给他人添麻烦。

我说，我这小本子上还抄了一首《自作诗》，亦见其心性：

平生多幼稚，老大更糊涂；
常爱泼冷水，惯提不开壶。

大任说，还有副长联，最见智慧，叫《戏作长联》，前面还有序："观邓石如楷书长联，有左传文、马迁史之句，因仿马迁史句，拟长联一幅，平仄虽不工整，但趣味在焉。"联语是：

马迁史，葛亮表，阳询帖，希金诗，迟恭槊，破仑战刀，尔基小说，汇中外古今，文事武备，遮罗满室。
根廷肉，拿大麦，拉克枣，律宾椰，洛哥桔，尼斯橄榄，哥拉甘蔗，选东西南北，佳肴美味，吃遍全球。

张先生回来了，手里拿着一个相框，坐下放在桌子上，往我这边推推，说你看看。看去是他与夫人的合影，其时年龄当在七十岁多些。大任要说什么，张先生朝他眨眨眼，大任说，韩石山你看吧。

我说，这是张先生跟雨湖夫人的合影呀。

大任说，你再看，看下面的题词。

下面工工整整地写着：张和尚结婚五十周年。

我笑了，说有意思，和尚结婚，可张先生没剃光头呀。

大任忍不住了，你呀，还是没看出来。张、和、尚，明白了吧！

癸未夏日八十三叟張頷為小榮兄寫

臨鄭哀成叔鼎錄銘文

郑哀叔鼎四条屏

我一下解过来了，轻轻惊叫一声，妙呀，是说张颔和尚雨湖结婚五十周年。

张先生嘀嘀一笑，说这是一九九四年，两人金婚纪念，孩子们撺掇他们照的，回来孩子们说该写上字，他提笔就写了这么一句，把孩子们都逗笑了。

我说，有些谐趣的诗文，朋友们见了不以为然，认为张老这么大年纪了，不该写这些，可说是老而不尊。我以前也这样认为，现在我不这样看了。才情在肚子里，也像一池春水一样，不会老是波平如镜，也会水波荡漾，从喉咙里溢了出来。衣服里的锥子会从兜里冒出尖儿，肚子里的才华会从嘴上冒出来，嘴损的人，没有不聪明的。

夏天访谈时，说到"文革"后张先生诗风的变化，我曾说过，脱了头巾气，多了诙谐气，讽世讥人和自嘲，这三类我最喜欢。前面说的，多是讽世和自嘲，没说到讥人的，那也真是一绝。我记得有副对联是："生编故典招摇撞，妄自吹擂恬不知。"上款是"为胡八先生拟联"。胡八者，胡诌八扯也。这副对联，妙在上联末尾隐去了一个"骗"字，下联末尾隐去了一个"耻"字。恐怕张先生的朋友里，就有"胡八先生"一类的人吧！

说到这儿，看了张先生一眼，他还是那样笑嘻嘻地听着，没有一点的愠色。我接着说下去，张先生还有首诗叫《读傅山全书》。山西学界，谁都知道这么重要的一套书，封面上竟将傅字写成了傳字，可说是个不小的笑话。张先生，你说说那首诗是怎么写的。

张先生点点头，背了出来：

编书不审専与専，漫把傅山作傳山。
堕驴诗老差何拟？更以陈搏代陈搏。

大任说，有人听说了，就把这首诗传给编书的人，据说编书的人很生气，说平日对张先生很是敬重，没想到张先生会这样写诗挖苦他。我听了，觉得没有这么严重，对张先生来说，他只是觉得这件事有趣，脑子一转，诗就来了，根本没有想到这是在贬损谁。还有一件事，我是听人说的。大约上世纪八十年代，有个日本书法团体来太原访问，一位书法家朋友刻了一方印，送给一位日本人，印文是"君再来"。有人跟张先生说起此事，问此印如何，张先生一听，说少刻了一个字，问的人甚是惊奇，问少刻了什么字，张先生说，若加个"太"字就好了。问的人不由大笑。像这样的事，你说他是有意贬损同道吗？我看，他连想都没有往那儿想，只是觉得说上这么一句有趣，大家听了哈哈一笑就行了。若是追究什么动机，那就是杀鹤焚琴，大煞风景了。

张先生插言，降大（他平日不叫大任而叫降大）这话，最是精辟，可惜我的朋友们，没有这个认识，总是动不动就说我嘴损，爱糟蹋人。实际上真是像降大说的，我连想都没有往那儿想。再说句难听的话，我脑子里就没有这么个人，只有眼下的事儿。说过撂过，从不往心里搁。

大任说，别说这个了，你这么大年纪了，当下说就说了，过后别再掂量，越掂量心里越麻烦。

我知道，大任平日也因话语而受人非议，定然对此多有感慨。

大任又说，韩石山，你可不知道，张先生有篇小文章，我看是天下最短的妙文，放到《世说新语》里一点也不逊色。叫《扑蝇记》，我背背：

有青蝇止于斋壁，余以拍扑之，蝇逸去。坐甫定，蝇复至。余急扑，复逸。如是者三，蝇终逸焉。

妻曰：拍破败，奈何！儿曰：老手迟掫，胡怨乎拍？余曰：皆非也，顾今营营辈特狡狯耳。

你说，这才多少个字。我记得数过，六十五个字，一波三折，极尽转折回荡之妙，而鞭挞之力，无异于锥刺刀剜。

我说，张先生作何感想，在这上头，大任学长可是不折不扣的阐释大家。张先生的才情，经你一阐释，其精妙与深奥全出来了。

张先生笑着说，今天这是怎么啦，此地无朱砂，红土大涨价。

我说，这话说得好，与"山中无老虎，猴子称大王"相比，雅俗之别立判。

今天下午谈得最是热烈，不知不觉，天色向晚。大任还要再坐一会儿，我先走了。

# 三八  笔墨不求缙绅喜 | 12月24日 星期三

多日未去，今天去了，薛国喜先生也在。这些日子，国喜正在为张先生编一本书法集。有几次我去访谈，国喜都在另一个房间忙着。张先生平日不收藏自己的书法，要么写了送人，要么有人求了才写，要编书法集，需找收藏者拍照。好在国喜是个勤快人，半年时间，已收集（拍照）到好几十幅。连上孩子们家里保存的，将近百幅，全是缩小后的复印件，装订成一个大本子。据说另有什么翻转片。

我的访谈，实际上没有什么计划，只能说有个目标，晃晃悠悠地朝前走着就行了。已到后期，多是拾缺补遗，就更没有规矩。书法，原先曾有涉及，未拟专作谈叙，知道国喜已做了这么厚实的准备工作，见猎心喜又见机行事，遂决定，今天就谈谈书法吧。

这段时间常看张先生的书法作品，翻着装订成册的《张颔书法集》，还是有种震惊的感觉。接下来便问了个有些愚蠢的问题。

韩：你曾有自题联"笔墨不求缙绅喜，声名毋得狗监知"，笔墨二字，我过去理解是文字，就是你写的文章，现在看来还应当包括书法，二者的分量，是文章重呢？还是书法重呢？

张：我从来不认为自己是书法家，不管别人说我的字再好，我看重的还是文字的内容。只能说，我的字还行，写下的这些话，别人也爱见。我没有写过一幅，字连起来没有意思的书法。若不重内容，光说字好，只管写字，不问意思，那还叫书法吗？我说"笔墨不求缙绅喜"，不是说我的考证文章，也不是说我那些讽世文字。考证文章，缙绅没有几个能懂，求他们喜也不会喜。讽世文章，本来就是刺人家的，人家不反感，就是好样的了，怎么还能要人家喜欢呢。所谓的不求缙绅喜，我的本意不过是，凡有所作，都要秉笔直书，不以缙绅们的喜恶为意。这样一说，也就无所谓文章与书法了。

韩：还是张先生说的全面。据我所知，你的字，不光普通文化人喜欢，缙绅们也同样喜欢，不懂字的，也愿意喜欢收藏上几幅。为啥，估摸着将来能卖出大价钱。因此上，我同意你的看法，"笔墨不求缙绅喜"，说的还是你为文处世的品格。不是故意不让他们喜欢，是压根就没有想到他们喜欢还是不喜欢。这么一说，笔墨也就包含了书法。

张：从字面上说，笔墨更近于书法，文章反而是指代。

韩：承认是书法家不是书法家是一回事，字的好不好是另一回事，分开来看，你觉得你的字怎么样？

张：没有错字。

韩：又开玩笑了。

张：不是开玩笑。好多写篆字的名家，不敢说错字连篇，时有所见还是敢说的。我自信没有错字。有些字，别人可能不以为然，那是他看书少，不知道古籀之法。再就是，功力还是有的。董其昌嘲讽赵孟頫的字是"千字一面"，那是从变化上说的，若从功力上说，又是值得称道的了。我的字，不说千字一面了，百字一面总还做到了，要不不敢手抄《古币文编》付印。这主要得力于临帖的功夫，小时候主要临柳公权的《玄秘塔》，欧阳询的《九成宫》，长大后下功夫最多的还是《黄庭经》。

韩：你这一说，我就明白了。你的《古币文编》书稿，确实能看出是《黄庭经》底子。那时你六十多岁，全书誊抄，一律正楷又略带行意，墨饱笔润，字字珠玑，编成字帖，不在唐人之下。

张：你过奖了。我的功夫，不在少年，也不在中年，而在平时。你忘了我还有一副联语，叫"爱写毛笔字，喜翻线装书"，一辈子翻线装书翻不出名堂，一辈子爱写毛笔字，要是不笨的话，还是能写出点名堂的。

韩：你这话真是说对了，不管做什么，都得有个大前提，就是"还不笨"，没有这一条，什么都难以成立。你不是不笨，而是聪慧过人，又是性之所好，当然会有大名堂。我注意到，你在一些联语里，说到自己，常自我调侃，让人看了又顿生敬意。比如这样一联："终日临池涂鬼箓，

筆墨難爲縉紳喜

聲名不求狗監通

张颔自拟联："笔墨难为缙绅喜 声名不求狗监通"

随时到处出虚恭。"也许你是说别人，可我觉得这是自嘲，有意思。最显著的该是这首《汾浒宿舍铭》：

> 斗室三间，混沌一片，
> 锅碗瓢盆，油盐米面，
> 断简残篇，纸墨笔砚。
> 闭门扫轨，乐居无倦，
> 主人谁何，淳于曼倩。
> 金紫文章，蒙不筱辩。

锅碗瓢盆，油盐米面，是生活；断简残篇，纸墨笔砚，是平生事业，也是人生乐趣。只是我不明白，明明是说你，怎么又是"主人谁何，淳于曼倩"，还有"蒙不筱辩"的准确意思是什么？

张：你的理解是对的。此中有典故。淳于曼倩，是两个人，淳于是淳于髡，曼倩是东方曼倩，都是《史记》上归在《滑稽列传》上的人物，有些小聪明，不为世所重用。我这也是类比不当吧。蒙不筱辩，是说对那些达官贵人的"金紫文章"，不敢也不屑于多置一词。蒙是我的意思。"纸墨笔砚"，确实是我一生最大的兴趣所在。

国喜插话说，张先生的书法，省内不说了，在国内都是有声誉的。这次他编张老的书法集，专门请冯其庸先生写了序，问我要看看吗。我说，能请动冯先生，真也难为你了。国喜说，冯先生先前与张先生没有交往，先写信联系，冯先生一听给张先生的书写序，立马就答应了。冯先生同意后，他才寄去复印好的书稿。不到二十天，冯先生的序就写起寄了过来。说着，将冯先生的书序递给我。

我认真地看起来。

文中先说了他的一个看法，"要谈张颔老的书法，必须首先谈他的学术"。接下来，对张先生在《侯马盟书》《古币文编》及古史研究等方面的学术成就，做了一番概括性的叙述。也有具体的例证，比如对《秦诅楚文》的考订和临摹，就说得很细。然后说，只有了解了张颔在学术上的巨大成就，才可以来谈他书法的成就和特色。他是一位具有杰出成就的学人，学人是他的本色。也正是因此，他的书法不入"时流"，也无半点媚俗之气，甚至他只用来自娱而不求人知。有一件书法说："平生多幼稚，老大更胡涂。常爱泼冷水，惯提不开壶。"于此可知，张老是一位淡于名利，品格高尚，不喜欢张扬，可以说是隐于市，隐于学的人。他连自己的学问都不愿多加张扬，更何况于他的书法。所以他从来不承认自己是书法家，更不会以书法骄人。这是张老做人的特点，也是他个性的天然呈露，恰恰是这些，形成了他的个性特点，从而也形成了他书法的个性特色。对张颔书写的古篆文，冯先生最是佩服：

　　书如其人。张老是古文字专家，古史专家，考古专家，由于他的专业，也使他的书法呈现了与众不同的特色。他的学术传世之作是《侯马盟书》及精研古器物、古史的文章，他写的这一类的古篆文，直接逼近原物，可说下真迹一等。他有一些摹写在原石上的作品，几乎可以乱真……张颔老所写的这类古篆，其用笔之圆熟流利，结体之繁复而又端秀，令人越看越爱看，越看越有内涵。

　　对张先生书法选用的词句，冯先生也很佩服，说张颔的书法中蕴含着文化、历史、文采。这与有些专业书法家临写古篆、汉隶或楷行，只是照帖摹写，依样画葫芦，没有自己的文采者完全不一样。特别是张老写的那首《獠戈之歌》，使人想到了韩愈的《石鼓歌》和苏轼的《石鼓歌》，真是可以说先后辉映。还有那副对联："三千余年上下古，七十二家文字奇。"此联三处用合文，使人觉得古意盎然，别开生面，为以往对联所仅见。别种书体，也都脱俗耐看，别具新意。最后综合以上各点，对张颔的书法作了高度的概括，说是："学人之书，格高韵古。"

　　看罢，我惊叹道：真是一篇洋洋洒洒的"张颔书法精论"！

　　张：过誉，过誉。

　　韩：你这人呀，人前说话什么时候都是这个腔调，可是，无意间写个什么，一下子又把自己的真实心态暴露无遗。

　　张：有那么严重吗？

　　韩：且看这副《自拟联》："勒字于金著文于石，星辰在掌易象在胸。"这像一个谦虚谨慎的人说的话吗？曹孟德横槊赋诗，也不过尔尔。

张：老夫狂悖，低头认罪。

韩：大可不必，不是不该，是这样的袒露心迹的联语太多了，真要件件认罪，就认不过来了。

张：还有？

韩：我记得有副《戏作联》，是这样写的："黾鼓传声薄言吟咏，鰂胸放墨得势挥毫。"你不会说不是你的吧？这是把写字的得意心态，拿乌贼鱼的放墨作比了。

张：一不小心，就露出了狐狸尾巴。

薛：这是真性情的流露。

韩：国喜，我以为，还是冯其庸先生的见识要高人一筹。他谈张先生的书法，先谈学问，后谈书法，同样是书法，他注意到文字与书法的一体性。确乎如此，比如张先生的书法作品《僚戈之歌》，只有配上《僚戈之歌》这首诗的内容，才是一幅完整的艺术品。

薛：我整理张先生的诗文集时，有篇《新田序》，张先生说，这篇序是你让他写的，是怎么回事？

韩：说来惭愧，这篇《序》还真与我有点关系。序是古代文体之一种，多用于感怀叙事，不像现在专指书前的序文。我上学的时候，中学课本上选过柳宗元的《送薛存义序》，就是一篇感怀赠人的文章。

张先生有这么一篇作品，可说是我的功劳，也可说是我的罪过。你注意到了吗，这篇文章写于二○○四年五月，大概是四月间，省委宣传部的逄哲锋先生找见我，问我能不能为侯马市的新田广场写篇赋。他那时是宣传部文化事业处的处长，侯马市第二年要办个文化节，他参与其事。为了迎接这个文化节，侯马市新修了个广场，很阔气，想在广场前树一石碑或是石墙，上面镌刻一篇《侯马赋》。所以找到我，或许因为我们是老乡，他估计我写得了。我说，我不懂音韵，寻常文章写得了，赋是不敢写的。他问我省里的作家学者，谁能写得了。我说，一是张颔先生，二是降大任先生，都是高手。最恰当的人选，是张颔先生，侯马是盟书的出土地，他又是古史专家，写这样一篇赋，人与文俱佳。

哲锋先生听信了我的话，我们一起来家里拜访了张先生。张先生起

1983 年 9 月，与饶宗颐先生在香港中文大学。

初不同意，在我劝说下欣然允诺。我们说了交稿的时间，就在下个月。哲锋先生办事很认真，出来之后还跟我说了拟付报酬的数额。

我以为这样做了，我的事就完了。过了很久，有次来张先生家闲坐，问起此事，张先生说他的《新田序》早就写成了，也取走了。转眼到了第二年春天，有次见了哲锋先生，我问张先生的文章可用了，哲锋先生有点不好意思，说他将文章给了侯马方面，那边没用，另找人写了。我说，用不用是那边的事，对张先生这边应当有个交待，该付的报酬还是要付的。问该付多少，我说了个比先前低的数字，哲锋先生说，还是按原先说的付吧，这事他来办，过后我再也没有问。第二年的侯马文化节，我去了，车过广场，看见前面的矮墙上像是有一篇文字，想来该是另找人写的《侯马赋》。开会就在广场上，我也没过去看。因此我敢断定，张先生的这篇文章，报酬是得了，文章怕没有发表过。国喜你说，这是不是我的功劳，同时是不是我的罪过？

薛：这篇文章写得太好了。可说是一篇简略的晋国史。也很得体，历数晋国的重要史实，让后人借鉴过往，明察兴衰之道。对于今天有赞颂，也有寄望。"唯今侯马，创建都市。地覆天翻，昨非今是。与时俱进，人民福祉"，说得多好。

韩：你会问，这样好的一篇文章，为什么不用呢？过后我也想过，张先生的这种写法，怕还是不合现今领导者的口味，赞颂之辞少了，警戒之辞又太多了。为政者要的是对政绩颂扬，你却在教他们兴衰之道，这不是想到两岔里去了吗？宜乎其笔墨，不为缙绅所喜也。或许我这不过是猜测，究竟还有什么堂皇的理由，就不得而知了。反正事情的结果是，老先生费了气力写下这么一篇好文章，没有派上用场。

张先生在一旁听了说，哲锋这个年轻人还不错，不必责怪他们了。哲锋过后还给我送一笔稿费，没用了也给，让我羞愧。不管怎么说，总是留下了这么一篇文章。我一直想写晋国史，这就算是我的晋国史纲吧。

话题又回到国喜编的《张颔书法集》上。国喜说，他还请林鹏先生写了篇跋，韩先生也看看。我接过一看，林先生的跋是用毛笔写的，不光对张先生的为人为学做出一通迥异时贤的评价，也充分显现了林老放言高论、气势磅礴的真性情。国喜真是个会做事的人，正文之前，还请姚奠中先生写了一篇类似赞辞的东西，是这样几句：

作庐先生，有道之士，正直谦逊，迥异时贤。其学辨精邃古，沉潜金石；其书笔笔遒劲，尽篆籀之妙；其诗联韵语，幽默诙谐，戛戛独造；其长歌古朴恣肆，直追昌黎。凡此种种，难于殚述。而蚁画刺世，借题发挥，令人绝倒，于此余惟心折而已。

扭头看了张先生一眼，似乎正在等着我的评述。我说，冯先生与姚先生两篇合在一起，恰是一篇《张颔碑传》，冯先生的长文相当于"传"，姚先生的短文相当于"铭"。现在就差一个"篆额"，篆额是要篆书写的，你是篆书高手，那只能是你自己写了，写什么呢？就写"亚似圣人"如何？

张先生嗬嗬笑了，连声说，国喜国喜，你把韩先生来之前，我们玩的那个小戏法给韩先生做做。国喜一时想不起来，张先生故作不满地说，就是"圣人"嘛。国喜是个腼腆的年轻人，听明白了，大概是觉得不太妥当，忸忸怩怩不愿意做，说他忘了，还是张先生自己做吧。张先生看出国喜的心思，一忽儿像是也不想做了，实在架不住自己的小得意，稍一愣怔，还是做了起来。扯过一张纸，在上面写了"圣人"二字，稍大点，其中圣为繁体，看去便是："聖人"。先举起这张写了字的纸，又扯过一张没写字的纸。

"看清了吗？"

"嗯。"怕上当，我轻轻地应了一声。

"再看。"张先生说着，将那张没写字的纸移过来，挡在前一张纸上，也不全挡，只挡住了一半。"是什么字？"

我没在意，说半个"聖人"呀。国喜在一旁提醒我，说韩老师你仔细看看。定睛一看，笑得我差点岔了气，方才横写的"聖人"二字，叫挡住了一半，成了"王八"二字。

张先生不无得意地说：什么都能当，千万不能当圣人，圣人就是王八，至少一半是王八。

我岔开话题说，冯先生这个人，我见过，学问很好，感觉有几分清高。看他的文章，对张先生如此青眼有加，是想不到的。

国喜说，你没有亲自听冯先生谈张先生，那是真心佩服，绝非虚与委蛇。说这些年，老成凋谢，在北京都难以找到可与张先生相匹配的学问家了。多次说过，张先生是国宝，山西要好好珍惜。还说他要给上头打报告，重视张先生这样的老学者。韩先生什么时候见了省上的领导，也给说说。

我说，倒是常见，只怕说不成话。

国喜说，韩先生说话还是有分量的。

我说，好吧，今天晚上播山西新闻时，他们谁出来了，我在下面说说，看他们能不能听见。

国喜说，韩先生又说笑话了。

我说，像我这样的人，也只是说说笑话而已。张先生写过一副对联，是自况也是况人。联语："信以为真常受骗，能不介意自宽舒。"要宽舒，就得不介意。不光是对自己不介意，还包括对大大小小的领导。

张先生听见了，笑着说，千万别惊动什么大领导，一惊动就难得清净了。你们忘了我的对联：知道自己没油水，不给他人添麻烦。到了这把年纪，麻烦是最忌讳的，不给别人添麻烦，实际上就是不给自己添麻烦。千好万好，省心最好。文物局和考古所的领导对我很好，有这一条什么都有了。

我和国喜相视一笑，这个岔打得好。

我说，你这副对联是过去写的，对照的是过去的情况，时移世易，风水流转，现在该改一下了，应当改成：知道自己有油水，奈何他人嫌麻烦。

张先生笑了，说，石山，你这张嘴，比我还损。

我说，该捆，该捆。

# 三九 走进"大家"

· ·

　　来之前通电话，保姆说张老身体还好，问过才回复我的，来了之后，发觉精神不太好，说是近日耳鸣的毛病又犯了。谈了一会儿，说要歇歇。

　　既然来了，就该有所收获。墙上有一些字画，很有意思，原说要抄的，何不趁此机会抄下来？

　　书桌靠里，也就是他身体的右侧，是一幅《梼杌图诗》。画面上阎王居中，周遭几个小鬼，身上都标有名字，各呈丑态。旁边是一首诗：

　　阎罗殿堂，阴风凄厉。
　　鬼怪妖魔，群聚族类。
　　作威作福，为灾为祟。
　　权操生死，钱通天地。
　　蠹蚀家国，事牵兴替。
　　图此梼杌，警鉴阳世。

　　图是张先生画的，诗是张先生作的，也是张先生写上去的。从我认识张先生以来，少说有二十年了，墙上照片与字幅，每隔几年都会更换一两幅，多少年下来，差不多更换完了，独有这幅《梼杌图诗》一直岿然不动地挂在墙上，且占据一个极为醒目的位置，总是有什么特别的意义吧。心里这么想过，从来没有问过。只怕一问，得到的是一个平庸的答案让我泄气，比如说此乃镇宅之需，或是一个更为沉重的答案，让我难以面对，比如说以此暗示阳间。这样一个智者，在自己的座右（真的是座右）挂了这样一幅近似漫画的画幅，总是有他的考虑，还是不问的好。要搞清的是"梼杌"为何方神仙。

待张先生神态转为正常（耳鸣起来，神态上能看出），我提出自己的疑问。张先生以背书的口气说：《左传》文公十八年，"颛顼有不才子，不可教训，不知诂言，告之则顽，舍之则嚚，傲狠明德，以乱天常，天下之民，谓之梼杌。"这个恶人，死后最终演化成上古著名的魔兽，《神异经·西荒经》上说："西方荒中，有兽焉，其状如虎而犬毛，长二尺，人面，虎足，猪口牙，尾长一丈八尺，搅乱荒中，名梼杌。"传说梼杌是鲧死后的怨气所化。后来"梼杌"用来专指恶神或是恶人。

我忽然想起，今天张先生精神不好，前些日子我曾让他找找中央电视台出的《大家》杂志，若找见了，今天看看岂不正好。问起此事，张先生说，国喜给找见了，就在手边。说罢指指靠东墙条几上的一叠杂志，说在里面，让我自己找。

不用翻，就在最上面。封面上，一幅张颔先生的头像。

《大家》栏目组来太原拍摄张颔的专题，起初我就知道，时间当在二〇〇五年冬天。具体哪天，记不清了，当时我还在《山西文学》编辑部上班，那些天正在整理张先生的《长甘诗存》，全部录入，选几首刊用。一天忽然接到一个电话，说他们是央视《大家》栏目组的，正在张先生家里做拍摄前的准备工作。张先生说他有一部诗稿在我手里，已经整理出来了，他们想用一下整理出来的本子，问我能不能送来。还说他是复旦大学张新颖教授的学生，问我与张教授有没有交往。我说久闻张教授大名，至今还无缘相识。

这样重要的事，怎敢耽搁。当天下午便将张先生的《长甘诗存》原稿，和我整理出的本子送去了。原以为会见到这个栏目组的主持人曲向东先生。去的不是时候，曲先生不在，打电话的男生也不在，只有两个年轻人，一男一女在安置灯光，给我的感觉像是在搞一个小型的演出。那个女孩子，转着圈地打量着张先生的书房，直感叹怎么会这么小。拍摄在北边的小书房进行，也就十平方米大小。所以选择北边的书房而不选择南边稍大点的卧室，据说是看中了那一对木制沙发。

其时我不知道央视还出版一本《大家》杂志，将他们拍摄了的"大家"，再变成文字稿在上面刊登。想到这是山西第一个走进《大家》的人物，我们的刊物也应当有所体现，便给那个张新颖的学生留了封信，

二〇〇五年十一月接受央视《大家》栏目主持人专访

写了满满一页，意思是请他在拍摄之后，为我们写个"拍摄记"一类的稿子，怕他嫌地方小刊稿酬低不肯费这个心，还特意说"若肯屈尊写出，稿费定会从优寄奉"。后来自然没有音信。再后来我在书店见到以书代刊的《大家》，上面有"拍摄散记"一类的文章，直笑自己当初怎么会那样敬业而又那样愚蠢。

简单翻了翻，知道收入《大家》杂志的文章，远不如央视播出的《大家》节目细致动人，比如节目上有张颔背诵"封神榜"的镜头，而杂志上因为无法表现就舍弃了。不过，曲向东先生的风度，还有那循循善诱的主持风格，还是较为完美地体现出来了。前面是开场白，接下来全文以解说与访谈交错进行。开场白和解说词都很精彩，可以看出编导和主持人，都下了大力气。开场白里说：

今天我们要面对的大家是著名古文字学家张颔先生。一九八六年十一月，中央电视台一个报道说，山西省阳曲县发现一块古代四字匾额，这四个字在山西无人能识，并诚邀全国有识之人前来辨认。当时张颔在上海出差，回到山西之后他立即赶往阳曲，当即不仅把这四个字认出，而且还将这块匾额的来龙去脉解释得一清二楚，这件事在当年的山西省曾轰动一时。

且看一段解说词：

当时张颔是山西省文物工作委员会副主任兼侯马考古队队长。这篇发表在当年《文物》杂志上的文章，虽然仅仅是一篇简单的介绍性文字，但是这个重大发现在当时乏善可陈的考古界引起了巨大轰动。这篇文章还吸引了一位重要人物的注意。

再看接下来的这段访谈：

张颔：王冶秋同志拿给郭沫若同志，他看了以后，说他要写一篇文章，他写的是《侯马盟书试探》。郭老说，张颔和其他同志们的努力是大有贡献的。

1986 年 9 月，张颔与高明（右一）、李学勤（右二）、裘锡圭（左二）等先生在一起。

张颔：他提出他认识盟誓，所以盟书这个名称是由郭老提出来的。

主持人：一个是您在看到这些字的时候，您当时能认出多少字，大概比例？

张颔：那个比例就不少了。所以这个郭老的文章都是在我记述下来，他才写。

主持人：那当时郭老是看到您认出来的这个字之后做的判断？

张颔：是的。

主持人：其实这个字您认出来，但是您当时没有把它判断成盟书？

张颔：对，就是这一点。

主持人：您觉得是祭文？

张颔：跟祭祀有关系。

主持人：那当时您看到郭老的这篇《侯马盟书试探》，看到之后您当时的判断怎么样？

张颔：我感觉到的确是盟书。从这个对我的启发以后，根据盟誓的这个渠道从历史上进行考证。

应当说这次访谈是非常成功的。我的三弟在老家临猗县看到了这个节目，过后给我说，真没有想到张先生那么大年纪了，脑子那样清楚，说起话还带几分幽默。最有趣的是，访谈结束后，老先生站起身要走了，还轻声说：走资派还在走。

今天看这本杂志，我记住了一个日期，就是央视《大家》栏目首次播出张颔一辑的日期是：二〇〇五年十二月三十一日。

我问张先生，阳曲县发现的四个字是什么字？张先生说，他们闹的乌烟瘴气，真是小看了山西无人。我去了一看，就是"气生道成"四个字嘛。《管子·内业篇》就有的"气之精也，道乃生"之语。不过，这事儿到现在还没有完，还有人说是"易生道成"，易生道成，就讲不通嘛。辨认古文字，不能靠蒙，得言之有据，就是推论，也得符合逻辑嘛。

张颔先生是山西文化界走进大家的第一人。过了一段时间，才有版画家力群先生也上了《大家》，至今还未听说有第三人。可以说，是央视的《大家》栏目，让全国的普通观众，第一次听说了张颔这个名字。

我说，张先生这样的大家——

张先生说，快别这么说了，我不是早就说过嘛，哪是什么大家，五十九平方米（张先生现在的住房面积是这个数字）。

我说，这是你的风趣，实则，你还是很自负的。张先生说，就你说这样的话，谁不说我是个木讷人。我说，那是他们对你了解得不深，且看你这副《自拟联》："下笔通古籀，著文模商周。"直可说雄视古今了。

张先生说，一时感兴，语无伦次。你忘了我那首《八十七岁忝膺大家徽号有感》了。说着便背了出来：

小学文凭枯木材，身经恶煞意灰颓。
耄年坐获飞蝇誉，无补汾河搰搣堆。

按张先生自己的解释，飞蝇誉者，意外之誉也。"搰搣，读如"恶色"，古书上是垃圾堆的意思。此语山西有些地方仍用。

我说，两相参照，一正一反，才是全面的张先生。

今天张先生精神不好，不多说了，早早告辞离开。晚上翻看资料，见到张先生一副对联，最见大家气象：

流沙坠简考释三卷，侯马盟书类例五章。

附注：上联言罗王二堂巨著，下联配老朽拙著，但求对仗之偶合，敢避攀附之嫌。

张先生这副对联，不管下面的附注如何谦抑，实则是将他的盟书考证，与罗振玉、王国维二氏并列了。罗振玉号雪堂，王国维号观堂，他们的殷墟文字考释、流沙汉简考释，均为古文字学的开山之作。以一对二，以五敌三，可见其自命不凡。

我心里暗想，怕这才是张先生平日的自期与自许吧。

在阳光下若有所思

# 四十 陋室中，那尊青铜塑像 | 2009 年 1 月 23 日 星期五

　　前一天薛国喜来电话，问我忙不忙，若不忙，明天下午可否来张先生家一下，有件事会让你惊喜。我说不忙，一定去，三点吧。二十六日是春节，这些天忙忙乱乱，好久没去看望张先生了。

　　今天就是昨天说的明天，下午三时，准时去了。国喜已到。进了张先生惯常起坐的房间，国喜笑眯眯地问：你看这房间有什么跟往常不一样的地方吗？

　　环视一周，没发现什么不同。

　　国喜指指靠墙的条几，你看！

　　我一看，啊，这不是一尊青铜塑像嘛。往前凑凑，由不得赞叹，真像。不光形似，重要的是神似，那么庄重，那么慈祥，又那么睿智；似乎刚说罢一个有趣的小典故，别人都笑了，他只是微微地扯动一下嘴角。

　　是纪峰先生塑的吧。

　　国喜点头称是。

　　纪峰先生为张先生塑像的事，先前就听说过，只是没想到会这么快就完成。见我盯住看个不够，张先生说，底座是临时凑的，已经托人去晋宝斋订做，配个须弥座就好看了。

　　我对国喜说，这事儿你该记头功啊！

　　国喜说，还是冯其庸先生这个人好，敬重张先生的人品学问，才派纪峰先生来给张先生塑像。自从结识张先生之后，冯先生先后两次来过太原。冯先生曾给中华书局郑重建议，出版《张颔全集》，只是因为《侯马盟书》刚出版不久，才改为《张颔文集》。前不久中央组织部的一位领导去慰问冯先生，冯先生还专门给这位领导同志谈了张颔先生学问如

张颔青铜塑像

何好，该怎样礼遇才是。过后中组部这位领导，特意让中组部干部局发文到山西省委组织部，让关照张颔先生。不是前些日子山西省委组织部突然来人慰问，张先生还不知道是冯先生把他的事跟中组部说了呢。

我问国喜，这位操觚者纪峰先生是何许人也。国喜说，韩先生有所不知，此人乃当今京城里有名的青年雕塑家，是冯先生的弟子，也是韩美林的大弟子。据说一九九○年春天，纪峰来北京参加中央美院雕塑系的专业考试，得知韩美林老师就住在学院附近，便随朋友一起去拜访。韩美林是当今声名山响的大艺术家，纪峰并没有把这次拜访想得太复杂，作为一个学生，能去见一见已经很好了。他揣上自己捏的泥塑的小照片，期许得到一些指点。也许正是这份勇气和他作品中透露的灵气，让韩美林一见如故，留下了这个从未经过任何专业训练的年轻人。这次无心的"路过"，让纪峰一进京城，就踏入真正的艺术殿堂。在韩美林工作室一干就是八年，得到韩氏言传身教，技艺大有长进。在此期间，又拜冯先生为师，学习中国传统文化。现在企事业界、文化界，包括政界，求纪峰做雕像的不知有多少人，有的要排到两三年之后。一个青铜雕像，通常要三万到五万元。这次是冯先生亲自点的将，要他为张先生做一个雕像，费用全部免掉，连材料钱也不用张先生出。你没有见过此人，年纪不大，还不到四十岁呢。认识冯先生，真是张先生晚年一大幸事。

国喜说着递过一张宣纸，上面有他用毛笔写的字，说张先生让他将此事的前因后果写下来，将来放入雕像的内腔。

张先生在一旁说，这叫装藏。

我说，是该有这么一篇文字。接着又说了句很不得体的话，说过去寺庙里，给佛像肚子里装些东西，经卷呀什么的，就是装藏吧。见张先生嘿然无语，赶紧补了一句，有了这个，多少年之后就知道当初是怎么回事了。说罢看了起来——

世上的事，总是有因缘的，我与张颔先生的相识并有幸成为先生的学生，就是我一生最大的因缘和福份。先生正直谦逊，学识博赡，奖掖后学，淡泊名利，豁达乐观的无私胸怀，深深地感染和激励着我。先生君马黄，我戴笠，他日相逢下车揖；
君乘车，我戴笠，他日相逢下车揖；

丙戌冬日写越人谣句敬请
宽堂先生方家教正　张颔

张颔赠冯其庸《越人谣》书法

淡于世务，一心向学，着实令人感动。我也总想尽我的微薄之力，能为先生做点什么。先生是以研究古文字、考古名于世的，治学之余，常以诗词书画自娱，我深爱之，常被先生奇思妙想的文情妙趣所吸引。于是我准备为先生编一本诗词书画艺文集，资料搜集了一部分，趁先生健在，便想请位有名望的学者为此书写个序言，于是我便想到了著名学者冯其庸先生。电话联系后，冯先生爽快地答应了，随后我将张先生的有关资料给冯先生寄奉去。冯先生看过张先生的著作后，对张先生的为人、为学非常敬佩，于是两位老人就开始了深厚的交往。二〇〇六、二〇〇七年，冯先生曾两次专程来太原看望张先生，很令人感动。张先生也以东汉建初约束石卷拓片及《越人谣》书法答谢。张先生这尊青铜造像是二〇〇八年十月冯先生派其学生纪峰先生来太原为张先生制作的。青铜造像于二〇〇八年十二月份完工。制作形象逼真传神，张先生甚为满意、喜爱。特嘱我以记之。我想从中也能感受出两位耄耋学人的深厚友情吧。

公元二〇〇九年一月二十二日 学生薛国喜记于太原

看罢我问张先生，东汉建初约束石券拓片有何价值，为何以此相赠。

张先生说，东汉建初约束石券，是俗名，学名应是《侍廷里父老僤买田约束石券》。因为此约束是汉章帝建初二年（公元七十八年）订立的，出土后就叫成建初约束石卷。此文件在东汉田地制度史上，有极高的价值，一出土，就在史学界引起对东汉社会基层组织"弹"、"单"或"僤"的讨论。还有人认为，这只是一种冥间的土地买卖，没有现实意义。不管怎样，这个石卷是很有名的，不光是史学价值，书法上也有很高价值，是极为朴拙的一种汉隶。好多书家都认为是汉隶的精品，绝品，求一拓而难得。我的这幅拓片，是很早就拓下的，很完整也很清晰。冯先生对我这样够情义，我也不能小气了呀。这拓片的价值，冯先生是知道的，我送给他的时候，他连说受之有愧呢。

我又问，《越人谣》又是怎么回事，有何深奥的含义。我所以提出这样的问题，实在是在跟张先生接触的过程中，深知老辈学人，常有一些独特的为人处事的准则。张先生扯过一页纸，用钢笔写下《越人谣》：

君乘车我戴笠，他日相逢下车揖。
君担簦我跨马，他日相逢为君下。

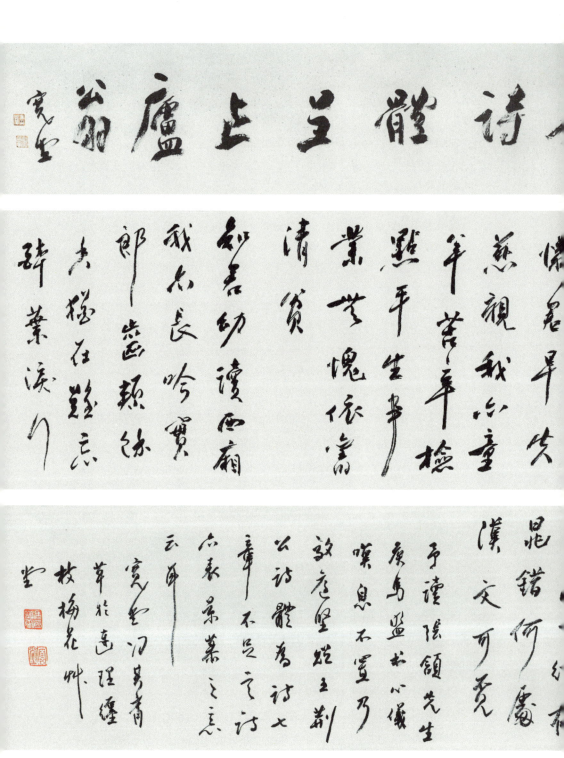

冯其庸先生赠张颔诗卷《效庭坚赠半山老人诗体呈作庐翁》

敬庵坚螟半山老

半世含狂雨
骤功成废岛
盟书□□阁
老翁功力
穿透千重
简疏

一篇陈喜鑱
谨思入精微
者冥辈世

一双凝九裹
翁索上蕊题
百重公匝书
山万仭我正
少□恭从
读公臣著艰
眠历法天文
洞宴学宅人
王之际身居
随室半
尘
读罗□□□□

接下来说，并无深义，浅义还是有的。我已望九之人，来日无多，难得冯其庸先生这样谬赏，奔走呼吁，赠诗揄扬。人都是有感情的，我为冯先生做不了什么，连感谢的话也没有多少意义。书赠《越人谣》，以志今世相知之感。

我说，张先生，怕有所不妥吧？

张先生警觉地问，有何不妥？

我说，你抄的是古诗，说是以志今世相知之感，但这首诗的本意，怕是对故人的一种许诺，说的是往后之事。前一句还说得过去，他发了，他乘车你戴笠，日后相逢他下车作揖。后一句就不妥了，说的是你发了，他担着篓，你跨着马，日后相逢为君下，下马不过是个礼节，太不够意思了，该是"他日相逢送君马"才对。

张先生笑了，说没人会像你这样理解的，我还以为真有什么不妥呢。

见我逗张先生笑得那么开心，国喜在一旁也笑了。笑罢指着墙上说，韩先生多日没来，这个大画轴还没见过吧。

定睛看去，果然墙上多了一个红木边框的大画轴。框内一行一行，是冯先生清秀劲健的行草字，共有诗作五首。题曰《效庭坚赠半山老人诗体呈作庐翁》。我正看着，一边看一边赞叹，那边国喜说，冯先生写给张先生的诗共有七首，这个画轴上只抄录了五首。冯先生做了这个大画轴，意犹未已，又用上好的宣纸，将七首诗写成手卷，还怕北京装裱不好，特意送到沈阳故宫的装裱店裱了。不久前他去北京看望冯先生，冯先生特意嘱托他带回送给张先生。一面对张先生说，拿出来让韩先生看看吧。说着自己动手从旁边的一个柜子里取出冯先生的礼品。

外表的包首是仿宋锦的花绫子，解开丝绦，徐徐展开。前面是引水，上面的诗名也是冯先生的手笔。再往后展，一首一首渐次显现出来七首诗依次为：

半世风狂雨骤，功成侯马盟书。
若问老翁功力，穿透千重简疏。

张颔与冯其庸先生交谈

一篇陈喜笺证，思入精微杳冥。
举世何人堪比，雨花只此一庭。

怜公早失慈亲，我亦童年苦辛。
检点平生事业，无愧依旧清贫。

知君幼读西厢，我亦长吟实郎。
齿颊馀香犹在，难忘醉叶泪行。

一双望九衰翁，案上难题百重。
公已书山万仞，我正步步景从。

读公巨著难眠，历法天文洞穿。
学究人天之际，身居陋室半廛。

读罢侯马盟书，如对伏生九十。
而今纵有晁错，何处汉文可觅。

末尾跋语："予读张颔先生《侯马盟书》，心仪叹息不置，乃效庭坚赠王荆公诗体为诗七章，不足言诗，亦表景慕之意云耳。宽堂冯其庸草于连理缠枝梅花草堂。"

看罢我连连赞叹，这哪是仅"亦表景慕之意云耳"，分明是有意制造一段历史佳话，给后世留一件珍贵历史文物嘛。

对我的这种夸张的，略含讽意的赞颂，张先生报以开心的微笑，这正是我要的效果。

对冯先生我还是有所了解的。一九八〇年我在北京文学讲习所学习时，曾听过他的课，讲的是《红楼梦》庚辰本在红学研究上的意义，还讲了曹雪芹的身世，其祖上怎样从辽宁铁岭，搬迁到河北丰润。其时冯先生不过五十多岁，还是中国人民大学的教授，后来冯先生的学术建树，就不是我所能领略的了；一诗一画，都会引起响动，巍巍然有国学大师之称。

冯张交往中，我对冯先生最为敬佩的，是他对张先生的赏识与敬重。以世俗的声誉说，冯先生要高于张先生。即以年齿论，冯一九二四年生人，小张先生四岁，对于奔九十的人来说，这是个可以忽略不计的数字，说个"年相若"就可以抹平。然而，就是这样的年相若、术业也相若的当代著名学人，对一个远离京华，地处山右的学人，能表示这样真诚的敬意，若在古代，或许是平常之事，在当今之世，是多么的罕见又多么的珍贵。说是学术史上的佳话，实在是轻了些。

看罢手卷，又欣赏起那尊塑像。

我对张先生说，这尊铜像，不光铭记了你的丰功伟业，也见证了上辈学人的高尚情怀，只是你这房间太小了，放在这儿委屈了它。

张先生说，唉，能有这么个住处，也该知足了。说着又吟起他那副《自拟联》：

北斗南箕虚名无实，残篇断简遇合有缘。

我说，君已心如止水，谁能兴起波澜，幸有北京瓜饭，而今可以大啖。我这首六言诗也不错吧。瓜饭？冯先生的书斋不是叫瓜饭楼吗？这世上，最该珍惜的，也就是"遇合有缘"四字。你跟侯马盟书是遇合有缘，跟冯先生的相识相知，也是遇合有缘。

张先生说，与石山君也是遇合有缘啊。

我说，小子何幸，享此殊荣！

天色已晚，问国喜走不走，国喜说还想再坐坐，我道声再见，独自离开张府。走在路上，冷风飕飕，寒气袭人，想到再过两三天，就是旧历的春节，我对张先生的访谈，虽说一年多点，论年头却有三个了。

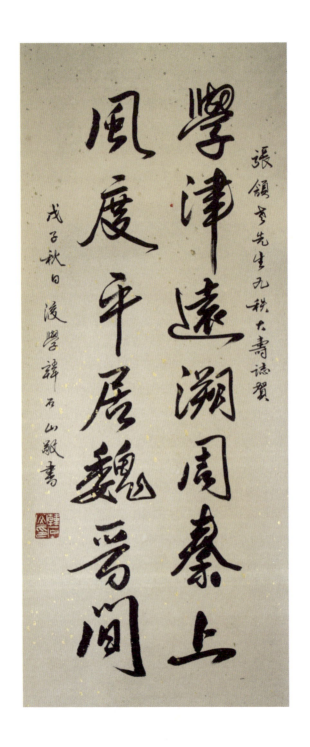

韩石山先生书联：学津远溯周秦上，风度平居魏晋间。

# 尾声 九秩雅集 2009 年 11 月 23 日 星期一

　　前些日子聚会时，林鹏先生说过，省文物局、考古所给张颔先生的祝寿活动，正式名称为庆祝张颔先生九秩生辰书画展，安排在三十日了，正日子怎么能没有动静，我们来给他办一个。当时以为不过是说说而已，还是我的判断不行，林先生怎么会是个说说而已的人。这不，前三天已正式通知，今天上午十点半在迎泽大街上的交通大厦聚会。此前林先生已说过，民间祝寿，不叫什么大名堂，就叫九秩雅集。

　　这种事上，林先生说"我们来办"，实际上就是他自己来办。当然，也可说我们，那就成了他花银子，弟子们办事，像我这样既花不了银子也办不了事的，只好占住那个"来"字。

　　十时半，准时来了。去的时候，带了给张先生写的一轴条幅，写的是："学津远溯周秦上，风度平居魏晋间。"洒金黄宣，白绫装裱，去了一展开，三晋出版社的张继红先生见了，直夸词儿编得好。我说，愧煞人也，我哪有这样的水平，是抄下杨树达先生的弟子贺杨先生寿诞的联语。张颔先生已经来了，端坐在室内唯一的沙发上，几个人正在分别与张先生合影，说是分些张先生的灵气。我也过去照了一张。

　　比我还早些到场的，除了林先生、张继红外，还有山西大学教授魏宗禹先生，作家周宗奇先生，书法家姚国瑾先生，篆刻家王志刚先生和刘刚先生，弟子薛国喜先生等人。张先生的大弟子李元茂先生在北京，特意派儿子来祝贺。只是迟迟不见最应当早来一步的降大任先生，据林先生说，是去参加一个学术活动，说好在那儿应个卯就来。一等再等，直到林先生快发火了，降先生才翩翩降临。

　　先前是在一个客房里，降先生一来，马上移师会议室。待张先生在

张颔在九秩雅集宴会上（依次为降大任、魏忠禹、张颔、林鹏、韩石山、姚国瑾）

主位上坐定，奉林先生之命，出任主持人的姚国瑾先生便宣布雅集开始。

第一个发言的是魏宗禹先生，说他早在"文革"前，如何经林先生之介与张先生相识，一见如同拜师，从此时时受其教诲。张先生的学问，乃乾嘉之学的底子，是中国最正统的学问，也是最基本的学问。从这个路子上来，不会有错。就是在与张先生的交往中，他明白了做学问的方法，坚定了做学问路子，先前芜杂无定向，以后就专攻哲学了。遇到了这样一位高明的老师，是他这一辈子的幸运。

按国瑾先生的安排，林先生的发言应当放在最后，所谓压轴者是也。但林先生这样的人，哪在乎什么名分，他要的是痛快，魏先生那边一停声，他就接上了腔儿。说，我等不得了，还是我先说吧。此番雅集，纯属民间动作，既非官方，也就不必再说什么官话，打什么官腔。别看我八十多岁了这么一把年纪，只比张先生小七八岁，从我们相识时起，我一直是把张先生当作我的老师看待的。平日相处是朋友，谈起学问来是老师。我这个人，别的事上稀里哗啦，不成景气，但在对待老师上，那是一点也不含糊的，言语上或许有冲撞，心地上则是十二分的虔诚。我这人认死理，认准了人从不含糊。学问上，我就认了张先生。记得"文革"期间，气氛不那么紧张了，我们这些"牛鬼蛇神"，也就私下里走动了。张先生，林凡先生，李炳璜先生，还有省军区的李副参谋长，我们几个人常在一起喝酒聊天，骂人。有人或许会说，我们这是"死鬼作乐"，不是，是不想死才作乐。在那个年代，不说挨批挨斗了，光那压抑的气氛，都能把人憋死。我们这样交往，就是有个可以喘气的地方。至于以后还会有什么灾难，来了再说呗。

那时候，张先生身体还好，还能喝两盅。有次小聚，张先生喝了点酒，脸上通红，跟我说，君子赠人以言，林鹏啊，我赠你一句话，是《易经》上的，叫："括囊，无咎无誉。"起初我不理解，后来查了书，知道了是什么意思。括囊，按经书上的解释，就是两头都开口的布口袋。这样的口袋，装不住什么东西，也跑不了什么东西，原本就没有装进去嘛。我知道，这是张先生关心我，知道我这个人口无遮拦，不定什么时候会招来横祸。

著墨周秦——张颔先生九十生辰文字展暨生日庆典

那个时期，我想写什么，张先生说，还是不要写的好。到了一九七八年，张先生说，你可以写了。我才开始写我最初的几篇文章，其中最重要的就是《井田述略》，再后来一发而不可收，陆续写了《丹崖书论》，长篇历史小说《咸阳宫》。张先生曾为我写过一幅字，写的是"笔墨不求缙绅喜，声名毋得狗监知"，有时我看着这幅字，会潸然泪下，不知身在何处。

为张先生办这个雅集，有人说我破费了，不，这不叫破费，这是我的一点心意，张先生今天来了，我比什么都高兴！张先生这样的学者，全国有几个，我不知道，山西，我敢肯定，只有这么一个。这样经历磨难，硕果仅存的大学者，我们不珍惜，谁来珍惜，我们不敬重，谁来敬重！

这样情辞恳切的话，我在一旁听了，不由暗暗感慨，一个八十二岁的人，给一个九十岁（实为八十九岁）的人，筹办这样的雅集，在当今这个社会，怕不会有第二人。

今天真是乱套了。也真难为了国瑾这个主持人，空有名分，而无实权，也多亏了他的好脾气，再乱都能应对。林先生说罢，按说该着降大任先生了，可是，寿星张先生却迫不及待地表示，他要先说几句。

张先生今天可说是红光满面，神采奕奕。前些日子刻意蓄起的唇髭，白茸茸贴在上唇，比得上古代美人的身材，增之一分则长，减之一分则短，不长不短，恰好彰显了一位老学者的风范。

张先生说，有朋友劝他，这么大岁数了，不必过什么生日，好自将息，多活几岁比什么都强。他不这么看，给他过生日，朋友高兴，他也高兴。为什么呢——我说个故事。这是张先生的绝活，什么时候，都不会直筒筒地讲道理，多半会说上个笑话什么的，意思有了，乐也逗了。

张先生说，他说的这个故事，是《列子》上的。孔子有次外出游学，在泰山底下，遇上个叫荣启期的老人，这个老人穿着鹿皮做的衣服，弹着琴，唱着歌。孔子见了问，老先生你怎么这么快乐呀。荣先生说，我快乐的事儿太多了。天生万物，唯人为贵，而我能生来为人，是一乐也。男女之别，男尊女卑，世间总是以男为贵，而我生来就是个男人，这是二乐。再就是，有的人生下来，还没脱离襁褓就死了，而我却能活到九十岁，是三乐也。贫者，士之常也；死者，人之终也。处此世间，而能活得这么长，还有什么忧愁的呢？孔子听了说，好啊，这是个能自宽自解的人。能做一个荣启期这样的人，是我一生最大的幸运。

又说，我这个人，一生最信奉的是《易经》里的谦卦。《易经》六十四卦，就这一个卦六爻全吉，没有坏的。这是《易经》的第十五卦，卦辞是："谦，亨，君子有终。"《彖》曰："天道下济而光明，地道卑而上行，天道亏盈而益谦，地道变盈而流谦，鬼神害盈而福谦，人道恶盈而好谦。谦尊而光，卑而不可逾，君子之终也。"

几十年来，正是抱定谦卦这一做人的宗旨，才能苟全性命于乱世，又能在后来的几十年间，做出一点成绩。我的这点成绩，朋友们称赞备至，要叫我说，也扯淡，不过是多看了几本书，多琢磨了点事。学问像高山像大海，我这点本事，不过是一抔土一勺水，说白了，得其皮毛而已。所以我常给人说，我开的是"皮毛有限公司"。没想到，这个皮毛有限公司，还越开越大了，光今天就来了这么多的朋友。因此上，我要谢谢大家！

老人说着，艰难地站起，深深地弯下腰鞠了一躬。大家报之以掌声。

接下来发言的有降大任、周宗奇、姚国瑾、张继红诸人。我也说了几句。

大家都说过了，还有点时间。张先生又要说话。大家屏声静气，听老先生有什么高论。不料此番，老先生不讲什么典故了，说他前几天看了《太原日报》上登的一篇文章，说的是，北京大学校园里，有个流浪猫，个头不大，尾巴还短了一截，同学们都叫他"小短"。在食堂里，常会有人给他点吃食；上课了，小短常会跟着同学们进了教室，随便蹲在哪个同学的课桌上，专心听讲。什么课都听，听起来都那么认真。有次一位教授上课，小短就蹲在讲桌上。讲了一半，小短要走了，这位教授还走下来给小短开了门，一面抱歉地说：对不起，今天没讲好。

这是要说什么呢，不等大家稍稍露出不解的意思，张先生徐徐言道："唉，我这辈子，要是有小短的福气就好了。"

原来如此，大家都笑了。笑过之后，又是一阵缄默。

　　这是在八楼上。寿宴设在二楼餐厅，共两桌，很丰盛，还上了一个大蛋糕。点了九根蜡烛，张先生气弱，吹了两下没吹熄，弟子们代为吹熄。宴席开始后，张先生的儿子崇宁先生，代表父亲向来宾表示了谢意。张先生精神还好，不管谁过来敬酒，多少都抿上一小口。不觉已两个小时，有些累了，崇宁和国喜搀扶下楼回家。下面有小车伺候。

　　人少了，两个桌子并过来，又以林先生为中心，开怀畅饮。

　　席间有一事堪记。不知是志刚还是刘刚，问大任先生，你这个降姓可有来历，这样的提问，最对大任先生的脾胃，当即滔滔不绝，说了降姓的来历，是周什么王的近亲，分封在山西沁水一带，叫降国，就差吟出"帝高阳之苗裔兮，朕皇考曰伯庸"了。我说，大任兄又自我作古了。降姓的来历，我还是有点研究的。记得看过什么书上说，是北汉还是辽国，有一员猛将，战败投降了宋朝，求皇上赐姓，皇上是个聪明而又风趣的人，说卿既降我大宋，那就姓降（xiáng）吧，这老兄也不懂降是什么意思，过了几天，有人说这个降字不好。这老兄又去找皇上，说臣降宋朝，乃真心实意，赐姓为降，让人耻笑，请皇上再赐一姓。皇上说，不用改字了，改了读音就行了，还是这个字，往后不必念降（xiáng），念降（jiàng）好了。岂不知，这成了更大的屈辱，看字读音，恰是"降将"二字。

　　大任学兄真是好脾气，一面吸烟，一面说，由韩石山胡诌八扯去吧。

　　下午三时，尽欢而散。

　　我扶林先生下楼，一面说"弟子服其劳"。林先生说，你这不是服其劳，是折吾寿也。

二〇〇九年十二月三日于潺湲室

老來紅一種雁來紅古人有詠雁來紅辭云
漢使傳書托便鴻上林一箭墮西風輕染血
染階前艸一度秋來一度紅詩意頗佳雛三用
一字小媢煩也
丙子端陽張頷學畫

# 附：张颔年表

1920 年　生于山西介休县城西北坊庙底街赁居之郭宅。出生前半年父亲去世。

1928 年　入县城西北坊初级小学读书。母亲去世。

1932 年　入县城高级小学读书。

1935 年 春　高小毕业，参加行余学社学习书法、篆刻。

1937 年 春　赴湖北樊城协玉号学生意。

1939 年 冬　回到山西乡宁县，参加抗战。

1941 年　在民族革命政治实施研究院任干事。

1942 年　在孝义战地动员工作委员会任秘书。

1944 年　与尚雨湖女士结婚。

1945 年　光复后回到太原，任同志会太原分会宣训特派员。

1946 年　办《青年导报》《工作与学习》杂志。出版短篇小说集《姑射之山》。

1947 年　在省议会任秘书。

1948 年　出版改写诗集《西里维奥》。赴北平，任文法学院主任秘书。

1949 年　新中国成立后，任华北大学十区队 102 队队长。

1950 年　调回太原，任省委统战部干事。

1958 年　任中国科学院山西分院考古研究所所长。

1959 年　任山西省文物工作委员会副主任兼考古所所长。

1960 年　任侯马考古工作委员会副主任兼考古队队长。

1962 年　《山西万荣县出土错金鸟书戈铭文考释》刊《文物》杂志。

1964 年　赴山西原平县参加"四清"。

1965 年 冬　赴侯马考察研究出土的盟书，撰写《侯马东周遗址发现晋国朱书文字》，刊《文物》杂志。

1966 年　"文革"起，受批斗。

1973 年　受命整理研究侯马盟书。

1975 年　作长诗《僚戈之歌》。

1976 年　《侯马盟书》由文物出版社出版。

1980 年　赴长春参加中国古文字学会成立大会，当选为常务理事。

1981 年　赴西安等地开会并收集古货币文字资料。

1983 年　中国古文字学会第四届年会在太原召开，主持其事。

1991 年　离休，任山西考古研究所名誉所长。

1995 年　《张颔学术文集》由中华书局出版。《剑桥名人词典》收录并颁发证书。

1999 年　在省文联大楼举办张颔书法展。

2004 年　《古币文编》由中华书局出版。

2005 年　央视《大家》栏目为之拍摄专辑。

2006 年　加入西泠印社，为特邀社员。

2007 年　《侯马盟书》修订版由山西古籍出版社出版。

2009 年　省文物局举办"着墨周秦——张颔先生九秩生辰文字展暨生日庆典"。

2010 年 10 月　《古币文编》由中华书局第三次影印发行。

2012 年 2 月　山西省文物局授予张颔先生"文博大家"荣誉称号。

2012 年 8 月　出席山西省考古研究所成立六十周年庆典大会，并被授予"甲子特别奖"。

2012 年 11 月　在山西博物院举办"姚奠中、张颔、林鹏书法作品展"，并出版《文墨春秋》作品集。

2013 年 4 月　《作庐韵语》、《张颔书篆诀、秦诅楚文》由三晋出版社出版。

2013 年 4 月 30 日　出席"张颔先生与古文字后学见面会"并讲学。

# 再版后记

《张颔传》能再版，殊出意料。

主其事者问我，是不是写个《再版后记》什么的，想想，是该写。

临到要写的时候，又不知该写些什么。

说我怎样从文学创作上败退下来，逃到文学与历史的交界处，落草到一个叫"人物传记"的小山凹里，乞得一条活命吗？不妥。不是对我有什么，是先就对不起上了五年的历史系，是没学下什么，毕竟在校园里待了那么多年。

说我怎样奸诈，惯于偷机取巧，先是借了乡贤李健吾先生的声名，混入传记文学界，随后又扯住了徐志摩先生那云彩一样的衣袖，博取"大名大誉"，退休了，还要在张颔先生衰老的身上打主意。也不妥。他们和他们的家人，固然没有请我去写，但也没有说不让我去写。硬凑上去是可鄙的，一块宝石在那儿搁着，过去擦拭擦拭，能说是怎样的罪过？

依着惯例，该感谢的人很多，够拉一个长单子的。还是免了吧。

这回要切切实实感谢一下自己，韩石山先生。

如果还要加上什么，就加上他几十年攒下的，堆满了半屋子的书。

作者 2013 年 12 月 5 日于潺湲室

余劫皆真三佰倉

曾學畫山水

青壯年沒

不復溫習

今已衰老

年近古

稀筆荒

數十年

無緣毫

長進可

歎

張頷

## 图书在版编目（CIP）数据

张颔传／韩石山著.――修订版―― 太原：三晋出版社,2018.7

ISBN 978-7-5457-1750-1

Ⅰ.①张… Ⅱ.①韩… Ⅲ.①张颔－传记Ⅳ.①K825.81

中国版本图书馆CIP数据核字（2018）第174783号

张颔传

著　　者：韩石山
责任编辑：张继红　解　瑞
责任印制：李佳音
出　版　者：山西出版传媒集团·三晋出版社（原山西古籍出版社）
地　　址：太原市建设南路21号
邮　　编：030012
电　　话：0351-4922268（发行中心）
　　　　　0351-4956036（总编室）
　　　　　0351-4922203（印制部）
网　　址：http://www.sjcbs.cn
经　销　者：新华书店
承　印　者：山西臣功印刷包装有限公司
开　　本：787mm×1092mm　1／16
印　　张：32
字　　数：520千字
版　　次：2018年7月　第1版
印　　次：2018年7月　第1次印刷
书　　号：ISBN 978-7-5457-1750-1
定　　价：200.00元